Alexander Rubel

Per Anhalter durch die Antike

ALEXANDER RUBEL

PER ANHALTER DURCH DIE ANTIKE

1400 JAHRE
GRIECHISCH-RÖMISCHE GESCHICHTE
UND IHRE AKTUALITÄT

marix verlag

INHALT

Teil II: Themenkapitel

»Diejenigen,
welche wir ›die Menschen der Antike‹ nennen,
sind in Wahrheit in allem zeitgenössisch.«

(Blaise Pascal)

EINLEITUNG

· Epochenbestimmung: Was ist eigentlich »die Antike«?

Unmittelbar nach dem Ersten Weltkrieg, der die europäischen Staaten an einen der Menschheit bislang ungekannten Abgrund geführt hatte, erschien bei Teubner ein kleines Bändchen unter dem Titel »Die antike Kultur«, dessen Vorwort nicht nur als zeithistorisches Dokument, sondern auch in seiner positiven, von Hoffnung getragenen kulturgeschichtlichen Aussage beeindruckend ist (*Die antike Kultur, in ihren Hauptzügen dargestellt* von Franz Poland, Ernst Reisinger, Richard Wagner, Leipzig 1922, alle folgenden Zitate S. III). Darin wird zu einer Zeit, als Deutschland, vom Versailler Friedensvertrag gedemütigt und geschwächt, orientierungslos in eine unsichere Zukunft schaute, die Antike und ihre Kultur als gemeinsames Erbe eines durch Krieg und Feindschaft in die Irre geleiteten Europas und vor allem als ein Orientierungspunkt für das am Boden liegende Deutschland beschrieben: »Im Dunkel einer schweren Zeit zu leben, ungewiß, was der nächste Tag uns bringen wird, – das ist jetzt das Los unseres Volkes. Was uns Trost und Hoffnung spenden könnte, müssen wir in uns suchen, in Gütern, die uns kein Feind rauben kann, wenn wir nicht selber sie preisgeben.«

Zu diesen verinnerlichten Gütern gehört nach Ansicht der Autoren vor allem die Antike, die jedoch kein rein deutsches Kulturerbe sei, sondern in einer hoffnungsvollen Perspektive ganz Europa umfasse, denn:

> »Die Kultur der meisten modernen Völker geht aus von der Kultur der Antike, die von den Griechen geschaffen und von den Römern über die Provinzen ihres Weltreichs verbreitet worden ist. [...] Zu dieser abendländischen Kulturgemeinschaft aber gehören auch die Völker, die uns zur Zeit noch feindselig gegenüberstehen: auch sie müssen und werden sich über kurz oder lang darauf besinnen, daß sie noch vor wenigen Jahren im friedlichen Wettbewerb mit uns an der Weiterbildung dieser Kultur und an der gemeinsamen Erforschung des Altertums gearbeitet haben.«

Der fromme Wunsch der drei Gymnasialdirektoren und Kriegsteilnehmer sollte sich nicht erfüllen, in den Abgrund, in den Europa 1914/18 schaute, stürzte die ganze Welt 1939/45 hinein. Die Berufung »der meisten modernen Völker« auf die Kultur der Antike blieb und bleibt allerdings eine unbestrittene und unbestreitbare Tatsache, auf der auch dieses kleine Büchlein rund hundert Jahre später aufbaut. Dass es sich dabei um eine Tatsachenfeststellung handelt, muss vielleicht an dieser Stelle noch einmal ausdrücklich betont werden. Die gegenwärtige Krise Europas lässt ja bei einigen Beobachtern Zweifel aufkommen, ob Europa überhaupt existiere, zumindest ob politisch-kulturelle Integration möglich oder gar erwünschtes Produkt einer historischen Entwicklung sein kann. Die Beantwortung dieser sehr gegenwärtigen Fragen hängt sicher vom Standpunkt des Betrachters ab, wobei britische von kontinentalen Sichtweisen differieren mögen.

Aus der Perspektive des Historikers stellt sich der Sachverhalt jedoch sehr klar dar und entspricht den Einsichten der oben zitierten Altertumswissenschaftler, die vor hundert Jahren eben nicht in einer langen europäischen Friedenszeit lebten, sondern zwischen dem Abfassen ihrer wissenschaftlichen Werke noch ein paar Franzosen erschießen mussten. Aufgrund ihrer Kenntnisse und ihrer Bildung war ihnen aber dennoch deutlich bewusst, dass es eine verbindende kulturelle Grundlage Europas gibt, an der auch und besonders das durch die Infrastruktur des Römischen Reichs erst großflächig verbreitete Christentum erheblichen Anteil hatte. Dass sich die europäischen Staaten nicht nur faktisch (etwa im Bereich des Rechts), sondern besonders auch im Wortsinne »ideologisch« auf das antike Kulturerbe als gemeinsames Gut berufen, benötigt eigentlich keiner Rechtfertigung, jedoch aufgrund des verbreiteten Mangels an Kenntnissen vor dem Hintergrund einer veränderten europäischen Bildungstradition zunehmend einer Erklärung.

Für die strukturelle Einheit der europäischen Kultur auf antiker Grundlage sprechen einerseits offensichtliche Fakten (etwa die Verbreitung romanischer Sprachen und des Christentums, das römische Recht als juristische Grundlage aller europäischer Staaten, gemeinsame Traditionen im Bereich Literatur und Kunst), andererseits aber auch die bewussten »Renaissancen« der europäischen Kulturgeschichte, in denen die Antike als Vorbild und Leitkultur immer wieder revitalisiert wurde. Dass der gemeinsame antike Humus der europäischen Kultur bis vor Kurzem eine gelebte Realität war, eine

Basis der Verständigung und selbstverständliches Fundament zivilisierter Kommunikation, zeigt das Beispiel der spektakulären Entführung des Generalmajors Kreipe auf Kreta durch eine Kommandoeinheit der britischen Armee im Jahr 1944, angeführt vom klassisch gebildeten Schriftsteller Patrick Leigh Fermor (nachzulesen in P. Leigh Fermor, Die Entführung des Generals, Zürich 2015).

Mit dem entführten General im Schlepptau kraxelten die Engländer drei Wochen durch die Berge Kretas, auf der Flucht vor deutschen Suchtrupps. Als die kleine Gruppe den schneebedeckten Berg Ida, den mythischen Geburtsort des Zeus, am Horizont erblickte, rezitierte der gefangene General Horaz (Ode an Thaliarchus, carmina 1, 9): »Vides ut alta stet nive candidum Soracte« (Du siehst, im Schneeglanz flimmert Soraktes Haupt [Berg unweit Roms A. R.]). Daraufhin rezitierte sein gelehrter Hüter Fermor die Strophe zu Ende: »nec iam sustineant onus/ silvae laborantes geluque/ flumina constiterint acuto« (Und horch! der Wald ächzt, unter der schweren Last/ Erseufzen dumpf die Wipfel; Kälte/ Fesselt die Wasser mit scharfem Hauche [die Übersetzung ist übrigens von Mörike]). In diesem Moment begriffen die beiden Männer, dass sie vor dem Krieg »aus den gleichen Quellen getrunken hatten«, wie Fermor später bemerkte, und das Verhältnis der beiden Feinde wurde nach diesem Erlebnis für die restliche Flucht von der Insel auf eine neue Grundlage gestellt. Der gegnerische Major wurde so für den deutschen General zu einem sozial Gleichrangigen aus einem anderen europäischen Land, mit dem man gerade einen Krieg – eine ephemere Angelegenheit – ausfechten musste.

Der vom griechischen Historiker Herodot (ca. 490–424 v. Chr.), dem Erfinder der Geschichtsschreibung, in Abgrenzung zu Asien und dem Perserreich geprägte Begriff »Europa« hatte in der Antike allerdings keine politisch-kulturelle Bedeutung. Griechen und Römer waren sich nicht bewusst, dass sie am geistigen Aufbau des Abendlandes mitarbeiteten. So wie Nationalstaaten bekanntermaßen »imaginäre Gemeinschaften« sind (Benedict Anderson), ist natürlich auch der politisch aufgeladene, moderne Europabegriff ebenso wie die von Fermor und seinem General gefühlte kulturelle Verbundenheit das Produkt eines komplexen, aber mit Realien befütterten Rezeptionsprozesses. Erst der geistige Prozess der Rezeption hat die Realität bekräftigt, wenn nicht gar geschaffen, könnte man verkürzt sagen. Dass ein Rumäne aus Bukarest einen Italiener problemlos verstehen kann, wenn dieser langsam und nicht über Existenzphilosophie spricht (und nicht aus Sizilien kommt), ist nun mal ein dem Römischen Reich und seiner Integrationsleistung geschuldetes Faktum und schafft eine Gemeinsamkeit, die kein deutsch-chinesisches »Joint Venture Business« jemals erreichen kann.

Selbst für diejenigen, die aufgrund der veränderten Bildungslandschaft diese Bezüge nur unbewusst im Alltag erleben, wenn sie etwa auf dem Behördenweg zu ihrem neuen Pass eine »Odyssee« durchleben und vom Fotografen bis zum zuständigen Kommunalbeamten »von Pontius zu Pilatus« geschickt werden, bleibt die Antike eine moderne Realität. Diese Tatsachenfeststellung hat nichts mit Propaganda für ein vereinigtes Europa zu tun, auch nichts mit einem naiven historischen Determinismus, der in der Integration der Europäischen Union das Walten des Hegel'schen Weltgeistes erkennen will. Beschreibt man die europäische Kultur als antikes Erbe (übrigens hat daran Osteuropa über die byzantinische Schiene fast genauso großen Anteil, man denke an Moskau als »das dritte Rom«), so ist das keineswegs Ausfluss konservativer Heilsvisionen, sondern einfach nur das Resultat eines simplen Faktenchecks. Aber wie lässt sich »die Antike« eigentlich genauer definitorisch bestimmen, und was bedeutet das antike Erbe in der heutigen Welt 2.0? Den ersten Teil der Frage will diese kurze Einleitung, den zweiten Teil das Buch in seiner Gesamtheit versuchen zu beantworten.

Der Begriff »Antike« fasst in seiner allgemeinen Verwendung die griechisch-römische Mittelmeerkultur des Zeitraums von ungefähr 800 v. Chr. bis ca. 600 n. Chr. zusammen (grob gesagt von der archaischen Epoche der griechischen Kultur bis zum Ende der Herrschaft des oströmischen Kaisers Justinian I. oder gar bis zum Beginn des sogenannten Arabersturms nach dem Auszug Mohammeds von Mekka nach Medina 622 n. Chr.), rund 1400 Jahre Geschichte also. Als Epochenbegriff setzt sich der Begriff »Antike« (von lat. *antiquus*, alt, altehrwürdig) erst zu Beginn des 20. Jh.s wirklich nachhaltig durch, was die Frage aufwirft, ob wirklich alles, was dieser durch Rezeptionsprozesse gewonnene Ausschnitt aus der Geschichte des Altertums umfasst, auch tatsächlich der Sache nach zusammengehört. Darüber hinaus ist der Begriff eng verbunden mit dem wertenden Begriff des »Klassischen«, wie etwa in der verbreiteten Begriffsbildung »klassische Antike«. Dieses Konzept entstammt einer europäischen Bildungstradition, die die Kunst und Kultur des Altertums im Vergleich zu den Produkten der jeweiligen Gegenwart prinzipiell als höherwertig betrachtete und die Antike übersteigernd idealisierte.

Außerdem werden die Epochengrenzen und die räumliche Dimension der antiken Welt von Zeit zu Zeit diskutiert bzw. unterschiedlich ausgelegt.

So wird bisweilen die Zeit der minoischen- und mykenischen Palastkulturen Kretas und Griechenlands (etwa 2000–1100 v. Chr.) mit zur griechischen Geschichte und somit zur Antike gerechnet, ebenso wie die für die abendländische Kulturgeschichte ebenfalls bedeutsame bronzezeitliche Hochkultur der Ägypter am Nil. Der Altertumswissenschaftler Eduard Meyer plädierte Ende des 19. Jh.s mit guten Argumenten für eine Ausweitung des Altertumsbegriffs auch auf die vorderasiatischen Hochkulturen des Alten Orients. In der Tat ist der über die Levante vermittelte Einfluss orientalischer Vorbilder auf die frühe, archaische griechische Kultur kaum zu überschätzen, wie auch von Ägypten aus kulturelle Einflüsse in den südöstlichen Mittelmeerraum hineinwirkten. Interessanterweise hat man das semitische Karthago, nicht nur eine Wirtschaftsmacht, sondern eine bedeutende Hochkultur in hellenistischer Zeit mit weitreichenden Verbindungen, wie überhaupt die Phönizier generell nie in den Kanon der »Antike« aufnehmen wollen.

In diesem kleinen Büchlein wird nicht nur aus Platzgründen, sondern in erster Linie aufgrund sachlicher Argumente der »engere« Antikenbegriff verwendet, der »nur« die griechisch-römische Kultur vom archaischen Griechenland bis zur Spätantike umfasst. In Abweichung vom »klassischen« Ideal werden allerdings auch die Erben der antiken Welt unter dem problematischen und irreführenden Stichwort »Barbaren« kurz zur Sprache kommen, denn auch die frühmittelalterlichen Nachfolger der Römer haben einen entscheidenden Anteil an der modernen Gestalt Europas. Aus diesen Vorbemerkungen wird bereits ersichtlich, dass die griechisch-römische Antike und ihre Kultur in diesem Band, ohne indes auf der »klassischen« Vorbildlichkeit dieser Epoche zu bestehen, entwicklungsgeschichtlich als konstitutiv für das moderne Europa angesehen werden.

Die griechisch-römische Kultur der Mittelmeerwelt gehört aus zwei Gründen tatsächlich im Sinne einer Epochen- und Kultureinheit ganz eng zusammen. Einerseits entstanden sowohl die griechischen Staaten wie auch das antike Rom aus republikanisch verfassten Stadtstaaten mit unterschiedlichen, aber dennoch vergleichbaren politischen Regeln und Institutionen der Bürgerbeteiligung. In Teilen erhielten sich diese Strukturen bis in die Zeit Ciceros und Caesars. Andererseits entsprachen sich auch die Formen der gesellschaftlichen Ordnung in hohem Maße. Sie beruhten auf akzeptierter, gesellschaftlicher Ungleichheit, wobei die Führung durch Vertreter einer durch Reichtum und Tradition privilegierten Oberschicht erfolgte. Das galt weitgehend ebenfalls für die als Ausnahmeerscheinung zu betrachtende berühmte Demokratie der Athener, deren Führungsfiguren zunächst nur dem Adel, später auch der Gruppe reicher bürgerlicher Emporkömmlinge entstammten.

Auch die Wirtschaft funktionierte bei Griechen und Römern nach vergleichbaren Grundprinzipien, wobei die zu großen Teilen auf Sklavenhaltung beruhende Landwirtschaft die Grundlage bildete, in der der Getreideanbau bei weitem dominierte. Desgleichen waren die künstlerischen Ausdrucksformen und städtebaulichen Konzepte der Griechen und Römer weitgehend vergleichbar. Besonders aber die Verbreitung und überaus kreative Nutzung der Schriftlichkeit in vielen öffentlichen und privaten Belangen war ein Kennzeichen der mediterranen Kultur der Antike. Das Griechische und das Lateinische beherrschten als Erinnerungs- und Archivmedium (etwa in den vielen bis heute erhaltenen, öffentlich ausgestellten Inschriften), aber auch und besonders als Literatursprache die gesamte Mittelmeerwelt, und dies sogar bis ins Mittelalter und die frühe Neuzeit. Der östliche Teil Europas, Kleinasien und die Levante wurden dabei vom Griechischen, der westliche und nördliche Teil Europas vom Lateinischen beeinflusst. So wurden die Schriften des Neuen Testaments von Mitgliedern einer jüdischen Sekte mit reichlich Sendungsbewusstsein auf Griechisch verfasst, wodurch auch das Neue Testament ein integraler Bestandteil der mediterranen Kultur der Antike ist.

Die Wirkung der kulturellen und zivilisatorischen Leistungen – die neben den literarisch-geistigen Errungenschaften auch Ingenieurwesen, Straßenbau und Wasserversorgung umfasste – auf die benachbarten Völker war enorm, sodass sie diese Vorbilder teils als mittelbare Folge militärischen Zwangs, oft aber auch bereitwillig in der Nachfolge des Alexanderzugs sowie bei der Ausbreitung des römischen Weltreichs übernahmen und sich zu eigen machten. Die Römer selbst waren eigentlich die ersten Adressaten dieses komplexen Rezeptionsprozesses der antiken Kultur, indem sie die griechische Kultur (v. a. in Form literarischer Vorbilder) in einem eigenwilligen Anpassungsprozess zu ihrer eigenen machten. Sie waren sich dabei ihrer Abhängigkeit von griechischen Vorbildern immer bewusst, verstanden sich aber selbstbewusst – aufgrund ihrer militärischen Überlegenheit und auch aufgrund der ganz selbstverständlich und unkompliziert erfolgenden Aneignung der griechischen Leitbilder – mit den Griechen zusammen als gemeinsame Träger einer im weiteren Sinne gemeinsamen Zivilisation. Bereits diese hier nur kurz gestreiften Sachverhalte legen nahe, die Antike als eine zusammengehörige Kulturepoche zu begreifen.

Andererseits ist die griechisch-römische Antike auch durch mehrstufige Rezeptionsprozesse seit der Renaissance in unserer Wahrnehmung zu einer unverbrüchlichen Einheit geformt worden. Die immer wieder von Neuem geführte Auseinandersetzung mit der lange als vorbildhaft empfundenen antiken Überlieferung, in deren Tradition auch jeder neue Beitrag zum Thema, also auch dieses Buch, steht, war maßgeblich für die Ausbildung der »klassischen« bzw. »klassizistischen« Epochen und »Renaissancen« in der abendländischen Kultur verantwortlich und bestimmt bis in die Gegenwart unser in antiken Kategorien gespiegeltes Selbstbild. Auguste Rodin, Aristide Maillol oder Wilhelm Lehmbruck orientierten sich bei der Schöpfung ihrer plastischen Bildwerke der Moderne eben nicht an persischen Königsreliefs oder der Kunst der Khmer, sondern an der Formsprache antiker Skulpturen. Für die Berechtigung der Epocheneinteilung der griechisch-römischen Welt des Altertums als »Antike« sprechen somit sachliche Gründe, also die vielen Gemeinsamkeiten der griechisch-römischen Zivilisation, wie auch Gewohnheitsgründe und aus der Rezeptionsgeschichte gewonnene Kategorien. Implizit rechtfertigt dies zugleich auch eine »Geschichte der Antike« für den modernen Gebrauch.

Wie aber – in Zeus' oder Jupiters Namen! – sollen rund 1400 Jahre Geschichte auf wenigen Seiten sinnvoll und übergreifend zusammengefasst werden? Das ist in der traditionellen Weise und mittels chronologisch erzählender Form schlichtweg unmöglich und kann bzw. soll hier gar nicht unternommen werden. Dafür gibt es dickere Nachschlagewerke, Hand- und Studienbücher, die umfassende Informationen chronologisch und nach Sachgebieten gegliedert bieten (siehe Literaturhinweise am Ende der Einleitung). Das Buch folgt daher einem anderen Ansatz und versucht ereignisgeschichtliche Reihungen zugunsten einer »szenischen« Präsentation zu minimieren, die allerdings naturgemäß viele einzelne historische Ereignisse auslassen muss, um die Grundlinien der Entwicklung aufzuzeigen. Zur prinzipiellen Orientierung dient die Zeittafel am Ende des Buchs. In der Darstellung selbst wird jedoch eher sprunghaft verfahren und im häufigen Wechsel zwischen den beiden Hauptakteuren, Griechen und Römern, versucht, typische Wesenselemente der antiken Gesellschaften und kulturgeschichtliche Besonderheiten anhand von Quellen herauszustellen, um so den Charakter dieser Epoche fassen zu können.

Dabei wird ein erster Teil in chronologischer Form die historischen Zusammenhänge, allen voran die politischen Entwicklungen in Griechenland und Rom verfolgen, woran sich eine bündige Betrachtung der Spätantike bis zum Ende der Völkerwanderung anschließt. Der zweite Teil wendet sich dann kultur- und sozialgeschichtlichen Sachverhalten zu, die gemeinsam für die griechische und die römische Antike betrachtet werden. Abschließend wird in einer Schlussbetrachtung die Bedeutung der Rezeptionsgeschichte hervorgehoben und ein Ausblick gewagt, was die Antike für die moderne Welt noch heute bedeuten kann.

Insgesamt ist das Büchlein damit ein Dokument der notwendigen Auslassungen und Verkürzungen. Dem Autor ist dabei bewusst, dass auf diese Weise gebotene Differenzierungen – etwa die für Fachleute ohnehin ausgemachten Unterschiede zwischen der griechischen Geschichte und Gesellschaft sowie der römischen Kulturgeschichte – zugunsten einer zusammenhängenden Betrachtungsweise der Antike unter den Tisch fallen bzw. wesentlich gröber skizziert werden müssen, als das bei einem ausführlicheren Handbuchkonzept möglich wäre. Diese Vorgehensweise bringt es auch mit sich, dass existierende Forschungskontroversen über bestimmte Fragen, die bisweilen Regalmeter in Bibliotheken belegen und erbitterte Feindschaften zwischen Gelehrten begründet haben, einfach stillschweigend übergangen werden. Gleichzeitig bietet dieser Ansatz die Möglichkeit, einmal der Frage nachzugehen, was wirklich wesentlich an der antiken Geschichte ist, und wie man die Epoche in ihrer Wesensart in einem Gesamtzugriff fassen kann.

Dieses Buch versteht sich als Türöffner für Neugierige, als Einladung für diejenigen, die ausgehend von ihnen nur vage erinnerten Bildungsbruchstücken einmal einen kurzen Blick auf die Antike riskieren möchten. Auch Studierende geisteswissenschaftlicher Fächer, die erkannt haben, dass die Gegenstände ihrer Fächer ohne antike Kulturgeschichte nur schwer verständlich sind, gehören zu den Adressaten dieses Buches, ebenso wie der im angelsächsischen Sprachraum treffend als »general reader« bekannte allgemein interessierte Leser. Auch der Bereich der Schule könnte von dem Buch profitieren, wenn etwa Geschichtslehrer ihr Wissen im Überblick auffrischen wollen, oder wenn Schüler, für die ein geraffter Überblick der Antike nützlich sein könnte, dieses zur Hand nehmen. Im besten Falle weckt diese Buch Appetit auf mehr und veranlasst den Leser, sich ein wenig intensiver mit den Ursprüngen der europäischen Geschichte und den kulturellen Grundlagen der westlichen Welt auseinanderzusetzen.

Die Antike ist nichts weniger als das Fundament der gerade in jüngster Zeit viel beschworenen »abendländischen Kulturgemeinschaft«, wie bereits die drei Autoren des zu Beginn erwähnten Buches nach der Erfahrung der »Urkatastrophe« des 20. Jh.s nicht ohne Pathos feststellten. Aufgrund seines einführenden Charakters sind natürlich alle Quellen in deutscher Übersetzung wiedergegeben. Literaturnachweise aus der modernen Forschungsliteratur erfolgen in gleicher Weise nur, wenn direkt auf ein Werk verwiesen oder daraus zitiert wird. Die Auswahl der Hinweise zur vertiefenden Lektüre – für jedes Kapitel gesondert am Ende zusammengestellt und kurz kommentiert – beschränkt sich auf wenige, aus Sicht des Autors gut lesbare deutschsprachige (oder ins Deutsche übersetzte) Darstellungen und Fachbücher, deren Auswahl durchaus auch persönlichen Präferenzen geschuldet ist.

· Geographische und klimatische Voraussetzungen der antiken Zivilisation: Das Mittelmeer

In Norwegen hätte sich die antike Zivilisation nicht entwickeln können. Der Einfluss von Klima- und Umweltbedingungen auf die Entwicklung menschlicher Gemeinschaften vor dem Zeitalter technischer Innovationen, Maschinenkraft und Elektrizität seit dem 19. Jh. wird oft unterschätzt. Jenseits von simplem geopolitischem Determinismus, der in Überschätzung natürlicher Raumgrundlagen die historischen Entwicklungen von Gesellschaften und Staaten in einen sehr direkten Bezug zu den geographischen Gegebenheiten setzt, bleibt festzuhalten, dass der Mittelmeerraum günstige Voraussetzungen für den Aufstieg der antiken Zivilisation bot.

Ein Schlüssel zum Verständnis der antiken Welt ist das Mittelmeer. Das geographisch gesehen als großes Becken aufzufassende Mittelmeer bedeckt eine Fläche von rund 2,5 Millionen km^2 und ist maßgeblich verantwortlich für das trocken-milde Klima des Mittelmeerraums, das die Voraussetzung für ökonomisches Wachstum sowie die Freisetzung von Ressourcen in der Antike war und den Menschen des Mittelmeergebiets die Möglichkeit eröffnete, sich anderen

Dingen als allein dem Überlebenskampf zu widmen. Bereits der griechische Philosoph Poseidonios (135–51 v. Chr.), der den Aufstieg Roms zur Weltmacht als Zeitzeuge miterlebte, erkannte die klimatische Mittellage Italiens als eine wichtige Voraussetzung für die römische Berufung zur Weltherrschaft und wollte, wie andere antike Autoren auch, die Entwicklung der verschiedenen Völker in erster Linie klimatischen Einflüssen zuschreiben.

Das mediterrane Klima kennt keine kalten und damit lebens- und produktionsfeindlichen Winter. Im Sommer bestimmt das Azorenhoch das klimatische Geschehen. Es breitet sich praktisch über den ganzen Mittelmeerraum aus und lässt das Wüstenklima nach Norden wandern. Wenig Wind und viel Sonne sind die unmittelbare Folge. Im Winter verlagert sich das Hoch meist nach Süden und lässt den Mittelmeerraum im Einflussbereich der über dem Atlantik gesättigten Westwinde zurück. Kalte Polarluft strömt nur selten und unter ganz bestimmten Bedingungen ins Mittelmeergebiet ein. Diese Konstellation sorgt für milde, regenreiche Winter und heiße, trockene Sommer. Die im ganzen Raum verbreiteten Terra-Rossa-Böden eignen sich aufgrund ihrer Speicherfähigkeit für Wasser gut zur landwirtschaftlichen Produktion. Kalkhaltigere Braunerden, vor allem im nördlichen Bereich des Mittelmeergebiets zu finden, eignen sich hingegen für Weinanbau. Fast im gesamten Mittelmeerraum, zumindest in den tieferen Lagen unter 500 m, gedeihen die anspruchsvollen, in der Antike ökonomisch sehr wichtigen Olivenbäume, die nur zwischen dem 30. und 45. Grad nördlicher bzw. südlicher Breite überleben können.

Die Landschaften des Mittelmeergebiets sind aber weit davon entfernt, als »Garten Eden« gelten zu können, da weite Landstriche, besonders in Griechenland, aber auch die italischen Apenninen, von karstigen Gebirgszügen dominiert werden. Diese konnten nur teilweise landwirtschaftlich genutzt werden, weshalb in diesen bergigen Regionen die halbnomadische Viehwirtschaft verbreitet war. Diese Reliefanordnung bringt es mit sich, dass die sehr fruchtbaren Regionen des Gebiets weitgehend mit den Küstenstreifen und ihrem meist überschaubaren Hinterland identisch waren. Einige Gegenden in Italien, vor allem aber Sizilien, verfügten nach Auskunft der Quellen (etwa Varro, Über die Landwirtschaft, 1, 44, 1–2; Cicero, Reden gegen Verres, 2, 3, 112) über ausgesprochen gute Bodenbedingungen für den Getreideanbau und im Falle Siziliens auch über großflächige Anbaugebiete im Binnenland.

Im Vergleich zur frühen Neuzeit oder zu den bekannten Ernteerträgen aus Entwicklungsländern ohne moderne Techniknutzung, wo etwa der vierfache Ertrag des Saatguts eingebracht werden kann, konnten dort recht hohe 8- bis 15-fache Erträge realisiert werden. Bestimmte Gegenden in Italien (etwa bei Sybaris im Golf von Tarent), Syrien und Nordafrika hätten sogar auf besten Böden bis zu 100-fache Erträge gebracht. Aufgrund dieser natürlichen Bevorzugung der Küstenregionen (oder umgekehrt wegen der Benachteiligung des bergigen Binnenlandes) waren die bedeutenden Siedlungen der griechisch-römischen Antike und ihre Bewohner im Wortsinne aufs Meer ausgerichtet, das somit Mittel- und Bezugspunkt der antiken Lebensorganisation wurde.

Obwohl das Meer von seinen antiken Anrainern als feindliches Element betrachtet wurde und vielerlei Gefahren mit ihm verbunden waren, war seine Nutzung als Fischgrund und vor allem durch die Schifffahrt essentiell für die griechisch-römische Antike. Bei allen Gefahren, die die Seefahrt mit sich brachte, war und ist das Mittelmeer im Vergleich zu den Weltmeeren doch ein recht ruhiges Gewässer, in dem praktisch keine Wirbelstürme, wie die Hurrikane des Atlantiks oder die Taifune in Südostasien, auftreten. Zudem ist das Mittelmeerbecken ringsherum weitgehend von windbrechenden Gebirgszügen umgeben, sodass bei anhaltenden Winden aus einer Richtung niemals ein solcher Wellengang entsteht, wie er etwa auf dem Atlantik mit seiner hohen Wellenbildung zu beobachten ist, der die Schifffahrt auf dem Mittelmeer dauerhaft und ernsthaft gefährden würde. Dennoch vermieden es die Griechen und Römer im Winter zur See zu fahren und bevorzugten auch im Sommer nach Möglichkeit die Küstennavigation.

Obwohl die Römer es *mare nostrum* (unser Meer) nannten, ist das Mittelmeer eigentlich ein griechisches Meer. Die Römer haben sich – abgesehen von der Fischerei – erst spät und aus militärischer Notwendigkeit im Kontext der Punischen Kriege (nach 264 v. Chr.) dem salzigen Nass zugewendet. Die Griechen waren jedoch – man denke an die Geschichten von Odysseus, dem »Seeräubersohn aus Ithaka« (P. Huchel) – von Anbeginn an ein eingeschworenes Seefahrervolk.

Dass das Mittelmeer mehr verband als trennte, zeigt der intensive Austausch zwischen Ost und West, die Kultureinflüsse aus dem Vorderen Orient und vor allem die kreative Übernahme der phönizischen Schrift, die zusammen mit anderen Faktoren den erstaunlichen Aufstieg der griechischen Stadtstaaten und ihre mit dem

Schlagwort »Kolonisation« bezeichnete Ausbreitung im ganzen Mittelmeerraum und an den Küsten des Schwarzen Meeres bedingte; ein sensationeller Aufstieg einer Kultur, den man zu Zeiten der bedingungslosen Griechenverehrung im 19. Jh. »das griechische Wunder« genannt hat.

· Quellen unseres Wissens über die Antike

Die griechisch-römische Antike war eine Schriftkultur. Daran ändern auch zutreffende Beobachtungen hinsichtlich der größeren Bedeutung des gesprochenen Worts im Vergleich zu unseren modernen Gesellschaften nichts. Man schrieb Nachrichten auf Wachstäfelchen, benutzte Borke von Bäumen zum Einritzen von Notizen oder schrieb auf Lederstücken. »Bücher« schrieb man von Hand auf Papyrus, ein aus Pflanzenfasern der Papyrusstaude gewonnenes Geflecht, das man zu Schriftrollen verband. Da die Rollen selten mehr als 10 m umfasst haben dürften, erstreckten sich umfangreichere »Bücher« über mehrere Rollen, »volumen/volumina« (Gerolltes), wie auch heute noch die Bandeinteilung von Werken auf Englisch und in den romanischen Sprachen heißt. Die Literatur der Antike umfasste im Wesentlichen bereits die Genres literarischen Schrifttums, die wir auch heute pflegen: Geschichtsschreibung, Philosophie, Drama, Epik, Lyrik, Rhetorik, wissenschaftliche Fachliteratur und sogar den Roman. Wichtige Beschlüsse, Gesetze, Ehrungen, Epitaphe oder Weihungen an Götter wurden in Stein gemeißelt und waren zur dauerhaften öffentlichen Präsentation bestimmt.

Von all diesem umfangreichen Schrifttum hat sich allerdings nur ein klitzekleiner Bruchteil erhalten. Notizen aus dem Alltagsleben haben sich bspw. nur in ganz geringen Spuren dort erhalten, wo die klimatischen Bedingungen dafür günstig sind. Im feuchten Boden von Vindolanda am Hadrianswall in Nordengland fand man Schreibtäfelchen mit Briefen und Kurznachrichten, etwa eine Einladung der Ehefrau des Lagerkommandanten an andere Soldatenfrauen zu einer Soirée. Der Brief eines aus dem heißen Orient stammenden Soldaten enthält die Bitte an seinen Vater, ihm einen warmen Mantel in die kalte Einöde des englischen Nordens zu schicken. Die meisten Alltagszeugnisse, Hafenlisten, Abrechnungen von Gutsverwaltern, Bilanzen und Briefe stammen aus dem griechischen und römischen Ägypten und den angrenzenden Gebieten, deren trockenes Wüstenklima die Papyri konserviert haben. In einer Höhle am Westufer des Toten Meers hat sich beispielsweise das Familienarchiv einer Jüdin namens Babatha aus der römischen Provinz Arabia erhalten, die ihre Steuerbescheide, ihre Besitzurkunden, einen Ehevertrag und andere wichtige Dokumente in den unruhigen Zeiten des von Simon Bar Kochba geführten jüdischen Aufstands gegen das Römische Reich (132–135 n. Chr.) in Sicherheit brachte. Derartige Zeugnisse sind deshalb für die Historiker so interessant, weil sie nicht für sie oder andere Leser abgefasst, sondern ohne die Intention einer Veröffentlichung nur der Sache wegen aufgeschrieben wurden.

Bei den meisten Zeugnissen aus der Antike, die uns erhalten geblieben sind, handelt es sich indes um solche, die sich an eine Öffentlichkeit richten und deswegen auch entsprechend ihrer Intention interpretiert werden müssen. Grabinschriften, Weihungen, Gesetzestexte, Volksbeschlüsse usw. bestimmten – auf Stein gemeißelt oder manchmal auf Bronzetafeln graviert – den öffentlichen Raum und haben aufgrund des haltbaren Materials bisweilen die Zeiten überdauert. Der Hauptbestand unserer schriftlichen Quellen wird allerdings von erzählenden Quellen aus der literarischen Produktion antiker Schriftsteller gespeist.

Diese Schriften haben sich aber nicht – oder nur in den seltensten Fällen – in direkter Linie aus der Antike erhalten. Gelehrte und Literaten unterhielten Bibliotheken und ließen ihre Schreiber Kopien von Handschriften anfertigen, in deren Besitz sie gelangten. Darüber hinaus entstanden in den Kulturhauptstädten der Antike – etwa in Athen, Alexandria, Pergamon, Rom und Konstantinopel – Bibliotheken mit beachtlichen Sammlungen, die an Philosophenschulen angeschlossen waren oder von Mäzenen bzw. Herrschern gefördert wurden. Die berühmteste war die seit dem 3. Jh. v. Chr. vom Herrscherhaus der Ptolemäer finanzierte Bibliothek von Alexandria, die eine wahrhaftige Institution des antiken Buchwesens mit dem größten Buchbestand war, dessen tatsächlicher Umfang jedoch unbekannt ist. Sie beinhaltete möglicherweise um die 500 000 Schriftrollen.

Auf den Buchmärkten von Athen und Rhodos wurden Schriftrollen angekauft und gehandelt. Die Kapitäne der in den Hafen einlaufenden Schiffe mussten zudem den Bibliothekaren ihre Bücher für kurze Zeit zum Kopieren überlassen und erhielten wohl nicht selten nur die Kopien zurück, während die Originale in die Bestände aufgenommen wurden. Dass trotz des wenig haltbaren Materials (Papyrus ist weit weniger haltbar als modernes, säurefreies Papier) und der mühsamen Kopierarbeit von Hand dennoch viele Texte aus der Antike überliefert sind, verdanken wir den mittelalterlichen Schreibstuben in den Klöstern des Westens, besonders aber den byzantinischen Gelehrten. Die Überlieferung der antiken Schriften ist nämlich das Resultat eines mittelalterlichen Rezeptions- und Selektionsprozesses. Nur diejenigen antiken Autoren, die dem christlichen Mittelalter als vorbildlich erschienen oder zu Lehrzwecken nötig waren, wurden kopiert und – das war entscheidend – auf Pergament in den Codices der Spätantike und des Mittelalters, ein von Holzdeckeln umschlossener Block aus gefalteten oder zusammengehefteten Pergamentblättern, überliefert. Denn Pergament, das in besonders hochwertiger Qualität wohl zuerst im antiken Pergamon hergestellte Beschreibmaterial (daher der »Markenname«), das aus nicht gegerbten, aber speziell bearbeiteten Tierhäuten besteht (besonders Ziegenhäuten), hält bei ordentlicher Pflege bis in alle Ewigkeit, wie über 1000 Jahre alte mittelalterliche Handschriften in unseren Bibliotheken und Museen belegen.

Auf diese Weise erhielten sich griechische und lateinische Texte, die zu Codices gebunden wurden, bis in die Zeiten des modernen Buchdrucks, der die günstige Vervielfältigung dieser wertvollen Handschriften ermöglichte. Optimistische Schätzungen, die von ca. 3000 überlieferten Autorennamen aus der Antike abstrahieren, gehen davon aus, dass unter 10 % des antiken Schrifttums erhalten geblieben sei. Jedoch ist anzunehmen, dass wesentlich mehr Autoren eine wesentlich größere Anzahl an Werken in den ca. 1000 Jahren von ca. 500 v. Chr. bis 500 n. Chr. verfasst haben. Pessimistischere – und wahrscheinlichere – Szenarien legen deshalb nahe, dass weniger als 1 % des nichtchristlichen antiken Schrifttums bis in die Moderne überlebt hat. Dies ist auch der Grund, weshalb unsere umfangreicheren Kenntnisse über antike Staaten und Gesellschaften auf wenige, herausragende Zentren der antiken Welt beschränkt sind. Athen, Sparta und Rom dominieren dabei in einem ungebührlichen Maß. Große Zentren wie Alexandria, Antiochia, Syrakus oder Milet rangieren weit dahinter, was Erwähnungen und Erläuterungen in den Quellen betrifft.

Ein Beispiel mag diese durch den Quellenmangel verursachte Verengung unseres Blicks illustrieren: Im heutigen Rumänien, ca. 20 km hinter der antiken Küstenlinie des Schwarzen Meeres, liegt die größte befestigte Siedlung dieses Landstrichs – 24 ha sind ummauert –, die spätrömische Stadt Ibida. In einer Nebenbemerkung des Historikers Prokop finden wir die – von einem spätbyzantinischen Schriftsteller abgesehen – einzige Nennung dieser bedeutenden Stadt, auf deren Gebiet sich große Mengen von Keramikresten aus der Spätantike finden, die eine große Bevölkerung und die Versorgung von Truppen in dieser Stadt nahelegen. Hätte Prokop die Siedlung nicht in die Liste der Städte aufgenommen, deren Befestigungen auf Geheiß von Kaiser Justinian I. im 6. Jh. n. Chr. instand gesetzt wurden, und außerdem ungefähr lokalisiert, wüssten wir nicht einmal den Namen dieser bedeutenden Stadt.

Die historischen Quellen sind deshalb grundlegend für unser Verständnis der antiken Welt. Zwar haben archäologische Forschungen im letzten halben Jahrhundert unser Wissen enorm erweitert und geholfen, neues Licht in die materielle Alltagskultur der Antike zu bringen, dennoch erlauben nur die Schriftquellen die Verbindung von komplexen Sachverhalten zu Sinnzusammenhängen und damit zu einem historischen Narrativ. Wie wichtig das ist, mag man an den Problemen der Prähistoriker erkennen, die eine Vielzahl »kultischer« Gegenstände aus der Erde bergen, jedoch keine Ahnung haben, welchem Zweck diese dienten und welcher Sinngehalt den Dingen und den mit ihnen verbundenen Handlungen zukommt. Dieser Mangel an Wissen wird mit oft auf anthropologischem Vergleich fußender Theoriebildung kompensiert.

Die vor diesem Hintergrund so wichtigen, im engeren Sinne historischen Schriften – literarische Werke haben natürlich auch ihre historische Bedeutung und können bis zu einem gewissen Grad als historische Quellen benutzt werden – unterscheiden sich aber in erheblichem Maße von denen, die wir heute als solche betrachten. Geschichtsschreibung ist in der Antike eine literarische Gattung, der ein anderer Wahrheitsbegriff und eine völlig andere Quellenkritik zugrunde liegt. Deswegen müssen die antiken Quellen aus der Feder verdienter und anerkannt »glaubwürdiger« Historiker wie Herodot, Thukydides, Sallust und Tacitus einer rigorosen Quellenkritik, wie sie im 19. Jh. entwickelt wurde, unterzogen werden, wobei die jeweiligen Tendenzen und Intentionen berücksichtigt werden müssen.

Der Althistoriker Moses Finley hat einmal die Situation seiner Zunftgenossen, die eine ganz andere ist als etwa die der Neuzeithistoriker, die in Archiven reiche Ernte halten und über Bevölkerungsevidenzen, Grundbuchdaten und Kirchenbücher verfügen, treffend mit einem Vergleich beschrieben: Man stelle sich vor, ein Historiker, der den Russlandfeldzug Napoleons erforschen und beschreiben will, habe nur Tolstois »Krieg und Frieden« sowie in der russischen Erde gefundene Uniformreste und ein paar Lafetten zur Verfügung.

Nur so kann man etwa ermessen, wie moderne Fachleute mithilfe des Thukydides und einiger archäologischer Zeugnisse aus Athen und anderen Städten den Peloponnesischen Krieg rekonstruieren müssen.

Lektürehinweise:
Unter den vielen Gesamtdarstellungen zur Antike ragt unter den umfangreicheren Dahlheim (2002) hervor. Schuller (2004) verbindet Übersichtlichkeit mit sprachlicher Klarheit. Für ein studentisches Publikum haben Gehrke und Schneider (2006) ein Handbuch verfasst. Geographische Sachverhalte finden sich nach Schlagworten in Sonnabend (1999). Zum Buch- und Bibliothekswesen der Antike siehe Jochum (2007) und Blank (1992). Zur Überlieferungsgeschichte der antiken Texte Pöhlmann (1994).

TEIL I
HISTORISCHE GRUNDLAGEN

1.
GIECHENLAND

1.1. Archaische Zeit: Die Geburt des Stadtstaats, Adelskultur und Tyrannis

· Einstieg ins Thema: Was uns Scherben mitteilen können.
Abb. 1 zeigt eine Tonscherbe, auf der griechische Buchstaben eingeritzt sind. Diese kleine Scherbe ist gewissermaßen die Nussschale, in die ich das gesamte antike Griechenland hineinpacken möchte. Das ist vielleicht etwas vermessen, aber man wird sehen, dass viele Aspekte der griechischen Lebenswelt sich anhand dieses kleinen Stücks Ton anschaulich machen lassen.

Abb. 1: Óstrakon mit der Aufschrift »Aristeides Lysimacho«

Zunächst einmal handelt es sich bei der Scherbe um ein sogenanntes Óstrakon, eine beim athenischen Scherbengericht, dem Ostrakismós, verwendetes Stimmtäfelchen. Das Scherbengericht war eine bemerkenswerte Institution, mit der die Athener unliebsame Politiker für zehn Jahre ohne weitere Angabe von Gründen in die Verbannung schicken konnten (nur noch die Stadt Syrakus auf Sizilien verfügte über ein ähnliches Verfahren, bei dem aber Olivenbaumblätter verwendet wurden). Diese Erfindung entsprang der Furcht der Athener, eine unter den maßgeblichen Führungspersönlichkeiten könnte sich zum Alleinherrscher, zum Tyrannen aufschwingen. In der Praxis diente diese Institution aber im 5. Jh. v. Chr. dazu, grundlegende Entweder-oder-Entscheidungen zu vereinfachen, indem man den Meinungsführer einer politischen Richtung oder Handlungsoption ins ehrenhafte Exil verbannte: also aus den Augen, aus dem Sinn. Der erste Ostrakismós ist für 487, der letzte für 417 v. Chr. überliefert. Später wurde die Institution stillschweigend aufgegeben, aber nicht abgeschafft.

Diese Óstraka, von denen man in Athen über 11 000 gefunden hat, tragen immer einen Namen eines Politikers, denn jeder Athener durfte einen ganz beliebigen Namen (es gab keine »Shortlist« von Verbannungskandidaten) auf eine Stimmscherbe ritzen. Das geschah maximal einmal pro Jahr und auch nur, wenn die Mehrheit der Volksversammlung, Ekklesía genannt, die Versammlung der männlichen, erwachsenen Bürger, für die Abhaltung eines Scherbengerichts votierte. Dann mussten mindestens 6000 Stimmen auf einen einzigen Mann fallen, damit dieser ins Exil geschickt werden konnte. Unser Óstrakon nennt Aristeides, Sohn des Lysimachos. Und tatsächlich musste Aristeides, den man »den Gerechten« nannte, im Jahr 483 v. Chr. ins Exil gehen. Er lag seinerzeit im Streit mit einem anderen Meinungsführer, Themistokles. Inhaltlich ging es in der Auseinandersetzung darum, wie man gegen die Bedrohung durch das Perserreich vorgehen sollte. Als die Perser dann 480 v. Chr. mit Heeresmacht nach Griechenland kamen, wurde Aristeides, wie alle im Exil weilenden Führungskräfte, im Rahmen eines »Burgfriedens« zurückbeordert und kämpfte als gewählter General, Stratege genannt (es gab in klassischer Zeit neun Strategen, die jährlich gewählt wurden), loyal an der Seite des Themistokles, der den athenischen Oberbefehl innehatte.

Was sagt uns aber diese 2500 Jahre alte Tonscherbe über die griechische Antike, außer der immerhin faszinierenden Tatsache, dass es sich um ein reales, physisches Überbleibsel einer spannenden politischen Richtungsentscheidung handelt? Grundsätzlich zeigt uns die Scherbe und die mit ihr verbundene Prozedur, dass bei den Griechen, zumindest den Athenern, eine ganz besondere politische Debattenkultur existierte, die bisweilen klare Richtungsentscheidungen erforderlich machte. Darüber hinaus zeigt die Institution des Scherbengerichts eine auffällige Erfindungsgabe für komplizierte

Verfahrensweisen. Auf die Idee, in dieser Weise, einmal pro Jahr, aber nur auf Verlangen der Mehrheit abzustimmen und dann mit einem hohen Quorum als Regulativ gegen Politiker-Bashing, muss man erst einmal kommen!

Ein anderer Aspekt, der sich anhand der Óstraka aufzeigen lässt, ist die herausragende Bedeutung des Materials, das uns in diesem Fall in Form von kreativem Recycling begegnet: Die Keramik. Für die Antike meistens Alltagsgeschirr, sind viele erhaltene griechische und römische »Vasen« heute wertvolle Museumsstücke, und für bemalte Keramik aus Korinth oder Athen werden bei Sotheby's Spitzenpreise erzielt. Keramik und ihre Nutzung war ein wichtiger Teil des Alltagslebens in der Antike. Ein ganzer Wirtschaftszweig ernährte sich von der Produktion dieser fragilen Ware, etwa die Meister und Händler im Töpferviertel Athens, dem Kerameikos.

Gebrannter Ton überdauert die Zeiten wie kaum ein anderes Material und ist deshalb für die Archäologen von eminenter Bedeutung. Da Gefäße aus Ton (die Archäologen sprechen von Vasen – von italienisch vaso; mit dem gebräuchlichen deutschen Wort für ein Behältnis für Schnittblumen hat der Begriff jedoch nichts zu tun) leicht zu Bruch gehen und im Gegensatz zu wertvollen Metallprodukten nur in Ausnahmefällen – wie beim Scherbengericht – wiederverwendet werden können, bilden die Millionen Tonscherben aus der Antike, die die Zeiten überdauert haben, eine der wichtigsten Quellen für die Archäologie. Das betrifft einerseits kunst- und kulturgeschichtliche Sachverhalte, denn viele der griechischen Vasen sind mit wunderbaren Motiven aus der Mythologie und auch aus dem Alltagsleben bemalt. Andererseits aber bilden die Überreste der griechischen (wie überhaupt antiker) Keramik die Grundlage eines chronologischen Gerüstes, das auf der Analyse der relativen Abfolge von Stil- und Formentwicklungen sowie Herstellungsweisen basiert.

Dieser von ästhetischen Fragen völlig unabhängige Aspekt antiker Keramik wird angesichts der kunstgeschichtlichen Bedeutung wertvoller Vasen oft etwas vernachlässigt. Die Experten, die ihr Leben damit zubringen, etwa korinthische Keramik systematisch in ein chronologisches Gerüst einzuordnen und auf ihre relative und absolute Chronologie hin abzugleichen – in vielen Fällen können Vasen sogar definitiv bestimmten Malern zugeordnet werden –, gehören nicht immer zu den Stars der Branche (und manche von ihnen haben auch vergessen, dass es außer Tonscherben noch andere Dinge auf der Welt gibt). Ohne sie wären viele chronologische Einordnungen und absolut chronologische Anpassungen von archäologischen Funden aber kaum möglich. In jedem Fall ist uns die (Alltags-)Keramik wichtiger, als sie den Griechen oder Römern war. Sie haben sie achtlos nach Gebrauch weggeworfen. Wir freuen uns heute über jeden Neufund von noch so kleinen Scherben in den Müllhalden antiker Siedlungen, erst recht, wenn Namen wie Aristeides, Themistokles oder Perikles darauf eingeritzt sind.

Für einen weiteren Aspekt, der sich aus unserem Scherbengerichtsbeispiel ergibt, müssen wir Abb. 2 und den griechischen Autor Plutarch bemühen, der rund 500 Jahre nach diesen Ereignissen seine Informationen darüber aufschrieb: Plutarch berichtet uns in seiner Biographie des Aristeides (Kap. 7), dass ein Bauer an diesem Ostrakismós des Jahres 483 v. Chr. teilnahm und seinen Nachbarn in der Volksversammlung bat, ihm doch behilflich zu sein, den Namen Aristeides auf eine Scherbe zu ritzen. Auf die Frage des hilfsbereiten Nachbarn, was er denn gegen diesen Aristeides habe und ob er ihn überhaupt kenne, gab der Bauer zu verstehen, dass ihn an diesem ihm unbekannten Politiker lediglich ärgere, dass er sich »der Gerechte« nennen lasse. Der Angesprochene, der, wie gebeten, den gewünschten Namen auf die Scherbe ritzte, war natürlich niemand anderes als Aristeides »der Gerechte« selbst.

Ganz erstaunlich ist aber das Óstrakon in Abb. 2, auf dem der Name Aristeides mit unsicherer, zittriger Hand, der zur Identifizierung eines Bürgers nötige Vatersname darunter dann zunächst falsch ge-

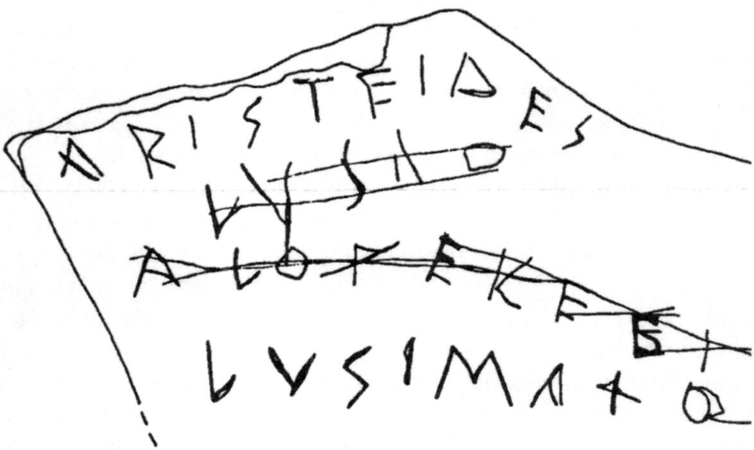

Abb. 2: Óstrakon mit Einritzungen von unterschiedlicher Hand

schrieben und im Anschluss durchgestrichen wurde. Die gleiche unsichere Hand hat auch den Namen des »Demos«, des dörflichen Verwaltungsbezirks von Athen, in welchem Aristeides zu Hause und in dem sein Name in die Bürgerliste eingetragen worden war – nämlich den des Demos »Alopeke« –, fehlerhaft eingeritzt und durchgestrichen. Darunter findet sich jedoch mit anderer, kräftiger, gut lesbarer Handschrift neu geschrieben der zunächst verhunzte und dann durchgeschriebene Vatersname »Lysimachos« (im Genitiv, im Sinn von »Sohn des Lysimachos«). Hier hat ganz klar ein hilfsbereiter Mitbürger mit besseren Schreibfertigkeiten ausgeholfen; vielleicht wirklich Aristeides, der Gerechte, selbst?

Auch wenn wir skeptisch bleiben und trotz dieses Óstrakons nicht annehmen wollen, dass die viel zu schöne Anekdote Plutarchs den Tatsachen entspricht (Funde von seriell, mit gleicher Hand beschriebenen Óstraka mit einem einzigen Namen, die wohl von den Gegnern vor der Versammlung verteilt worden waren, lassen Zweifel berechtigt erscheinen), wirft der Sachverhalt doch ein Licht auf eine für die griechische Kultur und die Kultur der Antike generell bedeutsame Frage: Die Verbreitung der Kenntnis des Lesens und des Schreibens, kurzum das Thema Schriftlichkeit. Einerseits verweisen die vielen Tausend Óstraka zusammen mit den vielen öffentlich in Athen und anderen griechischen Städten aufgestellten Inschriften darauf, dass Lese- und Schreibkenntnisse offenbar weitverbreitet, gewissermaßen sogar essentiell für die Teilhabe an politischen Entscheidungen wie dem Scherbengericht waren. Andererseits zeugen aber gerade das Beispiel von Aristeides »dem Gerechten« bei Plutarch und das Óstrakon von Abb. 2 auch davon, dass eine generelle Schriftkenntnis nicht grundsätzlich und immer vorausgesetzt werden darf.

· Schriftkultur versus Mündlichkeit

Sicher war aber die Schriftrevolution im 9. Jh., als die Griechen das phönizische Alphabet zu einer einfach zu erlernenden und leicht zu gebrauchenden Lautschrift umgewandelt hatten, eines der für das Abendland bedeutendsten Ereignisse. Da das Phönizische als semitische Sprache weitgehend ohne Vokale auskam, mussten die Griechen nur einige Schriftzeichen, für die sie keine Verwendung hatten, zu Vokalen umfunktionieren, um ein flexibles, auf Lautwerten aufbauendes Zeichensystem zu haben, mit dem jeder Sprachlaut abgebildet werden kann. Damit entwickelte man das erste Schriftsystem, das sowohl reinen Konsonanten als auch Vokalen eigene Zeichen zuwies. Es ist nicht unwahrscheinlich, dass diese Neuerung auf eine kleine Gruppe, vielleicht sogar einen einzigen Mann zurückgeht. Der Gräzist Ulrich von Wilamowitz-Moellendorf sprach in diesem Zusammenhang von einem »unbekannten Wohltäter der Menschheit«. Bis heute beherrscht die erste Alphabetschrift mit ihren kyrillischen und lateinischen Ablegern weite Teile der Welt. Diese neue Schriftform sowie das Bedürfnis, sie auch ausgiebig in unterschiedlichen Kontexten zu verwenden, haben eigentlich die Griechen erst wirklich zu den Begründern der abendländischen Kultur gemacht. Denn ihrer Literatur (von Drama bis Philosophie), die über die römische und dann die humanistische Tradition ihren Weg ins moderne Europa gefunden hat, sowie deren lange gültigen Modellfunktion verdanken wir einen Großteil unserer Denkgewohnheiten.

Dabei war der Weg der Griechen zur Schriftkultur keineswegs ein Selbstläufer und Schriftkenntnis allein ist nur die Voraussetzung zur Entwicklung einer Schriftkultur (die Inka oder die Kelten etwa kannten Formen von Schrift, machten jedoch nur geringen, an spezielle Kontexte gebundenen Gebrauch davon). Dass sich in Griechenland und (zunächst vorbildhaft) in Athen eine Schriftkultur entwickeln konnte, hängt nicht in erster Linie mit der Ausbildung einer Literaturtradition oder der Notwendigkeit religiöser Kommunikation zusammen, wie man aus heutiger Sicht wohl zunächst vermuten könnte, sondern mit der Herausbildung der typischen auf Bürgergemeinschaften beruhenden, recht eigenartigen griechischen Staatswesen, deren Grundlage die in unterschiedlichen Graden erfolgende Beteiligung der Bürger an den politischen Entscheidungsprozessen war. Diese Stadtstaaten nannten sich Poleis, in der Einzahl Polis. Die Polis als – davon abgeleitet – »politisches« Ordnungssystem und als Lebensraum bildete sich fast zeitgleich mit der Übernahme der Schrift im 8. und 7. Jh. v. Chr. aus.

· Die Entstehung der Stadtstaaten und die griechische Kolonisation: Die Polis als Stadt und Lebensraum

Zuvor hatten die Griechen bzw. ihre Vorfahren, die sogenannten »Mykener«, also die Träger der nach dem wichtigsten Ort auf der Halbinsel Peloponnes, Mykene, benannten bronzezeitlichen mykenischen Palastkultur, in von Königen beherrschten Städteburgen gelebt. Auch nach dem aus völlig ungeklärten Gründen um 1150 v. Chr. erfolgten Niedergang dieser durch zentrale Verwaltung geprägten Palastkulturen, zu deren wichtigsten Zentren in Griechenland neben

Mykene auch Tiryns, Theben oder Pylos gehörten, war die Herrschaft eines Fürsten oder Königs über nunmehr kleinere Einheiten die übliche Organisationsstruktur der überschaubaren Gemeinwesen.

Das wissen wir – abgesehen von archäologischen Erkenntnissen aus den Ausgrabungen der »Paläste« solcher Kleinkönige (etwa Lefkandi auf Euböa) – vor allem dank der beiden Dichtungen, die am Anfang der griechischen Schriftkultur stehen: Ilias und Odyssee. In diesen etwa in der zweiten Hälfte des 8. Jh.s v. Chr. entstandenen Epen wird die Welt der griechischen Kleinkönige beschrieben, wie sie sich den Rhapsoden, den fahrenden Sängern dieser Zeit, aus der Überlieferung darstellte. Dabei lässt sich nicht mehr trennen, ob die Sänger um 750 v. Chr. eher die etwas geschönten gesellschaftlichen Umstände der kleinen Stammeskönigtümer der sogenannten »Dunklen Jahrhunderte« nach dem Untergang der mykenischen Kultur in ihren Versen beschrieben, oder ob noch weiter reichende Erinnerungsfetzen aus der Zeit der Paläste in den Dichtungen enthalten sind. Offiziell geben Ilias und Odyssee – die, das sei hier nur ganz kurz erwähnt, nicht vom gleichen Autor stammen – in der Tat vor, die Geschichte einer glorreichen Vergangenheit zu berichten, in der die Führer der Mittelmeerwelt aufgrund eines Frauenraubs und befeuert durch ihren Stolz einen Krieg um die Vorherrschaft, den Trojanischen Krieg, führen.

Realistisch gesehen berichtet die etwas später als die Ilias, nämlich wohl um 700 v. Chr. herum entstandene Odyssee aber nicht nur von den phantastischen Irrfahrten des namensgebenden Helden Odysseus, sondern wartet mit einigen Realien hinsichtlich ihrer Entstehungszeit auf. Denn genau in dieser Zeit lässt sich die Entstehung der eigenartigen Organisationsform »Polis« beobachten. Sie wird schon in der Odyssee beschrieben. Dort wird von der Gründung der Phäakenstadt Scheria berichtet (die Phäaken sind ein friedliebendes Phantasievolk), in der Odysseus gastliche Aufnahme findet und die bereits über wesentliche Elemente eines griechischen Stadtstaates verfügte: »Aber sie [die Phäaken] führte von dannen Nausithoos, ähnlich den Göttern,/ Brachte gen Scheria sie, fern von den erfindsamen Menschen,/ Und umringte mit *Mauern* die Stadt, und richtete *Häuser*,/ Baute *Tempel* der Götter, und teilte dem *Volke* die *Äcker*.« (Od. 6, 6 ff., Hervorhebungen A. R.).

Von Ausnahmen abgesehen ist die griechische Polis eine befestigte Siedlung, wie auch die Stadt der Phäaken im Epos. Polis meint auch etymologisch zunächst einmal den befestigten Ort – die »Akropolis« ist die erhöht gelegene Burg. Die zitierte Stelle aus der Odyssee verweist auch noch auf weitere wichtige räumliche Gliederungen griechischer Städte: Die Häuser der Menschen und die Häuser der Götter, die Tempel, sowie den zur Stadt gehörenden Ackerboden im unmittelbaren Umland der Polis, der Chora. In diesem Hinterland existierten oft zur Polis gehörige ländliche Siedlungen, die man vielleicht am besten mit Dörfern vergleichen kann, von den Griechen »Komen« oder »Demen« genannt.

Zu dieser idealtypischen Raumordnung gehört auch und besonders der städtische Versammlungsplatz, der ebenfalls schon in den homerischen Epen erwähnt wird: die Agora. Dieser öffentliche Raum ist der Versammlungsplatz der Gemeinschaft, aber auch Ort des Rechts und Platz für religiöse Feste. Der Versammlungsplatz der Polis war von alters her der Ort, an dem das ganze Volk am öffentlichen Leben, an religiösen Zeremonien und athletischen Spielen teilnahm. Natürlich diversifizierten sich im Laufe der Entwicklung die öffentlichen Räume und die Poleis entwickelten zum Teil unterschiedliche Traditionen. So verfügte Athen etwa über drei wichtige öffentliche Räume, einen Versammlungsplatz zur politischen Entscheidungsfindung (die Pnyx), die Agora als Marktplatz und Ort des Meinungsaustauschs, sowie einen Gerichtsplatz (den Areopag). Dennoch blieb die Agora das zivile Zentrum der Polis, was auf die von Anfang an integrierende Bedeutung der Bürgerbeteiligung für die griechischen Stadtstaaten verweist.

· Polis als Exportprodukt: Die griechische Kolonisation

Diese grundlegende räumlich-funktionale Gliederung der Polis war schon zu einem recht frühen Zeitpunkt ausgeprägt, als sich die alten »homerischen« Kleinkönigtümer zunehmend in Einheiten verwandelten, in denen immer mehr Männer die politische Verantwortung untereinander aufteilten. In dieser Frühphase der antiken Poliskultur Griechenlands, der sogenannten »archaischen Zeit« (ca. 750–500 v. Chr.) fand gleichzeitig mit wichtigen politischen Veränderungen, die langfristig auf die Ausbildung von Bürgergesellschaften mit einem immer breiteren Kreis an politisch Berechtigten hinausliefen, ein bedeutender Prozess statt, den man allgemein als »griechische Kolonisation« bezeichnet. Der Begriff führt etwas in die Irre, da die auswandernden Griechen nicht etwa fremde Völker unterwarfen und große Gebiete in Anspruch nahmen, sondern an den Gestaden des Mittelmeers und des Schwarzen Meers (gr. Pontos Euxeinos) solche

Orte aufsuchten, an denen sie möglichst unbehelligt ihre neuen, zunächst kleinen Gemeinschaften aufbauen konnten. Dabei nutzten sie für ihre landwirtschaftlichen Interessen nur überschaubare Gebiete des Hinterlands. Alle griechischen Neugründungen waren Küstensiedlungen und auf Handel und Kommunikation mit den übrigen Griechenstädten zum Meer hin ausgerichtet.

Als wichtigste Ursache für die Auswanderungsbewegung wird eine sprunghafte Zunahme des Bevölkerungswachstums im griechischen Kernland angesehen, die archäologisch durch eine größere Bestattungsdichte in dieser Zeit – zumindest für die gut untersuchten Gebiete Attika und Argos – nachgewiesen werden konnte. Zu dem massiven Bevölkerungswachstum gesellten sich in vielen Fällen weitere Faktoren, wie Dürren oder Missernten hinzu, die den Exodus forcierten.

Meist erfolgte die Auswanderung freiwillig unter der Führung eines angesehenen Mannes. Einem solchen Aufruf folgten dabei besonders abenteuerlustige und verarmte Mitglieder der entsendenden Metropolis (Mutterstadt). In einigen Fällen allerdings, wie bspw. in der Stadt Thera auf der Ägäisinsel Santorin, wurden junge Männer auch ausgewiesen, um eine neue Stadt zu gründen (hier Kyrene in Nordafrika). Durch die Not nach anhaltender Dürre beschlossen die Theraier, »dass aus allen sieben Gemeinden der Insel immer je einer von zwei Brüdern um die Auswanderung losen sollte«. Als die so zur Auswanderung gezwungenen jungen Männer nach einer ersten erfolglosen, da halbherzigen Ausfahrt wieder nach Hause zurückkehrten, wurden ihre Schiffe bei der Einfahrt in den Hafen von ihren ehemaligen Mitbürgern und Verwandten beschossen und zur Umkehr gezwungen. Die beim griechischen Historiker Herodot wiedergegebene Geschichte (4, 153) unterstreicht die genannten Faktoren für die massive Auswanderungswelle seit dem späten 8. Jh. Sicherlich mögen im Einzelfall auch Abenteuerlust und Entdeckersinn bei Auswanderern eine Rolle gespielt haben und manch ein Glücksritter wird die Chance beim Schopf ergriffen haben.

Die meisten Gründungen waren tatsächlich erfolgreich und manchmal übertraf die Apoikie (Pflanzstadt) bereits nach wenigen Generationen die Metropolis an Prosperität. Auch die Kolonien sandten ihrerseits wiederum Siedler aus, die neue Städte gründeten. Nach den ersten erfolgreichen Neugründungen bildete sich so etwas wie ein typisches Prozedere für die Kolonisation aus. Eine Gruppe junger Männer, kaum mehr als 200, scharte sich um einen Anführer, der meist auch für nötige Investitionen aufkam (Schiffe) und holte dann das entscheidende Votum beim Orakel in Delphi ein, das sich nach den Worten des Altertumswissenschaftlers Humphrey Kitto zu einer Art »colonial research bureau« entwickelt hatte. Denn in Delphi, dem griechischen Tor zur Welt, trafen sich bei den überregionalen religiösen Festen für den Gott Apoll Griechen ›aus aller Herren Länder‹, die vielseitige geographische und nautische Kenntnisse besaßen, sodass auch die Priesterschaft und die orakelnde Pythia – das war die in höchstem Ansehen stehende Priesterin, die allein die Orakel verkündete – über geeignetes Wissen verfügten, interessante Zielorte für Koloniegründungen auszuweisen.

Waren die Auswanderer am Bestimmungsort angekommen, wurde der Platz provisorisch befestigt. Manchmal überwinterten die Neusiedler zunächst sicherheitshalber auf einer vorgelagerten Insel und erkundeten das Gebiet. Im folgenden Jahr wurde das Land gerecht in gleichgroße bzw. ähnlich ertragreiche Landlose *(kléroi)* aufgeteilt und dann unter den Gefährten verlost. Dieser Sachverhalt ergibt sich nicht nur aus den Quellen (auch die Odyssee spricht bei der oben zitierten Ordnung der Phäakenstadt von der Zuteilung des Landes), sondern auch aus dem archäologischen Befund. Durch Ausgrabungen und Luftbildaufnahmen konnten auf Sizilien und in Süditalien gerasterte, von Straßen regelmäßig durchzogene Stadtanlagen belegt werden, deren Planung von Anbeginn gleich große Streifengrundstücke im Stadtzentrum für die Siedler vorsah.

Hatten die Neusiedler die ersten Jahre glücklich überstanden und sich friedlich mit den Einheimischen arrangiert oder die bodenständige Bevölkerung gewaltsam überwunden bzw. zurückgedrängt, stand ihnen eine blühende Zukunft bevor, wie die Erfolgsgeschichten der griechischen Pflanzstädte belegen. Dabei sollte man bei aller Bedeutung, die dem Fernhandel zukam, nicht vergessen, dass es den Kolonisten zunächst und in erster Linie um die Gewinnung neuen Ackerlandes ging, und dass somit die Landwirtschaft für die Versorgung und für das nachhaltige Wachsen und Gedeihen der Pflanzstädte von entscheidender Bedeutung war.

Die Siedler nahmen sich – im Einverständnis oder aber durch Raub – einheimische Frauen. Einige warteten auch auf Zuzug von Nachzüglern aus der alten Heimat, mit der intensiv Kontakt gehalten wurde und in der sich nach erfolgreicher Koloniegründung viele Auswanderungswillige, darunter offenbar auch Frauen, fanden, die nun kein so großes Risiko mehr tragen mussten.

griechischen Stadtstaaten von Adelsherrschaften zu selbstbestimmten Bürgergemeinschaften zubilligen sollen.

In jedem Fall waren die Tyrannen, so sehr sie auch bemüht waren, im Interesse ihrer Herrschaft die anderen Adelsfamilien zu kontrollieren oder gar gewaltsam auszuschalten, Angehörige dieser Oberschicht, die die griechische Gesellschaft und Kultur der archaischen Zeit weitgehend bestimmte. An dieser Führungsschicht orientierten sich die gesellschaftliche wie kulturelle Entwicklung und ihre Sitten und Gebräuche wurden zur Leitkultur. Der Adel entwickelt auch ein spezifisches Standesbewusstsein, das grob mit unserer neuzeitlichen Vorstellung von Geburtsadel vergleichbar ist, wobei für die Griechen ein größeres Gewicht auf der individuellen Leistung lag. Dennoch hat bereits der griechische Universalgelehrte Plutarch darauf hingewiesen, dass es praktisch keinen griechischen Lyriker gibt, der nicht in seinen Gedichten lobend und preisend von edler Abkunft und hoher Geburt spricht.

Allgemein bezeichneten sich Angehörige dieser Führungsschicht als die Besten, *áristoi;* in Athen nannten sie sich auch »die von edlen Vätern Abstammenden« (Eupatriden), in Syrakus »Landbesitzer« (Gamoroi). Gemeinsam war ihnen allen das Streben nach *areté*, nach »Bestheit«, einem der zentralen Wertbegriffe der frühen griechischen Kultur. Über die Adelskultur der archaischen Zeit sind wir, ganz im Gegensatz zur Lebensweise und den Sitten unterer Schichten, recht gut informiert. Der sich in der materiellen Kultur widerspiegelnde Luxus, Darstellungen in Skulptur und Flächenkunst sowie auch erste Zeugnisse einer programmatischen griechischen Lyrik liefern hierfür wichtige Anhaltspunkte. Hinter der gängigen griechischen Bezeichnung für Adel und Adelsherrschaft, der sich noch im heutigen deutschen Sprachgebrauch in Begriffen wie Aristokratie spiegelt, verbirgt sich eine regelrechte Ideologie. Denn die *áristoi* verstanden sich wirklich als die Besten in einem anspruchsvollen und auf Wettbewerb und Leistung ausgerichteten Sinne, dessen Ursprung der Kampf und kriegerische Exzellenz den Maßstab bildeten. Der gesellschaftliche Vorrang, den sich bestimmte Familien erworben hatten, musste von ihren einzelnen Mitgliedern immer wieder aufs Neue unter Beweis gestellt werden. Vielleicht war diese Wettkampfkultur des Adels ein Grund für die Schwäche der Adelsherrschaften, die somit einen Raum für die Entstehung der »Bürgerpolis« öffnete.

· Adelskultur und Wettstreit

Vor diesem Hintergrund entwickelte sich wohl in den letzten Jahrzehnten des 7. Jh. v. Chr., – so lassen zumindest die Motive der Vasendarstellungen dieser Zeit vermuten – eine reiche und aufwendige adlige Festkultur, die ihren Platz vor allem bei den Symposien (den rituellen Gelagen der Männer), Hochzeiten und den Totenfeiern fand. Besondere Bedeutung für den Wettbewerb um die »Bestheit« erlangten die sportlichen Wettkämpfe, die ihren Ursprung wohl im Totenkult hatten (die großartigen Leichenspiele für Patroklos in der Ilias wären ein Beispiel). In zunehmendem Maße wurden sportliche Wettkämpfe aber in große Kultfeste eingebunden und damit religiös sanktioniert. In diesem Bereich hat der Adel wohl seinen prägendsten Einfluss auf die griechische Kultur als Ganzes ausgeübt: der Wettstreit *(agón)* als Maßstab und Grundprinzip.

Diese Wettbewerbsbezogenheit der griechischen Kultur hat bereits Jacob Burckhardt als eine Besonderheit der Griechen erkannt. In diesem »agonalen Prinzip« sah er – und viele sind ihm darin gefolgt, obwohl dies eigentlich ein Charakteristikum jeder Oligarchie ist – den entscheidenden Motor der kulturellen Entwicklung der kleinen politischen Gemeinschaften der Griechen, den Auslöser einer durch den ständigen Wettstreit in allen Bereichen des Lebens bestimmten Dynamik. Als deren Resultat seien die künstlerischen Glanzleistungen und die auf egalitären Grundprinzipien basierende politische Streit- und Diskussionskultur anzusehen. Selbst die klassischen Theaterfestspiele bei den großen Kultfesten der Athener, anlässlich derer die Komödien des Aristophanes und Tragödien des Sophokles oder des Euripides zur Aufführung kamen, waren als Künstlerwettstreit gestaltet, an dessen Ende es Sieger und Verlierer gab. Diese agonale Kultur hatte, unabhängig von ihrem schwer zu ermessenden Anteil am kulturellen Aufstieg der Griechen, ihren Ursprung in der Lebensweise der Führungsschicht der frühen griechischen Städte.

Innerhalb dieser Wettstreitkultur spielte das Symposion, das Gelage, eine besondere Rolle. Aus dem Orient hatte man die Sitte übernommen, beim Essen und Trinken zu liegen. In gesonderten Räumen der adligen Häuser hielt man derartige Gelage ab, bei denen der dem Essen und Trinken gewidmete Teil nur einen vergleichsweise unbedeutenden Aspekt im Gesamtablauf bildete. Das Symposion entwickelte sich zum Zentrum des gesellschaftlichen und kulturellen Lebens des frühen Griechenlands. Viele Darstellungen auf Vasen, die in Gräbern gefunden wurden, zeugen von der Bedeutung und dem Rang dieses rituellen Gelages (Abb. 3). Das Symposion war Ort raffinierter Unterhaltung durch professionelle Dichter, die ihre teilweise erhaltenen Poeme singend von der Lyra begleitet vortrugen (deswegen Lyrik), zugleich aber auch Stätte der politischen Meinungs- und Gruppenbildung. In solchen männerbündlerischen Kreisen wurden politische Allianzen geschmiedet und man versicherte sich gegenseitiger Loyalität. Es war auch der Ort ausgelebter Sexualität. Sklavinnen oder Hetären (die nur unzureichend charakterisiert sind, wenn man sie als den japanischen Geishas ähnliche Edelprostituierte bezeichnet) begegnen uns ebenso wie homoerotische Szenen und Bezüge auf bisweilen sehr expliziten Vasendarstellungen und in der Lyrik.

Abb. 3: Symposionsszene, junge Adlige spielen Kottabos

1.2. Klassische Zeit: Bürgerpolis und Demokratie

· Die neue Mitte: Griechische Bürgerschaften

Die Streitigkeiten zwischen konkurrierenden Adelsfamilien und Tyrannen als möglicher Folge waren nur ein Aspekt der allgemeinen Instabilität der archaischen Periode. Große soziale Konflikte beherrschten die frühen griechischen Stadtstaaten. Genauere Informationen haben wir – wie so oft – nur aus Athen. Dort kam es zu einer lähmenden sozialen Krise, weil immer mehr freie Athener in drückende Abhängigkeit von adligen Großgrundbesitzern und in der Folge in Schuldknechtschaft geraten waren. In einem solchen Fall verloren die Betroffenen ihre Freiheit und konnten von ihren neuen Herrn als Sklaven verkauft werden.

Diese Entwicklung hatte gesamtgesellschaftlich überaus schwere Folgen, denn seit dem 7. Jh. v. Chr. waren die militärischen Verhältnisse völlig verändert. Während früher der berittene Adlige und generell der Einzelkampf in der Schlacht die Regel war, entwickelte sich nun eine überlegene Infanterietaktik, die auf schwer bewaffneten Fußsoldaten beruhte, welche in disziplinierter Schlachtordnung, der Phalanx, mit langem Speer bewaffnet und von großem Schild geschützt auf den Gegner eindrangen. Diese sehr erfolgreiche Taktik, die es auch ermöglichte, zahlenmäßig überlegene »barbarische« Gegner, die etwa den Kolonisten in den neuen Apoikien gefährlich werden konnten, niederzuringen, machte jedoch eine neue soziale Gruppe zum Leistungsträger: den freien Bürger, der imstande war, für seine Bewaffnung aufzukommen und so als schwerbewaffneter Fußsoldat, als »Hoplit«, für die Verteidigung der Stadtgemeinschaft eine maßgebliche Rolle spielte. Verarmten nun diese freien Wehrbürger aufgrund der Schuldknechtschaft oder ließen in ihrem Einsatz für die Verteidigung der Vaterstadt nach, war das Gemeinwesen grundsätzlich bedroht.

Aufgrund dieser sozialen Unruhen hat man in Athen zweimal Gesetzgeber bzw. Schiedsrichter von herausragendem Rang bestellt. Von Drakon (um 620 v. Chr.) wissen wir fast nichts, er bleibt uns als strenger Gesetzgeber und Verantwortlicher für »drakonische« Strafen im Sprichwort erhalten. Solon, der der Überlieferung nach 594 v. Chr. als Schlichter eingesetzt wurde, sorgte für einen zeitweiligen Ausgleich und milderte die Lage der freien Bauern. Das wissen wir aus von ihm selbst verfassten Lehrgedichten, da seinerzeit die ungebundene Form der literarischen Mitteilung noch unüblich war. Im 6. Jh. v. Chr. hören wir auch von anderen Gesetzgebern in griechischen Städten, etwa dem legendären Lykurg, der Sparta seine ausgeglichene Bürgerverfassung gegeben haben soll. In anderen Fällen sind sogar Gesetzestexte inschriftlich überliefert, wie in den Städten Dreros und Gortyn auf Kreta. Diese frühen Gesetze beziehen sich vor allem auf konkrete Regelungen zur Beschränkung der Macht Einzelner oder von Gruppen durch Iterationsverbote (Verbot der Wiederbekleidung eines Amtes durch dieselbe Person). Hierin kommt ein Trend zum Ausdruck, der sich in vielerlei Hinsicht dann in der sogenannten klassischen Zeit Griechenlands (etwa 500–338 v. Chr.) besonders ausprägt: die wachsende – auch institutionell geregelte – Beteiligung der Bürger an ihrer Polis und damit die vom Namen der Gemeinschaft sich ableitende Entdeckung und Ausbildung »des Politischen«.

Die Entwicklung ging – vereinfacht ausgedrückt – von der Beschränkung der Königsmacht durch die Einführung mehrerer gleichberechtigter Ämter, deren Träger durch Wahl oder durch Los bestimmt wurden, über die Bestellung einer Ratsversammlung, die auch Recht sprach, bis hin zur graduellen Beteiligung der gesamten Bürgerschaft an diesen Wahlen und an wichtigen Entscheidungen (etwa Krieg und Frieden). Die Ratsorgane in den Poleis waren zunächst nur ausgewählten Familien vorbehalten. Entsprechend setzte sich der Athener Rat auf dem Areopag, dem Areshügel, aus Adelsvertretern und der Ältestenrat der »Gerusia« in Sparta, aus den erfahrensten, angesehensten und eben ältesten Bürgern zusammen. Anfang des 6. Jh.s v. Chr. gab es auf der Insel Chios, wie wir aus einer Inschrift wissen, bereits einen Volksrat *(boulé demosíe)*, der wohl auch das Volk nicht nur dem Namen nach einschloss. Leider sind für Städte neben Athen und Sparta die Informationen – vor allem über die Frühzeit – sehr spärlich.

Was bereits in dem Dokument aus Chios zum Ausdruck kommt und sich in Athen besonders deutlich erkennen lässt, ist die zunehmende Bedeutung der Hopliten für die Verteidigung. Angesichts der Relevanz der Wehrfähigkeit für diese Gemeinschaften waren Wehrverfassung und politische Organisation oftmals ganz nah beieinander. Wir werden auch im Falle Roms sehen, dass – wie in vielen griechischen Städten – die Einteilung der Bürger in geordnete Unterabteilungen den ursprünglichen Bedürfnissen von Rekrutierung und Heeresaufstellung folgten. Vor diesem Hintergrund war die Beteiligung derjenigen, die bei der effektiveren Phalanxtaktik neben den alten Führungsschichten in der Schlachtreihe ihre Haut riskierten, eine folgerichtige Entwicklung. Mindestens über Krieg und Frieden oder die Wahl ihrer militärischen Anführer musste das Volk als Ganzes entscheiden können. Dass die Beteiligung an den Entscheidungen und den Geschicken der Stadt ein Kernelement des Selbstverständnisses dieser Gemeinschaften war, die zwar wie in Athen, Sparta, Korinth oder Argos mehrere Zehntausend Bürger umfassen konnten, in der Regel aber in den kleineren Poleis nur 1000 bis 5000 Vollbürger zählten, kann man bereits an den Selbstbezeichnungen ersehen. So tauchen sie in den Quellen niemals als Abstraktum, etwa »Athen« oder »Sparta«, sondern immer als Kollektivverband auf, nämlich als »die Athener«, »die Korinther« oder »die Lakedaimonier« – wie sich die Spartaner nach der von ihnen bewohnten Landschaft nannten.

Dies führt uns zurück zu Aristeides und dem Scherbengericht. In Athen wurde das Volk nicht nur zur Abstimmung über Krieg oder Frieden befragt, sondern hatte wesentlich mehr Befugnisse, wie schon das Recht beliebige Mitglieder der Führungsschicht ins Exil zu schicken bestätigt. In Sparta konnte die dortige Volksversammlung, die Apella, über die ihr präsentierten Beschlussvorlagen nur mit Ja oder Nein abstimmen, wobei entscheidend war, ob Befürworter oder Gegner lauter johlten (es wurde nicht im eigentlichen Sinne mit Handaufheben abgestimmt). In Athen ging man einen anderen Weg, der im Hinblick auf die nach Zählung des Polisforschers Mogens Herman Hansen wohl an die Tausende zählenden Stadtstaaten ein Sonderweg war.

· Die Reformen des Kleisthenes

1992–93 feierte man – vor allem in den USA – den 2500. Geburtstag der athenischen Demokratie; aus ernsthaft historischer Sicht ein ausgemachter Unsinn, ein rein symbolischer Akt. Denn 508/07 v. Chr. – auf dieses Datum bezogen sich die Feierlichkeiten – setzte der adelige Führer Kleisthenes, Sohn des Megakles, eine Reform in Athen durch, die allenfalls als Startschuss oder Voraussetzung für die Einführung der Demokratie gelten kann. Was hatte nun Kleisthenes angerichtet, dass 2500 Jahre später überall in der westlichen Welt die Korken knallten?

Kleisthenes war zunächst auch nur ein weiterer adeliger Dynast, der nach dem Sturz der Tyrannis der Peisistratiden im Jahr 510 v. Chr., also der Nachkommen des sehr erfolgreichen Tyranns Peisistratos (ca. 600–528 v. Chr.), unterstützt von einem Freundeskreis Gleichgesinnter (einer sogenannten Hetairie, von »Hetairos«, Gefährte) um die Vorherrschaft in der Stadt kämpfte. Sein Gegner war Isagoras, der ebenfalls eine Gruppe um sich scharen konnte. Isagoras versuchte mithilfe der Spartaner, die ihn auch militärisch unterstützten, eine gefestigte oligarchische Organisation nach spartanischem Vorbild in Athen einzuführen, also eine Herrschaftsform, in der nur eine Clique von Wenigen das Sagen haben sollte. Als Kleisthenes im Konkurrenzkampf zu unterliegen drohte (ca. 509 v. Chr.), spielte er, wie viele Tyrannen vor ihm, die populistische Karte, indem er seine Interessen mit denen des Volkes verband und die Unzufriedenheit der Bevölkerung nutzte, um die Mehrheit für sich zu gewinnen.

Das geschah mittels einer umfassenden und klug durchdachten Reform der athenischen Verwaltungsbezirke und der Einführung des Gremiums des »Rats der Fünfhundert«, einem neuen Exekutivorgan der Volksversammlung. Grob gesagt nutzte Kleisthenes bestehende lokale Gemeinden, die sogenannten Demen, dorfähnliche Gemeinschaften, die natürlich gewachsen waren, als Basis einer Neueinteilung, die unabhängigen Bürgersinn stärken sollte. Denn einerseits wertete er die kleinen Gemeinden auf, die nun eigene kleine Demenversammlungen abhielten und die Bürgerlisten führten, die Beleg für den Status als Vollbürger waren; neben dem Vatersnamen war nämlich der Demos das weitere Kriterium, das eine Person als Bürger auswies, wie das in Abb. 2 gezeigte Óstrakon des Aristeides zeigt. Andererseits durchmischte er die Bevölkerung, indem er übergeordnete Einteilungen schuf, die – alte Traditionen imitierend – Phylen (Stämme) genannt wurden und nach einem klar definierten Algorithmus Demen ganz unterschiedlicher geographischer Lage (Stadtgebiet, Küste, Binnenland) zu einer Einheit formte.

Diese zehn Phylen, die auch durch gemeinsame kultische Verbindungen gefestigt wurden – ein gemeinsamer Phylenheros wurde religiös verehrt –, bildeten die Grundlage zur Aufstellung des Heeres, in welchem nun Bürger unterschiedlicher Gebiete Attikas gemeinsam kämpften. Somit hatte er alte Seilschaften und Hausmachtstrukturen zerschlagen. Zudem entsandten die zehn Phylen je 50 Vertreter, die auf Demenebene gewählt wurden, in den neu gegründeten Rat. Auf diese Weise wurde für eine repräsentative Verteilung der Regionen in dem neuen Gremium gesorgt, das in der Folge als Vorbereitungsorgan für die Volksversammlung, die bei den Athenern Ekklesia hieß, immer mehr Bedeutung erlangte. Möglicherweise geht auch das Scherbengericht, das erstmals für 487 v. Chr. belegt ist, auf diese Reformen zurück. In jedem Fall entspricht es ihrem Geist, da auf diese Weise lähmende Konflikte zwischen den Führungsgruppen gelöst werden konnten. Kleisthenes' kluge Neuordnung hatte eine nachhaltig stabilisierende Wirkung auf die im 6. Jh. von Krisen und Tyrannenherrschaft gezeichnete Stadt.

Mit Demokratie hatte die Neuregelung des Kleisthenes, mit der er sich vom Volk unterstützt gegen seinen Widersacher durchsetzte, allerdings noch nichts zu tun. Denn bis zur Mitte des 5. Jh.s bestimmte noch der mächtige Rat auf dem Areopag die Geschicke der Stadt. Dort berieten zuerst die Angehörigen der Adelsfamilien. Nach Solons Reformen waren es die ehemaligen für ein Jahr gewählten Amtsträger, also die Archonten, die allerdings auch allesamt dem alten Adel angehörten. Erst nach 487 v. Chr. ging man dazu über, die Amtsträger auszulosen – allerdings nur aus den höheren Vermögensklassen. Dieses Gremium gestaltete die Politik der Athener und war für Exekutive, Rechenschaftslegung der Amtsträger und Gesetzgebung zuständig.

· Die Perserkriege

Der Durchbruch für das in der Antike einzigartige Experiment, alle Entscheidungen von der gesamten Bürgerschaft direkt und ohne intermediäre Gremien nach freier Debatte fällen zu lassen und auch alle gesetzgeberischen Kompetenzen ebenfalls allen gemeinsam zu überlassen, kurzum: eine radikale direkte Demokratie einzuführen, kam in der Folge der größten Bedrohung Athens und der griechischen Welt durch die Perserkriege. Was die Perser mit der Demokratie – zumindest mittelbar – zu tun haben, wird relativ schnell ersichtlich werden. Zunächst einmal jedoch müssen wir diese große Auseinandersetzung zwischen dem mächtigen Perserreich und den griechischen Stadtstaaten nebst ihrer Vorgeschichte kurz Revue passieren lassen.

Das Perserreich erlebte unter Kyros II., dem Großen, einen geradezu kometenhaften Aufstieg. In wenigen Jahrzehnten gelang es diesem Volk, das zu Beginn des 1. Jahrtausends zusammen mit den Medern in den heutigen Iran eingewandert war, in der zweiten Hälfte des 6. Jh.s v. Chr. ein riesiges Reichsgebilde zu schaffen, das in der Antike erst unter Alexander wieder seinesgleichen fand. Kyros II. startete – das Machtvakuum, das die Assyrer zurückgelassen hatten, nutzend – um 550 v. Chr. einen Eroberungszug, dem das Reich der Meder und das neubabylonische Reich zum Opfer fielen. Sein Nachfolger Kambyses gewann sogar Ägypten hinzu. Binnen einer Generation entstand so ein Riesenreich, das sowohl die Mittelmeerwelt als auch das hintere Asien über 200 Jahre maßgeblich beeinflussen sollte.

Die kleinen griechischen Stadtstaaten, mit kleinlichen Fehden unter ihresgleichen beschäftigt, gerieten in den Fokus des Perserkönigs Dareios I., der wie seine Vorgänger eine aggressive Expansionspolitik betrieb. Unmittelbarer Anlass war der sogenannte »Ionische Aufstand«. Die griechischen Städte an der westlichen kleinasiatischen Küste (Ionien, Karien und Äolien), allen voran das bedeutende Milet, waren schon dem Lyderkönig tributpflichtig gewesen und auch unter persischer Verwaltung änderte sich an den bestehenden Verhältnissen nichts. Jedoch hatte Aristagoras, der Tyrann von Milet, sich mit den persischen Oberherren überworfen und stachelte neben seiner eigenen Heimatstadt auch andere Nachbarpoleis zum Widerstand gegen das Perserreich auf.

Der 498 v. Chr. angezettelte Aufstand traf die Perser unvorbereitet, sodass diese erst ein Jahr später – dann aber gewaltig – zurückschlagen konnten. Allerdings gelang es den Persern erst 494 v. Chr. den Widerstand der aufmüpfigen Griechenstädte endgültig zu brechen. Da von den freien griechischen Städten Eretria auf Euböa und die bereits sehr selbstbewussten Athener dem Hilfeersuchen der Milesier Folge geleistet hatten, war der Großkönig nicht gewillt, diesen Affront auf sich sitzen zu lassen. Er entsandte eine Strafexpedition zu den Griechen, um auch die noch nicht seinem Einflussbereich, den er bis nach Thrakien ausgedehnt hatte, angegliederten griechischen Gebiete zu erobern, vor allem aber, um Eretria und die Athener zu bestrafen.

Erstaunlicherweise ging dieser Versuch – jedenfalls was die Athener anlangte, das kleine Eretria wurde vernichtet – gründlich daneben und die kleine Allianz der Griechenstädte blieb gegen die haushoch überlegenen Perser siegreich. Zunächst hatte ein 492 v. Chr. entsandter Feldherr der Perser das Pech, wegen eines Sturms seine Flotte zu verlieren. Im Jahr 490 v. Chr., als Dareios die Generäle Datis und Artaphernes entsandte, die wenigen griechischen Stadtstaaten zu bestrafen, die sich ihm nicht unterwerfen wollten – die Mehrheit besonders der nördlicher gelegenen Städte hatten dem König Brot und Salz als Symbol der Unterwerfung gesandt –, geschah ein Wunder: In der Ebene von Marathon, wo die Perser ihr Lager aufgeschlagen hatten, gelang es den Athenern angeführt von ihrem Strategen Miltiades quasi im Alleingang, nur unterstützt von einer Abteilung Hopliten aus der Stadt Plataiai, das zahlenmäßig weit überlegene Heer der Perser zu schlagen. Dieser Sieg gelang den Athenern, obwohl die Spartaner, die bis dahin bedeutendste Militärmacht in Griechenland, die ihre Unterstützung zugesagt hatten, zu spät kamen. »Nenikémanen!« – »Wir haben gesiegt!«, soll der Bote, der die rund 42 km vom Schlachtfeld bis in die Stadt im Eiltempo bewältigte, ausgerufen haben, bevor er der Überlieferung nach tot zusammenbrach. So entstehen Legenden, die bis heute gepflegt werden und noch die Menschen des 21. Jh.s bei Hunderten Marathonveranstaltungen pro Jahr in aller Welt an ihre Leistungsgrenzen bringen.

Den Athenern und ihren wenigen Verbündeten war 490 v. Chr. klar, dass Großkönig Dareios diese Schmach noch weniger würde auf sich sitzen lassen können und von persischer Seite nun eine richtige Invasion Griechenlands zu erwarten sei. So stritt man während der 80er-Jahre um das richtige Vorgehen gegen den zu erwartenden Schlag des übermächtigen Gegners. Das Scherbengericht von 483 v. Chr., in dessen Folge der »gerechte« Aristeides verbannt wurde, gehört genau in diesen Kontext. Es setzte sich nämlich die kühne Strategie des innenpolitischen Gegners des Aristeides, Themistokles, durch, der die Volksversammlung, die Ekklesia, die ja zugleich Wehrversammlung war, davon überzeugte, nicht den offenen Kampf zu suchen, sondern die Stadt zu evakuieren und Alte, Frauen und Kinder auf die Insel Ägina zu schicken. Das Schwergewicht der athenischen Streitmacht sollte eine neu aufzustellende Flotte sein, um den zu Lande haushoch überlegenen Persern auf See Paroli bieten zu können. Zu diesem Zwecke fasste man den Beschluss, die Erträge aus den gerade ausgebeuteten Silberminen zur Ausrüstung von 200 Kriegsschiffen mit Rudern, sogenannten Trieren, zu verwenden.

Als die Perser – mittlerweile war dem 486 v. Chr. verstorbenen Dareios sein Sohn Xerxes I. nachgefolgt – nach massiven Aufrüstungen mit einem riesigen Heer – es soll mehr als 100 000 Mann gezählt haben – und einer Flotte von rund 600 Schiffen aufbrachen, trafen sich in Korinth im Jahre 481 v. Chr. die Vertreter der wenigen Griechenstädte, die der Invasion Widerstand entgegensetzen wollten. Darunter war auch Sparta die angesehenste und militärisch bedeutendste Macht. Die Spartaner waren stolz auf ihre ganz eigenständige, überaus strenge, nach militärischen Prinzipien gestaltete Ordnung in dem von ihnen beherrschten Landstrich Lakonien im Süden der Peloponnes. Ihnen wurde der Oberbefehl über den nun in Korinth gegründeten Hellenenbund übertragen, der die Abwehr der freien Griechen organisieren sollte.

Erwartungsgemäß überrannte das Perserheer, das 480 v. Chr. mit einer eindrucksvollen Pontonbrücke über den Hellespont von Kleinasien nach Europa übergesetzt hatte, die nördlichen Gebiete Griechenlands, und auch der Spartanerkönig Leonidas konnte trotz aufopferungsvollem Kampf den Pass bei den Thermopylen nicht halten. Nun lag auch das Kernland des Widerstands, Mittelgriechenland und Attika, offen vor den Persern. Die evakuierte Stadt Athen wurde geplündert und gebrandschatzt. Da geschah erneut ein Wunder. Die Flotte des Hellenenbundes, in der die athenischen Schiffe die Hauptstreitmacht bildeten, stellte die persische Seemacht im engen Sund von Salamis und konnte ihr mit ihren wendigeren Schiffen eine vernichtende Niederlage beibringen. Damit hatte sich das Blatt gewendet. Vom Nachschub und Entsatz abgeschnitten, war das Landheer der Perser kein unüberwindlicher Gegner mehr. Die Griechen, die nach dem Sieg bei Salamis hoch motiviert waren und ihre Reihen zudem verstärken konnten, lieferten 479 v. Chr. dem von Xerxes zurückgelassenen General Mardonios die Entscheidungsschlacht bei Plataiai, in der das Perserheer vernichtet wurde (siehe zu diesem und den meisten übrigen genannten Orten die Karte im Vorsatz). Nachdem kurz darauf auch die Reste der persischen Flotte bei Mykale besiegt worden waren, hatten die Griechen zu ihrer eigenen Überraschung auf ganzer Linie gesiegt.

Die Perserkriege zogen auch innenpolitische Folgen nach sich und waren, wie eingangs erwähnt, zumindest mittelbar für die Ausbildung der direkten Demokratie der Athener verantwortlich. Denn antike Stadtstaaten von Athen über Sparta und Korinth bis Rom waren gewöhnlich – zumindest am Anfang ihrer Entwicklung – sogenannte »Timokratien«, also Gesellschaften, in denen die politische Teilhabe an die Leistungsfähigkeit für die Gemeinschaft – und damit war zunächst militärische Leistungsfähigkeit gemeint – gebunden war. Nur diejenigen, die über ein Vermögen verfügten, das es ihnen ermöglichte, Rüstung und Waffen zu erwerben, waren als Vollbürger anerkannt und hatten ein Mitspracherecht in antiken Stadtstaaten. Aber auch für jene, die diesen Anforderungen entsprachen, blieb die Teilhabe zunächst auf ganz essentielle Fragen, insbesondere im Bereich der militärischen Führung beschränkt. Auch in Athen gab es die üblichen Einteilungen in Vermögensklassen, die mit unterschiedlichen Rechten und Pflichten verbunden waren und auf Solon zurückgingen. Bestimmte Ämter waren nur den höchsten Vermögensklassen vorbehalten und die unterste Gruppe der Theten, der Lohnarbeiter, die keinerlei Vermögen ihr Eigen nannten, war von allen Ämtern ausgeschlossen.

Mit den Perserkriegen, in denen Athen erstmals als Seemacht hervortrat, änderten sich die Verhältnisse, denn die Ruderknechte aus der Schicht der Besitzlosen bewiesen ihre Nützlichkeit bei der Verteidigung und gelangten so zu höherem Ansehen, zumal die Seestreitkräfte in der Folge zu einem Kennzeichen der neuen Seemacht wurde. Dass sich in Athen eine ganz besondere Form der Bürgerbeteiligung entwickeln konnte, eben die radikale Demokratie, in der die Volksversammlung über alle Belange des öffentlichen Lebens allein und direkt debattierte und abstimmte, war bei ihrer Einführung rund 20 Jahre nach Salamis und Plataiai letztlich den Perserkriegen und der wachsenden Bedeutung auch der besitzlosen Unterschichten zuzuschreiben.

· Die athenische Demokratie und die Herrschaft der Athener im Seebund

Dass die Perserkriege mit dem Sieg bei Plataiai 479 v. Chr. beendet waren, ist eine aus dem späteren Verlauf der Ereignisse gewonnene historische Erkenntnis. Die Zeitgenossen konnten keineswegs wissen, dass kein Perserkönig mehr Ambitionen haben würde, Zentralgriechenland zu erobern. Aus diesem Grund wollten vor allem die kleinasiatischen Städte und Inselstaaten in der östlichen Ägäis weiter gegen die Perser vorgehen, um den Erfolg von Salamis und Plataiai abzusichern und die ionischen Griechenstädte dauerhaft zu befreien. Da die Spartaner aus innenpolitischen Gründen und aufgrund ihres geopolitischen Desinteresses (ihre Stadt lag gut geschützt im südlichen Zentrum der von den Persern weit entfernten Peloponnes) langwierige militärische Operationen weit weg von zu Hause vermeiden wollten und wenig Motivation zeigten, weiter in der östlichen Ägäis gegen die Perser zu ziehen, kam die Rolle der neuen Führungsmacht der Griechen den Athenern zu. Letztere übernahmen dann diese Aufgabe auch bereitwillig. 478/477 v. Chr. schloss Athen mit den meisten Städten der Inseln und Küsten der Ägäis Einzelbündnisse ab. Dieses der Perserabwehr gewidmete Bündnissystem, das sich im Zusammenwirken dieser Einzelbündnisse unter der Hegemonie, also der »Anführerschaft« der Athener, als Einheit konstituierte, nennt man heute den »Ersten Attischen Seebund«.

Der Seebund und seine Statuten wurden übrigens maßgeblich von Aristeides geprägt, der schon für den Abwehrkampf gegen die Perser aus dem Exil zurückgeholt worden war und ab 478/77 v. Chr.

den Befehl über das athenische Kontingent führte, somit als Gründer des Seebunds gelten kann. Die Zeitgenossen sprachen von einer »Symmachie«, einem »Kampfbündnis«. In den Quellen ist entsprechend immer von »den Athenern und ihren Mitstreitern« die Rede. Und in der Tat war der Abwehrkampf zunächst der vornehmliche Zweck dieser Vereinigung. Um wirkungsvoll gegen die Perser operieren zu können, musste jedes Mitglied einen seinen Möglichkeiten entsprechenden Beitrag leisten. Größere Stadtstaaten stellten Flottenkontingente zur Verfügung, andere zahlten Mitgliedsbeiträge in eine Art Kriegskasse, den Bündnisschatz, der auf der Insel Delos unter dem Schutz des Apollon in dessen Heiligtum aufbewahrt wurde. Von diesen Mitgliedsbeiträgen wurden Schiffe für die athenische Flotte gebaut und unterhalten.

Das überaus Interessante an der folgenden Entwicklung ist nun, dass die Athener im Laufe weniger Jahre nach Gründung des Bündnisses, das sehr erfolgreich gegen die Perser in der östlichen Ägäis vorging (nach 466 v. Chr. waren das Meer und die kleinasiatische Küste von den Persern befreit), den Seebund zu einem straff durchorganisierten Herrschaftssystem ausbauten, während die vormals einigermaßen gleichberechtigten Bündnispartner, die zunächst noch jährlich zu einer beschließenden Bundesversammlung zusammengerufen wurden, zu unterjochten Abhängigen abstiegen. 454 v. Chr. verlegten die Athener auch noch die Kasse, über die sie ohnehin schon frei verfügten, von Delos nach Athen, womit ihre Vorherrschaft auch symbolisch besiegelt wurde.

Die ursprünglich militärischen Zielen dienenden Maßnahmen, wie etwa die Stationierung von Besatzungen in Bündnisstädten oder die systematische Ansiedlung von Athenern in von den Persern zurückeroberten Gebieten, die man nun auch in unbotmäßigen Bundesstaaten anzusiedeln begann, wurden zu Herrschaftsinstrumenten umfunktioniert, um das ehemalige Bündnis in ein von den Athenern beherrschtes Reich umzuwandeln. Dies gelang den umtriebigen Athenern tatsächlich und für siebzig Jahre herrschten sie über ein Gebiet, das abgesehen von den ganz anders strukturierten und späteren hellenistischen Monarchien als einziges größeres (nichtorientalisches) Herrschaftsgebilde der Antike vor dem Römischen Reich zu gelten hat.

· Demokratische Institutionen

Zu der einzigartigen Entwicklung in Athen, der radikalen Demokratie, die durch die Reformen des Kleisthenes bereits angelegt war, kam es 462 v. Chr. Einem Mann namens Ephialtes gelang es zusammen mit seinem jungen Gefolgsmann Perikles – der bald darauf zum bedeutendsten Politiker Athens werden sollte – in der Volksversammlung durchzusetzen, die letzten verbliebenen politischen Kompetenzen des Areopags zu beschneiden. Dadurch wurde der einstmals politisch sehr einflussreiche Adelsrat zu einem reinen Gerichtshof für Mordfälle degradiert. Die Rechenschaftslegung der Beamten wurde jetzt nicht mehr vor dem Areopag, sondern vor dem Volk abgelegt. Der Einfluss des Areopags, der nicht in Paragraphen und Statuten festgeschrieben war, gründete bis dahin hauptsächlich auf Autorität und Herkommen und war erheblich. Offenbar gab der alte Rat mit seinen erfahrenen Mitgliedern auch nach den Reformen des Kleisthenes die politische Richtung vor.

Ephialtes nutzte die Gunst der Stunde, als der als konservativ und spartafreundlich geltende Kimon mit 4000 Hopliten, deren Status an einen gewissen Besitz und damit Wohlstand gebunden war, den Spartanern aufgrund eines Aufstands zu Hilfe geeilt war. Durch die militärische Hilfeleistung des Kimon hatten die armen Bürger nun die Mehrheit in der Volksversammlung inne, sodass es Ephialtes gelang, den Areopag mittels Abstimmung in der Volksversammlung zu entmachten. Als Kimon nach seiner Rückkehr die Änderungen rückgängig machen wollte, wurde er ostrakisiert (461 v. Chr.). Die Reformen des Ephialtes, über die wir im Detail nur unzureichend informiert sind, sahen auch die Zulassung einer unteren Besitzklasse, der »Zeugiten« (Bauern, die über ein Gespann und 200 Scheffel Mindestertrag verfügten), ab 458 v. Chr. zum Oberamt (Archontat) vor, das seit 487 v. Chr. durch Los bestimmt wurde. Dass gerade nach der politischen Ausschaltung des Areopags der Demos so kategorisch von seinen Institutionen und Rechten Gebrauch machte und somit diese Maßnahmen des Ephialtes in der historischen Rückschau entscheidend für die Durchsetzung der Demokratie waren, kann man an der wachsenden Zahl von inschriftlich auf Stein überlieferten Volksbeschlüssen ersehen.

Aus der Tatsache, dass diese Beschlüsse weitgehend Angelegenheiten des Seebunds zum Gegenstand hatten, kann man erschließen, dass es der Seebund war, der als letzter Faktor die Demokratie zum endgültigen Durchbruch brachte. In der Tat hat die anspruchsvolle

Verwaltung des Seereichs die ruhelose Tätigkeit und ständige Umtriebigkeit des attischen Demos nachhaltig befördert. Zur Charakterisierung dieser politischen Betriebsamkeit der großen Mehrheit der Bürger hat Thukydides den Begriff *polypragmatosýne* geprägt, was sich etwas salopp und weniger zungenbrecherisch mit dem im süddeutschen Sprachraum umgangssprachlichen Wort »Gschaftlhuberei« (ständige Umtriebigkeit/Betriebsamkeit) übersetzen lässt.

Das Wesen der athenischen Demokratie, über die viele dicke Bücher geschrieben wurden, in wenigen Worten zu beschreiben, ist keine einfache Angelegenheit. In der Tat hatten die Athener unter dem Namen »Demokratia« (Volksherrschaft) nach den Reformen des Ephialtes und der Konsolidierung der Volksherrschaft unter Perikles in der zweiten Hälfte des 5. Jh.s v. Chr. ein im Wortsinne ›politisches‹, also auf die Polis bezogenes System geschaffen, dass eine maximale Bürgerbeteiligung bei allen Entscheidungen und Verwaltungsakten vorsah. Liest man die ausführlichste Quelle zum Staatswesen der Athener, die von Aristoteles und seinen Schülern verfasst worden ist (Athenaion Politeia, der Staat der Athener), so fallen dem modernen Leser gerade hinsichtlich der demokratischen Ideale bemerkenswerte Unterschiede zu unseren parlamentarischen Demokratien der Gegenwart auf.

So war es gerade nicht die Wahl in Ämter und Funktionen, die als besonders demokratisch galt, sondern die Auslosung. Nur wenige Ämter, etwa die militärische Führung, wurden durch Wahl bestimmt. Die allermeisten anderen Funktionen, auch die höchsten Ämter, die neun Archonten, wurden in komplizierten, aber in sich sehr schlüssigen Verfahren ausgelost. Was die Institutionen angeht, so wurden nach Aristoteles neben der alles entscheidenden Volksversammlung, dem Rat der Fünfhundert, und den mit ganz wenigen Entscheidungskompetenzen ausgestatteten Ämtern vor allem die Gerichtshöfe als besonders demokratisches Element der Verfassung angesehen. Die Bedeutung, die Aristoteles den je nach Fall bis zu 2001 Laienrichter zählenden Gerichtshöfen zumisst (normalerweise 201–501 Richter), erklärt sich mit der eigenartigen Rechtstradition der Athener. Die Gerichte verhandelten nämlich nicht nur alltägliche Strafsachen oder zivilrechtliche Streitigkeiten zwischen Bürgern, sondern auch und besonders Verfahren, die gegen Mitglieder der informellen Führungselite angestrengt wurden. Auf diese Weise mussten sich führende Mitglieder der Gesellschaft auch vor Gericht dem Volkswillen stellen, der sich in den großen Geschworenenversammlungen formierte, deren Mitglieder weitgehend identisch mit denen waren, die auch die Volksversammlungen besuchten – möglicherweise mit einem leichten Übergewicht älterer Männer, die sonst nichts zu tun hatten, wie der Komödiendichter Aristophanes gallig bemerkt.

Obwohl tatsächlich auch die Schicht der Tagelöhner nicht nur bei den Abstimmungen der Versammlung akzeptiert, sondern durch die Einführung von Aufwandsentschädigungen für den Besuch der Ekklesia belohnt wurde, und »jeder, der will« *(ho boulómenos)*, wie es in den Quellen heißt, in der Versammlung das Wort ergreifen und Anträge einbringen konnte, war es doch die alte adelige Elite, später bisweilen auch neureiche Geschäftsleute und Fabrikanten, die als Meinungsführer und Redner in der Versammlung, als »Demagogen« (Führer des Volkes) die Richtlinien in der Politik bestimmten. Damit ist auch das demokratische Athen in einer Linie mit den übrigen Gesellschaften der Antike, in denen die politische Führung nur von einer kleinen vermögenden Oberschicht ausgeübt wurde.

Dennoch zeigen uns vor allem die vielen bis heute erhaltenen Inschriften, in denen die Volksbeschlüsse – für jedermann sichtbar und symbolisch durch das Dokument bekräftigt – veröffentlicht wurden, dass auch ansonsten ganz unbekannte Männer Zusatz- oder Änderungsanträge eingebracht haben, die so beschlossen wurden. Daher ist es ganz richtig, wenn der hervorragende Kenner der athenischen Geschichte Mogens Herman Hansen meint, dass der eigentliche Souverän des Staates der Athener eben jener *ho boulómenos*, »der, der will«, als symbolischer Vertreter einer politisch umtriebigen Gesellschaft sei. Es waren indes in der Tat nur Männer, die in den antiken Staaten Bürgerrechte innehatten und damit politische Mitsprache ausüben konnten. Mindestens zwei Drittel der antiken Gesellschaften hatten diese Rechte (und Pflichten) nicht. Frauen, die auch in den modernen Demokratien westlicher Prägung erst seit der Zeit nach dem Ersten Weltkrieg (in Liechtenstein erst seit 1984) sukzessive das Wahlrecht erhielten, hatten am politischen Leben keinen bzw. nur mittelbaren Anteil. Zudem gab es die große Gruppe der Ausländer, Bürger aus anderen Städten, die nicht das Bürgerrecht der Stadt besaßen, in der sie (oft als Geschäftsleute) lebten und die noch größere Gruppe der Sklaven, die nach Schätzungen in den antiken Städten zwischen einem Drittel und der Hälfte der Bevölkerung ausmachte und die völlig rechtlos war. Über sie alle wird ausführlicher im Abschnitt über die gesellschaftlichen Verhältnisse in der Antike die Rede sein.

· Das Perikleische Zeitalter und der Peloponnesische Krieg

In der Mitte des 5. Jh.s v. Chr. standen die Athener im Zenit ihrer Macht. In dieser Zeit festigten sie den Attischen Seebund, der von einem Bündnis zu einem den Athenern willfährigen Herrschaftsinstrument geworden war. Allein Athen verfügte nach Belieben über die Bundeskasse und legte die Mitgliedsbeiträge fest, die nun nichts anderes als Tribute waren. Zudem war ein Austritt aus dem ehemals freiwilligen Bündnis nun nicht mehr möglich. Durch das Seereich akkumulierte Athen Macht, Einfluss und Reichtum in einer bis dato für Griechenland unbekannten Dimension. So war es den Athenern möglich, neben dem Ausbau ihrer umtriebigen demokratischen Institutionen, die mit der Organisation und Verwaltung dieses Seereichs vollauf beschäftigt waren, auch auf kulturellem Gebiet und bei der Repräsentation von Macht durch eindrucksvolle Architektur ganz neue Standards zu setzen (diesen Aspekten ist ein Themenkapitel in Teil II gewidmet, Kap. 6.4.). So konnte Thukydides in seiner Geschichte des Peloponnesischen Krieges seinen Hauptheiden Perikles in einer fiktiven Rede sagen lassen, dass Athen fürwahr »die Schule von Hellas« sei.

Mit Perikles verbindet sich in der Tat so etwas wie eine Blütezeit der Stadt, die unter seiner Führung auf dem Höhepunkt der Macht angekommen war. Die Zeit von ca. 450 bis 430 v. Chr. wird deshalb nicht ganz zu Unrecht auch das »Perikleische Zeitalter« genannt. Thukydides behauptet mit nur leichter Übertreibung, dass Athen seinerzeit nur dem Namen nach eine Demokratie gewesen sei, in Wirklichkeit jedoch die Herrschaft eines einzigen Mannes, eben des Perikles. In der Tat gelang es ihm, immer wieder ins Strategenamt gewählt zu werden und als einflussreicher Redner die Volksversammlung von seinen Ideen und Vorstellungen zu überzeugen. So folgten ihm die Athener nicht nur bei der Genehmigung der spektakulären und überaus teuren Neugestaltung der Akropolis, einem Weltkulturerbe von allerhöchstem Rang, sondern auch bei seiner Politik der Konfrontation, die zum Peloponnesischen Krieg gegen den Rivalen Sparta und schließlich zum Untergang des Seereichs führte.

· Spartas Staat

Die Spartaner, deren Lebensweise schon von den übrigen Griechen als sehr ungewöhnlich und seltsam empfunden wurde, waren im 6. und zu Beginn des 5. Jh.s v. Chr. unumstritten der mächtigste und einflussreichste Staat in Griechenland. Seine Macht basierte im Wesentlichen darauf, dass alle Bürger durch ein ungewöhnliches Organisationssystem von eigentlicher Arbeit freigestellt waren.

Während üblicherweise in allen Stadtstaaten der Antike die Bürger gelegentlich zum Kriegsdienst im Milizheer herangezogen wurden und ansonsten ihren gewöhnlichen Tätigkeiten, vor allem im Bereich der Landwirtschaft, nachgingen, bildeten die Spartaner eine Art Berufsarmee, da die Erwerbsarbeit den Heloten übertragen war. Die Heloten waren eine Art Staatssklaven, die auf den Gütern der spartanischen Vollbürger die Arbeit leisteten (unter Aufsicht der spartanischen Frauen). Sie repräsentierten die Urbevölkerung der Gegend Lakonien, die von den Spartanern wohl im 10. Jh. v. Chr. erobert und dann noch um das benachbarte Gebiet Messenien im 8. Jh. v. Chr. erweitert wurde. Dieser unterdrückte Bevölkerungsteil ermöglichte es den ständig mit militärischen Übungen beschäftigten Spartanern zwar zu den besten Kämpfern in ganz Hellas zu werden, sorgte jedoch auch immer wieder für Unruhe, da gerade die messenischen Heloten, die noch eine eigene Identität bewahrt hatten, immer wieder Aufstände gegen ihre Herren anzettelten. Deswegen waren die Spartaner trotz ihres Prestiges und ihres Führungsanspruchs weniger an aufwendigen Operationen fern der Heimat interessiert und zeigten kein Interesse am weiteren Kampf gegen die Perser, den sie den Athenern und dem frisch gegründeten Seebund überließen.

Als nun die Athener immer erfolgreicher das Bündnis zu ihrem Vorteil in ein Herrschaftsinstrument umgestalteten, kam es zum endgültigen Bruch zwischen den einstigen Bundesgenossen. Seit den 450er-Jahren beherrschte Misstrauen das immer schwierigere Verhältnis zwischen den beiden nun gleichwertigen Gegnern. Gelegentlich kam es sogar zu begrenzten kriegerischen Auseinandersetzungen. Die Zeit des gegenseitigen Belauerns endete 432/31 v. Chr., als ein ohnehin brüchiger Friedensvertrag zwischen den Rivalen auslief und beide Seiten beschlossen, es auf einen Kampf ankommen zu lassen. Ebenso wie Athen, konnten auch die Spartaner bei dieser Auseinandersetzung auf ein eigenes, traditionelles Bündnissystem, den Peloponnesischen Bund, zurückgreifen, dem vor allem die Nachbarstaaten der Spartaner auf der Peloponnes angehörten. Mitglied des Peloponnesischen Bundes war u. a. die Stadt Korinth, die von Athen immer wieder provoziert worden war. Auf das hartnäckige Betreiben ihrer Bündnispartner während einer Bundesversammlung 432 v. Chr. willigten die Spartaner schließlich ein, gegen Athen vorzugehen.

· Der Peloponnesische Krieg

Der Verlauf dieses Krieges (431–404 v. Chr.), in dem die Spartaner sich als Befreier der unterdrückten Seebundsmitglieder propagandistisch profilierten, die Athener hingegen als Vertreter einer freiheitlichen Lebensweise, die allen Bürgern Mitsprache gestattete, war für beide Seiten von wechselndem Kriegsglück geprägt. Er verschlang enorme Ressourcen und hatte aufgrund hoher Verluste und durch eine nur Athen treffende Seuche erhebliche demographische Auswirkungen, von denen sich beide Staaten kaum erholen konnten. Zwar endete der Krieg im Jahr 404 v. Chr. mit der Kapitulation Athens und der Auflösung des Attischen Seebunds, jedoch gelang es den geschwächten Spartanern nicht in nötigem Umfang in der Nachfolge Athens eine dauerhafte Dominanz über Griechenland zu etablieren. Nicht nur andere Städte wie Korinth und später sogar das vormals unbedeutende böotische Theben machten ihnen die Vorherrschaft streitig, auch die geschlagenen Athener versuchten erneut, ihre Seemacht auszubauen und wieder zu alter Größe aufzusteigen.

Als eigentliche Sieger des Konflikts erwiesen sich hingegen die Perser. Diese konnten ihren Einfluss in der Ägäis erweitern und sogar als Schiedsrichter in griechischen Angelegenheiten auftreten, indem sie als Garanten eines Friedens zwischen den nach dem Peloponnesischen Krieg zerstrittenen Griechenstaaten auftraten. Die machtpolitischen Konflikte, die auf den Peloponnesischen Krieg folgten, sollten auf Initiative des Perserkönigs Artaxerxes II. 387 v. Chr. durch den sogenannten »Königsfrieden« gelöst werden. Dieser sah vor, dass das Perserreich als Garantiemacht für den Erhalt des Friedens wirkte und es gegen jeden Krieg führen wird, der diesen Frieden bricht. Zugleich wurden die griechischen Städte alle für autonom und frei erklärt, während das Perserreich nonchalant die kleinasiatischen Städte und Zypern für sich reklamierte.

Berichtenswert sind unter den vielen Ereignissen während des Krieges, in dem das Kriegsglück mal der einen, mal der anderen Seite hold war, in diesem auch auf kulturgeschichtliche Aspekte abzielenden Buch die Umstände, unter denen die kleine Insel Melos von den Athenern erobert wurde. Für den Ausgang des Krieges hat das Schicksal von Melos keinerlei Bedeutung gehabt. Thukydides beschreibt in seinem Bericht den Untergang des Inselstaates wohl nur deshalb, weil dieser die Mechanismen der Machtpolitik herausstellt.

Der »Melierdialog«, wie diese als Verhandlungsprotokoll zwischen der Delegation der Athener und den melischen Ratsherrn gestaltete Passage genannt wird, ist vielleicht das beste Beispiel für eine schonungslose Darstellung gewissenloser Machtpolitik, die vom Recht des Stärkeren bestimmt wird. Die Athener stellten die Bewohner der Insel vor die Wahl, entweder Untertanen des Seebundes zu werden oder dem Untergang entgegenzusehen. Auf den Einwand der Melier, dieses Vorgehen sei nicht rechtens und auch nicht gottgefällig, erwiderten die Athener (natürlich in einer fingierten Rede aus der Feder des Thukydides):

> »Wir glauben nämlich, vermutungsweise, dass das Göttliche, ganz gewiss aber, dass alles Menschenwesen allezeit nach dem Zwang seiner Natur, soweit es Macht hat, herrscht. Wir haben dies Gesetz weder gegeben noch ein vorgegebenes zuerst befolgt, als gültig überkamen wir es, und zu ewiger Geltung werden wir es hinterlassen, und wenn wir uns daran halten, so wissen wir, dass auch ihr und jeder, der zur selben Macht wie wir gelangt, ebenso handeln würde. Vor den Göttern brauchen wir also darum nach der Wahrscheinlichkeit keinen Nachteil zu befürchten. Wegen eurer Spartanerhoffnung [die Melier hatten geltend gemacht, dass wohl die Spartaner zu ihren Gunsten eingreifen würden] aber, die ihr hegt, sie würden um ihrer Ehre willen euch gewiss helfen, da preisen wir euch selig für euren Kinderglauben, ohne eure Torheit euch zu neiden. Die Spartaner untereinander nämlich und unter ihren Landesgesetzen zeigen den größten Edelmut; aber gegen die andern könnte man vieles erzählen, wie sie sich betragen, und mit einem Wort etwa so sagen: kein Volk, das wir kennen, erklärt so unverhohlen wie sie das Angenehme für schön und das Nützliche für gerecht. Eine solche Haltung ist jedoch dem Unverstand eurer jetzigen Rettung nicht günstig.« (5, 105)

Die ganze Diskussion zwischen Meliern und Athenern, der die Auslöschung der kleinen Inselstadt und ihrer männlichen Bevölkerung folgte, wurde nach den letzten Verhandlungen zwischen den Sowjets und Dubček Ende Juli 1968 (in Schwarzau an der Theiß), als man den Vertretern des Prager Frühlings unverblümt und ultimativ mit dem (bereits beschlossenen) Einmarsch drohte, von der Frankfurter Allgemeinen Zeitung kommentarlos abgedruckt. So zeigt sich die Relevanz der Analysen von Macht und Herrschaft, die Thukydides vor 2500 Jahren niedergeschrieben hat, wirkungsvoll bis in unsere Tage.

· Die griechische Staatenwelt nach dem Peloponnesischen Krieg
Die griechische Staatenwelt war nach dem unbefriedigenden Ende des Krieges, der auch die Sieger geschwächt zurückgelassen hatte, nachhaltig erschöpft und auch der Königsfriede konnte an den anhaltenden Machtkämpfen in Griechenland und der Ägäis nichts ändern. So gelang es sogar der Stadt Theben, für kurze Zeit (371–362 v. Chr.) unter ihrem begabten Anführer Epaminondas die Vorherrschaft in Griechenland zu erringen. Die zerstrittene griechische Staatenwelt fand aus eigener Kraft jedoch nicht zu einem längeren Ausgleich. Alle Versuche, übergreifende und ordnende Herrschaftsorganisationen aufzubauen (die Athener gründeten einen – allerdings zahnlosen – zweiten Seebund), waren auf Sand gebaut, bis die Makedonen unter Philipp II., dem Vater Alexander des Großen, die Verhältnisse in Griechenland ganz neu ordneten.

Wegen dieser (außen)politischen Schwäche der griechischen Staaten hat man das 4. Jh. v. Chr. lange Zeit als Epoche des Niedergangs angesehen, was nur auf den ersten Blick und nur bezüglich der Herrschaftsorganisation so scheinen mag. Gerade für Athen – erneut die einzige Polis, über die wir etwas genauere Informationen haben – trifft die These vom Niedergang überhaupt nicht zu. Platon und Aristoteles gründeten ihre berühmten Schulen im 4. Jh. v. Chr., die demokratischen Institutionen funktionierten erst dann in ihrer bei Aristoteles beschriebenen Perfektion. Der Volksversammlungsplatz, die Pnyx, wurde ausgebaut, wichtige Baumaßnahmen in der Stadt und auf der Akropolis wurden von den »Finanzministern« Euboulos und Lykurg in die Wege geleitet, die Gerichtsreden von Lysias und Demosthenes gelangten zu klassischer Blüte.

Als die Athener, die die antimakedonische Allianz in den 340er-Jahren angeführt hatten, 338 v. Chr. in der Schlacht bei Chaironeia in Böotien gegen Philipp II. von Makedonien unterlagen, bedeutete dies nur das Ende der »griechischen Freiheit«, also der außenpolitisch autonom agierenden Poleis, denen die Unterordnung unter einen König ein Graus war. Keinesfalls bedeutete dies jedoch das Ende der Poliskultur in Griechenland. Dennoch verbindet sich mit diesem Datum in der modernen Forschung das Ende der »klassischen« Epoche Griechenlands. Ein neues Zeitalter begann mit dem Aufstieg der Makedonen zur Vorherrschaft in Griechenland, dem sich der Perserfeldzug Alexanders des Großen und die Epoche des Hellenismus anschließen sollten.

Lektürehinweise:
Zur griechischen Geschichte können folgende Gesamtdarstellungen genannt werden: Schuller (2008) ist übersichtlich, hat aber auch einen umfassenden Forschungsteil mit ausführlicher Bibliografie; Rubel (2012) ist nur übersichtlich, wendet sich aber an ein breites (auch nichtstudentisches) Publikum. Sehr kurz und knapp, aber auch brillant und packend geschrieben und dabei keineswegs veraltet ist Finley (1983). Zur athenischen Demokratie hat Hansen (1995) das lesenswerteste Buch verfasst.

2.
ROM

2.1. Die römische Republik. Grundlagen des Staates

· Einstieg ins Thema: Was ein Bauer für den Staat bedeutet.
Im mittleren Teil der italischen Halbinsel, in der noch recht unbedeutenden Stadt Rom am Tiber, ereignete sich etwa zur gleichen Zeit, als die Athener den Areopag entmachteten und ihre Volksherrschaft konsolidierten, die folgende Geschichte, von der uns der römische Historiker Titus Livius berichtet. Im Jahr 458 v. Chr. wurde Rom gleichzeitig von einer Vielzahl von Feinden bedroht. Die Sabiner, Volsker und die Aequer, den Römern benachbarte Völkerschaften, waren drauf und dran den aufstrebenden latinischen Stadtstaat zu besiegen. Da erinnerten sich die Senatoren in Rom eines ihrer erfolgreichsten Führer, Lucius Quinctius Cincinnatus, der 460 v. Chr. das Oberamt in der Stadt innegehabt und sich zwischenzeitlich auf sein Landgut zurückgezogen hatte. Livius berichtet das Folgende:

> »Die letzte Hoffnung für den politischen Bestand des Römervolks, L. Quinctius, pflügte gerade am anderen Tiberufer, genau der Stelle gegenüber, wo heute die Schiffswerften liegen, ein Feld von vier Morgen, das man jetzt die Wiesen des Quinctius nennt. Ob er nun einen Graben zog und sich dabei gegen den Spaten stemmte oder ob er den Pflug führte, jedenfalls war er, das ist gesichert, angestrengt mit Bauernarbeit beschäftigt, als er dort von den Abgesandten des Senats begrüßt und gebeten wurde, er möge sich doch mit der Toga bekleiden und die Weisungen des Senats vernehmen; daraus solle ihm und dem Staate Gutes erwachsen. Da stutzte er, fragte noch ein paarmal: ›Hat das seine Richtigkeit?‹ und befahl seiner Frau Racilia, hurtig die Toga aus der Hütte zu holen. Sobald er Staub und Schweiß abgewischt hatte und, in die Toga gehüllt, hervortrat, sprachen ihm die Gesandten ihre Glückwünsche aus, begrüßten ihn einstimmig als Diktator [das war ein mit enormen Vollmachten ausgestattetes Amt, das nur in höchster Not für die Dauer von sechs Monaten vergeben wurde, A. R.], baten ihn nach Rom und erklärten, welche Verzagtheit im Heer anzutreffen sei. Ein Staats-

> schiff war für Quinctius bereitgestellt. Nach der Überfahrt nahmen ihn seine drei Söhne, die ihm entgegengekommen waren, schließlich seine Verwandten und Freunde, zuletzt aber der größere Teil der Väter [das sind die ›patres‹, die adeligen Senatoren A. R.] in Empfang. Von solchem Menschengewühl rings umdrängt, wurde er im Gefolge seiner Liktoren [den Oberbeamten vorausgehende Staatsdiener, eine Art ›Bodyguards‹ A. R.] nach Hause geleitet. Auch das gemeine Volk lief in großer Zahl zusammen, freute sich aber doch nicht in diesem Maß über den Anblick des Quinctius, weil es die Macht des Amtes für allzu groß, besonders aber den Mann in ebendiesem Amt für zu hart hielt.« (Liv. 3, 26, 8–12)

Tatsächlich gelang es dem strengen Cincinnatus, rasch Ordnung im Heer herzustellen und unfähige Offiziere zu maßregeln, wie Livius weiter berichtet. Nach 16 Tagen waren alle Feinde besiegt, Rom so gerettet und der kurzzeitig mit aller Befehlsgewalt ausgestattete »Diktator« kehrte zu seiner Pflugschar am jenseitigen Tiberufer zurück, um die liegengebliebene Landarbeit wieder aufzunehmen.

Diese spannende Episode aus der römischen Überlieferung ist – wie fast alle Geschichten aus der römischen »Gründerzeit«, wie sie Livius in den ersten zehn Büchern seiner Geschichte Roms erzählt – eine spätere Erfindung der römischen Geschichtsschreibung aus der Blütezeit der Römischen Republik (im 2. und 1. Jh. v. Chr.). Das hat die moderne Forschung seit den Pionierarbeiten durch Barthold Georg Niebuhr (1776–1831) durchaus mit Bedauern feststellen müssen. Denn gerade diese Geschichten hatten seit der Renaissance die Vorstellungskraft der Künstler beflügelt, wie etwa das Gemälde von Alexandre Cabanel (1823–1889) zeigt (Abb. 4).

Gerade Cincinnatus war in den Gründungstagen der USA zu einem Emblem der republikanischen Bewegung der amerikanischen Kolonien geworden. So gründeten Offiziere des Amerikanischen Unabhängigkeitskrieges unter dem preußischen General von Steuben 1783 die aufklärerisch gesinnte »Society of the Cincinnati«, deren erster Präsident George Washington wurde. Auch die 1788 gegründete Stadt Cincinnati (Ohio) trägt den Namen dieser Gesellschaft, die den pflichtbewussten Römer zum Patron hatte; ein überaus interessantes Kapitel der aktiven Rezeptionsgeschichte eines Geschichtsmythos. Dennoch enthält diese erfundene Episode römischer Geschichte entscheidende Wesenselemente der Römischen Republik, die rund 300 Jahre ein für das Altertum ganz ungewöhnlich stabiles Herrschaftssystem in Rom, Italien und dann fast dem ganzen Mittelmeerraum bildete.

· **Grundlagen des römischen Staates**

Amtsträger (sogenannte »Magistrate«, hier der zum Sonderamt des Diktators berufene ehemalige Oberbeamte Cincinnatus), der Senat und das Volk, die grundlegenden Säulen der römischen Verfassung, werden in der von Livius geschilderten Episode an zentraler Stelle genannt. Außerdem wird auch die ideologische Seite des Römertums beleuchtet, denn Cincinnatus wird als einfacher Bauer dargestellt. Der Landmann, der selbst den Boden bestellt, war das Idealbild des tugendhaften Römers der Oberschicht. Der *mos maiorum*, die um althergebrachte Tugenden und die Bindung an Landbesitz und Landwirtschaft kreisende »Sitte der Vorväter«, war ein ideologisches Schlagwort für die römische Elite. Denn den Senatoren war es – um eben dieses Standesbewusstsein zu konservieren – gesetzlich verboten worden, außerhalb der Landwirtschaft (es ging freilich um Großgrundbesitz) geschäftlich tätig zu werden. In der *lex Claudia de nave senatorum* (ein von [Quinctus] Claudius beantragtes Gesetz über das Senatorenschiff) von 218 v. Chr. wurde geregelt, dass kein Senator ein Schiff mit Ladekapazitäten für mehr als 300 Amphoren besitzen

Abb. 4: Cincinnatus wird von den Senatoren vom Feld abgeholt, Gemälde von Alexandre Chabanel, 1823–1889

durfte. Der Senatorenstand war so faktisch vom Fernhandel ausgeschlossen. Jedoch beteiligten sich die Senatoren sehr wohl über Strohmänner an den lukrativen Handelsgeschäften einer immer »globaler« werdenden antiken Welt (siehe hierzu das der antiken Wirtschaft gewidmete Kap 3. in Teil II).

Die grundsätzlichen politischen Verhältnisse der Blütezeit der römischen Republik werden in der erfundenen Anekdote dennoch treffend wiedergegeben: Die Senatoren bitten nicht etwa demütig den ehemaligen Oberbeamten um Hilfe, sondern teilen ihm die Weisungen des Senats *(mandata senatus)* mit, die Toga, das Zeichen des römischen Bürgers, anzulegen und als mit Sondervollmachten ausgestatteter Alleinherrscher, im Amt des *dictators*, Rom zu retten. Dieses Auftreten der Senatoren, die natürlich davon ausgehen konnten, dass die Alleinherrschaft nur auf Wunsch des Senats und zum Nutzen des Staates durch den selbstlosen Cincinnatus ausgeübt werden würde, zeigt recht deutlich, wie die Verhältnisse in der Blütezeit der Republik geordnet waren. Es handelte sich trotz aller Elemente einer gemischten Verfassung, die den jährlich neu gewählten Amtsträgern große Macht und dem Volk ein Mitspracherecht einräumte, faktisch um die Herrschaft des Senats. Dieses Gremium, das sich aus ehemaligen Amtsträgern aus den besten Familien Roms zusammensetzte, hatte für lange Zeit die unumstrittene Richtlinienkompetenz im römischen Staat und war über fast drei Jahrhunderte der Garant für Stabilität und damit für den Aufstieg Roms zur Weltmacht.

Die entscheidende Frage, die sich bereits die Zeitzeugen des Aufstiegs Roms zur Weltmacht, allen voran der griechische Historiker Polybios (ca. 200–120 v. Chr.), gestellt hatten, und die auch wir hier ein wenig weiter verfolgen wollen, ist die folgende: Wie konnte die kleine Stadt am Tiber binnen weniger als zwei Jahrhunderten seit Cincinnatus zunächst zur Vormacht in Italien und dann zur unangefochtenen Großmacht im Mittelmeerraum werden, die bereits Mitte des 2. Jh.s v. Chr. alle übrigen Machtfaktoren und potentiellen Konkurrenten in diesem Gebiet von der Landkarte gefegt hatte.

· Polybios und die römische Verfassung

Polybios hatte als Offizier dem Achaiischen Bund, einem griechischen Verteidigungsbündnis, angehört, das Rom bis 168 v. Chr. letzten Widerstand leistete. Nach der für ihn zunächst schmerzhaften Niederlage des Achaiischen Bundes lebte er als privilegierte griechische Geisel in Rom. Über ihm freundschaftlich verbundene mächtige

Männer hatte er in dieser Zeit Zugang zum inneren Kreis der Macht. Für den kometenhaften Aufstieg Roms machte er vor allem die ausgewogene Verfassung der Römer verantwortlich (Polyb. 6, 1). Diese gemischte Verfassung enthalte in idealtypischer Weise mit den beiden jährlich wechselnden Oberbeamten, den Konsuln, Elemente der Alleinherrschaft, die für Effizienz und Handlungsfähigkeit sorge. Gleichzeitig werde aber das Volk in demokratischer Weise beteiligt, indem es durch Wahlen seine höheren und niedrigeren Beamten – von den Konsuln bis zu den Volkstribunen und Quästoren – jährlich bestimmen darf. Für politische Stabilität und die Einhaltung der althergebrachten Sitten sorge der Ältestenrat, der Senat, dem ab dem Quästorenamt alle ehemaligen Amtsträger des römischen Staates angehörten.

Tatsächlich stellte sich das römische Regierungssystem zur Zeit des Polybios als gefestigte und austarierte Herrschaftsform voller »checks and balances« dar. Die Prinzipien der Annuität und der Kollegialität, also des jährlichen Regierungswechsels bei gleichzeitigem Iterationsverbot und der Teilung der Befehlsgewalt unter mindestens zwei Amtskollegen lassen den Willen der Römer zur Kontrolle der Macht erkennen. Zwei jährlich von einer Volksversammlung gewählte Konsuln standen als oberste Beamte und als oberste Heerführer dem römischen Staat vor.

Sie verfügten beide, wie auch die als Innen- und Justizminister sowie als Provinzgouverneure der auswärtigen Eroberungen Roms (Provinzen) eingesetzten Prätoren (zur Zeit des Polybios gab es bereits sechs dieser Führungsbeamten), über das sogenannte »imperium« und damit über die absolute Befehlsgewalt, der sich jeder Römer zu beugen hatte. Diese Imperiumsträger führten verschiedene Kontingente des römischen Heers, das bis ins letzte Jahrhundert v. Chr. eine Milizarmee geblieben war und von den römischen Staatsbürgern bis an die Belastungsgrenzen gehenden Einsatz abverlangte. So waren die römischen Staatsmänner immer auch militärische Anführer. Militärische Tüchtigkeit gehörte daher zu den wichtigsten Voraussetzungen für das Erreichen des heiß begehrten Oberamts in Rom.

Als Polybios fasziniert die politischen und gesellschaftlichen Eigenheiten des römischen Staatswesens analysierte und zu Papier brachte, hatte sich längst ein verbindliches Karriereschema, eine vorgezeichnete Ämterlaufbahn für politische Führungskräfte, *cursus honorum* genannt, herausgebildet. Mit einem speziellen Gesetz wurde die vorher nur nach Gewohnheit grob linear verlaufende Ämterlaufbahn genauestens geregelt und für jedes Amt ein Mindestalter festgelegt (*lex Villia annalis* von 180 v. Chr.). Junge Nachwuchspolitiker aus den Familien der etablierten Oberschicht mussten sich zunächst im Militärdienst beweisen und etwa als Quästoren (um 80 v. Chr. gab es bereits 20 Quästoren) in der Flottenverwaltung, unter einem Konsul im Felde oder unter einem Prätor in den Provinzen dienen. Danach konnten sie als Ädile Verwaltungsaufgaben in der kommunalen Organisation Roms übernehmen oder als Volkstribune für einflussreiche Senatoren die Laufarbeit machen und Gesetzesvorlagen vor eine Volksversammlung bringen. Für einige, die bis ins nächsthöhere Amt des Prätors vordrangen, war es dann möglich, in den Provinzen als Verwalter und auf auswärtigen Kriegsschauplätzen als Heerführer ihr Können unter Beweis zu stellen.

Die nur wenigen ehemaligen Prätoren vorbehaltene Krönung der Laufbahn war das Erreichen des Konsulats, des prestigeträchtigen und mit enormer Machtfülle ausgestatteten Oberamts in Rom. Ausschließlich ehemalige Konsuln stand danach die Möglichkeit offen die besonders ehrenvolle und nur alle fünf Jahre vergebene Position des Zensors zu erwerben. Dieser hatte neben der Vermögensschätzung der Bürger vor allem die Aufsicht über den Senat, genauer über die Mitgliedschaft in diesem Gremium, inne. Darüber hinaus konnte in Notzeiten, wie im Fall Cincinnatus, auch ein Diktator für maximal ein halbes Jahr als alleiniger Anführer mit unbeschränkten Vollmachten und voller Immunität bestellt werden.

Jedoch mussten alle diese Amtsträger (mit Ausnahme des Sonderamts des Diktators, der nach Senatsbeschluss vom Konsul ernannt wurde) für jeden Karriereschritt vom Volk gewählt werden, das zum Abstimmen (eher jedoch zum Abnicken, denn es gab kein Rede- oder Initiativrecht für das Volk) über Gesetze und für die alljährlichen Beamtenwahlen zusammentrat. Dabei hatten sich in Rom aus historischen Gründen drei verschiedene Formen der Volksversammlungen, in denen das Volk nach unterschiedlichen Ordnungsprinzipien zusammentrat, herausgebildet (etwa nach Zensuskriterien oder nach lokaler Aufgliederung in Bezirke).

Diese Details sind für unsere Belange irrelevant. Festzuhalten bleibt, dass der politische Einfluss des Senats, in dem die erfahrensten und angesehensten Mitglieder die Meinungsbildung dominierten, enorm war, und dass, obwohl er als Ältestenrat gegenüber den Magistraturen und der Volksversammlung, deren »verfassungsmäßige« Rolle durch Gesetze festgelegt war, eigentlich keine verbrieften und damit klar definierten Rechte hatte. Der Senat war das symbolische Repräsentationsorgan der gesamten römischen Oberschicht. Ihm gegenüber mussten sich die Amtsträger verantworten und in die Riege ihrer Vorgänger bzw. *peers* mussten sie sich nach ihrer Amtszeit wieder einreihen. So war es für die römischen Geschichtsschreiber des 2. Jh.s v. Chr., denen Livius seine Anekdote über Quinctius Cincinnatus entnommen hatte, ganz selbstverständlich und glaubwürdig, dass der Senat dem ehemaligen Amtsträger nur seine Beschlüsse mitteilen muss, damit dieser seine Pflugschar sofort stehen lässt und den Befehlen ohne zu murren Folge leistet. So groß war die informelle Macht des Senats um 200 v. Chr.

Der Grieche Polybios unterschätzte diesen Sachverhalt ein wenig, weil er die griechischen Verhältnisse mit einer Vielzahl von Gesetzen und Regeln für die Verfassungsorgane gewohnt war und in seiner Heimat auch kaum vergleichbare Institutionen existierten. Deswegen wies er die Verfassung der Römer im 6. Buch seiner Historien als von Volk, Einzelherrschaft und Aristokratie zu gleichen Teilen geprägtes Ganzes aus und übersah das Übergewicht des aristokratischen Elements. Er konnte auch nicht wissen, dass die von ihm viel gepriesene Verfassung der Römer nicht als Schöpfung weiser Männer der Frühzeit schon von Anbeginn an in der ihm bekannten Form existierte, wie die römische Geschichtsschreibung meinte, sondern sich während des Aufstiegs Roms erst allmählich herausgebildet hatte. Dieser Aufstieg, der territorialen Machtgewinn und inneren Wandel verband, war in der Tat eindrucksvoll.

2.2. Die römische Frühzeit

· Ursprünge Roms

Der legendären Überlieferung nach wurde Rom im Jahre 753 v. Chr. gegründet, wie der Gelehrte Marcus Terentius Varro (116–27 v. Chr.) berechnet hatte. Dieses genaue Datum, nach dem die Römer ihre Jahreszählung »nach Gründung der Stadt« *(ab urbe condita)* vornahmen, ist natürlich ebenso unhistorisch, wie die mit diesem Datum verbundenen Gründungsmythen (Stichwort Aeneas-Sage sowie Romulus und Remus). Von ihrer Königszeit und den Anfängen der Stadt haben die späteren Römer so gut wie nichts gewusst. Deswegen wurden die Wissenslücken mit völlig unhistorischen Phantastereien gefüllt. Dennoch enthalten die Schriften der römischen Geschichtsschreiber späterer Zeiten ein paar Informationen zwischen den Zeilen, die bei der Rekonstruktion der weitgehend anekdotisch überlieferten Frühzeit (siehe Cincinnatus) helfen können. So liegt Varro bei seiner Datierung prinzipiell gar nicht so verkehrt, denn die Archäologen haben für das 8. Jh. v. Chr. eisenzeitliche Besiedlungsspuren auf einigen der berühmten sieben Hügel, vor allem aber auf dem Palatin und in den Niederungen (dem zentralen Forumstal) identifizieren können. Diese weisen auf eine zusammengehörige Kultur der latinischen Gründungsväter Roms hin, deren kultisches Zentrum der Kapitolshügel gewesen sein könnte. Als zusammenhängende Siedlung von städtischem Charakter, die sich über alle Hügel und Niederungen erstreckt, lässt sich die Entstehung des urbanen Roms auf die Zeit um 600 v. Chr. archäologisch eingrenzen. Möglicherweise entsprach die Gründung Roms ein Zusammenschluss einstmals eigenständiger Siedlungen auf den verschiedenen Hügeln.

Sprachlich und ethnisch gehörten die einheimischen Bewohner Roms zu der Gruppe der Latiner. In ihrer Nachbarschaft befanden sich weitere italische Stammesgruppen, die in der Folge mit den Römern in Konflikte gerieten. Besonders die in den umliegenden Bergen siedelnden oskischen Stämme der Volsker und Samniten, aber auch die unmittelbar benachbarten Sabiner waren den Römern zuzeiten schwierige Nachbarn. Besonders wichtig waren für die Römer aber ihre nördlichen, in der Toskana siedelnden Nachbarn, die Etrusker.

In der historiographischen Tradition ragt ein Datum aus der Frühgeschichte Roms heraus: Die Vertreibung des letzten einer Reihe etruskischer Könige aus Rom und die Gründung der Republik. Dieses ebenfalls mit einprägsamen Anekdoten verbundene Ereignis wurde auf 510/509 v. Chr. datiert, dem Jahr, in dem die Tyrannenherrschaft in Athen endete. Die Tarquinier, ein etruskisches Königsgeschlecht, herrschten seinerzeit, so lesen wir bei Livius, tyrannisch über Rom. Lucius Tarquinius Superbus, der Überhebliche, und sein Sohn Sextus trieben es besonders arg. Sextus vergewaltigte eine gewisse Lucretia, die römische Ehefrau des Lucius Tarquinius Collatinus, woraufhin sie wegen der erlittenen Schmach Selbstmord beging. Diese Tat wurde von ihrem Mann zusammen mit Publius Valerius Poplicola und Lucius Iunius Brutus gerächt, die das erzürnte Volk beim folgenden Aufstand gegen die ungerechte Königsherrschaft anführten. Poplicola und Brutus, die es wohl gar nicht wirklich gegeben hat, sollen dann die ersten Konsuln gewesen sein, die das neue Zeitalter der jährlich wechselnden Staatslenker, das Zeitalter der römischen Republik einleiteten.

Der historisch relevante Kern dieser anachronistischen Märchengeschichte besteht in der Tatsache der etruskischen Fremdherrschaft über die latinischen Römer. In der Tat lässt sich ein starker etruskischer Einfluss auf die römischen Institutionen erkennen. Bestimmte, auch noch später relevante Elemente der Herrschaftssymbolik, etwa der Amtsstuhl *(sella curulis)* oder die vor den hohen Amtsträgern hergetragenen Rutenbündel mit Beilen *(fasces)*, sind etruskischen Ursprungs, wie auch die Kunst der Weissagung aus dem Vogelflug und den Eingeweiden, die bei den Römern immer »etruskische Wissenschaft« hieß *(disciplina Etrusca)*. So lässt sich mit Fug und Recht annehmen, dass die Etrusker einen erheblichen Anteil bei der Stadtwerdung Roms ausübten und wohl in der Frühzeit neben den Königen auch die Herrscherschicht bildeten. »Der Eintritt Roms in die Geschichte ist eine Tat der Etrusker« (Heuß 2007, 7).

Alle anderen Aspekte der Geschichte um Lucretia sind hingegen Erfindungen. Vor allem wurde die Königsherrschaft nicht nach einer »Revolution« einfach durch die neue, ausgebildete republikanische Verfassung abgelöst, wie sich spätere Historiker das ausmalten. Vielmehr verlief die Entwicklung ganz ähnlich wie in Athen. Die Beseitigung des etruskischen Alleinherrschers erfolgte – wohl erst im ersten Drittel des 5. Jh.s v. Chr., als die etruskische Macht in Italien generell zurückging – auf Initiative der Oberhäupter der erstarkenden einflussreichen Adelsfamilien, die Patrizier genannt wurden. Vielleicht ist das Königtum auch schrittweise entmachtet und schließlich verdrängt worden. Wie in Athen blieben die sakralen Befugnisse des Königs noch an ein Amt gebunden, das den königlichen Namen weiter führte. Es handelt sich hierbei (analog zum *Basileus* in Athen) um den »Opferkönig« *(rex sacrorum)* genannten Priester. Die königliche Macht wurde in der Folge vom Adelsrat, dem Senat, jährlich einem einzigen aus den Oberhäuptern der höchsten Familien gewählten Magistrat übertragen. Dieser nannte sich *Praetor* (wörtlich »derjenige, der voranschreitet«) oder *Praetor maximus*. Alle spezifischen Eigenheiten der römischen Staatsverfassung, auch die Kollegialität des Oberamts, die Polybios kennt und die Livius schon für die Frühzeit annimmt, sind spätere Entwicklungen und Ergänzungen, die sich aus den jeweiligen Notwendigkeiten ergeben hatten.

Die Doppelung des Oberamts und damit die Schaffung des Konsulats fällt wohl ins 4. Jh. v. Chr. (nach der Überlieferung 367 v. Chr. –

dieses Datum ist, wie die meisten in diesem Kapitel, eine späte Rekonstruktion der römischen Geschichtsschreiber und sollte nur als Richtwert verstanden werden). Diese Änderung, mit der das alte Oberamt des Prätors zwar erhalten, aber zweitrangig wurde, hängt eng mit den inneren Auseinandersetzungen in der römischen Gesellschaft zusammen, die als die Ständekämpfe bekannt sind.

· Politik und Gesellschaft: Die Zeit der Ständekämpfe
Die Bevölkerung Roms setzte sich in der Frühzeit aus den herrschenden Adelsgeschlechtern, den *gentes*, deren Häupter als *patres* (Väter) bezeichnet und deren Angehörige entsprechend *patricii* (Patrizier) genannt wurden, sowie den Plebejern, dem gemeinen Volk, zusammen. Während die Patrizier eine einheitliche Gruppe bildeten, gehörten zu den Plebejern sowohl die in einem direkten Abhängigkeitsverhältnis stehenden Gefolgsleute der *patres*, ihre sogenannten Klienten *(clientes)*, als auch freie Bauern, Handwerker und andere nichtadlige Römer, etwa Gewerbetreibende. Die *plebs*, wie die Gesamtheit der Plebejer auch bezeichnet wurde, war demnach soziologisch keine einheitliche Größe und hatte nur gemeinsam, dass ihre Angehörigen vom politischen Regiment ausgeschlossen waren. Nach dem Ende der Königsherrschaft kam es zwischen Patriziern und Plebejern zu Konflikten, die mit Beginn des 5. Jh.s v. Chr. über rund 200 Jahre teils erbittert ausgetragen wurden, bis es zu einem Ausgleich kam, der die völlige privatrechtliche Gleichstellung aller Plebejer und die öffentliche Fixierung des Rechts vorsah. Ursprung der Konflikte war u. a. – wie in Griechenland – die aufgrund militärischer Mehrbelastung der Plebejer durch die Phalanxtaktik geforderte politische Mitbestimmung, die ihnen die Patrizier wiederum nicht gewähren wollten. Letztere saßen bei dieser Auseinandersetzung zunächst am längeren Hebel. Sie verfügten nicht nur über eine große Anzahl ihnen ergebener Klienten, sondern hatten auch das sakral sanktionierte Recht, das nur sie kannten und bestimmten, und die priesterliche Repräsentation für sich gepachtet.

Wie in den meisten vormodernen Gesellschaften leitete sich das Recht und die damit verbundene Autorität von den Göttern als »letzter Instanz« her. In diesem Sinne monopolisierten die Patrizier, denen auch nach dem Ständeausgleich bestimmte Priesterwürden exklusiv vorbehalten waren, den Zugang und die Ausübung des unter göttlichem Schutz stehenden Rechts. Die Patrizier, die somit die entscheidenden Institutionen dominierten, bildeten gewissermaßen alleine »den Staat«. Damit wollten sich die Plebejer, auf deren Schultern die Last der Verteidigung und des – zunehmend aggressiven – Ausgreifens des Staates lag, nicht abfinden, weshalb sie rechtliche Gleichstellung und politische Beteiligung forderten.

Aufgrund des ausbleibenden Einlenkens der Patrizier blieb den Plebejern nichts anderes übrig, als einen »Staat im Staate« zu errichten. Sie erfanden eigene Institutionen wie etwa eine separate Volksversammlung der Plebejer *(concilium plebis)* und wählten eigene Anführer, die Volkstribune *(tribuni plebis)*, die sie zum Schutz mit einer heiligen Aura *(sacrosanctitas)* ausstatteten, sodass Übergriffe seitens der Patrizier göttliche Strafen nach sich ziehen müssten. Auch bemühten sie in Extremsituationen das Kampfmittel des Generalstreiks: Die Plebejer verließen einfach die Stadt und legten so das öffentliche und wirtschaftliche Leben der Stadt lahm, bis ihre Forderungen durchgesetzt waren.

Nach und nach mussten die Patrizier ihre Positionen räumen und zunächst der Veröffentlichung grundlegender, für alle gültiger Rechtsnormen zustimmen (das von einem Zehnmännerkollegium festgesetzte berühmte Zwölftafelgesetz, 450 v. Chr.). Auch das von den Patriziern erwirkte Verbot der Eheschließung zwischen Angehörigen unterschiedlicher Stände musste fallen (445 v. Chr.). Der wichtigste Etappensieg war die Zulassung von Plebejern zum Oberamt (367 v. Chr.). Vermutlich hängt erst mit dieser Neuerung die Einführung der Konsulatsverfassung mit dem Prinzip der Kollegialität zusammen. Diese Annahme wird durch den Umstand gestützt, dass einer der Konsuln stets ein Patrizier sein musste. Auf Grundlage dieser Bestimmung war der alte Adel in der Lage, ein Mindestmaß an Kontrolle zu bewahren, denn im Zweifel konnte ein Konsul die Amtshandlung des anderen unterbinden. Nach diesem historischen Wendepunkt war die volle Gleichberechtigung der Plebejer nur noch eine Frage der Zeit. So bekamen sie nach und nach Zugang zu allen Ämtern, auch zu denen der Priester (die in Rom jedoch ohne politische Bedeutung waren). Den Abschluss dieses Integrationsprozesses bildet die *lex Hortensia* von 287 v. Chr. Mit diesem Gesetz wurden die plebejischen Kampfinstrumente der Zeit der Ständekämpfe, das Amt des Volkstribuns und die Beschlüsse der plebejischen Volksversammlung (Plebiszite), in die bestehende Verfassung aufgenommen. Von da an war das Volkstribunat Teil der gewöhnlichen Ämterlaufbahn und die Plebiszite hatten für alle Römer gleichermaßen Gültigkeit.

· Die Nobilität

Auf diese Weise entstand während des 4. und 3. Jh.s durch die Aufnahme wohlhabender und tüchtiger Plebejer in den Senat eine neue, beide Stände umfassende und auf dem Leistungsprinzip basierende Oberschicht, die Nobilität, die auch begabten Neulingen ohne uralte Familientradition, sogenannten »neuen Männern« *(homines novi)*, soziale Aufstiegsmöglichkeiten bot. Für die Zugehörigkeit römischer Familien zur Nobilität war von da an entscheidend, ob sie einmal einen Konsul gestellt und damit ihre Tüchtigkeit für den Staat bewiesen hatten. Diese neue Oberschicht bewerkstelligte mit ihrem strengen Leistungsethos, das an die *res publica*, die Staatsangelegenheiten, angeknüpft war, den kometenhaften Aufstieg Roms zur Weltmacht. Die Wertvorstellungen, welche die Führungsschicht nun mit ihrem Stand und ihrem Dienst für den Staat verband, projizierte man nun zurück auf die unbekannte Frühzeit.

So ist die erfundene Geschichte über Cincinnatus ein Spiegel eben dieses neuen Adelsethos der Nobilität, deren archetypischer Vertreter er ist: Er gehorcht bedingungslos den Befehlen des Senats, übernimmt seine Aufgabe aus Pflichtbewusstsein, nicht aus Ehrgeiz, und tritt nach getaner Arbeit vorzeitig und freiwillig von seinem machtvollen Posten zurück, um sich wieder ohne Murren ins Kollektiv einzugliedern. Darüber hinaus verkörpert er als Landbesitzer, der sogar selbst Hand anlegt und einen bescheidenen, betont wenig luxuriösen Lebensstil pflegt, das ökonomische Ideal der Nobilität.

· Die Anfänge der römischen Expansion

An den bisweilen durchaus harten inneren Auseinandersetzungen der Ständekämpfe schienen die Römer eher gewachsen zu sein, denn beide Lager fanden sich immer zu Kompromissen bereit und vereinbarten einen »Burgfrieden«, wenn Gefahr von außen drohte. Und das war recht häufig der Fall. Nach dem Machtverlust der Etrusker in den von ihnen bisher kontrollierten Randgebieten, dessen Konsequenz die Befreiung Roms von der Königsherrschaft war, drangen die oskisch-sabellischen Völker aus den Rom und das Latium umgebenden Bergen in die Ebene. Volsker, Sabiner und Aequer machten den Römern in langen Kämpfen zu schaffen. Verbündet waren die Römer mit den benachbarten und auch sprachverwandten Latinern, die in kleineren Städten um Rom herum lebten und mit denen sie kultische Einrichtungen teilten. Auch mit ihrer Hilfe gelang es den Römern, ihren etruskischen Hauptkonkurrenten, die nur knapp 20 km nördlich gelegene Stadt Veji nach langen Kämpfen 396 v. Chr. auszuschalten (zehn Jahre soll permanent Krieg zwischen den beiden Städten geherrscht haben). Mit dem Sieg über Veji konnten sie wichtiges Territorium hinzugewinnen und ihr Prestige als aufstrebende Stadt ausbauen. Ökonomisch bedeutend war, dass Rom nun die Kontrolle über die Via salaria und über die bis dahin zu Veji gehörenden Salinen an der nördlichen Tibermündung übernahm. Die Kontrolle über und Gewinnung des »weißen Goldes« erschloss Rom eine gewaltige zusätzliche Vermögensquelle, die letztlich die militärische Finanzierung der römischen Expansion ermöglichte.

Dennoch mussten die Römer bereits wenige Jahre später eine herbe Niederlage einstecken, die im kollektiven Bewusstsein der Römer tiefe Spuren hinterließ: 387 v. Chr. wurde Rom von beutesuchenden Kelten unter ihrem Anführer Brennus erobert. Die auf Wanderschaft befindlichen Gallier, wie die Kelten bei den Römern hießen, plünderten die Stadt jedoch lediglich und verließen sie darauf wieder. Der Schock saß trotzdem tief. Auch gingen bei dem Überfall alle Aufzeichnungen und Archivalien verloren, der Hauptgrund für die Unwissenheit der in der Folge umso phantasiebegabteren römischen Historiker. Diese Niederlage hat möglicherweise auch den Ausgleich zwischen den Ständen, wie er wenig später in der Zulassung der Plebejer zum Oberamt, dem neu gegründeten Konsulat (*consules* meint ja diejenigen, »die zusammenspringen«) befördert, sodass nun die innenpolitischen Querelen weitgehend beseitigt waren.

In der Folge beschloss man nicht nur einen schützenden Mauerbau, sondern auch eine noch engere Allianz mit den Latinern, die sich bereits zu einem Bündnis (dem sogenannten Latinerbund) zusammengeschlossen hatten. Der nach dem römischen Initiator benannte Bündnisvertrag, das *foedus Cassianum*, brachte Latiner und Römer noch enger zusammen. So wurden Handels- und Heiratsrechte gegenseitig vereinbart, wobei jedoch Rom selbstredend die Rolle des Anführers dieser Koalition übernahm. Welche Gründe im Jahr 340 v. Chr. für die Unstimmigkeiten verantwortlich waren, die die Allianz auseinanderbrachte und Rom zum Gegner des Latinerbunds werden ließ, lässt sich nicht mehr bestimmen. Vielleicht war den Latinern der Führungsanspruch der Römer lästig geworden. Jedenfalls sah sich Rom wieder in äußerster Gefahr, da die latinischen Landstädte – mit wenigen Ausnahmen – gemeinsam gegen Rom vorgingen. Dennoch gelang es den Römern, bei denen nun Patrizier und Plebejer an einem Strang zogen, binnen zwei Jahren den Aufstand niederzuringen. Nach dem Ende des Aufstands fiel praktisch ganz Latium dem römischen Staat zu, wodurch die unterlegenen Latiner ihre politische Eigenständigkeit einbüßten. Zugleich jedoch wurden sie Bürger des jetzt doppelt so großen Staats, der – ganz ungewöhnlich für antike Stadtstaaten – nun auch territorial ausgriff und über zum Staatsverband gehörende Landstädte verfügte.

Diese Vorgehensweise, erobertes Land dauerhaft zu beanspruchen und mit römischen und latinischen Kolonisten zu besiedeln, wurde zu einem Kennzeichen römischer Eroberungspolitik. So entstand eine breite Machtbasis und innere Konflikte konnten durch großzügige Landverteilung entschärft werden (auch dies war wichtig in den Ständekämpfen). Im Jahr 338 v. Chr., als die Städte der Latiner dem römischen Staat zugeschlagen wurden, hatte sich auch das Wehrpotential verdoppelt. Mit diesen Pfunden konnte der Senat jetzt wuchern und in kurzer Zeit wurde Rom zur Herrin über Italien. Nach der Auseinandersetzung mit dem mächtigen Karthago – in nur 53 Jahren, wie Polybios ungläubig bemerkt – stieg die Stadt schließlich zur Herrscherin über den »ganzen Erdkreis« auf, womit der griechische Historiker die damals bekannte (Mittelmeer-)Welt meinte (Polyb. 1, 1).

Lektürehinweise:
Zur römischen Geschichte allgemein ist die Gesamtdarstellung von Heuß (2007), die ursprünglich 1960 erschienen ist, immer noch unübertroffen. Dieses umfangreiche und gehaltvolle Buch ist nicht nur ein mitreißend geschriebenes Geschichtsbuch, sondern auch ein literarisches Kunstwerk von Rang. Die Wesenszüge des Römertums hat Christ (1994) gut eingefangen. Zur römischen Frühzeit und der römischen Republik ist Bleicken (1999) einschlägig.

3.
GRIECHENLAND. ALEXANDER UND DER HELLENISMUS

3.1. Der Aufstieg Makedoniens und Alexander

· **Makedonien und Philipp II.**

Das Jahr 338 v. Chr., als Rom seine Stellung in Mittelitalien konsolidiert hatte, war für Athen und die griechischen Stadtstaaten ein Schicksalsjahr. Die vorausgehenden fünfzig Jahre hatten deutlich werden lassen, dass keiner der geschwächten griechischen Staaten mehr in der Lage war, eine Vorherrschaft zu etablieren, wie die Athener sie zu Zeiten des Ersten Attischen Seebundes innegehabt hatten. Vor diesem Hintergrund hätte Griechenland »fast in einem Zustand allseitiger Harmlosigkeit vor sich hin existieren können, wenn sich nicht im Norden eine neue Macht aufgetan hätte, die der griechischen Geschichte eine ganz andere Richtung wies« (Schuller 2004, 77).

Mit dem Jahr 338 v. Chr. und der Niederlage einer von Athen angeführten griechischen Koalition gegen Makedonien endet nach allgemeiner Einschätzung der heutigen Geschichtswissenschaft die klassische Epoche Griechenlands. Rund 20 Jahre zuvor hatte mit Philipp II. (ca. 382–336 v. Chr.) ein überaus begabter König den Thron Makedoniens bestiegen. Dieses Gebiet im Norden des heutigen Griechenlands galt bis dahin vor allem den Athenern als rückständig und von Halbbarbaren bewohnt. Ganz anders als die übrigen Stadtstaaten war Makedonien als Stammesherrschaft und Personenverband organisiert und hatte bis zu jenem Zeitpunkt eine eher marginale Rolle in den innergriechischen Konflikten gespielt. Trotz dieser Voraussetzungen gelang es Philipp II. in kürzester Zeit, seine Herrschaft mittels eines effektiven Heeres, das auf ihn als Anführer eingeschworen war, zu festigen und sich gegen die benachbarten Stämme der Illyrer und Paioner zu behaupten.

Ab 355 v. Chr. griff er nach Thrakien und Nordgriechenland aus und wurde damit zu einer Gefahr für Zentralgriechenland. Um 340 v. Chr. war ganz Thrakien in seiner Hand und er bedrohte durch Seeblockaden und Kaperungen im Bosporos die lebenswichtige Getreideversorgung der Athener aus dem nördlichen Pontosgebiet. Die Athener hatten schon zuvor diplomatisch gegen Philipp gearbeitet und sein militärisches Ausgreifen mit Argwohn beobachtet. Jetzt erklärten sie dem Halbbarbaren, denn die durchaus gräzisierten Makedonen galten den Griechen nicht als ebenbürtig, den Krieg. Demosthenes, der große athenische Redner, war immer wieder wortgewandt für ein hartes Vorgehen gegen Philipp eingetreten und seine Linie setzte sich gegen die von seinem Kontrahenten Aischines vertretene promakedonische Haltung durch. Die Niederlage von 338 v. Chr. änderte jedoch alles.

Philipp war so klug, Athen nicht hart zu bestrafen. Durch Gründung des Korinthischen Bundes (337 v. Chr.), in dem die Freiheit der Stadtstaaten pro forma erhalten blieb, den er jedoch als *strategós autokrátor*, als Oberbefehlshaber, unangefochten leitete, gewann er die Unterstützung oder wenigstens das Stillhalten seiner ehemaligen Gegner. Er rief einen allgemeinen Frieden aus, der den kleinen Streitereien und Fehden unter den Stadtstaaten und dem Kaperwesen nun unter seiner Oberaufsicht ein bei den Bündnern willkommenes Ende setzte. Dass die allermeisten griechischen Staaten dem Bund recht willfährig beitraten, lag vor allem an den proklamierten Zielen dieses Bündnisses. Klug hatte Philipp den Bund, der in erster Linie seinen Herrschaftsansprüchen diente, programmatisch als Sammelkoalition zur Vorbereitung eines von vielen Griechen ersehnten Rachefeldzuges gegen die Perser aufgestellt, was auch seinen persönlichen Zielen, zumindest einen Teil des Perserreichs unter seine Gewalt zu bringen, entsprach.

Diesen großen Rachefeldzug sollte jedoch erst sein Sohn Alexander ins Werk setzen (und nebenbei noch die Welt erobern), denn Philipp wurde 336 v. Chr., mitten in den Vorbereitungen zum Feldzug gegen die Perser, aus persönlichen Motiven von einem Leibwächter ermordet. Sein überaus reich ausgestattetes Grab fand man in Vergina (dem antiken Aigai). 2015 konnte sein Skelett, das Spuren einer spezifischen, in den Quellen erwähnten Verwundung aufwies, durch anthropologische Untersuchungen plausibel identifiziert werden.

· Alexander der Große

»Der Name Alexander bezeichnet das Ende einer Weltepoche, den Anfang einer neuen«, so urteilte schon Mitte des 19. Jh.s der Gelehrte Johann Droysen, dem wir die wissenschaftliche Entdeckung des Hellenismus als historisch eigenständiger Epoche verdanken (Geschichte des Hellenismus, Bd. I, 3). Philipps Sohn Alexander ist zweifellos die berühmteste Gestalt der antiken Geschichte. Schon zu Lebzeiten eine Legende, ist Alexander der Große kaum noch als historische Persönlichkeit zu fassen, sondern eigentlich eine literarische Figur, deren Ruhm auch in Mittelalter und Neuzeit ungebrochen die Rezeptionsgeschichte der Antike dominiert. Schon den Zeitgenossen kam sein kometenhaftes Leben unwirklich und legendenhaft vor. Da zog ein Zwanzigjähriger an der Spitze eines mittelgroßen Heeres aus und hatte zehn Jahre später die bekannte Welt und Teile der bislang unbekannten erobert, den Chaiber-Pass nach Indien überquert, Teile des Punjabs erobert, seltsame Menschen und Länder gesehen und gegen Elefanten gekämpft, um 323 v. Chr. mit 32 Jahren als Großkönig von Persien, ägyptischer Pharao und noch immer makedonischer König zu sterben, höchstwahrscheinlich an einer von einer kleinen Stechmücke übertragenen Infektionskrankheit.

Was für ein Leben! Man stelle sich einmal vor, Alexander hätte im Jahr 330 v. Chr. mit 25 Jahren einen Europass-Lebenslauf ausfüllen müssen, wie das heute seine Altersgenossen tun, wenn sie sich nach Ausbildungs- oder Studienabschluss um eine erste Anstellung bemühen (s. Seite 76).

Vielleicht lässt sich auf diese spielerische Weise die jeden Rahmen sprengende Außergewöhnlichkeit dieser Persönlichkeit verdeutlichen. Im Dschungel der legendenhaften Überlieferung, die bereits zu Lebzeiten des Eroberers wucherte, die klaren Linien zu erkennen, ist nicht einfach. Sich seinem zweifellos charismatischen Charakter zu nähern, ist aus der historischen Distanz und aufgrund der literarisch-historiographischen Verzerrungen ein weitaus schwierigeres Unterfangen, als Stationen seines Feldzugs und damit seine militärischen und administrativen Leistungen in wenigen, trockenen Worten auf drei Seiten zusammenzufassen, was im Folgenden geschehen soll.

LEBENSLAUF

ALEXANDER DER GROSSE

Angestrebte Stelle

Herrscher der Welt

Berufserfahrung

Großkönig von Persien,
Pharao von Ägypten,
König von Makedonien

Schul- und Berufsbildung

Privatunterricht durch Aristoteles, praktische Schulung in Führungskompetenz als Stellvertreter des Vaters in der Landesführung (mit 16)

Sprachkenntnisse

Muttersprache

Makedonisch

Weitere Sprachen

Griechisch C2
Persisch B2
Sogdisch A2 (Meine Frau Roxane …)

Kommunikative Fähigkeiten

Kann meine Männer auch in Extremsituationen motivieren, verfüge über reichlich Charisma

Organisations- und Führungstalent

Gegenwärtig (vor der Indusfahrt) verantwortlich für ein international zusammengesetztes Team von ca. 120 000 Mann (makedonisch-iranisches Heer, verstärkt durch Söldner, v. a. aus Griechenland)

Erfolgreiche Projekte

Gewonnene Schlachten am Granikos, bei Issos und Gaugamela, erfolgreiche Belagerung von Tyros

Führerschein

Hervorragender Reiter,
kann auch Streitwagen fahren

Hobbies

Homer lesen, Jagen, Wein trinken

· Der Alexanderzug

Nachdem er als Zwanzigjähriger den Thron bestiegen und rücksichtslose »Säuberungen« am Hof vorgenommen hatte, deren Opfer vermeintliche Gegner und Verwandte wurden, machte er sich 334 v. Chr. nach kurzen Polizeiaktionen an den Landesgrenzen zur Herrschaftssicherung daran, den Plan seines Vaters in die Tat umzusetzen. Mit viel Symbolik zog Alexander im Frühjahr an der Spitze eines etwa 40 000 Mann umfassenden Heeres nach Kleinasien. Er opferte den Göttern an symbolträchtigen Stätten, steuerte selbst das Schiff in Richtung Troja und sprang als Erster an Land, das er noch vom Schiff aus mit einem Speerwurf symbolisch in Besitz nahm. Schon zu Beginn verband er den Feldzug mit mythologischen Vorbildern, wobei er seine Mission in die Tradition des Trojanischen Krieges stellte. Dass er schon zu Beginn an die mediale Vermittlung seiner Taten gedacht hatte, zeigt die Mitnahme von mehreren Berichterstattern und einem griechischen Hofschreiber namens Kallisthenes, die in regelmäßigen Abständen nach Makedonien und Griechenland berichteten. Dass er Großes vorhatte und erwartete, kann man an den im Tross mitgeführten Experten, Landvermessern und Bergbauingenieuren ersehen.

Am Fluss Granikos (heute Biga Çayı in der Nordwesttürkei) kam es schließlich zur ersten Schlacht gegen eine gleich starke persische Streitmacht. Alexander entschied die Schlacht für sich, was ihm faktisch die Herrschaft über Kleinasien einbrachte. Ein Jahr später (333 v. Chr.) stellte sich ihm Dareios III., der amtierende Großkönig, persönlich mit einer mindestens um das Zweifache überlegenen Heeresmacht bei Issos in Kilikien entgegen. Wieder konnte Alexander den Sieg verbuchen, wobei er mit seiner Reiterei direkt ins Zentrum gegen Dareios vorstieß und diesen zur Flucht veranlasste, obwohl die Perser bis dahin die Schlacht dominiert hatten. Bereits hier zeigt sich nicht nur sein Draufgängertum, sondern auch sein militärisches Talent, den richtigen Augenblick für eine Attacke auszuwählen und instinktiv die Lücke zum Durchbruch zu finden.

· Pharao von Ägypten und persischer Großkönig

Nach der gewonnen Schlacht bei Issos konnte Alexander über die Levante, wo er Tyros lange belagern muss, bis nach Ägypten weiterziehen. Die Perser überließen ihm Ägypten praktisch kampflos und der Makedonenkönig wurde als Befreier vom persischen Joch empfangen. In Memphis, der einstigen Hauptstadt des Alten Reichs, die der Legende nach von Menes, dem Stammvater der 1. Dynastie, gegründet worden sein soll, folgte die Inthronisierung als Pharao. Danach zog Alexander dem Verlauf des Nils folgend flussabwärts und gründete 331 v. Chr. die Stadt Alexandria im Nildelta.

Nach dem Sieg bei Issos hatte er sich noch höhere Ziele gesteckt. Ein sehr vorteilhaftes Friedensangebot des Dareios, der ihm die Hälfte des Reiches anbot, wies er zurück: Jetzt wollte er das ganze Perserreich erobern. Der alte General Parmenion, der schon seinem Vater gedient hatte, empfahl die Annahme des persischen Vorschlags, der den Makedonen alles Land westlich des Euphrats gesichert hätte: Wenn er Alexander wäre, so der besonnene General, würde er das Angebot annehmen. Alexander entgegnete, das würde er auch tun, wenn er Parmenion wäre (Arrian, Anabasis, 2, 25). Von Ägypten aus zog er im April 331 v. Chr. in Richtung des Zentrums des Perserreichs. Bei Gaugamela, nordöstlich von Ninive (vielleicht handelt es sich um das heutige Mossul im Irak), erwartete ihn der Großkönig zur Entscheidungsschlacht auf ebenem Gelände mit einem erdrückend überlegenen Aufgebot, in dem auch Kriegselefanten und die tödlichen Sichelwagen aufgestellt waren. Wieder war es die Kavallerie, angeführt von Alexander selbst, die durch eine Lücke der Feinde stieß, um den König selbst zu stellen. Erneut nahm Dareios Reißaus.

Als unmittelbare Folge des neuerlichen Siegs lagen nun die wichtigsten Städte des Perserreichs, Babylon, Susa und Persepolis offen vor Alexander. Dort setzte er klug und pragmatisch Perser als Verweser ein, die zur Kollaboration bereit waren, oder beließ gar die alten Führungskräfte, wenn sie ihm Treue gelobten. Als er im Juni 331 v. Chr. in Richtung Ekbatana zog, um dort den flüchtigen Dareios endgültig zu besiegen, wurde dieser von seinen eigenen Leuten umgebracht. Augenblicklich trat Alexander die Nachfolge an und wurde nun auch *de iure* Großkönig des Perserreichs. Die folgenden drei Jahre verbrachte er anschließend mit der Konsolidierung seiner Herrschaft über die persischen Kerngebiete. Dabei ließ er klugerweise das auf Regionalherrschaften, sogenannten Satrapien, basierende Verwaltungssystem der Perser bestehen und setzte, wo nötig, allenfalls makedonische Getreue als Satrapen ein.

Die östlichen Satrapien des Persischen Reichs unterstanden jedoch nach wie vor nicht seiner Kontrolle. Dort hatte sich zudem der Satrap Bessos, der maßgeblich an der Ermordung von Dareios beteiligt gewesen war, unter dem Namen Artaxerxes zum neuen Großkönig erklärt. Zum Abschluss seines Perserfeldzugs zog Alexander daher weiter nach Osten, überquerte den Hindukusch und eroberte Baktrien (heute Afghanistan) sowie Sogdien (Teile des heutigen Tadschikistan und Usbekistan). Bessos, der sich immer weiter vor Alexander nach Osten zurückzog, wurde in Folge von seinen eigenen unzufriedenen Soldaten gefangengenommen und an Alexander ausgeliefert, der ihn verstümmeln und später kreuzigen ließ. Im Jahr 328 v. Chr. heiratete Alexander zudem Roxane, die Tochter eines sogdischen Fürsten, der sein treuster Verbündeter im Norden des Perserreichs wurde.

· Gen Indien

Doch Alexander wollte mehr. 327 v. Chr. zog er daher nach Indien, dessen nordwestlicher Teil einstmals ebenfalls unter persischer Herrschaft gestanden hatte. Er überquerte den Indus, besiegte das Heer des indischen Königs von Taxila und forderte anschließend von den übrigen Herrschern des Punjabs (Stromebene der Induszuflüsse Satluj, Chanab, Beas, Jhelam und Ravi) die Unterwerfung sowie die Anerkennung seiner Person als Gott. Der im östlichen Punjab herrschende Poros verweigerte sich den Forderungen Alexanders. In der Schlacht am Hydaspes errang Alexander schließlich seinen letzten und wohl auch verlustreichsten Sieg.

Als nächstes fasste Alexander die Eroberung des weit im Osten am Ganges liegenden Reichs Magadha ins Auge. Um die Moral seiner Truppen stand es indes nicht zum Besten. Die hohen Verluste in der Schlacht am Hydaspes, der heftige Monsunregen sowie die mühsamen Überquerungen der Hochwasser führenden Flüsse des Punjab verschlechterten die Stimmung im Heer zusehends. Schließlich, vor der Überquerung des Beas, meuterten die Soldaten. Nach unendlichen Strapazen, Tausende Kilometer vom Mittelmeer und der Heimat entfernt, sah sich Alexander zur Umkehr gezwungen.

Der Rückweg ins Perserreich entwickelte sich dabei zu einem Fiasko: Während der Admiral Nearchos mit der Überführung einer am Hydaspes gebauten Flotte nach Mesopotamien betraut wurde, durchquerte Alexander 325 v. Chr. mit dem Großteil seines Heeres, ca. 40 000 Mann, die als gefährlich bekannte Gedrosische Wüste (die heutige Region Makran, halb in Iran, halb in Pakistan). Vermutlich bestand seine Motivation für diese waghalsige Durchquerung darin, die legendäre Königin Semiramis von Babylon und den Perserkönig Kyros zu übertreffen, die nach Berichten an dieser Aufgabe geschei-

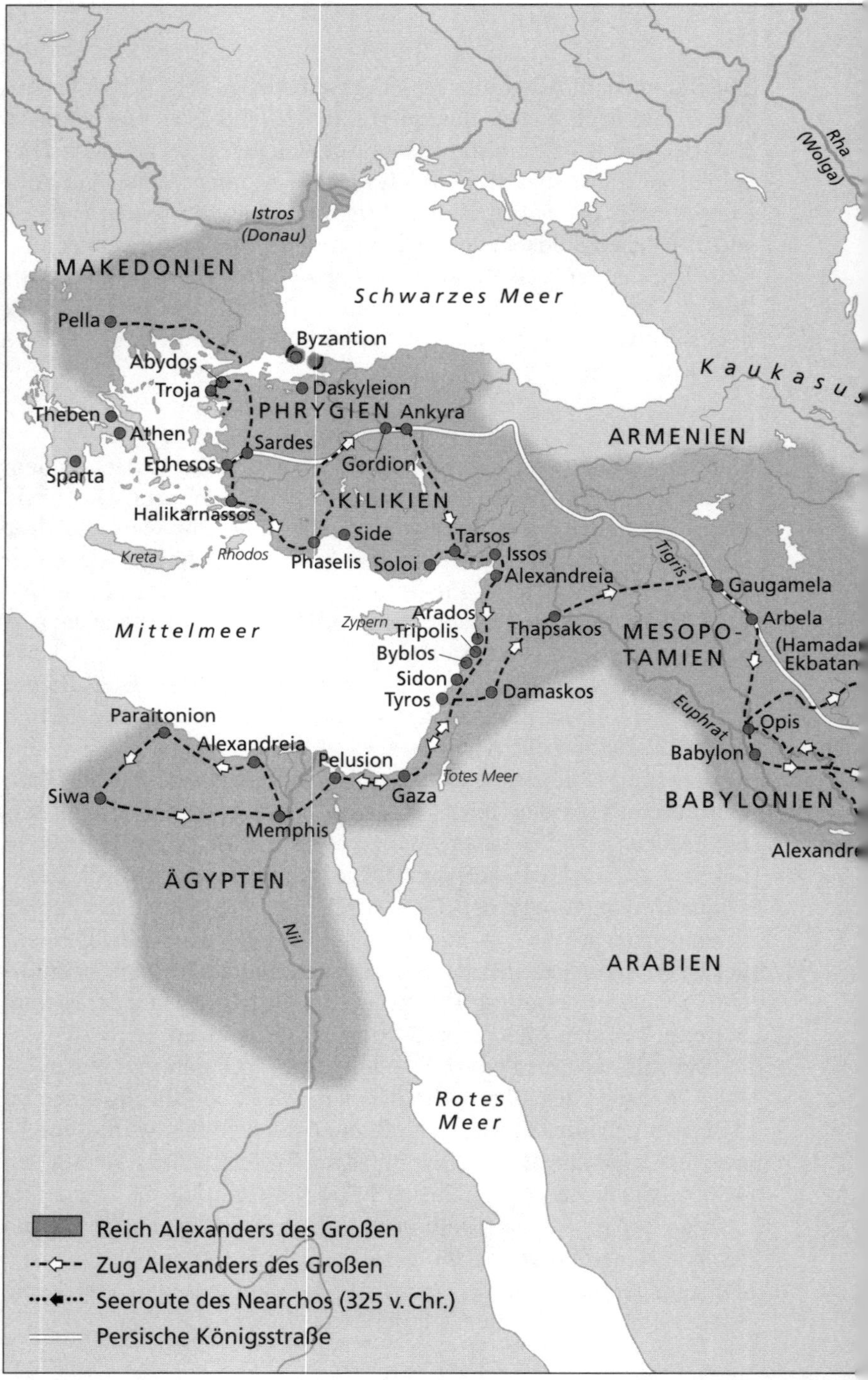

Karte. 1: Das Reich Alexanders des Großen bei seinem Tod 323 v. Chr.

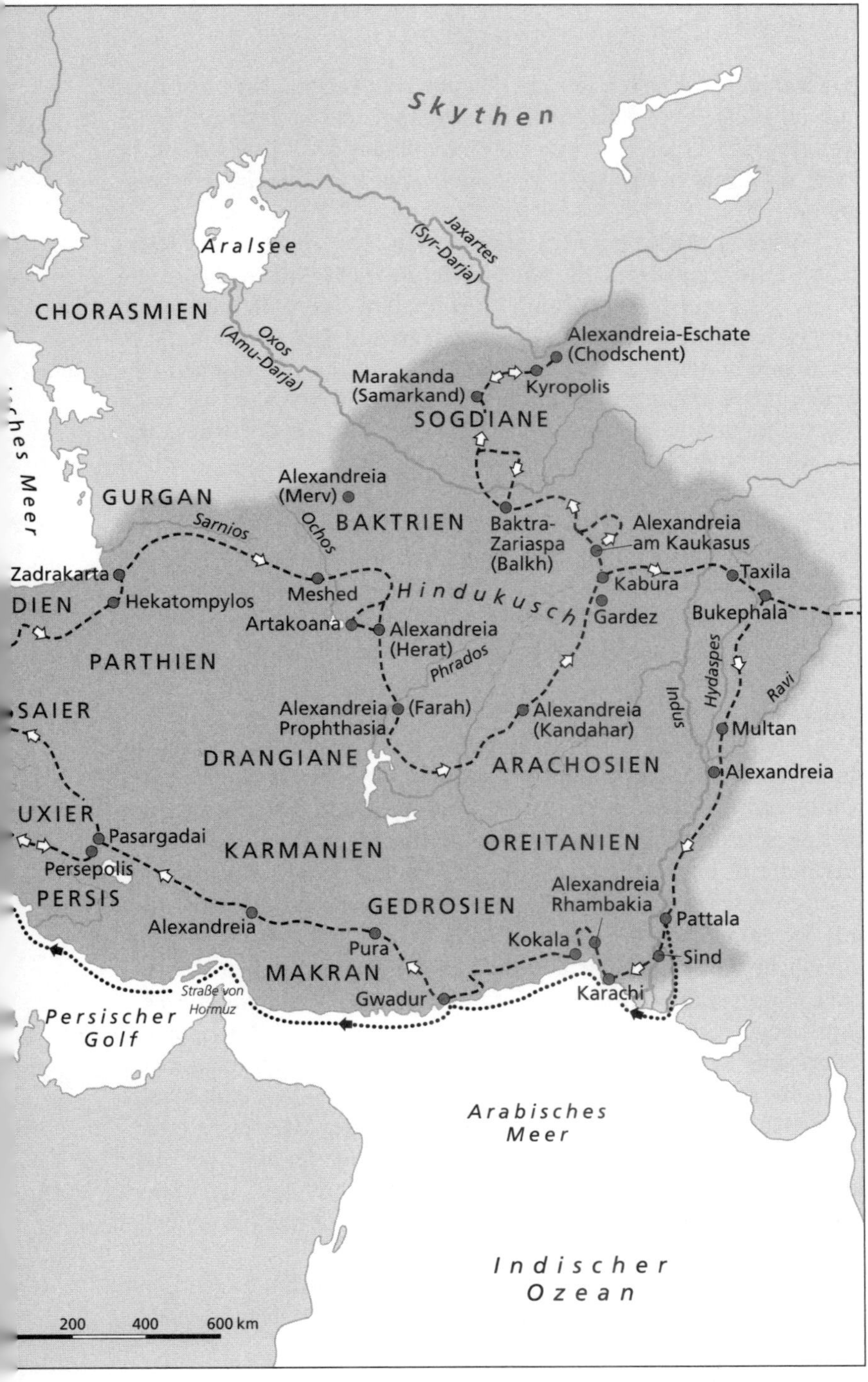

Skythen
Aralsee
Jaxartes
(Syr-Darja)
CHORASMIEN
Oxos
(Amu-Darja)
Alexandreia-Eschate
(Chodschent)
Marakanda
(Samarkand)
Kyropolis
SOGDIANE
Alexandreia
(Merv)
GURGAN
Sarnios
Ochos
BAKTRIEN
Baktra-
Zariaspa
(Balkh)
Alexandreia
am Kaukasus
Zadrakarta
Hekatompylos
Meshed
Hindukusch
Kabura
Taxila
Gardez
Bukephala
Artakoana
Alexandreia
(Herat)
PARTHIEN
Phrados
Hydaspes
Indus
Ravi
Alexandreia
Prophthasia
(Farah)
Alexandreia
(Kandahar)
Multan
DRANGIANE
ARACHOSIEN
Alexandreia
UXIER
Pasargadai
Persepolis
KARMANIEN
OREITANIEN
PERSIS
Alexandreia
GEDROSIEN
Alexandreia
Rhambakia
Pattala
Kokala
Sind
Pura
MAKRAN
Gwadur
Karachi
Straße von
Hormuz
Persischer
Golf
Arabisches
Meer
Indischer
Ozean
200
400
600 km

tert waren. Beide sollen nur mit dem nackten Leben, aber ohne Heer aus der Wüste zurückgekehrt sein. Alexander selbst erging es indes wenig besser: Er kam mit nur 15 000 Mann aus der Wüste zurück. Er hatte die Grenzen der Welt, aber auch seine eigenen Grenzen ausgelotet.

Wieder in Mesopotamien eingetroffen, begann er seine Herrschaft zu organisieren. Zugleich verfolgte er Maßnahmen um die Makedonen und Iraner einander anzunähern sowie die persischen Großen in das neue Reichsgefüge zu integrieren. Der Höhepunkt dieser Bemühungen war die Verheiratung seiner makedonischen Getreuen mit vornehmen Perserinnen, vollzogen bei der sogenannten Massenhochzeit von Susa im Jahr 324 v. Chr., bei der er etwa 80 seiner wichtigsten Gefolgsleute vermählte und er selbst als zweite und dritte Frau neben Roxane zwei Töchter des besiegten Dareios ehelichte. Zeitgleich plante der Rastlose bereits intensiv einen weiteren Feldzug zur vollständigen Erkundung und Eroberung Arabiens, als ihn der Tod nach einer kurzen fiebrigen Krankheit (wohl Malaria tropica) am 10. Juni 323 v. Chr. zweiunddreißigjährig ereilte, gefördert und beschleunigt durch jahrelangen Alkoholmissbrauch.

· Alexanders Erbe

Alexander hatte mit seinen Taten die Welt verändert. Die Antike war durch den Alexanderzug global geworden. Griechische Sprache und Kultur verbreiteten sich bis an den Hindukusch. In dem riesigen Gebiet zwischen Ägypten und dem Kaukasus, Kleinasien und dem Indus hatte er eine neue staatliche Ordnung errichtet: ein makedonisch-persisches Reich. Wie konnte dieser menschliche Wirbelwind mit den homerischen Heldensagen im Gepäck auf diese schier unglaubliche Weise mit seinem Vorbild Achilleus gleichziehen? Die antiken Kommentatoren machten dafür allein seine genialische Persönlichkeit verantwortlich, die sicherlich eine große Rolle spielte, jedoch aus heutiger Sicht nicht alles erklärt. Seine Veranlagungen ermöglichten es ihm zwar, mit Charisma und seinem impulsiv mitreißendem Wesen die unbedingte Loyalität seiner Männer zu erhalten. Eine moderne historische Analyse (etwa Gehrke 2008, 29, dem ich hier folge) kann jedoch weitere Gründe anführen, die Alexanders Erfolg verständlich machen und ihn aus der Sphäre des Wundersamen und Phantastischen heraushalten:

Alexander profitierte von günstigen Rahmenbedingungen: Sein Vater, der Makedonien zum Hegemon über die Griechen gemacht hatte, hinterließ ihm ein hervorragend aufgestelltes Heer, die griechische Staatenwelt war in einer tiefen Krise bzw. nachhaltig geschwächt und auch das Perserreich hatte mit inneren Widerständen zu kämpfen. Darüber hinaus brachte Alexander selbst eine ganze Reihe von Talenten mit. Er war ein begabter Heerführer, dessen Charisma ihn zum natürlichen Anführer werden ließ, dem seine Männer bedingungslos folgten. Sein klares Auge für die jeweilige Situation war verbunden mit der Gabe, blitzschnell, fast instinktiv selbst in angespanntesten Situationen die richtigen Entscheidungen zu treffen. Bei all seinem Wagemut in der Schlacht und seiner Abenteuerlust war er dennoch ein Pragmatiker der Macht, der politisch kühl und überlegt handelte. Berechnend und mit Menschenkenntnis suchte er nach pragmatischen und realistischen Lösungen in Politik und Verwaltung seines Riesenreichs, wozu etwa die nicht ganz widerstandslos betriebene Integrationspolitik gegenüber dem Adel des Perserreichs gehörte.

Zum Mythos jedoch wurde er durch seine eigene Vorliebe für den Mythos, den er in seine Gegenwart hineinholte: An den homerischen Helden, besonders an Achilleus, orientierte er sein Handeln. Dies war sein innerer Antrieb, geradezu seine Besessenheit, die seine Talente und die günstigen Rahmenbedingungen, die ihm auf seinem Weg halfen, nochmals potenzierten. Er wollte im richtigen Leben mit den Halbgöttern gleichziehen und sich mit ihnen messen. Mit seinem Busenfreund Hephaistion spielte er die innige Freundschaft und den gemeinsamen Heldenkampf der Erzfreunde Achill und Patroklos nach, nur dass es kein Kinderspiel war, sondern auf den Schlachtfeldern Asiens geschah.

> »Nur ein solcher Mensch konnte das Angebot des Großkönigs stolz zurückweisen und nicht eher Halt machen, als bis er in extremer Rücksichtslosigkeit das Äußerste erreicht hatte – und damit einer neuen Epoche Raum schaffen, soweit dies einem Einzelnen überhaupt möglich ist.« (Gehrke 2008, 30)

Diese neue Epoche wurde allerdings erst spät als solche erkannt. Noch bis zum 19. Jh. (und teilweise auch später) betrachtete man die Zeit nach Alexander als Periode des Niedergangs der klassischen Poliskultur. Die hervorragenden Kunstwerke und die großartigen literarischen Werke der folgenden drei Jahrhunderte galten lange als minderwertig. Auch hinsichtlich der Politik sah man in der nun folgenden Epoche ein von Dekadenz und Zerfall geprägtes Zeitalter.

Heute gilt die Zeit des Hellenismus, die man mit der Thronbesteigung Alexanders 336 v. Chr. und der Übernahme der Herrschaft über Ägypten, des letzten eigenständigen Reichs, durch die Römer im Jahre 30 v. Chr. eingrenzt, unter Fachleuten als eine der interessanten und dynamischsten Epochen der Antike.

· Der Hellenismus

In diesem Überblicksteil des Buches wird der Hellenismus aufs Ungerechteste vernachlässigt, zumindest was die ereignisgeschichtlichen Aspekte angeht. Strukturgeschichtliche, sowie kulturhistorische Gesichtspunkte werden uns jedoch sehr wohl beschäftigen (teils in den Themenkapiteln). Diese Reduktion ist der Tatsache geschuldet, dass nach Alexanders Tod zunächst für rund 20 Jahre ein Krieg aller gegen alle ausbrach, der, würde er hier wiedergegeben, zur langweiligsten vorstellbaren Reihung von Schlachten und Kriegsepisoden führen würde. Die sogenannten »Diadochen«, die potentiellen Nachfolger Alexanders – im Wesentlichen seine fähigsten Generäle – stritten sich in wechselnden Koalitionen erbittert um die Nachfolge. Doch in Alexanders Stiefel passte keiner hinein.

Nach rund 20 Jahren hatten die Diadochen und ihre Erben eingesehen, dass die Herrschaft über das ganze Alexanderreich für keine Partei realisierbar war. Seit 306 v. Chr. nahmen sie daher – ein Zeichen der Resignation – in ihren Herrschaftsgebieten den Titel »König« an, um dort ihren Anspruch auf legitime Alleinherrschaft zu untermauern. Von nun an etablierten sich im 3. Jh. v. Chr. kleinere und größere griechisch-makedonisch geprägte Königreiche, wobei die entlegeneren Gebiete in Baktrien und am Indus bald verloren gingen. Von diesen Reichen blieben am Ende nur drei »global player« übrig: das alte Kernland Makedonien (mit Griechenland und einigen Inseln der Ägäis), das ptolemäische Ägypten und das vor allem Syrien und Teile des alten Perserreichs umfassende Seleukidenreich, auf deren Entwicklung im Folgenden in aller Kürze eingegangen werden soll.

· Kennzeichen der Epoche

Doch zunächst zu den allgemeinen Kennzeichen der Epoche, die die Nachfolgestaaten des Alexanderreichs, in deren orientalischen Teilen sich die griechische Zivilisation bis zum Arabersturm erhalten hat, strukturell verbindet: Zunächst einmal war das am meisten verbindende Element die gemeinsame Verkehrssprache, das Griechische.

Für dieses im Vergleich zum homerischen und klassischen Griechisch grammatisch vereinfachte, am Attischen orientierte Hochgriechisch der hellenistischen Zeit, vergleichbar dem Mandarin des chinesischen Kaiserreichs, hatte sich in der Antike der Begriff *koiné* (Verkürzung von *koiné diálektos*, »der allgemeine Dialekt«) eingebürgert. Das Neue Testament ist ein ganz typisches Produkt dieser Hellenisierung. Es wurde von gebildeten Mitgliedern einer jüdischen Sekte auf Griechisch verfasst, um möglichst weite Verbreitung finden zu können, und natürlich musste Paulus mit der Gemeinde in Ephesos auf Griechisch korrespondieren. Das Griechische war die Sprache der Führungsschichten in den hellenistischen Reichen, der sich die lokalen Eliten anpassten. Dies geschah nicht nur aus berechnendem Eigeninteresse, um bspw. Teilhabe an Herrschaft und Wohlstand zu erlangen oder aufrechtzuerhalten, sondern auch aufgrund der Attraktivität der mit dieser Sprache verbundenen Kultur und Lebensweise. Aber auch griechische sowie makedonische Siedler und Kolonisten, die in die neuen Königreiche einwanderten, halfen Sprache und Kultur weiter und dauerhaft zu verbreiten bzw. zu etablieren. Vor allem Theater und Gymnasien (Sportstätten mit Ausbildungscharakter, die neben militärisch-staatsbürgerlicher auch sprachlich-literarische Bildungsinhalte vermittelten) wurden als Kernelemente der Urbanisierung die Kennzeichen der sich neu konfigurierenden Städte von Alexandria bis Ai Khanoum im heutigen Afghanistan. Auf diese Weise wurde die griechische Kultur zur Leitkultur und zu einem die multiethnischen und von Vielfalt geprägten Staatsgebilde verbindenden Element dieses Zeitalters.

Ganz ungriechisch und eher tribal-makedonischen Ursprungs war die Herrschaftsausübung in den Nachfolgereichen. Sie waren bereits in der zweiten Generation nach dynastischem Prinzip organisierte Monarchien. Im Gegensatz zur griechischen Bürgerpolis, wo aristokratische oder demokratische Machtaufteilung üblich war, walteten und schalteten die hellenistischen Herrscher nach Gutdünken, initialisierten eigene Herrscherkulte zur Sicherung ihrer Herrschaft sowie zur Darstellung ihrer Macht und führten ein aufwendiges Hofleben ein. Gegründet war diese – im Sinne des großen Soziologen Max Weber – »charismatische Herrschaft« auf militärischem Prestige in der Nachfolge Alexanders. Der Herrscher sollte idealerweise nicht nur großzügig zu seinen Untertanen sein, gegenüber denen er öffentlich vor allem als Wohltäter auftrat und sich als solcher feiern ließ, er musste sich auch immer im Kampf siegreich bewähren und als erfolgreicher Eroberer darstellen. Deswegen war die Zeit des Hellenismus auch eine Epoche der ständigen kriegerischen Auseinandersetzungen, die nicht immer rationalen Zielen einer Realpolitik geschuldet waren, sondern oft auch des Kriegerprestiges der Könige wegen geführt wurden.

In wenigen dürren Worten zusammengefasst war die neue Zeit durch wirtschaftlichen Aufschwung, technischen Fortschritt, ein hohes Maß an Mobilität und Individualismus sowie die Begegnung verschiedener Kulturen geprägt. Der Blick weitete sich und war nicht mehr allein auf die gemeinschaftlichen Belange der klassischen Polis gerichtet, deren Eigenständigkeit und politische Bedeutung im Kontext der Großreiche und sich zunehmend ökonomisch vernetzenden Mittelmeerwelt zurückgingen. Individualismus und die Suche nach persönlichem Glück wurden auch Themen neuer sich entwickelnder philosophischer Lehren und Strömungen im Hellenismus (dazu mehr im Themenkapitel). Diese knappen und abstrakten Einschätzungen werden vielleicht mithilfe eines Beispiels aus dem »wirklichen Leben« etwas lebendiger:

· Ein hellenistischer Mensch: Zenon von Kaunos

Der Zufall der Überlieferung hat dafür gesorgt, dass wir über den Geschäftsmann und Gutsverwalter Zenon von Kaunos (ca. 285–229 v. Chr.) vergleichsweise viel wissen. Sein rund 2000 Schriftstücke umfassendes Archiv wurde an seinem Wohnort Philadelphia im Fayum-Becken in Ägypten fast vollständig geborgen. In dieser bald enorm prosperierenden großen Oase hatte König Ptolemaios II. Anfang des 3. Jh.s. v. Chr. griechische und makedonische Veteranen angesiedelt. Der anhand der Dokumente und Briefe rekonstruierbare Werdegang und die Lebensumstände des Griechen Zenon, der aus der Stadt Kaunos in Karien (Südwesttürkei) stammte und sein Glück als Immigrant im hellenistischen Ägypten machte, bieten einen unschätzbaren Einblick in die Realitäten dieser Epoche.

Zenon war ins aufstrebende Ägypten ausgewandert, um als Privatsekretär des ebenfalls griechischstämmigen Finanzministers von König Ptolemaios II. (308–246 v. Chr.), Apollonios, zu Reichtum und Würden zu gelangen. Zunächst an der Seite des Verwalters der Staatseinkünfte in Alexandria, zog er 256 v. Chr. ins Fayum-Becken, um dort das über 2700 ha große Landgut seines Herrn zu verwalten. Seine Tätigkeit als Gutsverwalter erlaubte es ihm, wie zuvor seine Funktion als Mitarbeiter des Ministers in Alexandria, selbst sehr erfolgreich geschäftlich tätig zu werden (er investierte in Steuerpachtgeschäfte, verpachtete Land, betrieb intensiv Tierzucht und vermietete Zug- bzw. Arbeitstiere), sodass er sich im Jahr 248 v. Chr. als wohlhabender Privatier zurückziehen konnte. Er blieb in Philadelphia, wo auch andere reiche Griechen ihre Villen hatten und beteiligte sich an der Verwaltung des örtlichen Gymnasions, des nur den Griechen zugänglichen Sport- und Kulturzentrums der Kleinstadt, dem er als Mäzen auch Spenden zukommen ließ. Dort lebt er als »Ausländer«, zeitlebens Bürger von Kaunos, bis zu seinem Lebensende. Er repräsentiert in der Mitte des 3. Jh.s v. Chr. idealtypisch »die griechische Durchdringung des ländlichen Raums im hellenistischen Ägypten« (Orrieux 1985, 283).

Zenons Laufbahn ist gezeichnet von einem hohen Maß an Mobilität, einem Emblem der Zeit. Er begann seine Karriere als Auswanderer, reiste an der Seite oder im Auftrag des Ministers in Dienstgeschäften weit herum. Als Geschäftsmann war er erfolgreich und hatte teil am allgemeinen wirtschaftlichen Aufschwung der Zeit. Listen von Handelswaren, Geschenken und Quittungen für Transportkosten sind erhalten. Als Geschäftsmann und Vertreter des Ministers unterhielt Zenon auch viele interkulturelle Kontakte in der Region. So verhandelte er mit den Nabatäern und mit Clanchefs der Ammoniter (im heutigen Jordanien). Im Alltag hatte er regelmäßig Umgang mit den ägyptischen Bauern und Arbeitern, deren Werkverträge und Auszahlungsquittungen teils in griechischer, teils in demotischer Schrift im Archiv erhalten sind. Denn trotz beachtlicher Hellenisierung der einheimischen Eliten blieben weite Teile der indigenen Bevölkerung (nicht nur in Ägypten) im Sinne einer friedlichen Koexistenz ohne Assimilationsdruck unter sich.

Ein weiteres sich aus der Sache schon ergebendes Merkmal dieser ersten antiken Epoche der »Globalisierung« war die enorme kulturelle Vielfalt, die in dieser gedrängten Übersicht gar nicht gewürdigt werden kann. Sie sorgte für die sehr großen regionalen Unterschiede in den von verschiedenen kulturellen Traditionen geprägten hellenistischen Teilreichen.

3.2. Hellenistische Königreiche

· Makedonien

Im Stammland der Makedonen hatte Alexander als Reichsverweser Antipatros, einen alten Kameraden seines Vaters, eingesetzt. In Abwesenheit Alexanders musste dieser unter den aufmüpfigen griechischen Stadtstaaten, die das Königtum der Makedonen erst kürzlich unter seine Herrschaft gebracht hatte, für Ruhe sorgen. Auch nach Alexanders Tod konnte er sich in Makedonien zunächst behaupten. In den Diadochenkriegen versuchten verschiedene Parteien die Herrschaft in Makedonien dauerhaft zu erlangen. Aber erst Antigonos Gonatas (319–239 v. Chr.), dem Enkel eines anderen alten Generals der Generation Philipps II., gelang es nach langen Kämpfen 277 v. Chr. die anarchischen Zustände in Makedonien zu beenden und in 44 anstrengenden Regierungsjahren die Herrschaft für die Dynastie der Antigoniden zu sichern.

Als altes Kernland war Makedonien mit den nun angegliederten Poleis Zentralgriechenlands die homogenste hellenistische Herrschaft, wobei Antigonos und seine Nachfolger immer mit dem griechischen Freiheitswillen und den eifersüchtigen Zänkereien der griechischen Stadtstaaten zu kämpfen hatten, die oft bereit waren mit den Feinden der Makedonenkönige (in erster Linie den Ptolemäern in Ägypten) Bündnisse einzugehen. Die Peloponnes konnten die Makedonen nie unter ihre Herrschaft bringen. Im Gegenteil erwuchs ihnen mit dem von herausragenden Strategen geführten Achaiischen Bund ein unangenehmer Gegner. Der für die hellenistischen Herrscher typische Eroberungsdrang und die inneren Streitereien mit den griechischen Staaten führten ab ca. 200 v. Chr. unter der Herrschaft Philipps V., des Enkels des Antigonos Gonatas, dazu, dass die Römer als neue Ordnungsmacht im östlichen Mittelmeerraum tätig wurden und 168 v. Chr., nach der Niederlage in der Schlacht von Pydna, die Eigenständigkeit Makedoniens beendeten.

· Ägypten

Ptolemaios I. (367–283 v. Chr.), Sohn des Lagos, war erst während des Alexanderzugs in den engeren Kreis der Gefährten Alexanders vorgestoßen, nachdem er durch Wagemut und Rücksichtslosigkeit hervorgetreten war. Ihm gelang es nach Alexanders Tod die ihm zugewiesene Satrapie Ägypten rasch und dauerhaft unter seine Herrschaft zu bringen. Sein wichtigstes Unterpfand in der folgenden

Auseinandersetzung um die Nachfolge Alexanders als Herrscher über das Gesamtreich war der nach Alexandria überführte und dort mit viel Pomp bestattete Leichnam Alexanders, der ihm einen symbolischen Legitimitätsgewinn verschaffte. Seine Dynastie, die der Ptolemäer, herrschte unangefochten im deshalb sogenannten ptolemäischen Ägypten, dem stabilsten und dauerhaftesten hellenistischen Großreich, das erst im Jahr 30 v. Chr. nach dem Tod der letzten Königin Kleopatra (*der* Kleopatra, der siebenten ihres Namens) unter die Herrschaft der Römer fiel. Die Tatsache, dass Kleopatra als eigenständige Herrscherin auftrat, als weiblicher Pharao in der Landestradition, gehörte zu einem bemerkenswerten Merkmal ptolemäischer Herrschaft.

Die Makedonen hatten mit Ägypten das Land einer uralten und traditionsreichen Hochkultur erobert. Entsprechend hatte schon Alexander sich dieser Traditionen bedient und ganz selbstverständlich die Rolle des Pharaos übernommen. Die Ptolemäer passten sich ebenfalls in weiten Teilen dieser Tradition an und traten ihren ägyptischen Untertanen gegenüber als Pharaonen auf. Sie förderten und unterstützten dabei auch die ägyptischen Kulte und waren von Anbeginn um ein gutes Verhältnis zur einflussreichen Priesterschaft be-

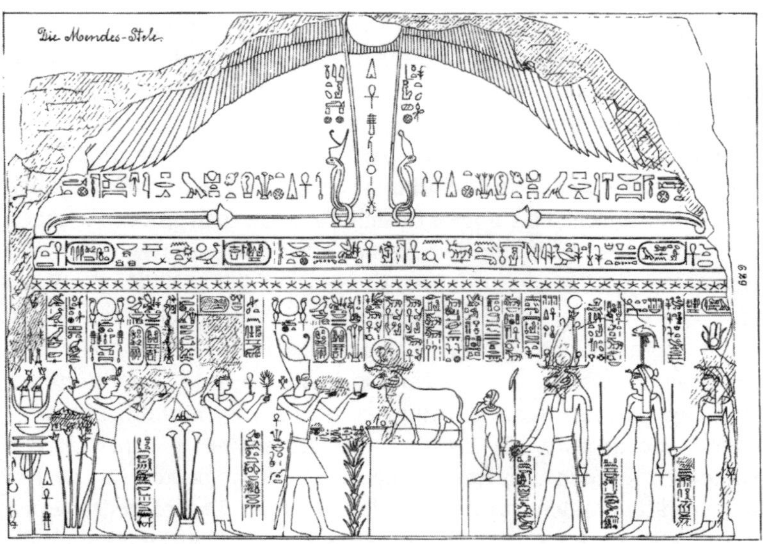

Abb. 5: Die sog. Mendes-Stele. Von Ptolemaios II. (308–246 v. Chr., König ab 284) für den Gott Mendes errichtet

müht. Als Pharaonen waren sie ohnehin oberste Priester und Vertreter des Volkes vor den alten Göttern. So zeigt die Mendes-Stele (Abb. 5) Ptolemaios II., links unten im Bild mit seiner Familie, in typischer Weise beim Darbringen eines Opfers an eine ägyptische Widdergottheit.

Trotz dieser gezielten Teilakkulturation, die sich in einer Vielzahl von Darstellungen niederschlägt, blieben die Ptolemäer ein durch und durch makedonisches Herrscherhaus. Alexandria und der Hofstaat sowie die Spitzen des Heeres und der Verwaltung waren makedonisch-griechisch geprägt, wie das Beispiel des Zenon gezeigt hat. Die staatliche Organisation und Verwaltung, deren Amtssprache nach Ausweis der Dokumente ebenfalls griechisch war, basierte – auch hier war man pragmatisch – auf den altägyptischen Gaueinteilungen, was vor allem die Steuererhebung in dem reichsten der hellenistischen Staaten erleichterte.

Die Hauptstadt Alexandria, von der aus die rund 40 Gaue verwaltet wurden, war nach dem Vorbild einer griechischen Polis organisiert und wurde im Hellenismus Kulturhauptstadt und geistiges Zentrum im Mittelmeerraum. Gefördert durch das Königshaus entstand dort die berühmte Bibliothek, die größte ihrer Art in der alten Welt. Mit ihr verbunden war das Mouseion, ursprünglich ein Musentempel und Namensgeber für unsere Museen, eine wissenschaftliche Einrichtung, die Gelehrte aus der ganzen (griechischen) Welt anlockte, die dort in einem lockeren Forschungsverbund philosophischen und philologischen Studien nachgingen.

Für die Ptolemäer war es – wie für alle hellenistischen Herrscher – sehr wichtig, ihre Legitimität und ihren Herrschaftsanspruch durch militärische Leistungen zu sichern, weswegen Kriege zwischen den Nachfolgereichen im Hellenismus auch nach der Generation der Diadochen an der Tagesordnung waren. Das Gleichgewicht der Kräfte, das sich zwischen den hellenistischen Großreichen im 3. Jh. v. Chr. herausbildete, war nie politisches Ziel der Beteiligten gewesen, sondern resultierte vielmehr aus dem Unvermögen der Parteien, ihre Gegner auszuschalten und deren Reich zu erobern. Entsprechend war die kulturelle Blütezeit des Hellenismus gleichzeitig von ständigen Kriegen und Eroberungszügen bestimmt, die für die Bevölkerung hohe Belastungen mit sich brachten. Diese Kriege »waren Ausfluß eines unersättlichen Ehrgeizes, eines unbefriedigten, maßlosen Aktionismus, der sich in erster Linie in Träumen höchster irdischer Macht verwirklichte« (G. Dobesch in Funck 1996, 574).

Auch das ptolemäische Ägypten, in dem es ebenfalls eine kulturpolitische Agenda gab, lag in ständigem über hundertjährigem Streit mit dem benachbarten Seleukidenreich. Streitpunkt war die weitgehend mit dem heutigen Palästina identische Region Koilesyrien, die von beiden Reichen beansprucht wurde.

· Seleukidenreich

Das Seleukidenreich, benannt nach seinem Gründer Seleukos I. (358–281 v. Chr.), hatte ganz andere Entwicklungsvoraussetzungen als die übrigen Nachfolgereiche. Während Makedonien unter Einschluss der Griechenstädte im Süden und in der Ägäis recht homogen war und bei den Ptolemäern die jahrtausendealte politische und administrative Tradition Ägyptens für Zusammenhalt sorgte, war das Seleukidenreich ein überaus heterogener Vielvölkerstaat. Er umfasste sowohl die lokalen Herrschaften Kleinasiens, als auch Syrien, die phönizischen Städte, Mesopotamien und den gesamten Iran (dazu ebenfalls das Indusgebiet und Baktrien, die jedoch nur kurzzeitig gehalten werden konnten).

Um eine Reichseinheit und politischen Zusammenhalt unter diesen Bedingungen herzustellen, waren andere Mittel nötig, als etwa in Makedonien und Ägypten. Eine Methode war die strategische Gründung von Städten nach griechischem Muster in allen Landesteilen, in denen Veteranen und Kolonisten angesiedelt wurden. Die Städte waren nicht nur Zentren der Hellenisierung, sondern strahlten auch auf das Umland aus und sicherten den militärischen Einfluss. Allein Seleukos gründete eine Vielzahl von Städten, wie der römische Historiker Appian in seiner syrischen Geschichte berichtet (57, 295–298):

> »Städte gründete er über die ganze Breite seines Herrschaftsgebiets, und zwar: 16 mit dem Namen Antiochia nach seinem Vater, fünf mit dem Namen Laodikeia nach seiner Mutter, neun nach seinem eigenen Namen, vier nach den Namen seiner Frauen [...]. Die anderen Gründungen benannte er nach Städten in Griechenland oder Makedonien oder nach eigenen Leistungen beziehungsweise zu Ehren des Königs Alexander. Deshalb gibt es in Syrien und bei den weiter entfernt lebenden Nichtgriechen viele Siedlungen mit den Namen griechischer und makedonischer Kleinstädte.«

Ein weiteres Mittel war die Forcierung des auf Alexander aufbauenden Herrscher- und Personenkults, der den hellenistischen Königen gottähnlichen Status bescherte. In Ägypten gehörte diese Form der

Verehrung im Gegensatz zu Griechenland und Makedonien, wo sich der Herrscherkult weniger und differenziert durchsetzte, zur pharaonischen Tradition. Die Seleukiden reklamierten Apollon als Stammvater ihres Hauses, rückten sich so in die Nähe des Göttlichen und genossen kultische Verehrung, die ihnen zunächst meist freiwillig nach Ratsbeschluss von den Städten aus Dankbarkeit für Wohltaten offeriert wurde. Antiochos IV. (ca. 215–164 v. Chr.), genannt Ephiphanes (der Erschienene), wollte dieses kultische Instrument der Loyalitätsbindung noch stärker nutzen. Bereits seit 200 v. Chr. hatten die Seleukiden den Ptolemäern die Herrschaft über einen ganz seltsamen Staat in Palästina entrissen. Unter der Autorität eines Hohepriesters lebten dort nach ihren ganz eigenen Regeln Menschen, die an nur einen einzigen Gott glaubten, der, anders als in der hellenistischen Tradition, keine anderen Götter neben sich duldete: die Juden.

Unter ptolemäischer und dann seleukidischer Herrschaft hatten sich dennoch Teile der jüdischen Elite hellenisiert und es kam zu Spannungen zwischen jüdischen Traditionalisten und hellenisierten Modernisten. Um wieder für Ruhe und Ordnung in Jerusalem zu sorgen, ordnete Antiochos, unterstützt oder gar angestiftet – genau weiß man das nicht – von wichtigen Vertretern der »Hellenisten« unter den Juden, die verpflichtende Verehrung griechischer Gottheiten und die Umweihung des Jerusalemer Tempels an. Die Juden sollten ihre bisherige Kultpraxis (Sabbatgebot, religiöse Feste) aufgeben und auch ihm, dem König, zu Ehren seines Geburtstags monatliche Opfer darbringen. Dieses »Religionsedikt« des Antiochos, das eigentlich Ruhe und Ordnung in Judäa herstellen und die »hellenistische« Position stärken sollte, bewirkte genau das Gegenteil: Unter dem Priester Mattatias und nach dessen Tod unter seinen Söhnen Simon und Judas, genannt Makkabäus (Jehuda Makkabi; der Hammer), revoltierten die konservativ gläubigen Juden gegen den hellenisierten Hohepriester und gegen die seleukidische Herrschaft über Judäa (siehe dazu die beiden Makkabäerbücher in der Bibel). Nach langen Kämpfen mit dem nach dem Tod des Antiochos 164 v. Chr. durch Thronwirren geschwächten Seleukidenreich gelang es der neuen sich auf Mattatias berufenden Dynastie der Hasmonäer für rund 100 Jahre die Unabhängigkeit zu sichern.

Eben jener Antiochos IV. war kurz vor dem judäischen Aufstand an eine andere Grenze seiner königlichen Allmacht gestoßen: Als er den Moment der Schwäche Ägyptens im Jahr 168 v. Chr. nutzen wollte, um den Rivalen endlich zu besiegen und zu schlucken, empfing er, der große König und mächtigste Mann des östlichen Mittelmeerraums, vor den Toren Alexandrias, das er mit Heeresmacht gerade anzugreifen gedachte, einen gewissen C. Popillius Laenas. Diesen ehemaligen Konsul hatte der römische Senat mit der Aufforderung zu ihm geschickt, den Krieg gegen Ägypten zu beenden, da die Entstehung eines auch Ägypten umfassenden seleukidischen Großreichs nicht im Sinne der Römer sein konnte. Ohne den vom König entbotenen Gruß zu erwidern, übermittelt Laenas die Forderungen des Senats. Als der König antwortet, er wolle sich mit seinen Beratern besprechen, geschah das Ungeheuerliche: Der Römer zog mit einem Zweig einen Kreis um Antiochos und befahl ihm, er möge seine Antwort geben, bevor er aus diesem Kreis heraustrete.

Wie reagierte nun Antiochos, siegreicher Herrscher über das gesamte östliche Mittelmeergebiet, dem in seinen Städten kultische Verehrung zuteilwird, auf dieses dreiste Ansuchen eines ohne militärische Unterstützung handelnden Gesandten der Römer? Lässt er ihn am nächsten Baum aufknüpfen, oder hetzt er die Hunde auf ihn? Polybios teilt es uns mit: »nach einem kurzen Moment betretenen Schweigens antwortete er, dass er tun wolle, was immer die Römer verlangten« (die ganze Episode bei Polyb. 29, 27).

Lektürehinweise:
Zu Alexander wurden unzählige Bücher publiziert, lesenswert und unterhaltend ist vor allem Lane Fox (2005) und besonders auch das ebenso umfangreiche Buch von Demandt (2009), das die Rezeptionsgeschichte betont. Zum Hellenismus knapp und informativ Heinen (2007), ausführlicher mit umfassender Forschungsdiskussion das Standardwerk von Gehrke (2008).

4.
ROM UND DER AUFSTIEG ZUR WELTHERRSCHAFT

4.1. Der Aufstieg Roms: Von den Punischen Kriegen bis zur römischen Revolution

Was war geschehen bis zum Jahr 168 v. Chr., dass ein römischer Gesandter einem Nachfolger Alexanders so gegenübertreten konnte? Dass sein Auftreten grob und unhöflich war, bemerken auch die antiken Quellen, aber er konnte es sich leisten, denn Rom war im Jahr 168 v. Chr., kurz nach der Schlacht von Pydna, die das Ende eines eigenständigen makedonischen Königreichs markierte, unumstritten die einzige verbliebene Großmacht der antiken Welt.

In langen Kämpfen gegen die oskische Stammesallianz der Samniten in Kampanien (326–290 v. Chr.) und gegen Pyrrhos (280–275 v. Chr.), den König von Epirus, hatten die Römer zunächst die Vorherrschaft in Süditalien gewonnen. Pyrrhos war mit seinen Plänen gescheitert, in den Nachwehen der Diadochenkämpfe König von Makedonien zu werden und musste den Antigoniden weichen. Gerufen von der griechischen Stadt Tarent, die in Konflikt mit Rom geraten war, kam er deshalb als ein »König Ohneland« nach Italien, um sich dort eine Herrschaft zu sichern. Trotz mehrerer Siege, die auch für ihn verlustreich ausfielen (daher die Rede vom »Pyrrhussieg«), gelang es ihm ohne eigene Machtbasis nicht, die Siege politisch auszunutzen, denn im Gegensatz zu seinen Erwartungen fielen nur wenige Verbündete von Rom ab.

Die Römer ihrerseits hatten ihre Herrschaft durch ein System von Kolonien römischer Bürger und das sogenannte römische Bundesgenossensystem gesichert, das in diesem Krieg seine erste Feuerprobe bestand. Der Begriff ist irreführend, denn obwohl die Römer selbst von *socii*, Bundesgenossen, sprachen, standen die in den vorangegangenen Expansionskriegen besiegten oder freiwillig unter römische Herrschaft gelangten Städte in einem exklusiven Abhängigkeitsverhältnis zu Rom und konnten keinerlei eigene Politik betreiben. Wesentlich später (88 v. Chr.) erhielten diese bald romanisierten Gebiete Italiens nach einem Aufstand dann auch das volle römische Bürgerrecht, sodass der Stadtstaat Rom am Ende zu einem ganz Italien umfassenden antiken Flächenstaat wurde.

· Karthago und Rom

Die größte Bewährungsprobe für das Bündnissystem und damit für die dauerhafte Vorherrschaft der Römer waren aber die Punischen Kriege, die Auseinandersetzung mit der Großmacht Karthago. Das karthagische Großreich, ein Zusammenschluss phönizischer (im Sprachgebrauch der Römer: punischer) Städte im westlichen Mittelmeergebiet, war vor allem als See- und Handelsmacht hervorgetreten. Mit den griechischen Kolonien im westlichen Mittelmeer stritten die Karthager im 3. Jh. v. Chr. um die Vorherrschaft auf Sizilien. Dort trafen dann auch 264 v. Chr. die zukünftigen Erzrivalen Rom und Karthago zum ersten Mal aufeinander. Die Römer kamen – seltsam genug – dem Hilfeersuchen einer Bande herrenloser kampanischer Söldner nach, die in der Stadt Messana (heute Messina) eine Raubritterexistenz führten. Diese wurden dort von König Hieron von Syrakus bedrängt, der ihrem Treiben ein Ende setzen wollte.

Diesem Räuberstaat eilten die Römer – wohl weil ihre Anführer glaubten Ruhm und reichlich Beute gewinnen zu können – nun zu Hilfe. Zuvor hatte sich die Söldnertruppe jedoch an die Karthager gewandt, bevor sie es sich anders überlegten und die Römer um Beistand baten. So fand das gegen die Syrakuser ausgesandte römische Heer vor Messana Karthager vor, wobei keine von beiden Seiten ohne Gesichtsverlust mehr abzuziehen vermochte. Die Folge war ein eher ungewollter Krieg, aus dem die Römer nach langem Kampf 241 v. Chr. als Sieger hervorgingen. Sie hatten die Karthager ganz aus Sizilien verdrängt und dazu noch die Inseln Korsika und Sardinien gewonnen (238 v. Chr. besetzt). Was sie mit den neuen, von ihrem Machtzentrum doch entfernteren Erwerbungen anfangen sollten, wussten die Römer zunächst nicht so recht. Erst 227 v. Chr. entsandten sie je einen Prätor als Gouverneur dieser zwei neuen Verwaltungsbezirke (*provinciae* genannt, die Stellen wurden neu geschaffen) und legten den Grundstein für ein gleichsam improvisiertes Verwaltungssystem ihrer anwachsenden auswärtigen Besitzungen, die nicht dem Bundesgenossensystem angeschlossen wurden, sondern unter direkte Herrschaft kamen.

Rom hatte dieser Waffengang große Anstrengungen gekostet. So mussten die Römer, um mit der Seemacht Karthago mithalten zu können, eine Flotte bauen und dann – »learning by doing« – Seekrieg führen. Obwohl sie versuchten mittels Enterbrücken den Kampf zur See dem von ihnen bevorzugten Landkampf möglichst ähnlich zu machen, mussten sie viele Verluste hinnehmen, die wohl in vielen Fällen nautischem Ungeschick geschuldet waren.

· Hannibal ante portas

Karthago hielt in den nächsten Jahren zunächst still. Jedoch kompensierten die Punier ihre Niederlage auf Sizilien und den Italien vorgelagerten Inseln durch ein erfolgreiches Engagement in Spanien, wo sie ihre Herrschaft – argwöhnisch beäugt von den Römern – intensiv ausbauten und eine neue Machtbasis neben dem nordafrikanischen Kernland etablierten. Die rote Linie war für die Römer überschritten, als der neue Anführer der Karthager, Hannibal, gegen geltende Verträge die Stadt Sagunt einnahm und den Ebro überschritt, um Spanien bis zu den Pyrenäen zu erobern. Als Rom 218 v. Chr. den Krieg erklärte und entweder in Spanien oder gar in Nordafrika angreifen würde, handelte der geniale Feldherr und Stratege Hannibal ganz gegen alle Erwartungen und überquerte mit den Eliteabteilungen seines Heeres in atemberaubender Schnelligkeit die Alpen, was niemand für möglich gehalten hatte. Indem er den Krieg vor ihre Haustür brachte, vereitelte er die Aufmarschpläne der Römer. Rom focht angesichts dieser Bedrohung nun seinen entscheidenden Existenzkampf aus.

Hannibal zog bis 216 v. Chr. von Sieg zu Sieg durch das Land. Am Trasimenischen See in Umbrien schlug er 217 v. Chr. das Heer des römischen Hoffnungsträgers Gaius Flaminius nach einem Überraschungsangriff vernichtend, wobei auch der Konsul selbst ums Leben kam. Ein Jahr später erfolgte dann die größte Demütigung, als Hannibal bei Cannae in Apulien die 16 Legionen der Römer, die alles, was sie hatten, für diese Schlacht aufboten, trotz der Überzahl dank einer Umfassungstaktik vernichtete. Von den 80 000 Mann soll nicht einmal ein Viertel überlebt haben; ein nachhaltiges Trauma für die Römer und eine der größten Niederlagen ihrer Geschichte. Jetzt stand Hannibal gewissermaßen vor den Toren Roms (das berühmte geflügelte Wort von *Hannibal ante portas* – vor den Toren – ist übrigens in den Quellen – Cicero, Philippische Reden 1, 11 und Livius, 23, 16, 2 – als *Hannibal ad portas*, also »bei den Toren« überliefert).

Dass Rom an dieser Niederlage nicht zugrunde ging, lag im Wesentlichen an zwei Faktoren, die auch für den weiteren Erfolg der Römer entscheidend waren. Zum einen hielt das Bundesgenossensystem weitgehend. Das war ungewöhnlich für antike Verhältnisse. In der Logik zeitgenössischer, hellenistischer Kriegsführung hätte es nach den Niederlagen der Römer eine starke Abfallbewegung in Form eines Domino-Effekts geben müssen. Aber nur wenige Städte in Süditalien, vor allem griechische, liefen zu Hannibal über. Viele vollzogen diesen Schritt letztlich auch nur aus Zwang und nicht aus Feindschaft zu Rom. Schwer wog der freiwillige Abfall Capuas in Kampanien, an dem sich die Römer bitter rächten, als sie wieder die militärische Oberhand gewannen. Dennoch bewährte sich das Bundesgenossensystem, in dem sich die Bündner zunehmend als Teil eines gemeinsamen Römischen Reiches betrachteten.

· Rom hält zusammen

Ein anderer wesentlicher Aspekt des dauerhaften Erfolges der Römer war der Zusammenhalt und der durch Konkurrenz und Leistungsdenken befeuerte Elan der neuen Führungsschicht, der Nobilität. Das auf Tüchtigkeit und Pflichtbewusstsein beruhende Ethos der für Aufsteiger nun offeneren Senatsaristokratie hatte vorbildhaften Charakter und griff auch auf die sozial untergeordneten Gruppen über. So bestand durch verschiedene Institutionen, wie das Militär, das ausgeprägte auf Gegenseitigkeit beruhende Klientelwesen, die Volksversammlungen oder die öffentlichen Kultfeste und Spiele ein wechselseitiges Verhältnis zwischen Oberschicht und einfachem Volk.

Mit dem Klientelwesen, dieser ganz besonderen Form der gegenseitigen sozialen Bindung der römischen Bevölkerung, hatte es eine eigene Bewandtnis. Von alters her war das Verhältnis der Mitglieder der Patrizier zu den sozial von ihnen Abhängigen durch die mit dem Begriff *fides* – etwa: »Vertrauen« – beschriebene Bindung geregelt. Dieses Verhältnis verpflichtete den Klienten zur Unterstützung seines Patrons in allen Belangen (vor Gericht, als Gefolgsmann und Unterstützer bei Wahlen), während der Patron ihm Schutz und eine auf diesem Verhältnis beruhende »Sozialversicherung« schuldig war. Das Herkommen verlangte es von ihm, seinen Klienten in öffentlichen Angelegenheiten zu vertreten, ihm mit Geld aus der Patsche zu helfen oder ihn beruflich unter Nutzung seiner Beziehungen zu fördern. Auch die plebejischen Angehörigen der Nobilität wuchsen rasch in die Rolle von Patronen hinein.

Am Ende der Republik gelang es einflussreichen Führern enorme Massen von Klienten aufs Forum und zu den Wahlen zu bringen. Obwohl es zu einer Vermassung der Klientele seit der späten Republik kam, hat diese Tradition auch in der Kaiserzeit noch Bestand gehabt, wobei die Klienten zu eher lästigen Bittstellern und Schmarotzern bei den großen Herren heruntergekommen waren. Man wird nicht übertreiben, wenn man in dieser archaischen Institution den Kitt erkennt, der die römische Gesellschaft auch in den schwierigsten Momenten zusammengehalten hat. Durch *fides* war das Volk an die Oberschicht gebunden, die so viel von den ständig unter Waffen stehenden Bürgersoldaten verlangen konnte. Umgekehrt waren die einflussreichen Führer, die zu den höchsten Ämtern und Ehren gelangen wollten, auf die Unterstützung des Volkes angewiesen, das zwar nicht viel politische Gestaltungsmöglichkeiten an der Hand hatte, aber durch die Wahlen zu den Magistraturen den Wettkampf unter den führenden Familien wie ein Schiedsrichter lenkte.

Die seit dem Abschluss der Ständekämpfe offenbar gewordene Einigkeit der neuen Führungsschicht, der Nobilität, die sich in einer absoluten Vorherrschaft des Senats, dem sich alle unterordneten, dokumentierte, bekam aber schon zu Zeiten der Punischen Kriege erste Risse, als herausragende Einzelpersönlichkeiten mit eigenen Interessen dienendem Ehrgeiz aus dem Kollektiv auszubrechen versuchten.

Eine solche Persönlichkeit war Publius Cornelius Scipio Africanus (235–183 v. Chr.), welcher der berühmten Patrizierfamilie der *Cornelii* entstammte. Seinen Beinamen erhielt dieses Ausnahmetalent, weil er es war, der auf afrikanischem Boden 202 v. Chr. Hannibals Karthager besiegte. Zuvor hatte Quintus Fabius Maximus (ca. 275–203 v. Chr.), der den Beinamen *cunctator*, »der Zögerer«, trug, die Verteidigungspolitik bestimmt. Er war insgesamt fünf Mal zum Konsul gewählt und einmal als Diktator verpflichtet worden. Seine defensive und abwartende Taktik, die den Feind im ihm fremden Land ins Leere laufen lassen sollte und der er seinen Beinamen verdankte, wurde von Scipio durch eine gegenteilige Strategie ersetzt. Noch während sich Rom in Italien gegen Hannibal verbissen zur Wehr setzte, übernahm Scipio 211 v. Chr. den Oberbefehl über ein Expeditionsheer mit dem Ziel, die karthagische Vorherrschaft auf dem Gebiet des heutigen Spaniens zu brechen. Tatsächlich gelang es ihm bis 206 v. Chr. die Karthager vollständig von dort zu vertreiben und weite Teile der Iberischen Halbinsel unter römische Kontrolle zu bringen.

Mit diesem entscheidenden Sieg stand nun der Weg nach Afrika selbst und damit in das Herz der karthagischen Macht offen. Nicht zuletzt aufgrund seiner militärischen Erfolge wurde Scipio 205 v. Chr. gegen den Widerstand des Fabius Maximus Konsul: 204 v. Chr. landete Scipio schließlich mit einem Heer an der nordafrikanischen Küste und zwang so Hannibal 203 v. Chr. zur Rückkehr in seine Heimat. Nach anfänglichen Rückschlägen gelang es den Römern 202 v. Chr. mithilfe ihres numidischen Verbündeten Massinissa, in der von Militärhistorikern bis heute bewunderten Schlacht bei Zama gegen eine Übermacht zu siegen und Karthago danach (201 v. Chr.) einen harten Frieden zu diktieren, der die Stadt als Machtfaktor im Mittelmeerraum faktisch ausschaltete.

Scipios Ruhm als Kriegsheld und als Retter Roms, der ihm auch seinen Ehrentitel einbrachte, wurde von vielen Senatoren mit Sorge gesehen. Nach diversen Anfeindungen und Prozessen musste er sich daher für einige Jahre aus der aktiven Politik zurückziehen. Auch später bekam er lediglich Beraterfunktionen, aber kein offizielles Amt mehr übertragen. Einhundert Jahre später konnte sich der Senat gegen ähnlich erfolgreiche und ehrgeizige Feldherren, die ihre militärischen Erfolge politisch ummünzten, nicht mehr durchsetzen.

· Griechenland und Rom

Nach dieser Bewährungsprobe, die Rom mit so vielen Verlusten an den Rand des Abgrunds gebracht hatte *(Hannibal ante portas!)*, sollte man meinen, dass eine Zeit der Ruhe und Regeneration für das geschundene Italien hätte anbrechen müssen. Jedoch erschien noch im Jahr des Friedens mit Karthago eine Gesandtschaft der hellenistischen Mittelmächte Rhodos und Pergamon in Rom, die um militärische Hilfe gegen den Makedonenkönig Philipp V. ersuchten. Philipp hatte in Rom keine Freunde, weil er unvorsichtigerweise bereits 215 v. Chr. mit Hannibal ein Bündnis gegen die Römer geschlossen hatte.

Mit der Entscheidung sogleich in Griechenland einzugreifen, wandte sich der Blick Roms nun auf das östliche Mittelmeer, in den Herrschaftsbereich der hellenistischen Staaten. Das Volk jedoch war nach den langen Jahren der Kämpfe mit Karthago kriegsmüde. Anders als in Karthago oder den griechischen Staaten, die Söldner beschäftigten, bestanden die römischen Legionen zu jener Zeit nach wie vor aus Bürgersoldaten, die, wenn nicht im Militärdienst, gewöhnlich der Feldarbeit nachgingen. Nur nach heftigem Zureden konnten die Senatoren daher die notwendige Zustimmung der Volksversammlung für das neuerliche militärische Vorgehen erhalten. Durch eine geschickte Bündnispolitik gelang es dem Konsul Titus Quinctius Flamininus schließlich 198 v. Chr. Philipp V. in der Schlacht bei Kynoskephalai (den »Hundsköpfen«) zu besiegen und ihn auf seine makedonischen Kernlande zurückzuwerfen. Stolz verkündete Flamininus 196 v. Chr. auf Griechisch bei den Isthmischen Spielen, einem der wichtigsten griechischen Kultfeste, bei dem sportliche Wettkämpfe (ähnlich den Olympischen Spielen) zu Ehren der Götter veranstaltet wurden, die Freiheit aller griechischen Stadtstaaten, für die Rom gesorgt habe.

Die Römer waren zu diesem Zeitpunkt bereits stark von der griechischen Kultur, die in weiten Kreisen der römischen Oberschicht als Leitkultur betrachtet wurde, beeinflusst und richteten all ihre Kunst- und Literaturproduktion nach diesem Vorbild aus (dazu mehr im betreffenden Themenkapitel). Aber nicht nur die persönliche Vorliebe des Philhellenen Flamininus für Griechenland und seine Kultur bewog den Konsul, diese ernst gemeinte Freiheitserklärung abzugeben: Die Römer saßen in jener Situation offenbar tatsächlich der Annahme auf, dauerhaft für ruhige Verhältnisse im Osten gesorgt zu haben. Damit unterschätzten sie jedoch die querulantische Streitsucht der Griechenstädte untereinander, die in den nächsten Jahren immer wieder wegen Lappalien in Rom vorstellig wurden, und die notorische Kriegslust der hellenistischen Herrscher. Denn kaum war Philipp in seine Schranken gewiesen worden, da rührte sich mit Antiochos III., genannt der Große, ein weiterer mächtiger hellenistischer Herrscher.

Antiochos war zuvor mit seinen Truppen wie einst Alexander der Große bis nach Indien vorgestoßen und hatte zudem die Vorherrschaft über Palästina gegen die konkurrierenden Ptolemäer erringen können. Nach der Niederlage der Makedonen gegen die Römer und der Schwächung der Ptolemäer sah er 196 v. Chr. die Möglichkeit gekommen, die Vorherrschaft der Seleukiden auch in Kleinasien durchzusetzen. Tatsächlich gelang es ihm in kurzer Zeit, weite Teile Kleinasiens unter seine Kontrolle zu bringen und schließlich sogar bis nach Thrakien vorzustoßen. 192 v. Chr. entschloss sich Antiochos trotz der römischen Warnung, nach Griechenland überzusetzen und im Bündnis mit dem Aitolischen Bund Griechenland von der römischen Herrschaft zu befreien. Es folgte der Syrisch-Römische Krieg, den Rom klar zu seinen Gunsten entscheiden konnte. Diesmal war es der Bruder des Scipio Africanus, Lucius Cornelius Scipio, der als amtierender Konsul die römischen Truppen anführte – ihm wurde später der Ehrennamen »Asiaticus« zuerkannt – und den Sieg in der Schlacht von Magnesia gegen Antiochos errang. Die Seleukiden mussten im Frieden von Apameia 188 v. Chr. auf sämtlich Gebietsansprüche in Kleinasien (mit Ausnahme von Kilikien) verzichten und zudem einen Tribut von 12 000 Talenten in den folgenden zwölf Jahren an Rom entrichten, was das Reich an seine finanziellen Grenzen brachte. Hingegen konnten die Verbündeten Roms, allen voran das hellenistische Reich von Pergamon und das selbstständige Rhodos, ihr Herrschaftsgebiet in Kleinasien entscheidend erweitern.

Doch auch danach blieb der Frieden im östlichen Mittelmeer brüchig. Philipp V. von Makedonien hielt sich zwar zeit seines Lebens an die Abmachungen mit den Römern nach seiner Niederlage im Zweiten Makedonisch-Römischen Krieg, doch sein Sohn Perseus forderte die Römer erneut heraus, die gegen ihn den Dritten Makedonischen Krieg führten (als Ersten rechnet man die durch den Vertrag Philipps V. mit Hannibal zustande gekommenen Konfrontation von 215 v. Chr., bei der es jedoch nicht zu direkten Kampfhandlungen gekommen war).

Die mit Rom verbündeten Pergamener beschwerten sich über die Bedrohung durch Perseus, der sich wiederum nicht von den Römern in seine inneren Angelegenheiten hineinreden lassen wollte. Die Römer konstatierten einen Bruch des Friedensvertrags von 197 v. Chr. und entschieden loszuschlagen, bevor der ehrgeizige Perseus noch mächtiger würde. 168 v. Chr. besiegte Lucius Aemilius Paullus (ca. 229–160 v. Chr.) die Makedonen und Perseus kam in Gefangenschaft. Das Makedonenreich wurde in vier wenig lebensfähige Teile zerschlagen und demilitarisiert. Dennoch scheuten die Römer noch davor zurück, diesen Rumpfstaat unter ihre direkte Verwaltung zu stellen. Das geschah erst rund 20 Jahre später, als Rom entschied, der Unbotmäßigkeit der Griechen endgültig einen Riegel vorzuschieben.

4.2. Herrin der Welt

Bis dahin kam es immer wieder zu Aufständen gegen die römische Vorherrschaft. So hatte sich um 151 v. Chr. ein Gerber aus der Stadt Adramyttion (heute Edremit in der Türkei) namens Andriskos aufgrund physiognomischer Ähnlichkeit als Sohn des Perseus ausgegeben und führte einen Aufstand der Unzufriedenen gegen die Römer an, den diese ein Jahr später niederschlugen.

Kurz darauf wollte der Achaiische Bund Einmischungen Roms in seine Angelegenheiten nicht mehr dulden und fasste den »angesichts der allgemeinen Lage beinahe wahnsinnig zu nennenden Beschluss«, Rom den Gehorsam aufzukündigen (Bleicken 1999, 56). Damit war das Fass zum Überlaufen gebracht. Korinth, die Hauptstadt des Bundes, wurde 146 v. Chr. durch den römischen Feldherrn Lucius Mummius vollständig zerstört und die überlebenden Einwohner versklavt. Das besiegte Griechenland und Makedonien stellten die Römer als Provinz Macedonia unter ihre direkte Verwaltung.

Gleiches geschah im selben Jahr mit dem alten, aber jetzt zahnlosen Widersacher Karthago. Die einstige Weltstadt, die von den Römern nach Zama völlig entmachtet worden war, wurde über lange Zeit hinweg ständig von Massinissa drangsaliert, der sich an den karthagischen Besitzungen gütlich tat, ohne dass Rom ihn mäßigte. Auch die Römer selbst, die eine irrationale Furcht vor den Karthagern entwickelt hatten *(metus Punicus)*, setzten diese durch Repressionen und Gängeleien so lange unter Druck, bis jene 149 v. Chr. in einem Akt der Verzweiflung den Aufstand wagten. Jetzt wurde die Forderung des alten Senators Marcus Porcius Cato (234–149 v. Chr.), einem Urgestein der römischen Politik, doch noch erfüllt: Nach jeder beliebigen Rede im Senat soll er gesagt haben: *Ceterum censeo Cartaginem esse delendam* (Im Übrigen bin ich der Meinung, dass Karthago zerstört werden muss). Noch heute lernen Schüler mit diesem nur bei Plutarch und deshalb auf Griechisch belegten Ausspruch die lateinische Satzkonstruktion des *accusativus cum infinitivo* (ACI) kennen.

Nach drei Jahren erledigte Scipio Aemilianus, der Adoptivenkel des Siegers von Zama, der danach ebenfalls den Ehrennamen Africanus zuerkannt bekam, die Angelegenheit für immer. Polybios einer seiner Freunde, der an dessen Seite selbst bei der Belagerung Karthagos zugegen war, berichtet über die Vorkommnisse. Demnach brannte Scipio Aemilianus die Stadt nieder und ließ in einem Ritual die Erde salzen und mit dem Pflug durch die Trümmer eine Furche ziehen, damit an diesem Ort niemals wieder Menschen leben sollten – diese Darstellung widerspricht jedoch den Angaben in anderen antiken Quellen. Er selbst soll beim Anblick der brennenden Stadt geweint und einen Vers von Homer zitiert haben: »Einst wird kommen der Tag, an dem das heilige Troja fallen wird/ Priamos selbst und mit ihm das Volk des lanzenkundigen Königs« (Ilias, 4. Gesang, V. 164 f). Auf die Frage des Polybios, was das denn solle, sagte der philhellenische Feldherr, dass er angesichts des typischerweise unsteten Schicksals fürchte, dass es Rom einmal ähnlich ergehen werde (wir wissen, er sollte Recht behalten). Dieses in seiner düsteren Romantik schreckliche Bild hat Peter Huchel am eindrucksvollsten in seinem Gedicht »An taube Ohren der Geschlechter« beschrieben:

> Denk an die Lampe
> Im golddurchwirkten Zelt des jungen Afrikanus:
> Er ließ ihr Öl nicht länger brennen,
> Denn Feuer wütete genug,
> Die siebzehn Nächte zu erhellen.
> *
> Polybios berichtet von den Tränen,
> Die Scipio verbarg im Rauch der Stadt.
> Dann schnitt der Pflug
> Durch Asche, Bein und Schutt.
> Und der es aufschrieb, gab die Klage
> An taube Ohren der Geschlechter.

· Römischer »Imperialismus«

Ein halbes Jahrhundert nach der Schlacht von Zama, als das Schicksal Roms auf Messers Schneide gestanden hatte, waren die Römer nun die Herren der Welt, wie Polybios mit Erstaunen feststellte. Karthago und Korinth lagen in Schutt und Asche, die Römer hatten – nach einigem Zögern – die eroberten Gebiete als Provinzen unter ihre direkte Verwaltung gestellt. Symbolischen Ausdruck fand der Abschluss dieses Prozesses durch die politische Selbstaufgabe der hellenistischen Welt nach dem Ende des Makedonenreichs. Das kleine, aber kulturell besonders bedeutende Reich der Attaliden im kleinasiatischen Pergamon wurde den seit Jahren verbündeten Römern im Jahr 133 v. Chr. vom erbenlosen König Attalos III. in nüchterner Erkenntnis der Lage einfach als Erbe hinterlassen, ein bis dato unerhörter Vorgang. Die pragmatischen Römer übernahmen die interne Gliederung dieses Königtums sowie sein Steuersystem und gliederten es als Provinz Asia ihrem Reich ein.

Während Polybios bewundernd die Frage stellte, wie ein solcher Aufstieg möglich war und die gemischte Verfassung dafür verantwortlich machte, fragten moderne Historiker nach den inneren Triebkräften dieser Entwicklung. Diese Frage wurde bei den Historikern unter dem Schlagwort »römischer Imperialismus« verhandelt. Dabei haben sich im Wesentlichen zwei Erklärungsmodelle herausgebildet, was die Römer angetrieben haben könnte, unter den großen Anstrengungen ständiger Kriege zunächst in rund fünfzig Jahren (326–270 v. Chr.) ganz Italien zu unterwerfen und dann seit den Punischen Kriegen in rund hundert Jahren (264–168 v. Chr.) sich die Welt untertan zu machen.

Einerseits hat man – sprachlich etwas unglücklich – von »defensivem Imperialismus« gesprochen und ein übersteigertes Sicherheitsbewusstsein dafür verantwortlich gemacht, dass die Römer immer mit Präventivschlägen potentiell bedrohliche Gegner ausschalteten und dann in der Konsequenz – eher ungewollt – sich um die abhängigen Gebiete ihrer ehemaligen Feinde auch kümmern mussten. Die Römer selbst bemühten sich dabei, ihre Kriege immer als Defensivmaßnahmen zu deklarieren und entwickelten die Vorstellung vom »gerechten Krieg« (sog. *bellum iustum*). So fanden sich immer Vorwände, man müsse Bundesgenossen verteidigen oder dieser oder jener Feind habe die Verträge gebrochen. Gemäß dieser verbreiteten Deutung schlitterten die Römer gewissermaßen ungewollt in die Weltherrschaft hinein.

Andererseits gibt es auch den Ansatz, hinter den Eroberungen der Römer das leistungsbezogene Ethos der Führungsschicht als Triebkraft zu sehen. Der vor allem aufs Militärische ausgerichtete Tüchtigkeitsbegriff der Römer und die Tatsache, dass die führenden Staatsmänner aufgrund der Struktur des Amtes auch und in erster Linie Heerführer waren, trieb nach dieser Auffassung die um Ansehen und Autoritätserhalt bemühte Nobilität dazu, ständig Krieg führen zu müssen. Der Griff nach der Weltherrschaft wäre demnach Konsequenz eines Konkurrenzkampfes zwischen den Mitgliedern der Nobilität gewesen, in dem sich die Akteure ständig bewähren mussten. Daraus ergab sich, um einen vorsichtigen Ausdruck von Karl Christ zu verwenden, »eine aktivistische Grundhaltung« der römischen Politik (Christ 1994, 45). In Verbindung mit einem Interesse an wirtschaftlichen Vorteilen und direkten Bereicherungsmöglichkeiten (Beute) kann – wenn man unbedingt den neuzeitlichen Begriff beibehalten möchte – in diesem Zusammenhang dann etwas treffender von »Imperialismus« gesprochen werden.

4.3. Der Untergang der Republik

· Die römische Revolutionszeit (133–30 v. Chr.)

Wie sah es jedoch im Inneren des außenpolitisch stetig expandierenden römischen Staates aus? In einer berühmten Rede vor dem Volk zeichnete der junge Reformpolitiker Tiberius Sempronius Gracchus im Jahr 133 v. Chr. ein düsteres Bild:

> »Die wilden Tiere, welche in Italien hausen, haben ihre Höhle, jedes weiß, wo es sich hinlegen, wo es sich verkriechen kann – die Männer aber, die für Italien kämpfen und sterben, sie haben nichts außer Luft und Licht. Heimatlos, gehetzt irren sie mit Weib und Kind durch das Land. Die Feldherren lügen, wenn sie in der Schlacht die Soldaten aufrufen, für ihre Gräber und Heiligtümer sich zu wehren gegen den Feind, denn von all diesen Römern besitzt keiner einen Altar, den er vom Vater geerbt, keiner ein Grab, in dem seine Vorfahren ruhen, vielmehr kämpfen sie für anderer Wohlleben und Reichtum. Herren der Welt werden sie genannt und haben nicht eine Scholle Landes zu eigen.« (Plutarch, Tiberius Gracchus 9)

· Gesellschaftliche Veränderungen

Die dauernden Kriege und Eroberungen, die zum Ruhm der Familien der Oberschicht beigetragen und Rom die Weltherrschaft eingetragen hatten, veränderten die sozialen und wirtschaftlichen Verhältnisse grundlegend. So bestanden die Legionen der Römer zunächst aus wehrpflichtigen Bauern und nicht aus Berufssoldaten. Durch die hohen Verluste und die enormen Belastungen durch lange Abwesenheiten der Bürgersoldaten hatte sich die Zahl der freien Bauern jedoch bedenklich verringert. Gleichzeitig dehnten reiche Agrarinvestoren aus der Nobilität ihren Großgrundbesitz aus und verdrängten damit die Einzelbauern, zumal durch die Kriege auch viele Sklaven ins Land kamen, die man in den mittelgroßen landwirtschaftlichen Betrieben, den *villae rusticae*, einsetzen konnte. Die Angehörigen der Nobilität, die, wie bereits erwähnt, durch die *lex Claudia* auf die Landwirtschaft als einzig »ehrliche« Erwerbsgrundlage beschränkt worden waren, hatten aufgrund ihres Einflusses das während der Expansion in Italien gewonnene Staatsland *(ager publicus)* praktisch zu ihrem Eigentum gemacht, während viele gewöhnliche Familien verarmten.

· Senatoren- und Ritterstand

Darüber hinaus war der traditionelle Zusammenhalt der Oberschicht, der im Wesentlichen auf einer fiktiven, durch Symbole unterstrichenen Gleichheit beruhte, an seine Grenzen gelangt. Schon die Schwierigkeiten, die der Senat hatte, den hochfliegenden Scipio Africanus wieder einzufangen und auf Gardemaß zu bringen, deuten an, dass die verordnete Gleichheit manchen Adelsspross unangenehm einschränkte. Auch die zahlreichen Gesetze gegen offen zur Schau getragenen Luxus und die verordnete Beschränkung auf die allein ehrbare Landwirtschaft zeigen an, dass es immer wieder Personen gab, die im Konkurrenzkampf über ihre Standesgenossen durch Verwendung von symbolischem und handfestem Kapital herausragen wollten.

Auf diese Weise bildete sich neben der Nobilität zu Beginn des 2. Jh.s v. Chr. noch eine weitere bedeutende Schicht heraus, die der *equites*, der in der irreführenden Übersetzung sogenannte »Ritter« (mit den mittelalterlichen Namensvettern gibt es keinerlei Gemeinsamkeiten). Sie waren zunächst nur die Angehörigen der höchsten Vermögensklasse gewesen, d. h. diejenigen, die sich ein teures Reitpferd leisten konnten. Zu ihnen gehörten ursprünglich auch die Senatoren. Wer aber politische Karriere machen wollte, musste bei Eintritt in den Senat sein Ritterpferd in einem symbolischen Akt abgeben und damit auch sinnbildlich vom *ordo equester* in den Senatorenstand übertreten. So wurde die Oberschicht in einen »investmentkapitalistischen« Zweig ohne politische Ambitionen – der aber mit Staatsaufträgen viel Geld (etwa mit Steuerpacht) verdiente – und die staatslenkende Nobilität gespalten. Dem ökonomischen Aufstieg des Ritterstands kamen dabei die aufblühende Geldwirtschaft und das mit der imperialen »Globalisierung« seit dem 3. Jh. v. Chr. sich ausdehnende Fernhandelswesen zugute (hierzu ausführlicher das Themenkapitel zur antiken Wirtschaft).

· Die Gracchen

Diese Veränderungen, maßgeblich aber die Bedrohung des Wehrpotentials der römischen Republik, das von einem Mindestmaß an Besitz seiner Bürgersoldaten abhängig war, stürzten Rom inmitten seiner politischen und territorialen Expansion in eine tiefe Krise, die man als die »römische Revolution« bezeichnet hat. In dieser Krise versagte die Nobilität und ging an ihrem Ende durch Proskriptionen und Verfolgungen in ihr unter. Die verwickelten Ereignisse vom Auftreten der Gebrüder Gracchus, der konservativen Revolutionäre, bis zu Caesar und Augustus hier im Einzelnen nachzuerzählen, würde den Rahmen sprengen. Nur so viel im Telegrammstil:

Die Gracchen hatten die Ursachen der Krise durchschaut und wollten in konservativem Sinne die althergebrachte Wehrordnung retten. Deswegen ist der eingebürgerte Begriff von der »römischen Revolution« etwas irreführend. Um den erodierenden Mittelstand der freien Bauern zu stärken, sollte mithilfe eines ambitionierten Ackergesetzes der *ager publicus* gerechter verteilt und Nutzungsobergrenzen für die Großgrundbesitzer eingeführt werden. Außerdem sollten in den Provinzen Landlose verteilt und die Kosten der Reform (auch Entschädigungen waren vorgesehen) aus der reichen Attalidenerbschaft bestritten werden. Enteignungen und Umverteilungen, manchmal nur die Forderung derselben, sind aber in historischer Perspektive genau der Stoff, aus dem Bürgerkriege gemacht werden, nicht nur im modernen Mittel- und Südamerika.

Die Gracchen scheiterten, zuerst Tiberius 133 v. Chr., dann sein jüngerer Bruder Gaius 123 v. Chr., am Starrsinn und der Borniertheit ihrer egoistischen Standesgenossen, die sich Reformen, die nur mittelbar zu ihren Lasten gingen, rundweg und dauerhaft verschlossen. Mit der Nobilität war die alte, auf der Wehrkraft eines gesunden Mittelstandes beruhende Ordnung nicht zu retten. Die Gracchen machten nun den Fehler, den viele Führer begehen, wenn sie zur Ansicht gelangen, die einzig richtige Politik zu vertreten: Sie versuchen sie gegen alle Widerstände und mit fragwürdigen Methoden durchzusetzen.

Der als Volkstribun agierende Tiberius ließ kurzerhand – gegen jede Tradition und unter Bruch der Verfassung – einen tribunizischen Kollegen abführen, der die Durchsetzung des Ackergesetzes mit seiner Amtskraft unterbinden wollte. Damit hatte er sich über die schon in den Ständekämpfen so hoch gehaltene Unverletzlichkeit der Tribune hinweggesetzt und im innenpolitischen Kampf eine rote

Linie überschritten. Die Senatoren reagierten wie aufgescheuchte Hühner und wussten sich nicht anders zu helfen, als den Staatsnotstand auszurufen. Der Konsul Publius Mucius Scaevola, der mit Gracchus sympathisierte, getraute sich jedoch nicht einzugreifen. Dies führte dazu, dass der Senator Scipio Nasica einen improvisierten Schlägertrupp organisierte, der Gracchus mit vielen Parteigängern in einem Tumult ermordete.

Die Verfassung war gebrochen, Blut war geflossen. Die Geschichte der folgenden 100 Jahre sind Ergebnis eines Eliteversagens im Zeichen einer »Krise ohne Alternative« (C. Meier). Bis zu Augustus sollte Rom nicht mehr zur Ruhe kommen. Auch die Versuche des politisch klügeren Bruders Gaius Gracchus weiter am Umverteilungsprogramm zu arbeiten, indem er Mitglieder des Ritterstands zu Richtern in den Standesgerichten machte, die über senatorischen Amtsmissbrauch in den Provinzen zu urteilen hatten, um sie so auf seine Seite zu ziehen, scheiterten gleichsam mit seinem gewaltsamen Tod im Jahr 121 v. Chr.

· Marius und Sulla, Heeresgefolgschaften

Das immer virulenter werdende Problem der Wehrverfassung wurde zwanzig Jahre später schließlich ganz anders und pragmatischer gelöst, als die Gracchen dies beabsichtigt hatten: Der Feldherr Gaius Marius, ein bei der Nobilität, die ihre Reihen seit dem Ende der Punischen Kriege weitgehend geschlossen hatte, verhasster *homo novus*, konnte aufgrund seiner militärischen Abwehrerfolge gegen die Kimbern, Teutonen und Ambronen bis zum Konsulat aufsteigen. In jener Zeit, da diese germanischen Stämme auf der Suche nach Land Südgallien und Norditalien durchstreiften, gelang es ihm mehrfach und gegen die herrschenden Gesetze sowie den Willen des Senats vom Volk zum Konsul gewählt zu werden (insgesamt, mit Unterbrechungen, siebenmal). Er hatte aus der Not heraus systematisch Truppen aus der Gruppe der Besitzlosen, die bislang vom Wehrdienst ausgeschlossen waren, ausgehoben.

So wurden die Legionen in kurzer Zeit zu einer Berufsarmee, in der Männer dienten, die nichts zu verlieren, aber viel zu gewinnen hatten. Denn nach der Dienstzeit sollten sie auf Betreiben ihres Feldherrn vom *ager publicus* oder in den Provinzen Landlose erhalten. Mit dieser auf der Verpflichtung von *proletarii*, Besitzlosen, basierenden Heeresreform, die ebenfalls einige, in diesem Kontext weniger relevante taktische Umstrukturierungen vorsah, hatte Marius, ohne es zu ahnen, die Büchse der Pandora geöffnet. Denn diese Soldaten neuen Typs waren nicht mehr wie die Bürgersoldaten der gemeinsamen, vom Senat geführten *res publica* verpflichtet, sondern folgten »ihrem« Feldherrn in blindem Gehorsam. Nur auf diesen eingeschworen, folgten sie als Klienten ihrem neuen Patron. Diese Heeresklientele waren dann auch die praktischen Totengräber der Republik auf der Handlungsebene.

Bereits 88 v. Chr. war das zu erahnen, als der auf Seiten des Staates stehende Konsul Lucius Cornelius Sulla ein solches, nur auf ihn eingeschworenes Heer im innenpolitischen Kampf gegen Marius und seine Anhänger auf Rom führte. Ein solches Vorgehen stellte eine unerhörte Übertretung heiliger Gesetze dar, denn das *pomerium*, der heilige Stadtbezirk, durfte nicht von Militär betreten werden. Sullas Soldaten folgten ihm jedoch in die Stadt und nahmen Rom in einer als »Rettung des Staats« verbrämten Aktion ein. Zuvor hatten sie zwei Volkstribune, die das Kommando über Sullas Truppen übernehmen sollten, gesteinigt und sich damit klar auf die Seite ihres Feldherren gestellt. Von nun an bestimmten also diejenigen Feldherren, die über militärisches Talent, Charisma und viel Geld zur Finanzierung ihrer Soldaten verfügten, die Geschicke und Missgeschicke Roms.

Dabei benutzten die einen wie Marius oder später Caesar die Volksversammlung, um ihre Ziele im Austausch gegen populistische Wohltaten an die Masse politisch durchzusetzen und wurden deshalb »populares«, die Volksfreunde, genannt; die anderen, die wie Sulla und Pompeius auf den Senat zur Unterstützung ihrer Ziele setzten, nannte man »Optimaten«, also »die Besten«. Parteien im modernen Sinne entstanden auf diese Weise allerdings nicht. So gab es keine »Volkspartei«, die als Sprachrohr gegen die sich als immer unfähiger erweisende Nobilität fungiert hätte. Es waren vielmehr die Angehörigen der Oberschicht selbst, die unter sich den Kampf um die Vorherrschaft im Staat ausfochten und je nach Konstellation die populare oder optimatische Methode zur Durchsetzung ihrer Ziele wählten.

Sulla war in jeder Hinsicht eine komplexe Figur und der einzige der spätrepublikanischen Glücksritter, der eines natürlichen Todes sterben durfte. Zuvor hatte er jedoch die letzte große innere Herausforderung der römischen Republik gemeistert: Von 91–89 v. Chr. begehrten die italischen Städte, die den gemeinsamen Staat groß gemacht hatten und deren Bürgersoldaten gegen Hannibal und

Philipp V. zu Felde gezogen waren, auf. Sie verlangten nach voller Gleichberechtigung, nach Anerkennung ihres bewiesenen Römertums und damit nach dem vollen römischen Bürgerrecht, das sie nur in der abgestuften Variante des latinischen Bürgerrechts besaßen. Wieder ging es für Rom ums Ganze. Nachdem zunächst die treu gebliebenen Bundesgenossen in Italien gleich das gewünschte Bürgerrecht erhalten hatten, wurde nach dem Friedensschluss vom Senat zähneknirschend auch den übrigen italischen Stämmen dieses Privileg zugestanden.

In der innenpolitischen Auseinandersetzung führte Sulla seine treuen Legionen gleich zweimal nach Rom (88 und 83 v. Chr.), um sich nach dem zweiten Mal durch ein veritables Ermächtigungsgesetz (eine lex Valeria) zum Alleinherrscher einsetzen zu lassen. Er revitalisierte dabei das seit über hundert Jahren nicht mehr vergebene Notstandsamt des Diktators, das er sich unbefristet übertragen ließ. Danach beseitigte er seine Gegner und deren gesamte Familien brutal durch Proskriptionen, besetzte den Senat in seinem konservativ-optimatischen Sinne neu, beschränkte die Kompetenzen der Volkstribune, um dann für alle – und besonders für moderne Historiker – überraschend seine schon gefestigte Allmacht niederzulegen und die aus seiner Sicht nun wieder geordneten Staatsgeschäfte erneut den alten Institutionen zu überlassen.

Vonseiten der Historiker wurde viel über die Beweggründe Sullas bezüglich dieses Vorgehens gemutmaßt. Auch wenn seine tatsächlichen Intentionen für diesen Schritt nicht abschließend geklärt werden konnten, bleibt festzuhalten, dass Sulla durch seinen zweimaligen Marsch auf Rom und durch die von ihm eingeführten Proskriptionen neue Methoden einführte, die jedes bisher gekannte Maß des politischen Kampfes überstiegen. Insbesondere die Proskriptionen zur Bekämpfung der Opposition entpuppten sich als verheerendes Mittel. Damit erklärte er seine Gegner, deren Namen auf Listen ausgeschrieben wurden *(proscribere)*, für vogelfrei und appellierte durch Aussetzung von Kopfgeldern an die niedersten Instinkte seiner Mitbürger, unter denen viele aus Gewinnsucht den Mordaufrufen folgten.

· Pompeius und Caesar

Nach Sulla stieg zunächst Gnaeus Pompeius (106–48 v. Chr.) zum starken Mann in Rom auf. Ihm übertrug der Senat anstehende außenpolitische Aufgaben, wie die endgültige Ausschaltung des pontischen Königs Mithridates VI., den schon Sulla in seine Schranken gewiesen hatte, sowie die Bekämpfung der Seeräuber, die den Handel im Mittelmeer empfindlich störten. Auch Pompeius wuchs sich nach seinen militärischen Erfolgen schnell zu einer Gefahr für die eifersüchtige und doch vergebens auf prinzipielle Gleichheit achtende Nobilität aus. In der Folge versuchte ihn diese daher auszumanövrieren, indem sie ihm die Versorgung seiner Soldaten, die er im Gegensatz zu Sulla leichtsinnig und im Vertrauen auf den Senat nach den Feldzügen demobilisiert hatte, verweigerte.

Das Problem des Pompeius war seine einseitige militärische Begabung, wohingegen sich seine Fähigkeiten als Politiker und Diplomat eher bescheiden ausnahmen. Nur im Bund mit dem reichen Marcus Licinius Crassus (115–53 v. Chr.) sowie dem politisch geschickten und skrupellosen Gaius Iulius Caesar (100–44 v Chr.) konnte er seine Verpflichtungen gegenüber seinen Veteranen erfüllen. Dieses als »Erstes Triumvirat« (Dreimännerbund) bekannte informelle (und zunächst geheime) Bündnis hatte faktisch die Aufteilung der Macht in Rom zur Folge. Jeder der drei Triumviri bekam dabei etwas vom Kuchen ab (60 v. Chr.). Doch auch diese Aufteilung der Macht sollte nicht lange währen. Caesar, der jüngste und unbekannteste der drei, ergriff bald die Initiative und erwarb bei seinem gallischen Feldzug, der auch seinen nicht unberechtigten Ruhm als großer Schriftsteller begründete, enormes Prestige und viel Geld.

Rom wurde in der Zwischenzeit von beklagenswerten Bandenkriegen gebeutelt. Schlägerbanden terrorisierten die Stadt und machten auf Weisung ihrer verfeindeten Auftraggeber das politische Leben unmöglich. Wieder rief man nach Pompeius (51 v. Chr.), der in gewohnter Manier die Kohlen aus dem Feuer holen sollte. Genau in diesem Moment meldete sich nach neun Jahren im Feld Caesar zurück und forderte ein zweites Konsulat, das er jedoch nicht erhielt. Nun standen sich die ehemaligen Freunde – Caesar war auch bis zum Tod der Iulia im Jahre 54 v. Chr. der Schwiegervater des Pompeius gewesen – mit ihren jeweils persönlich eingeschworenen Heeren in einem unerbittlichen Bürgerkrieg gegenüber.

Der offizielle Startschuss dazu fiel als Caesar den Rubikon, den Grenzfluss zur Region Italien, gegen das Gebot des Senats überschritt. Gemäß dem römischen Schriftsteller Sueton soll Caesar dabei »Iacta alea est.« ausgerufen haben (Sueton, Divius Iulius, 32f.); nach Plutarch und Appian, tätigte er als gebildeter Römer einen ähnlichen Ausspruch in Griechisch mit den Worten »ἀνερρίφθω κύβος« *[anerríphtho kýbos]* (Plutarch, Leben des Caesar, 32, 8 und Appian, Die Bürgerkriege 2, 35). Geläufig wird dieser Ausspruch im Deutschen durch die Redewendung »Die Würfel sind gefallen!« wiedergegeben, was jedoch dem Sinn der Aussage Caesars widerspricht. So lautet die korrekte Übersetzung der lateinischen Variante »Die Würfel sind geworfen (worden).«, die des Griechischen »hochgeworfen sei der Würfel«. Beide Übersetzungen verdeutlichen, dass Caesar in der damaligen Situation zum Ausdruck bringen wollte, dass mit der Überschreitung des Rubikons Ereignisse zwar unwiderruflich in Gang gesetzt wurden, deren Resultat jedoch ungewiss blieb. Die Würfel waren eben noch nicht »gefallen«, der Ausgang seines Handelns stand noch nicht fest.

In Rom selbst »kam, sah und siegte« Caesar gegen seine Gegner. Seine Maßnahmen, die dem Aufbau einer angesichts der Sachlage naheliegenden Einzelherrschaft dienten, waren jedoch in hohem Maße provozierend. So ließ er sich von Steigbügelhaltern im Senat eine Vielzahl von Ehrentitel verleihen, ohne scheinbar zu merken, wie sehr das die auf Gleichheit bedachten Senatoren, aber auch einige seiner Verbündeten treffen musste. Zuletzt wurde ihm, nachdem er mehrfach Konsul gewesen war, die Diktatur auf zehn Jahre und anschließend auf Lebenszeit übertragen. An den Iden des März (15.3.) 44 v. Chr. entschloss sich eine Gruppe von Verschwörern, darunter auch ehemalige Freunde Caesars, zum Attentat auf den Diktator. Im Theater des Pompeius, vor dem Standbild seines ehemaligen Rivalen und Schwiegersohns, brach Caesar von vielen Dolchstößen getroffen, sterbend zusammen, ohne noch ein berühmtes letztes Wort von sich zu geben (»Auch Du, Brutus!?« ist anekdotisch). Rund 15 weitere Jahre sollte nun der schreckliche Bürgerkrieg andauern, bis sich der politisch lange unterschätzte, gesundheitlich labile Gaius Octavius (63 v. Chr.–14 n. Chr.), der testamentarisch adoptierte Großneffe und Erbe Caesars (er nannte sich ab dann Gaius Iulius Caesar, Sohn des Caesar), zunächst gegen die Mörder Caesars und schließlich gegen die anderen Caesarianer, mit denen er anfangs verbündet gewesen war, durchzusetzen vermochte. Nach dem Sieg über seinen letzten Rivalen Marcus Antonius (in der Schlacht bei Actium 31 v. Chr.) nahm er im Jahr 27 v. Chr. den Titel Augustus, der

Erhabene, an und läutete als erster *princeps* ein neues Zeitalter in der römischen Geschichte ein.

4.4. Ein neues Zeitalter

· Augustus und die römische Kaiserzeit

»Wenn gut gespielt wurde, klatscht Beifall und begleitet uns alle mit Beifallsrufen hinaus.« Diese Schlussformel einer griechischen Komödie sollen die letzten Worte des Augustus auf dem Sterbebett gewesen sein, nachdem er die versammelten Freunde gefragt hatte, ob er die Komödie seines Lebens gut gespielt habe (Sueton Aug. 99, 1). Augustus war ein Virtuose der Macht gewesen, der sich selbst und seine Herrschaft wie kein anderer zuvor inszenierte. In der Tat hatte er dem Senat und der gesamten römischen Öffentlichkeit Theater vorgespielt, als er im Jahr 27 v. Chr. alle seine Befugnisse und Sondervollmachten dem Senat zurückgab (um gleich darauf die Staatslenkung von diesem zurückzuerhalten, wie es intern abgesprochen worden war) und während seiner vierzigjährigen Herrschaft der Öffentlichkeit immer wieder suggerierte, er habe die Republik wieder hergestellt *(res publica restituta)*. Tatsächlich hatte er jedoch eine neue monarchische Ordnung installiert, obgleich diese die alten Formen des römischen Staats wahrte. Mit dieser Illusion, von der sich die kriegsmüden Römer wohl auch gerne blenden ließen, hatte er den langersehnten Frieden nach dem Bürgerkrieg möglich gemacht. Nur so konnte er als Integrationsfigur auftreten, vor den faktisch entmachteten Resten der Nobilität als Friedensfürst glänzen und zugleich den geradezu reflexartigen Widerstand gegen eine potentielle Alleinherrschaft, der Caesar das Leben gekostet hatte, unterbinden.

Darin lag letztlich die große Leistung dieses mit politischem Instinkt immer vorsichtig agierenden Taktierers, der sich im Gegensatz zu seinen Widersachern – allen voran Marcus Antonius – sowie den großen Heerführern der Bürgerkriege als Feldherr in eigener Person kaum hervortat. Geschickt agierte er hingegen in der Wahl seiner Berater und Gefolgsleute, deren Fähigkeiten er gezielt in jenen Bereichen einzusetzen verstand, die ihm selbst fernerlagen. Als sein wohl wichtigster Gefolgsmann gilt Marcus Vipsanius Agrippa, der Marcus Antonius und Kleopatra in der Schlacht von Actium schlug und damit für Augustus den Weg zum endgültigen Sieg über das Reich der Ptolemäer und zur Alleinherrschaft im Staat ebnete.

Als wahrlich meisterhaft lässt sich sein politisches Vorgehen im Jahr 27 v. Chr. bezeichnen. In einem offiziellen Staatsakt erklärte der Senat den Bürgerkrieg offiziell für beendet und die innere Ordnung der römischen Republik für wiederhergestellt. Die alte Führungsschicht speiste der neue Herrscher mit den traditionellen Führungsämtern in Rom und der Kontrolle über die bereits befriedeten Provinzen, in denen keine Heere standen, ab. Er selbst ließ sich, sonstiger Ämter und Funktionen entledigt, allein das *imperium proconsulare* verleihen und jene Provinzen übertragen, in denen Heere operierten, um so faktisch allein über Roms Legionen zu gebieten. Seine weiteren Maßnahmen zur verfassungsmäßigen Absicherung seiner Herrschaft müssen wir hier kurz erwähnen, da sie die Grundlage des römischen Kaisertums für die nächsten 200 Jahre bildeten.

· Virtuose der Macht

Zunächst hatte Augustus noch jährlich das Konsulat neben wechselnden Kollegen bekleidet, ab 23 v. Chr. dann aber darauf zugunsten der Senatsaristokratie verzichtet, um jeden Eindruck zu vermeiden, er usurpiere dauerhaft traditionell republikanische Funktionen. Um jedoch seinen Vorrang in politisch-militärischen Fragen zu sichern, schuf er für sich das *imperium proconsulare maius*. Damit war er den übrigen Imperiumsträgern aus dem Senatorenstand, welche die Provinzen ohne wesentliche militärische Präsenz verwalteten, übergeordnet und konnte bei Bedarf auch in die Verwaltung der Senatsprovinzen eingreifen. Wenig später ließ er sich das eher symbolisch bedeutsame Recht übertragen, gleichrangig zwischen den Konsuln auf einem Amtsstuhl sitzen zu dürfen. Wichtiger war freilich die dauerhafte Übernahme der tribunizischen Gewalt *(tribunicia potestas)*, den vom Amt getrennten Befugnissen eines republikanischen Volkstribuns.

Damit sicherte er sich das Initiativrecht für Gesetze sowie einen althergebrachten religiösen Tabuschutz *(sacrosanctitas)* und dockte seine Herrschaft an die republikanische Tradition an, ohne durch Übernahme höherer Ämter die Empfindlichkeiten der Senatsaristokratie zu verletzen. Die tribunizische Gewalt wurde zum Emblem des Kaisertums, da Augustus und seine Nachfolger mit ihrer Übernahme die Jahre ihrer Herrschaft zählten. Der Historiker und Senator Tacitus (ca. 58–120 n. Chr.) schreibt über diese Neuerung: »Augustus hatte diese Bezeichnung für die höchste Macht gewählt, um nicht den Namen König oder Diktator anzunehmen und doch durch irgendeinen Titel die übrigen Staatsämter zu überragen« (Annalen, 3, 56, 2).

Mit diesen Mitteln ausgestattet war sein Vorrang zwar faktisch gegeben, jedoch nicht aufdringlich. Entsprechend ließ er sich keine »amtlichen« Titel, die irgendwelche monarchischen Ansprüche suggerieren könnten, verleihen, sondern wurde recht bescheiden als *princeps*, als »der Erste« (im Staate) bezeichnet, um gleichsam den Anschein zu erwecken, er sei wirklich nur ein *primus inter pares* (Erster unter Gleichen). Gleichwohl betrieb Augustus eine beeindruckende – der moderne Ausdruck passt ausnahmsweise einmal – Propagandamaschinerie. Er wachte nicht nur geflissentlich über die öffentliche Darstellung seiner Person – es sind nur bestimmte, zeitlich klar einzuordnende Statuen- und Porträttypen gefertigt worden, die den heldenhaft-jugendlichen Augustus zeigen –, sondern entwickelte in repräsentativen Bauwerken ein Bildprogramm, das ihn und seine Leistungen als Friedensbringer auf subtile, aber eindrucksvolle Weise in den Mittelpunkt rückte.

Die Ara Pacis, der monumentale Friedensaltar auf dem Marsfeld (errichtet 13–9 v. Chr.), feiert die *Pax Romana*, den allgemeinen Frieden im Reich, und den Friedensbringer in einem auf den *princeps* zugeschnittenen Bildprogramm (Abb. 6). Der Prachtbau, der Teil eines Ensembles ist, zu dem auch die von einem Obelisken mit Zeiger

Abb. 6: Ara Pacis (Friedensaltar) des Augustus (erbaut 13–9 v. Chr.)

gekrönte sogenannte »Sonnenuhr des Augustus« gehört (nach neueren Forschungen eigentlich wohl ein Meridianinstrument, ein Mittagsanzeiger mit der Funktion eines Jahreskalendariums), war so angeordnet, dass am 23. September, am Geburtstag des Augustus, der Schatten des Zeigers auf dem Obelisken durch die beiden Eingänge des Altars auf die innere Mitte der Ara Pacis zeigte. Auf diese Weise wurde das glückliche Friedenszeitalter symbolisch und kultisch mit der Person des Augustus verbunden.

Als Pragmatiker der Macht hatte Augustus es verstanden, die Senatoren einerseits hinsichtlich ihrer aus der republikanischen Tradition stammenden Machtansprüche zu zähmen (unter anderem ließ er ihnen zahlreiche Ehrungen angedeihen), andererseits aber auch ihre Kompetenzen für Verwaltungsaufgaben zu nutzen. Daneben setzte er bei der Verwaltung des Reichs und im Militär zugleich immer stärker auf den Ritterstand, der seit Augustus das Rekrutierungsreservoir für eine sich entwickelnde Beamtenschaft bildete. Zuvor mussten die gewählten republikanischen Magistrate mit ihrer *familia*, ihrem eigenen verfügbaren Personal bestehend aus Klienten und Sklaven, die Verwaltung stemmen. Dabei hatte Augustus das Kooptationsprinzip dieser Stände abgeschafft: Wer Senator oder Ritter wurde (auch gebunden an ein Mindestvermögen) bestimmte nun der Princeps, der verdiente Leute in den jeweiligen Stand erhob und ihnen gegebenenfalls durch Schenkungen die nötigen finanziellen Mittel zur Verfügung stellte. Aus der Kaiserzeit kennen wir eine Vielzahl von Aufstiegsgeschichten, die eine erstaunliche soziale Mobilität dokumentieren.

Als Augustus mit 76 Jahren 14 n. Chr. starb und die Komödie seines Lebens beendet hatte, wurde sein Stiefsohn Tiberius Claudius Nero sein Nachfolger. Er war jedoch nicht der Kronprinz und Wunschkandidat gewesen. Augustus, der Schöpfer des fein austarierten und eigentlich auf seine Person ausgerichteten monarchischen Systems, das mindestens dem Anschein nach gar keine Monarchie sein durfte, hatte zeitlebens mit dem »Alpdruck« (A. Heuß, 313) der Frage zu ringen, was im Falle seines Todes geschehen würde. In immer wieder neuen Konstellationen versuchte er für seine Nachfolge Vorsorge zu treffen. Nur weil ihm Schicksalsschläge die geliebten Enkel und alle anderen blutsverwandten Aspiranten geraubt hatten, entschied sich Augustus – ganz Staatsmann – zur Designation seines durchaus fähigen Stiefsohns Tiberius, obwohl das Verhältnis zwischen beiden zerrüttet war, und übertrug ihm am Ende seines Lebens die wichtigsten Kompetenzen. Dass der Machtwechsel relativ reibungslos vonstattenging und auch die Nachfolge des ordentlich, aber ungeschickt regierenden Tiberius, der seinerseits keinen Nachfolger designiert hatte, im weitesten Sinne nach dynastischen Prinzipien, also nach Zugehörigkeit zur – wie wir heute sagen – »julisch-claudischen Dynastie« erfolgte, zeigt, dass das neue Herrschaftssystem, von Augustus eher experimentell als in einem einzigen Wurf gestaltet, mehr ausprobiert als entwickelt, dauerhaften Bestand hatte.

· Die Neuordnung der Provinzen durch Augustus

Bereits Mitte des zweiten vorchristlichen Jahrhunderts geboten die Römer über ein veritables Weltreich, das sie mehr schlecht als recht mit dem administrativen Instrumentarium ihrer Stadtrepublik verwalteten. In der Regel wurde in die eroberten und untertänig gemachten Gebiete, die Provinzen (*provincia* meinte ursprünglich das Aufgabengebiet eines Magistraten in Rom), ein ehemaliger Magistrat mit Befehlsgewalt *(imperium)* nach seiner Dienstzeit in Rom entsandt. Diese Prokonsuln und Proprätoren konnten – sehr zum Schaden der Provinzbewohner und des Staates im Allgemeinen – in »ihrer« Provinz weitgehend schalten und walten, wie sie wollten und als militärische Führer ihre in den Provinzen erstarkte Hausmacht gegen Rom einsetzen, wie es während des Bürgerkriegs häufig geschah. Als Augustus 27 v. Chr. zur Alleinherrschaft gelangt war, musste er sich daher nach dem langen Bürgerkrieg um eine umfassende Neuordnung bemühen. Zum einen waren in dieser Zeit die Belange der Provinzen vernachlässigt worden, zum anderen war die den Geldfluss aus den eroberten Gebieten sicherstellende Verwaltung in Unordnung geraten. Dabei hatte er keinen »Masterplan«, nach dem er strategisch vorgehen konnte. Er wurde vielmehr von den aktuellen Sachzwängen zum politischen Handeln gedrängt, aus dem sich in der Folge dasjenige, aus dem historischen Rückblick heraus wohlgefügte, administrative Gerüst ergab, auf welchem die gesamte kaiserzeitliche Reichsverwaltung aufbaute.

Bei seiner Neuordnung musste Augustus zudem behutsam und mit viel Rücksicht auf die Senatsaristokratie vorgehen, zumal er ja mit dem Anspruch angetreten war, die alte Ordnung der Republik wiederherzustellen. Vielleicht ist sein bemerkenswertester Verdienst, dass es ihm trotz dieser Einschränkungen gelang, ein bei aller vormodernen Fragilität doch tragfähiges Verwaltungsgefüge aufzubauen, das dann von seinen Nachfolgern nur in Details angepasst wurde. Genau betrachtet ließ er fast alles beim Alten. Nur in einem wichtigen Detail modifizierte er den Modus der Herrschaft über die außeritalischen Gebiete. Er teilte die Provinzen: Die als *provincii populi Romani* (Provinzen des römischen Volkes) bezeichneten Gebiete wurden weiter wie ehedem vom Senat verwaltet und unterstanden wie bisher ehemaligen Konsuln und Prätoren. Die kaiserlichen Provinzen hingegen befanden sich direkt unter seiner Kontrolle und wurden unmittelbar durch von ihm bestallte Gouverneure verwaltet. Gleichwohl stammten diese aus derselben Gruppe ehemaliger Oberbeamter, was auch symbolisch für das Selbstbewusstsein des Senatorenstandes wichtig war. Die bereits 27 v. Chr. von Princeps und Senat gleichermaßen vertretene Entscheidung beruhte auf der Überzeugung, dass man den neuen starken Mann im Reich mit seinen Heeren dorthin senden müsse, wo die Situation brenzlig war, während der Senat sich um die befriedeten Reichsteile kümmern sollte. Aus dieser Ausgangslage ergab sich auch für die Folgezeit, dass nur die kaiserlichen Provinzen (mit Ausnahme der senatorischen Provinz Africa) über Heereskontingente verfügten, die aufgrund dieses Arrangements ausschließlich dem Princeps unterstanden. Damit war die potentielle Gefährdung der Alleinherrschaft durch auf andere Persönlichkeiten eingeschworene Heeresklientele dauerhaft gebannt.

Im Wesentlichen unterstanden dem Princeps also die noch nicht klar konturierten Grenzprovinzen an Rhein und Donau, für welche die alte Begriffsbedeutung von *provincia*, »Aufgabenbereich«, treffend war. Die Provinzgouverneure, die als neue Amtsbezeichnung den Titel *legatus Augusti pro praetore* (Stellvertreter des Augustus im Rang eines Prätors) trugen, konnte Augustus nach Belieben ernennen und entlassen (gewöhnlich betrug deren Standzeit ca. drei Jahre, in Ausnahmefällen konnten es sogar bis zu 10 Jahre sein). Damit war erstmals eine wenigstens ansatzweise Kontinuität der Administration in den kaiserlichen Provinzen möglich (in den senatorischen Provinzen galt weiter das Annuitätsprinzip). Die Legaten verfügten wie ihre vom Senat ausgewählten Kollegen über das prokonsularische Imperium, unabhängig davon, ob es sich um ehemalige Konsuln oder Prätoren handelte. Der einzige Unterschied zu ihren Kollegen in den senatorischen Provinzen bestand darin, dass die Finanzverwaltung in den Händen eines direkt dem Kaiser unterstehenden Beamten, eines Procurators, lag, während die senatorischen Prokonsuln einen ihnen unterstellten Quästor als Finanzbeamten mit in die Provinz nahmen. Dennoch konnte Augustus aufgrund seines *imperium proconsulare maius* auch auf die vom Senat verwalteten Provinzen jederzeit Einfluss nehmen.

Dies führte zu nachhaltigen Veränderungen, da nun Eigenmächtigkeiten und rücksichtslose Ausplünderung der Provinzialen durch die Senatsaristokratie nicht mehr möglich waren und das kaiserliche Interesse zunehmend dem allgemeinen Wohl des Reichs galt. Dass er auch hinsichtlich der inneren Kohäsion durchregieren wollte, zeigen die Bemühungen des Augustus, durch reichsweite Zensuserhebungen das Steueraufkommen der Provinzen zu ordnen und zu vermehren. Solche Schätzungen, der sich die Provinzbewohner – das bekannteste Beispiel ist das von Maria und Joseph – unterwerfen mussten, dienten in erster Linie der Feststellung und Erhebung von Kopf- und Grundsteuer.

Mindestens genau so entscheidend für die Zukunft des Imperiums waren neben dieser Neuordnung der bestehenden Provinzen auch die ungebrochenen Bemühungen des Princeps, dem Imperium weitere Gebiete hinzuzufügen. Im Zentrum des kaiserlichen Augenmerks lagen dabei zunächst die bereits besetzten, aber noch nicht administrativ erschlossenen Gebiete eines Heeresbereichs. Unter Augustus erfuhr das Reich den größten Zuwachs durch Expansion. So hatte er am Ende seiner Herrschaft dem Reich die Gebiete Raetien, Noricum, Pannonien und Moesien (einige dieser Gebiete wurden erst später eigenständige Provinzen), sowie die linksrheinischen Gebiete Germaniens zugefügt, wenngleich das Ziel ganz Germanien als Provinz zu erobern mit der Varusschlacht 9 n. Chr. scheiterte. Einige Provinzen entstanden auch aus Aufteilungen bestehender Einheiten in provinzielle Unterabteilungen. So wurde etwa das von Caesar eroberte Gallien 16 v. Chr. in die Provinzen Aquitania, Lugdunensis und Belgica eingeteilt (siehe hierzu die Karte 2).

Außerdem gab es noch kleinere Einheiten, die sich aus unterschiedlichen Gründen nicht für die Einrichtung einer regulären Provinz eigneten, die etwa nur einer militärischen Okkupation durch ein kleineres Kontingent (unter Legionsstärke) bedurften. Diese Gebiete wurden unter die Aufsicht eines Beamten aus dem Ritterstand gestellt, der auch den Titel *praefectus* trug; so der Fall etwa in der Region Meeralpen (Alpes Maritimae), oder auch im berühmten Fall der Verwaltung von Judaea nach der Absetzung des Herodes Archelaos 6 n. Chr., wo 26–36 n. Chr. Pontius Pilatus als Präfekt eingesetzt war. Dazu kommen noch eine ganze Reihe von Protektoraten, die durch von Rom unmittelbar abhängigen Klientelkönigen beherrscht wurden.

Die ans Mittelmeer grenzenden Gebiete der hellenistischen Königtümer waren bereits im Verlauf des 2. und 1. Jh.s. v. Chr. unter die Kontrolle des Imperiums geraten. Das griechische Kernland wurde 146 v. Chr. der Provinz Makedonien zugeschlagen (später in weitere Teilprovinzen untergliedert). Auf den kümmerlichen Resten des Seleukidenreichs hatte der römische Feldherr Pompeius 63 v. Chr. die Provinz Syria errichtet und das kleinasiatische Königreich von Pergamon war den Römern von Attalos III. als Erbe vermacht worden.

Als letztes eigenständiges hellenistisches Reich war das ptolemäische Ägypten nach dem Sieg über Kleopatra und Antonius in der Schlacht bei Actium im Jahre 30 v. Chr. dem Imperium in den Schoß gefallen. Ägypten nahm jedoch im neuen Provinzialgefüge eine Sonderstellung ein. Diese bedeutende Kornkammer des Reiches mit ihrer fast dreitausendjährigen Geschichte und einem hochentwickelten, von den Ptolemäern weiter gepflegten Abgabesystem behandelte der neue Herrscher in Rom wie eine private Domäne. Auf diesen wichtigen Posten setzte er einen dem Ritterstand entstammenden Beamten mit der Bezeichnung *praefectus Alexandriae et Aegypti*. So wurde das hellenistische Großreich der Ptolemäer zu einem besonderen Teil des römischen Weltreichs, über dessen Verwaltung und Organisation wir aufgrund vieler Papyri, die sich im trockenen Klima erhalten haben, mehr wissen als über die anderen Provinzen des Reiches zusammen.

Den expansiven und binnenorganisatorischen Bemühungen entspricht die gestalterische und auch geistige Ordnung des Raums unter Augustus. Der Princeps und seine engsten Mitarbeiter trieben massiv den Ausbau des Straßennetzes im Reich voran. Mit eigenem Geld und öffentlichen Mitteln wurden in Italien und nun auch in den Provinzen die Straßen ausgebaut. Augustus engster Vertrauter Marcus Agrippa war persönlich für den ersten Straßenbau mit überregionaler Bedeutung in den Provinzen verantwortlich; er errichtete auf Basis keltischer Wege die Verbindung zwischen dem Rheinland (Köln) über Lyon weiter in Richtung Massilia (Marseille). Dass das Imperium gerade im Westen des Reiches und nicht auf dem Balkan mit dem Ausbau des Straßennetzes voranschritt, liegt wohl auch an der Unkenntnis der räumlichen Verhältnisse im Nordosten.

Vor diesem Hintergrund sind auch die ganz neuartigen Versuche der Erfassung des Raums zu verstehen, die mit dem Namen Agrippas verbunden sind. Von ihm stammt die nicht mehr erhaltene Weltkar-

Karte. 2: Das Reich und seine Provinzen zur Zeit seiner größten Ausdehnung 117 n. Chr.

Dacia
dunum
Danuvius
esia
Thracia
donia
Mare
Aegaeum
Athenae
aia
Creta
Rhodus
Regnum
Bospori
Pontus Euxinus
Sinope
Pontus
Bithynia
Byzantium
Galatia
Pergamum
Asia
Ephesus
Pamphylia
Lycia
Cilicia
Cyprus
Cappadocia
Comm.
Antiochia
SYRIA
Palmyra
Phoenice
Damascus
Tyrus
Judaea
Hierosolyma
Petra
ARABIA
ene
YRENAÏCA
Alexandria
Memphis
AEGYPTUS
Nil
Thebae
Sinus
Arabicus
Mare
Caspium
Artaxata
Armenia
Assyria
MESOPOTAMIA
Tigris
Euphrat
Ctesiphon
Babylon
PARTHER-
REICH

te (Karte des Agrippa), auf die die meisten weiteren geographischen Karten der Spätantike und des Mittelalters zurückgehen sollen. Bis heute bleibt umstritten, wie man sich diese Karte vorzustellen hat, da wenig dafür spricht, dass die Römer bereits geographische Vorstellungen entwickelt hätten, die unseren neuzeitlichen zweidimensionalen und maßstabsgerechten Landkarten entsprechen. War die Karte eine langgezogene gemalte Wegbeschreibung *(itinerarium pictum)*, auf die dann die Tabula Peutingeriana zurückzuführen wäre, oder doch eine geographische Karte mit Länderumrissen, oder am Ende nur ein Textdokument, das lediglich eine Liste von *landmarks* bietet? Obwohl man Augustus und seinem Stab nicht unterstellen kann, am grünen Tisch mit einem Straßennetz die Erschließung des Reichs geplant zu haben, ist der konzeptuelle Ausgriff in den Raum doch bemerkenswert und die konsequente Ausgestaltung des Straßennetzes unter den Nachfolgern des Augustus machte die dauerhafte Beherrschung des Raums erst möglich.

4.5. Die römische Kaiserzeit

· Grundzüge einer Epoche

Da die Kürze unseres Streifzugs durch die Antike es nicht gestattet, näher auf die mitunter großen Persönlichkeiten, die in den ersten beiden Jahrhunderten nach dem Tod des Augustus als römische Kaiser herrschten, einzugehen, konzentriert sich die folgende Darstellung darauf, die wesentlichen strukturellen Elemente des Prinzipats herauszustellen sowie auf die fortschreitende Entwicklung des römischen Weltreichs einzugehen. Ein weiterer Fokus liegt dabei auf dem als »Romanisierung« bezeichneten Akkulturationsprozess, der die eroberten Völker im Norden und Westen sowie entlang von Rhein und Donau in den folgenden Jahrhunderten zunehmend prägte. Auch gesellschaftliche Entwicklungen, wie die Entstehung einer durchlässigen Provinzialelite, oder der gesellschaftliche Aufstieg ehemaliger Sklaven, der *liberti* (Freigelassene, zu ihnen mehr im sozialgeschichtlichen Themenkapitel), sind zuweilen spannender als die von Expansionskriegen und Hofintrigen dominierte Ereignisgeschichte.

Die folgenden zweihundert Jahre nach Augustus der durch innere Stabilität und außenpolitische Stärke gekennzeichneten hohen Kaiserzeit lassen sich in vier von dynastischen Eingrenzungen bestimmte Phasen unterteilen: Das julisch-claudische Kaiserhaus

(14–68 n. Chr.), die Dynastie der Flavier (69–96 n. Chr.), die Zeit des Adoptivkaisertums (96–192 n. Chr.) und die Dynastie der Severer (193–235 n. Chr.). Wiewohl jede Phase dieser über 200-jährigen Geschichte ihre ganz individuellen Züge trug, überwiegen aus historischer Perspektive doch die strukturellen Gemeinsamkeiten und eine relative Armut an erzählenswerter Ereignisgeschichte. Die Geschichte Roms wird zur Kaisergeschichte; Historie wird Biographie. Sueton und Plutarch, denen wir die wichtigsten Informationen über die Kaiserhäuser verdanken, wagen daher den Zeichen der Zeit folgend den Spagat zwischen Historiker und Klatschreporter.

Mit entsprechender Vorsicht sind daher auch die Bewertungen der Nachfolger des Augustus aus der julisch-claudischen Dynastie – und ihrer mächtigen Frauen – zu genießen, die aufbauend auf Sueton und Plutarch über die Jahrhunderte gemacht wurden. Ausgehend von diesen und anderen erhaltenen Quellen, erscheinen die folgenden 50 Jahre nach dem Tod des ersten Princeps mehr durch Hofintrigen als durch staatsmännische Weitsicht geprägt. Während Tiberius (reg. 14–37 n Chr.) und Claudius (reg. 41–54 n. Chr.) als mittelmäßige Herrscher mit charakterlichen Defiziten dargestellt werden, dienten Caligula (reg. 37–41 n. Chr.) und Nero (reg. 54–68 n. Chr.) zur Schaffung des bis heute nachwirkenden Mythos vom Monster auf dem Kaiserthron, die Rom und dessen herrschende Klasse durch ihre grausamen, willkürlichen Amtshandlungen in Angst und Schrecken versetzten.

Angesichts dieser Überlieferung und des gewaltsamen Tods von drei der vier Herrscher erscheint es umso erstaunlicher, dass die von Augustus eingerichtete Verwaltung unter seinen direkten Nachfolgern offensichtlich keinen Schaden nahm. Dies zeugt vom stabilen Regiment einer funktionierenden neuen Reichselite und der soliden Grundlage der augusteischen Ordnung. Auch der durch einen kurzen Bürgerkrieg (68–69 n. Chr.) markierte Übergang der Herrschaft nach der Beseitigung Neros auf einen neuen Dynastiegründer, Vespasian (Titus Flavius Vespasianus, 9–79 n. Chr.), der sich mit seinen Truppen gegen von anderen Heeresteilen favorisierte Prätendenten (Galba, Otho, Vitellius) durchsetzen konnte, brachte das augusteische Herrschaftssystem nicht ins Wanken.

Die von Vespasian gegründete flavische Dynastie wurde aufgrund ihrer ritterlichen Herkunft vom Senat äußerst misstrauisch beäugt. Insbesondere die Herrschaft des letzten Vertreters der Dynastie, Domitian, wird von den Quellen in düsteren Farben geschildert, die einige Historiker des 20. Jh.s dazu veranlassten, Vergleiche mit totalitären Systemen der Moderne herzustellen. Mit dem gewaltsamen Tod Domitians brach dann jedoch nach Meinung der Zeitgenossen und der meisten Historiker die glücklichste Zeit des Römischen Reichs an: Die Kaiser von Nerva (reg. 96–98 n. Chr.) bis Mark Aurel (reg. 161–180 n. Chr.) erwiesen sich als überaus tüchtige und weitblickende Herrscher, die mit Ernsthaftigkeit und altrömischem Pflichtbewusstsein einem immer größer werdenden und sich ökonomisch sowie kulturell integrierenden Reich vorstanden. Unter Nervas direktem Nachfolger Trajan (reg. 98–117 n. Chr.) erreichte das Reich seine größte territoriale Ausdehnung, womit Rom seinen außenpolitischen Zenit erklomm (siehe hierzu Karte 2). Die Kaiser Hadrian (reg. 117–138 n. Chr.) und Antoninus Pius (138–161 n. Chr.) konsolidierten in der Folge die römische Herrschaft in den Provinzen des gigantischen Reichs und sorgten für eine der längsten friedlichen Phasen der römischen Geschichte.

Alle Kaiser jener Zeit – bis auf Mark Aurel – hatten ihre Nachfolger mit Bedacht unter den fähigsten ihrer Mitarbeiter ausgewählt und anschließend adoptiert. Daher werden jene Herrscher in der Fachwelt geläufig auch als »Adoptivkaiser« bezeichnet. Diese Bezeichnung erweckt den falschen Eindruck, dass es sich bei dieser Auswahl der Fähigsten um ein von der Vernunft diktiertes Prinzip gehandelt habe. Allein, sie allesamt hatten keine leiblichen Söhne. Erst der oft als »Philosophenkaiser« bezeichnete Mark Aurel, der auch als Schriftsteller mit seinen bis heute berühmten Selbstbetrachtungen hervorgetreten ist, hatte einen Sohn namens Commodus, der als Nachfolger einen häufig mit Nero oder Domitian verglichenen, despotischen Charakter an den Tag legte.

Nach der Ermordung des Commodus kam es erneut zu einem kurzen Bürgerkrieg, bei dem gleich mehrere Anwärter das Amt des Kaisers beanspruchten. Zunächst wurde Pertinax, der amtierende Stadtpräfekt von Rom, zum Kaiser erhoben, jedoch kurze Zeit bei einer Meuterei der kaiserlichen Leibgarde, der Prätorianer, ermordet. In der darauffolgenden Auseinandersetzung um die Herrschaft zwischen Didius Julianus und Titus Flavius Sulpicianus, kam es schließlich zu einem der unwürdigsten Ereignisse der römischen Geschichte. In einer Art Auktion versteigerten die Prätorianer von den Mauern ihrer Kaserne herab die Kaiserwürde an denjenigen Kandidaten, der ihnen die höchste Prämie (Donativ) für ihre Dienste bot. Unter enormen finanziellen Zugeständnissen gelangte schließlich Didius Julianus zur Herrschaft, ohne das ihm damit ein langfristiger Erfolg beschieden gewesen wäre. Nur zwei Monate später wurde er auf Betreiben des Senats ermordet, während der von seinen Truppen zum Kaiser ausgerufene pannonische Statthalter Lucius Septimius Severus (146–211 n. Chr., Kaiser ab 193 n. Chr.) auf Rom vorrückte.

In den folgenden vier Jahren gelang es Septimius Severus unter großen militärischen Anstrengungen sich gegen die ebenfalls von ihren Truppen als Kaiser proklamierten Statthalter Pescennius Niger (Syrien) – 194 n. Chr. auf der Flucht getötet – und Clodius Albinus (Britannien) – 197 n. Chr. in der Schlacht von Lugdunum gefallen – durchzusetzen. Damit begründete er die Dynastie der Severer. Mit den Severern hielten jedoch erneut unsichere Verhältnisse in Rom Einzug. Hofintrigen und Thronstreitigkeiten waren wieder an der Tagesordnung. Allerdings ist ähnlich wie bei den Kaisern der julisch-claudischen Dynastie zu berücksichtigen, dass die senatorisch geprägte Geschichtsschreibung jener Zeit, ein überzogen düsteres und einseitiges Bild jener Dynastie zeichnet. Dies ist in erster Linie auf den Umstand zurückzuführen, dass Septimius Severus sowie sein Sohn und Nachfolger Marcus Aurelius Severus Antoninus (reg. 211–217 n. Chr.), genannt Caracalla, sehr enge Beziehungen zum Militär, ihrer eigentlichen Machtbasis, pflegten, hingegen die senatorische Oberschicht Roms und deren Traditionen gering achteten.

Ein weiterer Grund für die negative Beurteilung der Severer in den Quellen war der massive Einfluss der Frauen jener Dynastie auf die damalige Politik des Reichs. Durch ihre Einflussnahme gelangten nach Caracallas Tod Varius Avitus Bassianus (reg. 218–222 n. Chr.), besser bekannt als Elagabal, und der noch minderjährige Severus Alexander (reg. 222–235 n. Chr.) auf den Kaiserthron. Insbesondere Elagabals Religionspolitik, die sich zum Ziel gesetzt hatte den syrischen Kult des Gottes Elagabal, dem dieser Kaiser seinen Beinamen verdankt, zum alleinigen Staatskult zu erheben, stieß in Rom auf erbitterten Widerstand. Der als Oberpriester agierende Kaiser vollzog aus Sicht der konservativen Römer nicht nur skurrile Kulthandlungen, sondern missachtete systematisch die altüberbrachten römischen Sitten. Vor diesem Hintergrund verwundert es daher wenig, dass Elegabal neben Caligula, Nero, Domitian und Commodus als Monstrosität auf dem Kaiserthron in die Geschichte einging.

Seit der Machtübernahme des Septimius Severus hatte sich immer deutlicher gezeigt, dass die Legionen von nun an bestimmen würden, wer die Macht im Staat besaß. Nachdem der letzte Vertreter der Severer-Dynastie, Severus Alexander, 235 n. Chr. in Mainz von meuternden Soldaten ermordet worden war, begann daher die Zeit der sog. »Soldatenkaiser« und damit der großen Reichskrise des 3. Jh.s, die letztlich nur durch die umfassende administrative Neukonfiguration des Reichs unter Diokletian beendet werden konnte. Diese markiert zugleich den Beginn der Spätantike.

· Romanisierung und Integration im Römischen Reich

Von Rom und Italien aus gesehen war die hohe Kaiserzeit, besonders aber die Epoche der Adoptivkaiser, ein Goldenes Zeitalter; zumindest für die Mittel- und Oberschichten. Prosperierende Städte, blühender Fernhandel, Warenproduktion, Straßennetze, breite Wasserversorgung und reichsweiter Frieden mit einem für vormoderne Gesellschaften hohen Maß an innerer Sicherheit sorgten dafür, dass das Imperium Romanum einen Zivilisations- und Wohlstandsgrad erlangte, der erst wieder im Europa des 19. Jh.s erreicht wurde. Eine andere Perspektive vermitteln hingegen die für moderne Betrachter grotesk-brutal anmutenden Darstellungen auf der Markussäule in Rom (Abb. 7). Sie verweisen auf eine andere Form von Alltag, die eben auch genuin zur Antike gehört: die brutale Welt des Krieges und der ungezügelten, extremen Gewalt gegen Menschen. Selbst unter der 19 Jahre währenden Herrschaft eines der stoischen Philosophie anhängenden Literaten wie Marcus Aurelius befand sich das Reich fast 17 Jahre im Krieg gegen die Markomannen und das Partherreich.

Auch in der Kaiserzeit war für die Tüchtigkeit der Imperatoren das alte Kriegerethos maßgeblich und die Kaiser zeigten sich – auch widergespiegelt in ihrer Titulatur und ihren Siegerdenkmälern – öffentlich als strahlende Sieger mit Beinamen wie Germanicus oder Dacicus. Trajan, der weise und moderat die inneren Angelegenheiten des Reiches lenkte, wie der Briefwechsel mit seinem Statthalter Plinius zeigt, eroberte in zwei brutalen Kriegen das im heutigen Rumänien liegende Land der Daker, wobei er deren Oberschicht weitgehend ausrottete. Teils noch in Zeiten der Republik eroberten die Römer nicht nur die von mediterranen, schriftkundigen Kulturvölkern wie Griechen, Ägyptern und Persern bewohnten Länder, sondern unterwarfen keltische Völker in Spanien, Gallien, Britannien oder Pannonien, germanische Stämme entlang des Rheins bis in die heutigen Niederlande oder die genannten Daker nördlich des Unterlaufs der Donau.

Für diese Völker brachte die brutale und nicht immer zur legitimen Verteidigung des Reiches erfolgende Eroberung den Verlust von Freiheit und Selbstbestimmung. Zugleich brachte die Ausweitung des römischen Herrschaftsbereichs auch eine faszinierende und weltgeschichtlich einzigartige Perspektive mit sich. Die Besiegten, in deren Land durch Kolonisten und Städtegründungen bald eine römische Infrastruktur geschaffen wurde, konnten in kurzer Zeit aktive und respektierte Mitglieder einer römisch geprägten, sich lokal weitgehend selbst verwaltenden Provinzialgesellschaft werden. Die neuen Herrschaftsstrukturen eröffneten somit auch einen attraktiven neuen Lebensstil. Zugleich ging von der römischen Kultur eine Sogwirkung aus, die zuerst und besonders die Eliten erfasste. Dieses Dilemma zwischen Freiheitswillen, der sich oft in Widerstandsbewegungen gegen die römische Herrschaft niederschlug, und Integration in eine von zivilisatorischen Errungenschaften geprägten Reichskul-

Abb. 7: Szene von der zu Ehren des Marcus Aurelius errichteten Marcussäule (ca. 180 n. Chr.). Besiegte Germanen werden ermordet.

tur bringt vielleicht der folgende Ausschnitt aus dem Film »Monty Python's Life of Brian« am besten zum Ausdruck:

In dieser Persiflage auf österliche Jesusfilme à la »Quo vadis« haben die Filmemacher eine Szene eingebaut, in der der Held des Films, der in den Widerstandskampf freiheitsliebender Judäer hineingeratene, eher törichte »Brian«, bereits ans Kreuz genagelt, Besuch von Mitstreitern aus seiner Untergrundgruppe bekommt, deren Anführer folgende Worte an ihn richtet:

> »Nunja, ich glaub ich sollte dich erstmal fairerweise darauf hinweisen, dass wir nicht das Rettungskommittee sind. Wie auch immer. Man hat mich gebeten namens der Bewegung folgende vorbereitete Erklärung zu verlesen: Wir, die Volksfront von Judäa (offizielle), wollen hiermit Dir, Brian, unsere aufrichtigen brüderlichen und schwesterlichen Grüße übermitteln, anlässlich Deines hier stattfindenden Martyriums. Dein Tod wird dastehen als ein Markstein in unserem fortgesetzten Ringen, das Vaterland zu befreien, aus den mörderischen Krallen der römisch-imperialistischen Aggressoren, ausschließlich jener, die befasst sind mit Entwässerung, Medizin, Straßenbau, Wohnungsbau, Weinanbau und sonstigen römischen Beiträgen zum Wohlergehen der Freiheitsgläubigen, und zwar beiderlei Geschlechts und Hermaphroditen. gez. im Namen der VVJ.« (Monty Python, Das Leben Brians. Drehbuch und apokryphe Szenen, München 1994)

Was hier im Jargon der linken Westentaschenrevolutionäre und Salonkommunisten des 20. Jh.s zum Ausdruck kommt, trifft genau den Kern des Problems: Der Verlust von Eigenständigkeit und kultureller Identität stand der Teilhabe an den Segnungen urbaner Zivilisation gegenüber, war darüber hinaus aufgrund der Machtverhältnisse alternativlos. Bei den mit dem Entstehen dieser römischen Provinzialkultur verbundenen komplexen Sachverhalte, die hier nur verkürzt wiedergegeben werden können, handelt es sich um einen über Generationen währenden Akkulturationsprozess, an dessen Ende eine – immer noch von regionalen Unterschieden geprägte – zusammenwachsende Reichskultur entstanden war. Für diese Entwicklung wird gewöhnlich der Begriff »Romanisierung« gebraucht, der trotz der in ihm anklingenden Einseitigkeit, mit der die überlegenen Römer als Gebende und die »Romanisierten« als passiv Nehmende erscheinen, der geeignetste Terminus bleibt. Möglich war die Integration vieler fremder Völker in ein zunehmend homogeneres Imperium dank einiger römischer Eigenarten und bestimmter sozialgeschichtlicher Konstellationen.

· Soziale Veränderungen in den Provinzen
So war gerade die Kaiserzeit eine Epoche sozialer und räumlicher Mobilität, die einerseits von der Auswanderung italischer oder bereits romanisierter Bevölkerungsteile aus dem Imperium in neu eroberte Gebiete geprägt war, andererseits aber auch Aufstiegsmöglichkeiten für einheimische Bewohner der Provinzen bot. Das römische Bürgerrecht (und seine Abstufung, das latinische Bürgerrecht) war eine Rechtskategorie und nicht an Vorstellungen von »Blut und Boden« geknüpft. So wurden beispielsweise die vielen Sklaven, die aufgrund ihrer persönlichen Beziehungen zu ihren römischen Herren zu deren Lebzeiten oder testamentarisch freigelassen wurden, im Gegensatz zu ihren viel seltener befreiten Standesgenossen in Griechenland zu römischen Bürgern, die bereits in der nächsten Generation das Stigma des Freigelassenen verloren und volle bürgerliche Rechte genossen (siehe Teil II Kap. 1.).

Von der eroberten indigenen Bevölkerung, die zunächst den Rechtsstatus der *peregrini*, der Fremden, erhielt, konnte die Elite sogleich und andere Bevölkerungsteile im Verlauf der weiteren Entwicklung das Bürgerrecht erhalten. Berühmt ist die Rede des Kaisers Claudius, der im Jahr 48 n. Chr., kaum drei Generationen nach Caesars Sieg über die als wilde Barbaren geschmähten Gallier, erfolgreich die Aufnahme der mittlerweile romanisierten Elite eben dieser Gallier in den Senatorenstand beantragte. Im Jahr 212 n. Chr. wurde als logische Konsequenz dieser Entwicklung das römische Bürgerrecht auf die gesamte Reichsbevölkerung ausgedehnt, was in erster Linie der Steuererhebung diente, aber auch den Abschluss einer faktischen Integration juristisch markierte.

Dabei hatten die Römer keinen Masterplan zur Integrationspolitik. In jeder Region der Welt, in der sie ihre Herrschaft ausbauten, wendeten sie orts- und situationsgebunden andere Mittel an. So übernahmen sie in Ägypten und in Kleinasien das bereits existierende Steuersystem. Im griechischen Osten, wo die Hellenisierung der Gesellschaften schon seit Alexander im Gange war, hatte die Romanisierung nur auf Verwaltungsebene Einzug gehalten. Sprache und Kultur blieben hingegen weitgehend unberührt. Andererseits hatte sich der Statthalter Gnaeus Iulius Agricola in Britannien dazu entschieden, ein kolonialistisch anmutendes Romanisierungsprogramm durchzusetzen, wie sein Schwiegersohn Tacitus ausführlich beschreibt (Agricola 21):

»Um nämlich die Menschen, die ohne feste Siedlungen und roh und daher leicht zum Kriege geneigt, an Ruhe und Muße durch Lustbarkeiten zu gewöhnen, ermutigte er sie persönlich zum Bau von Tempeln, Foren und Häusern und unterstützte sie dabei auf öffentlichem Weg, wobei er die Entschlossenen lobte und die Trägen tadelte: So herrschte wetteiferndes Streben um Ehre anstatt Zwang. Ferner ließ er den Söhnen der führenden Männer Unterricht in den freien Künsten zukommen, und zog das geistige Talent der Britannier dem Fleiß der Gallier vor, sodass diejenigen, die gerade noch die römische Sprache ablehnten, bald deren Beredsamkeit begehrten. Von da an stand auch unsere Tracht in Ehre und die Toga war oft gesehen. Allmählich wurden sie zu den Lockungen von Lastern geführt, zum Lustwandeln in neuen Villen, Bädern und der Feinheit von Gastmählern.«

Der Text kann den fälschlichen Eindruck erwecken, die im nördlichen Britannien von Agricola besiegten Keltenstämme hätten auf die kulturellen Segnungen der Römer bereits sehnsüchtig gewartet und Agricola habe einen standardisierten Maßnahmenkatalog zur Verfügung gehabt. Dennoch spricht der Text genau die Elemente an, die bei diesem uneinheitlich und in den unterschiedlichen Provinzen differenziert ablaufenden Akkulturationsprozess entscheidend waren: Urbanisierung, lateinische Sprache, römische Tracht und Lebensweise.

· Die römische Armee und die Stadtkultur der Kaiserzeit

Ein weiterer wichtiger Integrationsmotor war das Heer. In den Einheiten der römischen Armee konnten Reichsbewohner ohne römisches oder latinisches Bürgerrecht dienen *(peregrini),* aber auch »echte« Ausländer bzw. Reichsfremde. So war der Cheruskerfürst Arminius, der 9 n. Chr. mit seinen germanischen Verbündeten drei Legionen in der sog. Varusschlacht vernichtete, zuvor Legionär in römischen Diensten gewesen und verfügte über das Bürgerrecht. Wie schnell und tiefgreifend sich der Prozess der Romanisierung vollzog, zeigt der Umstand, dass wir den germanischen Namen dieses Anführers nicht kennen. Ebenso wie Arminius selbst, erhielten auch andere reichsfremde Söldner für sich und rückwirkend für ihre Familien das römische Bürgerrecht. Allein durch den Militärdienst wurden Tausende Angehörige von Fremdvölkern nach ihrer Dienstzeit zu römischen Bürgen, wie die über 800 bei archäologischen Ausgrabungen gefundenen Militärdiplome ausweisen.

So gelangten etwa der dem Keltenstamm der Boier angehörige Mogetissa und seine Frau Verecunda, eine Sequanerin, in den Besitz des erblichen Bürgerrechts, nachdem Mogetissa als gemeiner Soldat *(gregalis)* 25 Jahre gedient hatte. Seine ab der Verleihung gezeugten Nachkommen waren automatisch römische Bürger und die im Diplom genannte Tochter Matrulla kam ebenfalls wie ihre Eltern durch das Dokument zum Bürgerrecht (CIL 16, 55, Militärdiplom aus Weißenburg/Bayern von 107 n. Chr.). Das Lateinische, in diesem Kontext eher Verkehrs- und Befehlssprache denn Sprache der Literatur, fand durch das Militär weite Verbreitung, vergleichbar dem Deutschen in der Armee der k.u.k. Monarchie, oder dem Russischen in der Roten Armee der Sowjetunion.

An den Legionsstandorten im Grenzgebiet entstanden große Städte, die durch Militär- und Zivilsiedler aus allen Teilen des Reiches von der römischen Kultur geprägt wurden. Ähnlich den hellenistischen Städten waren auch im Römerreich bestimmte Bauwerke und Plätze, wie Forum, Tempelbauten und Theater, Erkennungszeichen gemeinsamer Kultur.

Die Städte bildeten dabei das ökonomische, militärische und administrative Rückgrat des Imperium Romanum. Obwohl nur ca. 1/10 der Reichsbevölkerung in Städten lebte, bildeten diese die Speerspitzen der Romanisierung und wirkten prägend auf die kleineren Siedlungen in ihrem Umfeld. Romanisierung bedeutet immer auch Urbanisierung. Die zunächst als römische Kolonien gegründeten bedeutenderen Städte, die Munizipien *(municipia)* oder die in den Rang eines Munizipiums erhobenen Städte römischen oder latinischen Rechts bildeten das Rekrutierungsreservoir einer Art Reichsadel, einer Führungsschicht, die die Verwaltung des Kaiserreichs auf lokaler Ebene beinahe gänzlich und selbstständig organisierte.

Diese Munizipialaristokratie, deren Mitglieder bisweilen auch in Rom Karriere machten und bis in den Senat aufsteigen konnten, der sogenannte *ordo decurionum*, bildete den Stadtrat. Mitgliedschaft setzte wie beim Senatoren- und Ritterstand ein von der Stadt festgelegtes Mindestvermögen voraus (Richtwert: 100 000 Sesterzen). Außerdem musste man als römischer Bürger geboren sein. Diese reiche Oberschicht bestallte nicht nur die öffentlichen Ämter, sondern finanzierte aus eigenem Vermögen eine Vielzahl von öffentlichen Bauten (etwa Bäder, Theater, Tempel etc.) sowie Spiele und Feste. Damit steigerten sie ihr Ansehen und wurden mit Ehrungen belohnt. Über die Dekurionen wurden die Steuern eingetrieben und der amtliche Verkehr mit Rom geregelt. Das ersparte dem Kaiser in Rom einen aufgeblähten Beamtenapparat. Die kaiserliche Verwaltung war zwar seit Augustus professionalisiert worden, hätte aber niemals das ganze Reich administrieren können.

· Integration und ihre Grenzen

Die hohe räumliche Mobilität sorgte für eine rege Binnenmigration im Reich. Als die Provinz Dacia von Trajan 106 n. Chr. eingerichtet wurde, kamen nicht in erster Linie »Römer« aus Italien, sondern »eine große Menge Menschen aus allen Teilen der römischen Welt« (*ex toto orbe Romano*, Eutropius, 8, 6). Durch die für die Armeedienste benötigten Angehörigen fremder Völker, die zwar im Dienst römische Gepflogenheiten übernahmen, aber auch ihre eigenen Traditionen mit sich brachten, gelangten Mischkulturen und auswärtige Einflüsse ins Imperium. Gerade im Bereich der religiösen Kulte wird dieser Umstand deutlich. Der römische Polytheismus hatte den Vorteil – für die Römer wie auch für die ins Reich eingegliederten Fremdvölker –, dass einheimische Gottheiten, etwa der Germanen, in das römische »Koordinatensystem« durch die *Interpretatio Romana* eingegliedert werden konnten.

In seinem Buch über die Germanen konnte Tacitus um 100 n. Chr. völlig problemlos behaupten, dass die Germanen den Merkur als wichtigsten Gott verehren würden. Wahrscheinlich, so vermuten heutige Forscher, hat er anhand übereinstimmender Attribute Wodan mit Merkur identifiziert. Umgekehrt passten die Germanen im Imperium ihre eigenen Gottheiten den römischen Sitten an. So finden wir ursprünglich germanische Gottheiten mit ihren römischen Äquivalenten synkretistisch zu neuen Einheiten verbunden. Entsprechend huldigten im Raum von Köln nicht nur romanisierte Einheimische den »Aufanischen Matronen«, Fruchtbarkeitsgöttinnen germanischen Ursprungs, die auf römische Weise verehrt wurden, sondern auch die höchsten römischen Offiziere und Beamten. Durch das Militär verbreiteten sich derartige Kulte zudem schnell im ganzen Reich. Eine batavische Reitereinheit (ursprünglich aus dem Gebiet der heutigen Niederlande) verehrte an ihrem Standort im heutigen Rumänien ihren Gott Hercules Magusanus.

So war dank der funktionalen Kompatibilität der polytheistischen Religionen auch auf dem Gebiet des Kultus ein Zusammenwachsen unter dem Dach der römischen Kultur möglich. Zwei strukturell verwandte Gruppen unter den von den Römern besiegten Völkern hatten mit dieser Form der religiösen Integration jedoch ihre Schwierigkeiten: Die Juden und die Christen. Die Juden waren schon in hellenistischer Zeit, wie der weiter oben erwähnte Makkabäer-Aufstand unter den Seleukiden zeigt, durch das Festhalten an ihren ganz eigenen Traditionen aufgefallen und leisteten auch den Römern hartnäckigen Widerstand.

Was bei Monty Python in witziger Übersteigerung angedeutet wird, war für die römischen Prokuratoren in Palästina eine lästige Realität. Bereits 63 v. Chr. war das Gebiet des heutigen Palästina durch die Eroberungen des Pompeius unter römische Kontrolle geraten. Pompeius überließ die direkte Herrschaft jedoch zunächst lokalen Fürsten, allen voran der Dynastie der Hasmonäer, den Nachkommen des Aufständischen Judas Makkabäus. In der Folge nahm Rom allerdings immer wieder massiven Einfluss auf die Region, welche zunehmend auf den Status eines Klientelstaats herabsank. So wurde auf Senatsbeschluss Herodes der Große (37–4. v. Chr.) als König von Judäa eingesetzt.

Nach der Niederschlagung der nach seinem Tod ausbrechenden Unruhen setzten die Römer anschließend die drei Söhne des Herodes als Erben ein. 6 n. Chr. erfolgt dann die direkte Unterstellung des Gebiets Judäa unter die römische Verwaltung, nachdem einer der Söhne, Herodes Archelaos, von Juden und Samaritern bei Augustus verklagt und auf dessen Befehl hin aus seinem Amt entfernt worden war. Die unmittelbare Folge war ein Aufstand, der ebenso wie weitere Aufstände in den sich anschließenden Jahrzehnten, blutig niedergeschlagen werden musste.

Als im Jahr 66 n. Chr. eine ganze römische Legion von Aufständischen geschlagen worden war, sah sich Rom zum Handeln gezwungen. 67 n. Chr. entsandte Kaiser Nero den späteren Kaiser Vespasian mit dem Auftrag, die rebellische Provinz unter römische Kontrolle zu bringen. Damit begann der Jüdische Krieg, der uns insbesondere von Flavius Josephus einem römisch-jüdischen Geschichtsschreiber überliefert wurde. Erst drei Jahre später gelang Titus, dem Sohn Vespasians, die Eroberung Jerusalems, während sich die Kämpfe bis zur Eroberung der Festung Masada im Jahr 73 n. Chr. weiter fortsetzten. Die Folgen des Kriegs waren gravierend: Viele Zivilisten starben durch die Kampfhandlungen, Jerusalem und der Tempel wurden vollständig zerstört, der Tempelschatz nach Rom verbracht, viele Juden, die der Versklavung entgingen, wurden in die Diaspora getrieben. Auf dem Höhepunkt der Macht des römischen Weltreichs kam es unter Simon bar Kochba erneut zu einem Aufstand dieses von den Römern mit äußerstem Befremden betrachteten Volks (132–135 n. Chr.), der ebenfalls blutig niedergeschlagen wurde. Romanisierung stieß also auch auf teilweise heftigen Widerstand. Die römische Antwort war immer deutlich, beim Aufstand der germanischen Bataver unter Julius Civilis (68 n. Chr.), wie bei dem der Juden: schreckliche Vergeltung und, wenn nötig, Auslöschung.

Die jüdische Sekte der Christen, die aufgrund der verbreiteten Mobilität entlang der Handelsrouten im ganzen Reich Gemeinden gründeten, entwickelte sich ebenfalls zu einem Problem. Um den Zusammenhalt im Reich zu stärken und sich der Loyalität auch der entfernteren Provinzen zu sichern, verlangte der Kaiser für seine Person und seine Familie quasi-religiöse kultische Verehrung. Wie schwer die Sitte des Kaiserkults aus heutiger Sicht zu verstehen ist, werden wir in Teil II Kap. 4 zur Religion genauer erläutern. Die Christen jedoch lehnten den Kaiserkult ab und weigerten sich, dem Kaiser durch Opfer ihre Reverenz zu erweisen.

Auf öffentliche Verweigerung der Teilnahme am Kaiserkult stand die Todesstrafe, denn das galt als aufrührerischer Akt. In seiner Provinz Bithynien und Pontos hatte der gewissenhafte Provinzgouverneur *(legatus)* Plinius es nun mit solchen unbotmäßigen Christen zu tun. Die Antwort seines Kaisers Trajan auf die Anfrage, wie der denn mit diesen »Überzeugungstätern« verfahren solle, ist berühmt und zeugt von der entspannten und menschlichen Haltung dieses klugen Herrschers (Plinius, Briefe, 10, 97): Wer gerichtlich verklagt und überführt wurde, solle in der Tat bestraft werden, diejenigen die jedoch ableugnen und gleichzeitig zum Beweis den römischen Göttern vor Zeugen opfern, seien freizulassen. Anonyme Anzeigen dürfen überhaupt nicht verfolgt werden, »dies passt nicht in unsere Zeit« *(nec nostri saeculi est)*.

Der nüchterne Statthalter Plinius glaubte, diese Leute, die hartnäckig bei Androhung der Todesstrafe ihrem Glauben nicht abschworen, seien in einem Wahn gefangen, regelrecht »von Sinnen« *(amentiae)*. Fast dreihundert Jahre später sind die Anhänger der alten Götter die Verrückten, denn Kaiser Theodosius I., der das Christentum zur Staatsreligion erhob, dekretierte: »Kein Ort für Mysterien soll den Häretikern zur Verfügung stehen, keine Gelegenheit, um die Verrücktheit ihrer widerspenstigen Gesinnung auszuüben« (*dementia animi obstinatioris,* Codex Theodosianus 16, 5, 6). Der Aufstieg des Christentums zur wichtigsten und dann einzig erlaubten Religion im Römischen Reich ist ein Emblem der Spätantike, die wesentlich durch die neue Religion und deren nachhaltige Durchdringung von Staat und Gesellschaft gekennzeichnet war.

Lektürehinweise:
Zum Aufstieg Roms zur Weltmacht und zum Konflikt mit Karthago sind die betreffenden Kapitel in Heuß (2007) erste Wahl. Empfehlenswert ist auch, direkt einmal Polybios (2010) zu lesen. Der Untergang der Republik und die römische Revolutionszeit werden ausgezeichnet von Christ (2013) dargestellt. Ein Meisterwerk moderner Geschichtsschreibung ist das ursprünglich 1939 erschienene Buch von Syme (2003) zu Augustus und dem Untergang der Republik. Die maßgebliche Augustusbiographie stammt von Bleicken (2010). Eine kürzere Darstellung hat Eck (2009) verfasst. Ein nützliches und umfassendes Handbuch zur Kaiserzeit stammt von Christ (2009). Zu Geographie und den räumlichen Vorstellungen der Römer Hänger (2001) sowie Rathmann (2007). Das Thema Romanisierung und Integration wird in vielen englischsprachigen Büchern behandelt (eine deutsche Darstellung fehlt jedoch), am griffigsten ist es in einem Aufsatz von G. Alföldy dargestellt (Romanisation – Grundbegriff oder Fehlgriff? Überlegungen zum gegenwärtigen Stand der Erforschung von Integrationsprozessen im römischen Weltreich, in: Z. Visy [Hg.], Limes XIX. Proceedings of the XIXth International Congress of Roman Frontier Studies held in Pécs, Hungary, September 2003, Pécs 2005, 25–56).

5.
ZUSAMMENFÜHRUNG: DIE SPÄTANTIKE

5.1. Zeichen einer neuen Epoche

»Spätsommer«, Spätromantik«, »Spätgeborene«. Komposita mit dem Adjektiv »spät« vermitteln die Vorstellung von Verlust, nahem Ende und Verfall. Der Begriff »Spätantike«, der sich für die Zeit von 284 n. Chr. (Stabilisierung des Reiches durch Diokletian) bis 565 n. Chr. (Tod des Kaisers Justinian, dem es noch einmal gelang Nordafrika, Italien und Teile Spaniens zurückzuerobern) seit dem 19. Jh. eingebürgert hat, bedient bewusst diese Konnotationen. Das genaue Ende dieser Epoche ist dabei umstritten. Als frühester Zeitpunkt wird in der Regel die Absetzung des letzten weströmischen Kaisers mit Romulus Augustulus (dem Augustuslein) im Jahr 476 n. Chr. genannt. Aus strukturgeschichtlichen Gründen gibt es aber auch Ansätze, die das Ende der Spätantike erst 150 Jahre später verorten, und zwar mit dem Auftreten der islamischen Araber in Nordafrika bzw. der Levante ab ca. 632 n. Chr.

Unter dem Einfluss des epochalen Werkes »History of the Decline and Fall of the Roman Empire« des englischen Gelehrten Edward Gibbon (1738–1794) erkannte man bis ins 20. Jh. in dieser Epoche eine Phase des Niedergangs, innerer und äußerer Krisen, die das Goldene Zeitalter des Römischen Reichs nach einer Phase der Agonie (gekennzeichnet auch durch die Eroberung Roms durch die Goten 410 n. Chr. und die Absetzung des letzten weströmischen Kaisers 476 n. Chr.) für immer beendet hatte. Dies sieht man heute differenzierter, indem man die Kontinuitäten zu den germanischen Reichsbildungen im Westen und der byzantinischen Herrschaft im Osten betont sowie die administrativen und kulturellen Leistungen dieses Zeitalters würdigt, die man aufgrund ästhetischer Konventionen oftmals kritisch von einem problematischen Standpunkt »klassischer« Höhe betrachtet hat.

Dennoch lassen sich mehrere Kennzeichen dieses Zeitalters anführen, die die Spätantike von der vorangegangenen Epoche des Prinzipats abheben und die hier kursorisch gestreift werden:

1. Administrative Neuordnung des Reichs
2. Siegeszug des Christentums
3. Völkerwanderung
4. »Barbarisierung« von Heer und Reichsführung

- **Reformen und Neubeginn**

Durch die Reformen Diokletians (reg. 284–305 n. Chr.) und Konstantins des Großen (reg. 306–337 n. Chr.) wurde die Reichsverwaltung auf eine komplett neue Grundlage gestellt. Die Provinzen, früher oft Hausmachtbasis für die Usurpationen der Soldatenkaiser, wurden in etwa 100 kleineren Einheiten neu gegliedert und zu übergeordneten Bezirken (Diözesen) zusammengefasst. Die in alter Tradition von Militärbefehlshabern (mit *imperium*) ausgeübte Verwaltung entwickelte sich in der Spätantike zu einer echten Zivilverwaltung. Die Prätorianerpräfekten, früher Anführer der kaiserlichen Leibgarde und beständige Unsicherheitsfaktoren in den Machtkämpfen des Prinzipats - wie im Fall Pertinax und Didius Julianus gezeigt –, avancierten nun zu den höchsten Zivilbeamten in der Reichsverwaltung.

Der Oberbefehl über das Militär wurde dem Amt des Heermeisters *(magister militum)* übertragen und das recht willkürliche Steuersystem durch Einführung von aufeinander abgestimmter Kopf- und Grundsteuer auf eine neue Grundlage gestellt. Auch die von Inflation und Preistreiberei gebeutelte Wirtschaft des Reiches geriet durch Stabilisierung der Währung (höherer Edelmetallanteil der Münzen) in ruhigeres Fahrwasser.

Zugleich wurde ein unter den Nachfolgern des Diokletian stetig weiter wachsender Beamtenapparat aufgebaut, der sich besonders um Steuererhebung und Finanzverwaltung kümmern musste. Sein Ausbau, den man als Etablierung eines »spätantiken Zwangsstaates« gedeutet hat, geht einher mit einer in der Spätantike um sich greifenden Steuerflucht der Reichsbevölkerung, woraus sich ein Teufelskreis immer höherer Steuerforderungen und immer dreisterer Steuerflucht entwickelte. Neben den bäuerlichen Kleinpächtern (den *coloni*), die man zur Stabilisierung der Lage zwang an einem Ort zu bleiben und fast zu Leibeigenen machte, waren es besonders die gesellschaftlichen Leistungsträger in den Städten, die Kurialen, denen eine enorme Steuerlast aufgebürdet wurde, der sie sich mit allerhand Tricks zu entziehen versuchten.

Der Versuch Diokletians, ein auf Eintracht *(concordia)* basierendes Herrschaftssystem zu entwickeln, in welchem zwei Augusti als Ober- und zwei als Caesaren bezeichnete Unterkaiser in vier Reichsteilen eigenverantwortlich, aber gemeinsam herrschen sollten (genannt Tetrarchie, Viererherrschaft), war anders als andere Reformen ein Unterfangen, das frühzeitig scheiterte. Bereits zur Zeit der sog. »Soldatenkaiser« (235–284/85 n. Chr.) war es Sitte geworden, die eigenen Söhne in den Rang von Caesaren zu erheben, um diese so als offizielle Nachfolger im Amt des Kaisers zu designieren. Entsprechend hatte Valerian (reg. 253–260 n. Chr.) kurz nach seinem Herrschaftsantritt seinen Sohn Gallienus (253–268 n. Chr.) zunächst zum Caesar und schließlich zum Augustus ernannt.

Zugleich gab es während der Herrschaft der Soldatenkaiser erste Ansätze zu einer Aufteilung der Verwaltungs- bzw. Herrschaftsgebiete. So kümmerte sich bspw. Valerian in erster Linie um die Belange des Reichs im Osten, während Gallienus die Aufsicht über die Grenzen an Rhein und Donau innehatte. In gleicher Weise übernahm 30 Jahre später Carinus, der 282 n. Chr. zunächst zum Caesar und schließlich zu Beginn des darauffolgenden Jahres von seinem Vater Carus (reg. 282–283 n. Chr.) zum gleichberechtigten Augustus erhoben worden war, in Abwesenheit seines Vaters die Herrschaft über die westlichen Provinzen.

Die von Diokletian angestrebte Nachfolgeregelung jedoch, nach der, unabhängig von familiärer Abstammung, die Augusti abdanken, dann die Caesaren in den Rang der Augusti nachrücken und ihrerseits zwei neue Caesaren unter den Geeignetsten auswählen sollten, verkannte die Dynamik dynastischen Denkens und die sehr menschlichen Antriebskräfte Herrschsucht und Neid. So war es kurze Zeit nach Abdankung der Augusti Diokletian und Maximian (reg. ab 286 n. Chr.) im Jahr 305 n. Chr. mit dem System der Tetrarchie schon wieder vorbei, als nur ein Jahr später der amtierende Augustus des Westens, Constantius I. Chlorus (reg. 253–306 n. Chr.) verstarb und dessen Sohn Constantinus I. (Konstantin der Große), von den Truppen zum Augustus ausgerufen wurde.

Alle diese gelungenen und weniger gelungenen Maßnahmen waren Ausdruck eines Reformwillens, der entweder Konsequenzen aus der bereits genannten »Soldatenkaiserzeit« (235–284/85 n. Chr.) zog oder dort begonnene Entwicklungen gezielt fortführte. Fünfzig Jahre lang war das Imperium im Griff einer bedrohlichen Krise gewesen, die – anfänglich verursacht von äußeren Feinden (den Alemannen

Karte. 3: Das Römische Reich seine Verwaltungsstrukturen im 4. Jh.

1 Viennensis
2 Narbonensis
3 Alpes Maritimae
4 Liguria et Aemilia
5 Alpes Cottiae
6 Venetia et Histria
7 Flaminia et Picenum
8 Picenum suburbicarium
9 Valeria
10 Palaestina
Wolga
Don
Donez
Dnjepr
Dnjestr
Heruler
Hunnen
Ostgoten
Kaspisches Meer
Kaukasus
Theodosia
Chersonesus
Scythia
Schwarzes Meer
Donau
Colchis
Iberia
Albania
Artaxata
Moesia
THRACIAE
Sinop
Trapezunt
Pontus Polemoniacus
Paphlagonia
Thracia
Hadrianopolis
Konstantinopel
Rhodope
Europa
Nicomedia
PONTUS
Armenia
Bithynia
Ancyra
Galatia
Cappadocia
REICH DER SASSANIDEN
Thessaloniki
Hellespontus
Phrygia
Caesarea
Mesopotamia
Nisibis
Edessa
Ecbatana
Lydia
Pisidia
Lycaonia
Osrhoëne
CEDONIA
ASIANA
Ephesos
Cilicia
Euphratensis
Athen
Caria
Pamphylia
Isauria
Antiochia
Tigris
Euphrat
Sparta
Lycia
Syria
Ctesiphon
Susa
Palmyra
Babylon
Cyprus
Tripolis
Phoenice Libanensis
Creta
Phoenice
Caesarea 10
Arabia
Mittelmeer
ORIENS
Jerusalem
Gaza
Apollonia
Alexandria
Petra
Aegyptus
Palaestina Salutaris
Libya Inf.
Memphis
AEGYPTUS
Nil
Arcadia
Rotes Meer
Thebaïs
Theben
0 100 200 300 km

und Franken im Westen, den sassanidischen Persern im Osten) – sich in wirtschaftlichem Niedergang und Inflation niederschlug.

Die »Soldatenkaiser«, oft fähige Generäle, die ihren Aufgaben an der Grenze nachkamen, hatten als einzige Legitimation und Stütze ihrer meist kurzen Herrschaften (rund 30 Soldatenkaiser gab es in einem halben Jahrhundert) die Legionen, von denen sie zum Kaiser ausgerufen worden waren. Die Folge war eine Vielzahl von Usurpationen und militärischen Auseinandersetzungen mehrerer Prätendenten gegeneinander, die die Wehrfähigkeit des Reiches gegen äußere Feinde zusätzlich verringerte. Dieses Chaos zu beenden und die zentrale Staatsgewalt zu steigern war Ziel der zumindest teilweise erfolgreichen Reformanstrengungen Diokletians, der darum auch bemüht war, den Machtanspruch des Kaisers durch symbolische Ausdrucksformen zu erhöhen.

Die Person des Kaisers, bereits vorher schon in fast göttliche Sphären entrückt, wurde nun durch ein an hellenistisch-orientalischen Vorbildern orientiertes Hofzeremoniell vom Rest der Menschheit noch weiter getrennt. Dieses im Gegensatz zu den senatorisch-zivilen Ausdrucksformen der Kaiser des Prinzipats neuartige »Imponiergehabe« (Demandt 2013, 345) war anders als die ephemere Tetrarchie ein bleibendes Element der spätantiken Herrschaft. Aufgrund der, durch Kniefall und Kuss des Mantelsaums gekennzeichneten, für die Untergebenen vor dem Kaiser erforderliche Unterwerfungsgeste wurde die Kaiserherrschaft seit Diokletian in Absetzung vom Begriff Prinzipat von Teilen der Forschung auch als »Dominat« bezeichnet. Vom ersten Bürger *(princeps)* war der Kaiser nun auch in der symbolischen Repräsentation zum Herrn *(dominus)* über den Staat geworden.

Mit der zunehmenden Sakralisierung des Kaisertums, der Einführung des hellenistisch-orientalisch geprägten Hofzeremoniells sowie der Einteilung des Reichs in Gebiete, die zeitgleich von mehreren Kaisern verwaltet wurden, kam es zu einer weiteren Entwicklung, deren Ursprung auf die Zeit der Soldatenkaiser bzw. bereits auf die späte Republik zurückgeht. Schon seit der Heeresreform des Marius war die persönliche Bindung der Truppen an ihren Feldherren von entscheidender Bedeutung für die internen römischen Machtkämpfe gewesen. Bedingt durch die Zunahme äußerer Bedrohung (Entwicklung germanischer Großverbände: Alamannen, Goten, Franken, etc.; Etablierung des persischen Sassanidenreichs 224 n. Chr. durch Ardaschir I.) seit Beginn des 3. Jh.s n. Chr., kam den an den Grenzen stationierten Truppen eine immer größere Bedeutung im Machtgefüge des Römischen Reichs zu.

In erster Linie sicherte das Militär den Bestand des Reichs. Rom hingegen, mit seinen politischen Institutionen und internen Ränken, war fern der Front. Hinzu kam, dass viele der im Heer dienenden Soldaten sich zunehmend aus den Provinzen bzw. den unmittelbaren Grenzregionen rekrutierten. Die meisten von ihnen kannten Rom nicht, hatten es selbst nie gesehen. Während Rom somit bestenfalls eine ideelle Größe darstellte, fühlten sich wohl viele Soldaten in erster Linie ihren Kameraden und Vorgesetzten verpflichtet. Entsprechend groß war die Gefahr, dass bei ausbleibendem Sold, schlechter Versorgung, auftretenden Notsituationen oder bei Abberufung des Vorgesetzten durch die römische Administration eine Rebellion ausbrach, die nicht selten in einer Usurpation mündete.

Somit war es nicht allein dem Druck von außen, sondern auch der Absicherung der eigenen Position nach innen geschuldet, dass die Kaiser sich immer seltener in Rom selbst aufhielten. Im Machtkampf bestehen konnte nur, wer die Truppen loyal auf seiner Seite wusste. Eine logische Folge daraus war, dass die Kaiser ihre Residenzen außerhalb von Rom, meist in mittelbarer Grenznähe, an strategisch wichtigen Punkten errichteten. Auch zivile und andere nichtmilitärische Administrationen wurden an diese Orte verlegt. Zu den bevorzugten Residenzen der Herrscher seit der Soldatenkaiserzeit zählten u. a. Mediolanum (Mailand), Augusta Treverorum (Trier), Antiochia am Orontes, später dann Sirmium, Thessaloniki, Konstantinopel, Vienne und Ravenna. Rom blieb zwar formal die Hauptstadt des Reichs, die zudem weiterhin zahlreiche Privilegien genoss, doch politisch verlor es spätestens seit der Spätantike zusehends an Bedeutung.

· Eine neue Hoffnung: Aufstieg des Christentums

Ein weiteres Kennzeichen dieser neuen Zeit ist die Erfolgsgeschichte des Christentums, das nur durch kaiserliche Richtungsentscheidungen im 4. Jh. seinen Siegeszug zur Weltreligion antreten konnte. Anfang des 4. Jh.s sah die Situation dieser von den Anhängern des griechisch-römischen Polytheismus, der großen Mehrheit der Reichsbevölkerung, mit Befremden und Misstrauen beäugten Religion noch ganz anders aus. Dass diese Mehrheit binnen dreier Generationen selbst zur verfolgten Minderheit der »Heiden« werden sollte, war am Beginn des 4. Jh.s noch nicht abzusehen.

Bereits von Anbeginn hatten die Christen in bestimmten Regionen des Reichs immer wieder unter Repressalien zu leiden. Ihre vermeintliche Geheimnistuerei, ihre Missionsarbeit und die nichtöffentlichen Kultpraktiken machten sie suspekt. Nero ließ viele Mitglieder der römischen Gemeinde auf den Verdacht hin, dass sie für den großen Brand von 64 n. Chr. verantwortlich gewesen seien, brutal ermorden. Auch der liberaler agierende Trajan ließ die verstocktesten unter ihnen, die partout den Kaiserkult nicht anerkennen wollten, hinrichten (s. o. Teil I Kap. 4.4.).

Im Jahr 303 n. Chr. zwei Jahre vor seinem Rücktritt als Augustus, beschloss Diokletian mit seinen Mitregenten, die sich für ihre Viererherrschaft Jupiter (für die Augusti) und Hercules (für die Caesaren) als göttliche Garanten und Legitimitätspatrone ausgewählt hatten, die Zerschlagung der Kirche. Dazu ordnete er die systematische Verfolgung aller Christen im Reich an, die nach Schätzungen seinerzeit etwa 10% der Gesamtbevölkerung gestellt haben dürften (im griechischen Osten gab es Städte und Gemeinden, die bis zur Hälfte von Christen bewohnt wurden). Abgesehen von einem großen Zuwachs für die Märtyrerakten blieben diese Aktionen jedoch erfolglos, zumal Christen in den verschiedenen Zuständigkeitsbereichen mit unterschiedlicher Härte verfolgt wurden. Vielleicht hat diese Verfolgung die Christen in ihrem Gemeinschaftsbestreben sogar noch gestärkt. Ausrotten ließ sich der neue Glaube, der im Imperium nun eine kritische Masse erreicht hatte, zu diesem Zeitpunkt allerdings schon nicht mehr.

Das Toleranzedikt des neuen Augustus Galerius von 311 n. Chr., in welchem den Christen resignierend die Ausübung ihrer Religion und der Aufbau ihrer Kirchen wieder gestattet wurde – sofern sie sich keiner staatsfeindlichen Umtriebe schuldig machten –, zog daraus die Konsequenz. Aber erst die viel diskutierte, sogenannte »Konstantinische Wende« ermöglichte dem Christentum die historische Chance, zum Emblem der Spätantike zu werden und in der Konsequenz diese Epoche auch zu beenden, denn »das Christentum hatte aus der Antike eine andere Welt gemacht« (Lauster 2014, 128).

Constantinus I., der Sohn des Tetrarchen-Caesars Constantius I., wurde, wie bereits weiter oben erwähnt, nach dem missglückten Übergang zur zweiten Generation der Tetrarchie von seinen dynastisch denkenden Truppen im Jahr 306 n. Chr. in England (York) zum Kaiser ausgerufen. Er selbst strebte dabei nicht das Prinzip der Kollegialität, sondern die Alleinherrschaft über das Römische Reich an.

In zwei Etappen setzte er sich als Alleinherrscher durch: 312 n. Chr. im Westen gegen Maxentius (reg. ab 306 n. Chr.), den Sohn Maximians, und 324 n. Chr. im Osten gegen Licinius (reg. ab 308 n. Chr.). Bei der Entscheidungsschlacht gegen Maxentius an der Milvischen Brücke in Rom im Jahr 312 n. Chr., kam es dann zu einem denkwürdigen Ereignis.

Angeblich soll Constantinus I. – so die christliche Überlieferung – eine Vision gehabt haben. In westlichen Gesellschaften sind heutzutage viele Menschen mit dem ehemaligen Bundeskanzler Helmut Schmidt einer Meinung, dass Menschen mit Visionen zum Arzt gehen sollten. In der Antike hingegen galten Orakel, Visionen und Träume als wichtige Zeichen göttlicher Einflussnahme, die für die Menschen selbstverständlicher Teil einer von unseren Vorstellungen ganz entfernten Erlebniswelt waren, aber auch von Historiographen im Nachhinein als Legitimation für bestimmte Entscheidungen bzw.

Abb. 8: Medaille des Constantinus I. von 313 oder 315 n Chr. mit Christogramm am Helmbusch

Verhaltensweisen angeführt wurden. Entsprechend berichten christliche Quellen, dass Constantinus I. vor der Schlacht gegen Maxentius im Traum das Christogramm erschienen sei. Dabei handelt es sich um ein, aus den griechischen Anfangsbuchtstaben des Christusnamens χ (Chi) und P (Rho) zusammengesetztes frühchristliches Symbol. Dazu konnte Constantinus darin die Inschrift »durch dieses siege!« entziffern. Die Soldaten, die der christlichen Legende zufolge auf seine Veranlassung dieses Symbol auf die Schilde gemalt hatten, gewannen die Schlacht und Maxentius fiel.

Ungeklärt bzw. umstritten bleibt, ob sich Constantinus I. nun mit ganzem Herzen und exklusiv dem Christentum zuwandte, oder ob er – das entspricht ganz dem antiken Denken, in das auch noch das frühe Christentum hinein gehört – den Christengott als einen wichtigen Helfer in der Schar der Götter erkannte und sich im Laufe seines Lebens diesem immer stärker zuwandte. So führte er etwa in einer Darstellung auf einer Medaille aus dem Jahr 313 oder 315 n. Chr. das Christogramm an seinem Helmbusch [Abb. 8].

Dass diese Zuwendung zum Christentum jedoch keineswegs exklusiver Natur war, belegen bspw. Münzfunde. Sie zeigen, dass der Gott Sol Invictus vor allem zu Beginn seiner Regentschaft eine wichtige Rolle spielte. In jedem Falle wurden die Christen unter seiner Herrschaft nicht nur, wie schon das Toleranzedikt des Galerius festlegte, den anderen Kulten gleichgestellt, sondern durch staatliche Fördermaßnahmen (Zuwendungen für Kirchenbau, Steuerfreiheit für Priester etc.) bevorzugt. Nur dadurch konnte die zehn Jahre zuvor noch gewaltsam unterdrückte Religion im Römischen Reich aufblühen und binnen dreier Generationen zur Staatskirche werden, die dann ihrerseits die alten Kulte, nun als Heidentum geschmäht, verfolgte und in der Konsequenz vernichten konnte. Die Bedeutung des in der christlichen Überlieferung mit der Schlacht an der Milvischen Brücke verbundenen Wendepunkts hat Jörg Lauster in ein schönes Bild gepackt: »Es war der Sieg in einer Schlacht, durch den sich für die Religion der Liebe das Tor zur Weltgeschichte eröffnete« (Lauster 2014, 92).

Als der Neffe des 337 n. Chr. verstorbenen Constantinus I., der letzte Spross der konstantinischen Dynastie, die interessanteste Kaisergestalt der Spätantike, Julian (331–363 n. Chr., Augustus ab 361 n. Chr.), genannt Apostata (der Abtrünnige), das Christentum noch einmal herausforderte, hatte sich der Pfad der weiteren Entwicklung bereits derart verfestigt, dass der griechische Philosoph auf dem Kaiserthron, der die alten Kulte wieder in ihre einstigen Rechte einsetzen wollte, sich trotz aller Initiativen und Bemühungen außerstande sah, die Entwicklung aufzuhalten bzw. rückgängig zu machen. Möglicherweise war es aber auch seinem frühen Tod geschuldet, dass ihm kein größerer Erfolg beschieden war.

Über ihn und sein Denken wissen wir mehr als über jeden anderen auf dem Kaiserthron, denn von ihm sind als einzigem seines Ranges eine Vielzahl an Schriften, darunter auch sehr persönliche Briefe, überliefert. Der christlich erzogene Julian hatte seine Konversion »vom Paulus zum Saulus« (Brandt 2010, 42) geheim gehalten und schlug erst nach seiner Einsetzung als Augustus in der von Constantinus I. neu gegründeten Hauptstadt Konstantinopel gegen die Christen los. An direkte Verfolgung war nicht mehr zu denken, nur die Privilegien konnte man ihnen nehmen und neue Kirchenbauten verbieten. Außerdem schürte er die ohnehin seit dem Wegfall des Verfolgungsdrucks offenbar gewordenen innerchristlichen Spannungen (Arianismus, Christologie). Sein Versuch, mit seinem Lieblingsgott Helios dem christlichen Stern den Sonnengott entgegenzustellen, blieb allerdings ohne Wirkung.

· Der Sieg des Christentums

Das Sendungsbewusstsein des Christentums, die Heilsgewissheit seiner Anhänger, der Missionswille und nicht zuletzt die vor dem Hintergrund der Verfolgung entstandene fast militärische Hierarchie (der Bischof, *epískopos*, ist der Wortbedeutung nach der Aufseher und nicht der gute Hirte) hatten diese einstmals esoterische Gemeinschaft zu einem Machtfaktor werden lassen, mit dem man seit der Privilegierung durch Constantinus I. dauerhaft rechnen musste. Dass der christliche Absolutheitsanspruch dann das Todesurteil für die schwächer gewordenen Konkurrenz sein musste, zeigt die folgende Entwicklung. Zwischen 381 und 392 n. Chr. hatte Theodosius I. (357–395 n. Chr., oströmischer Kaiser 379–394 n. Chr., letzter Alleinherrscher 395 n. Chr.) das Christentum zur Staatsreligion erhoben. Zuerst rief er in einer Bekanntmachung alle Reichsbewohner auf, dem neuen Glauben zu folgen, später verbot er den Besuch von Tempeln und heidnische Opfer. Die Ausübung heidnischer Kulte wurde unter Strafe gestellt.

Die Machtverhältnisse hatten sich demnach grundlegend verschoben, die Kirche wurde zu einem eigenständigen Machtfaktor im Reich. So konnte der mächtige Bischof Ambrosius von Mailand den gleichen Theodosius nach einem Massaker in Thessalonike, bei dem der Kaiser zumindest nicht verhindert hatte, dass gotische Hilfstruppen einen lokalen Aufstand brutal niederschlugen, von der Kommunion ausschließen und zu einem Bußakt verpflichten. Obwohl die Ereignisse um Theodosius nicht den fast 700 Jahre später erfolgenden Gang Heinrichs IV. nach Canossa vorwegnehmen, wird deutlich, dass eine neue Zeit auch für das Verhältnis zwischen Königsmacht und Kirche, zwischen *Imperium* und *Sacerdotium*, anbrach.

5.2. Griechen, Römer und Barbaren

· Goten und andere Germanen: Von der Bedrohung zur Machtübernahme

Wenn die erste bedeutende Entscheidung des Theodosius den Aufstieg des Christentums irreversibel machte, so markiert die zweite eine entscheidende Wende in der Politik des Römischen Reichs gegenüber den die Reichsgrenzen seit einiger Zeit bedrohenden »Barbaren«: 382 v. Chr. wurde der erste echte Föderatenvertrag mit einer Gruppe Goten geschlossen, denen damit erlaubt wurde, sich als einheitliche Volksgruppe unter eigener Führung im Reich anzusiedeln und somit einen »Staat im Staate« zu bilden. Bereits vorher hatte man kleinere Gruppen auf dem Reichsgebiet siedeln lassen, die aber nicht groß genug waren, um dem Romanisierungsdruck viel entgegenzusetzen und zudem geographisch verteilt wurden. Während früher aus Galliern und Germanen im Reich bald Römer wurden, blieben diese Goten nun Goten, wie auch spätere germanische Föderaten ihre ethnisch-kulturelle Identität beibehielten. Der Präzedenzfall hatte eine interessante Vorgeschichte:

· Flüchtlinge und Schutzsuchende

Im Jahr 376 n. Chr. lagerten Tausende von gotischen Flüchtlingen, Männer, Frauen und Kinder, die von den Hunnen, einem nomadischen Reitervolk aus Zentralasien, vertrieben, ihre Siedlungsgebiete am Nordrand des Schwarzen Meeres verlassen hatten, am Nordufer der Unteren Donau. Sie begehrten unterwürfig Einlass ins Römische Reich und baten um Landzuweisung, um sich eine neue Existenz aufbauen zu können. Im Gegenzug boten sie dem Kaiser der östlichen Reichshälfte Valens (328–378 n. Chr., reg. ab 364 n. Chr.) Militärdienste und Gestellung von Rekruten für die männerverschlingenden römischen Armeen an. Dies waren die ersten Auswirkungen der nur noch aus Gründen der Konvention sogenannten »Völkerwanderung«.

Ein wichtiger Motor für diese Entwicklung waren die bereits genannten Hunnen, deren Ursprung und ethnische Herkunft bis heute Rätsel aufgeben. Im Zuge ihre Vorstöße nach Westen setzten diese, sehr vereinfacht gesagt, eine Art Dominoeffekt mit verheerenden Folgen in Gang.

Die auf ihrem Vormarsch geschlagene lokal ansässige Bevölkerung unterwarf sich in Teilen und wurde daraufhin in die von den Hunnen dominierte »Kriegerkoalition« integriert (Stickler 2002, 96 ff.). Auf der einen Seite brachte es die innere Dynamik dieses Prozesses mit sich, dass sich die Zahl der waffenfähigen Männer bzw. Krieger im hunnischen Verband stetig vergrößerte, wodurch auch die militärische Schlagkraft immer mehr zunahm. Auf der anderen Seite war die Führungsschicht der Hunnen dadurch vermehrt auf den permanenten Zugewinn von lukrativer Beute angewiesen, um Unzufriedenheit sowie Aufstände in der Gruppe der Krieger zu unterbinden und ihren eigenen Führungsanspruch zu behaupten. Dies machte weitere expansive Unternehmungen nötig. Beide Vorgänge verstärkten sich in ihrer Wirkung somit wechselseitig und ließen die Hunnen schnell zu einer ernsten, wenn nicht sogar existentiellen Bedrohung für das Römische Reich werden. Hinzu kam, dass andere Volksgruppen versuchten, sich dem Zugriff der Hunnen zu entziehen, indem sie u. a. auf römisches Territorium auswichen. Dadurch erhöhte sich der militärische Druck auf die römischen Grenzen vor allem an Rhein und Donau weiter. Die römische Grenzverteidigung ihrerseits war dem zunehmenden Druck immer weniger gewachsen, was durch innere Konflikte und Usurpationen, die weitere militärische Ressourcen banden, zusätzlich verschärft wurde.

Beispielhaft für diese Vorgänge, sind die Ereignisse, die sich ab 375 n. Chr. auf dem Gebiet der heutigen Südukraine, des nordöstlichen Rumäniens und der Republik Moldau abspielten. Dort siedelten zu jener Zeit die germanischen Stämme der Terwingen und der Greutungen, die von den Römern gemeinsam als Goten bezeichnet wurden und später als West- und Ostgoten entscheidend den weiteren Verlauf der Völkerwanderung und den Untergang des Weströmischen Reichs beeinflussten. Aufgrund ihrer überlegenen Kampftaktik und Waffentechnik, dem Kompositbogen, schlugen die über den Don vorstoßenden Hunnen 375 n. Chr. die Greutungen unter ihrem König Ermanarich und zerstörten deren Reich. Große Teile der Greutungen gerieten dadurch unter hunnische Oberherrschaft. Ein anderer Teil der Greutungen floh gemeinsam mit den Terwingen nach Süden an den unteren Lauf der Donau und bat um Aufnahme ins Römische Reich.

Valens, der Kaiser über die östliche Hälfte des Römischen Reichs, der aufgrund ständiger Kriegsanstrengungen (vor allem gegen das Reich der persischen Sassaniden) die als kampfstark geltenden Germanen für die Grenzverteidigung und seinen nächsten Feldzug einzusetzen plante, beschloss, der Bitte der Goten zu entsprechen. Nachdem der Kaiser die wichtigsten Militärbeamten der Region mit der Durchführung der Aufnahme und der Grundversorgung der Flüchtlinge beauftragt hatte, gab es kein Halten mehr. Der Historiker Ammianus Marcellinus berichtet (31, 4, 5): »Mehrere Tage und Nächte setzten die Goten scharenweise auf Booten aller Art, Flößen und ausgehöhlten Einbäumen über den Fluss. Weil die Donau wegen anhaltenden Regens über die Ufer trat und die Menschen, die wegen der großen Menge der Übersetzenden auch schwimmend gegen die Wellen kämpften, mussten viele ertrinken.« Die chaotischen Zustände setzten sich an Land fort. Wer es ans andere Donauufer geschafft hatte, war noch keineswegs gerettet. Mit den beiden leitenden Offizieren Lupicinus und Maximus hatte Kaiser Valens nämlich den Bock zum Gärtner gemacht. Inkompetenz paarte sich mit maßlos korruptem Verhalten. »Ihre hinterhältige Gier«, so Ammianus, »war die Ursache all unseren Übels« (Amm. Marc. 31, 4, 10). Denn sie behielten die gestellten Versorgungsmittel für sich selbst und erpressten die Hunger leidenden Goten um all ihre Habe.

Bei der chaotischen und teilweise ungesteuerten Einreise der Goten ins Reichsgebiet wurde auch die übliche und notwendige Entwaffnung der Barbaren, eine Bedingung der *deditio*, der ausgehandelten Unterwerfung, nur mangelhaft durchgeführt, sodass Unzufriedenheit und Gewaltbereitschaft unter den schlecht behandelten, aber bewaffneten Flüchtlingen eine gefährliche Gemengelage ergaben, die zunehmend außer Kontrolle geriet. »Die Römer«, so der Gotenforscher Herwig Wolfram, »verloren zunächst den Überblick, dann entglitt ihnen das Gesetz des Handelns, und schließlich herrschten Mord und Totschlag, Krieg und Verwüstung« (Wolfram 2010, 49).

· Neue Parameter: Die »Barbarisierung« Roms

Ergebnis war die Schlacht von Adrianopel (heute Edirne im europäischen Teil der Türkei). Als die Goten nach weiteren Eskalationen einen regelrechten Aufstand angezettelt hatten, dem sich auch unzufriedene Provinzbewohner und bereits zuvor eingewanderte Goten anschlossen, sah sich Kaiser Valens gezwungen dem Treiben ein Ende setzen. Er unterschätzte allerdings die Kampfkraft der Goten. Ohne auf die Verstärkung durch die westlichen Legionen Kaiser Gratians zu warten, ließ Valens am 9. August 378 n. Chr. seine Legionen gegen die Goten vorrücken. Die Schlacht entwickelte sich zu einer der schwersten Niederlagen der römischen Geschichte. Bedingt durch strategische Fehler und mangelnde Disziplin unterlag das römische Heer den Goten. Nur wenigen römischen Soldaten gelang die Flucht, die meisten wurden hingegen eingekesselt und getötet. Zu den Gefallenen zählten auch der Kaiser sowie viele seiner Generäle. Danach herrschte jahrelang Chaos in Thrakien und erst der von Theodosius geschlossene Frieden schaffte wieder Ruhe, auch wenn diese aus der Gesamtsicht nur trügerisch ausfiel.

Letzten Endes hatten die Goten erreicht, was sie wollten: Sie erhielten steuerfreies Land auf dem Gebiet des heutigen Bulgarien zugewiesen – das offiziell jedoch weiterhin als Reichgebiet betrachtet wurde – und wurden *foederati*, d. h. durch Vertrag anerkannte und ins Reich integrierte Barbaren unter eigener Führung, mit einem beträchtlichen Maß an Autonomie. Gegenüber dem Reich waren die Goten allerdings zur Waffenhilfe unter römischem Oberbefehl verpflichtet. Diese Rechtsstellung ermöglichte es den Goten, wie später anderen Völkern, die als *foederati* aufgenommen wurden, ihre eigene Identität und Elitekultur nicht nur beizubehalten, sondern im Sinne einer Ethnogenese zu festigen. So kam es in der Konsequenz zu den als »Staat im Staat« betrachteten barbarischen Reichsbildungen auf römischem Boden.

Bereits Generationen vor diesen Ereignissen zeichnete sich zudem eine Entwicklung ab, die zu einer »Germanisierung« oder »Barbarisierung« der römischen Armee und dann auch des Offizierscorps führte. Den germanischen Heermeistern der Spätzeit wie Bauto, Arbogast, Stilicho, Aspar, Ricimer und Gundobad gelang es sogar faktisch in die Position von Schattenkaisern aufzusteigen und großen Einfluss auf die Politik zu gewinnen.

Mit den Germanen im Norden, zunächst einzelnen Gruppen, die wenig gemein hatten, als eine gewisse Sprachverwandtschaft, hatte schon Caesar zu tun gehabt. Im Grenzgebiet an Rhein und Donau kam es während der kulturellen und wirtschaftlichen Blüte der Kaiserzeit zu vielfachen Kontakten, ganze Stämme – wie etwa die Ubier bei Köln – wurden im Reich angesiedelt und romanisiert. Schon während des Prinzipats, aber besonders intensiv seit dem 3. Jh. n. Chr., dienten germanische Warlords mit ihren Gefolgsleuten den Römern. Ihre Gräber, voll mit römischen Reichtümern, die sie für Dienste erhalten hatten, hat man in Polen, Ostdeutschland und in Mähren gefunden. In römischen Diensten ausgebildet oder im Kampf mit dem Imperium gestählt, wurden diese Gruppen, die sich zunehmend zu größeren Gefolgschaften zusammenschlossen, im 3. Jh. zu einem nicht zu unterschätzenden Macht- und Risikofaktor an den nördlichen Reichsgrenzen von Rhein und Donau.

Angezogen vom Wohlstand der römischen Städte, den sie durch Kriegsdienst oder Handelskontakte kennengelernt hatten, erbaten sich einige Gruppen Zugang zum Reich. Andere, größere Gruppen wie die Alamannen, überfielen die Städte bei Beutezügen und stießen dabei sogar bis nach Gallien und Italien vor. Die kaiserliche Politik war in einem ständigen Dilemma, ob die tüchtigen Krieger in die Armee integriert werden sollten, oder ob man militärisch gegen diese vorgehen sollte. Durch die zunehmende Weigerung der Provinzialen ihrer Heerespflicht nachzukommen, und nachdem Grundbesitzer aus dem Reich anstatt ihre dienstpflichtigen Leute zu schicken auch Geldzahlungen hatten leisten können, wurde das römische Heer in der Spätantike immer mehr von ausländischen – vorwiegend germanischen – Söldnern dominiert.

Das Ergebnis dieser Entwicklung sind die berühmten germanischen Heermeister. Einerseits hatten sie im Gegensatz zu früheren Einwanderern ins Römerreich Teile ihrer alten Identität bewahrt, indem sie sich in einem »habitus barbarus« kleideten und dem von den Römern seit dem Konzil von Nicäa als Häresie angesehenen arianischen Christentum anhingen. Andererseits waren sie ihrem Handeln und Denken nach völlig römisch. Von der alten Oberschicht zunächst ausgegrenzt, etablierten sich diese germanischen Aufsteiger aber als ein neuer Stand, als spätantike Militäraristokratie, als echte Römer, die aber nie ganz den Makel ihrer Herkunft überwinden konnten.

· Stilicho und die Plünderung Roms 410 n. Chr.

Besonders eindrucksvoll ist die Gestalt des Stilicho, Sohn eines romanisierten Vandalen und einer Römerin, der zu einem der bedeutendsten Heermeister im westlichen Reichsteil avancierte. In der Armee hatte Stilicho schnell Karriere gemacht und war in das höchste militärische Amt der spätantiken römischen Armee, das des magister militum, aufgestiegen. Durch die Heirat mit einer Pflegetochter bzw.

Nichte von Kaiser Theodosius I. hatte er sogar verwandtschaftliche Beziehungen zur kaiserlichen Familie geknüpft. Nachdem Theodosius I. in der Schlacht am Frigidus (5./6. September 394 n. Chr.) gegen den weströmischen Usurpator Eugenius (reg. 392–394 n. Chr.) und dessen Heermeister Arbogast gesiegt hatte, wurde Stilicho zum neuen Heermeister über die verbliebenen westlichen Truppen ernannt. Mit dem überraschenden Tod des Theodosius übernahm er schließlich als Regent die Vormundschaft über dessen zehnjährigen Sohn Honorius, der zum Herrscher über den westlichen Reichsteil bestimmt worden war. Damit war der Halbvandale zum mächtigsten Mann in Mailand, der wichtigsten Residenz der Kaiser im westlichen Reichsteil, geworden.

Als loyaler Diener von Kaiser und Reich galt seine Hauptsorge zunächst der Eindämmung der erneuten Bedrohung durch die Terwingen. Der zunächst in Moesien und Thrakien angesiedelte Stamm, aus dem später die Westgoten (Visigoten) hervorgingen, verlor nach dem Tod des Theodosius seinen Föderaten-Status. Stilicho entließ die Terwingen zudem aus dem römischen Heer ohne sie angemessen zu vergüten. Dies führte zu einem neuerlichen Aufstand unter ihrem Anführer Alarich. Wie bereits 19 Jahre zuvor zogen die Goten daraufhin plündernd und brandschatzend durch die römischen Balkanprovinzen. Da der oströmische Kaiser Arcadius unter dem Einfluss des mächtigen Prätorianerpräfekten *(per orientem)* Rufinus die Rückführung der oströmischen Truppenkontingente verlangte, verblieben Stilicho jedoch nicht genügend Soldaten, um der Gefahr durch Alarich Herr zu werden. Trotz weiterer Rebellionen, Krisen und Widrigkeiten gelang es Stilicho bis 401 n. Chr. einige entscheidende Abwehrerfolge zu verzeichnen und die Grenzen an Rhein und Donau noch einmal zu stabilisieren.

Alarich hatte sich inzwischen nach Westen gewandt und bedrohte nun Italien selbst. Stilicho sah sich daher gezwungen Streitkräfte von den Grenzen abzuziehen, um der Gotengefahr begegnen zu können. Tatsächlich gelangen ihm einige entscheidende Abwehrerfolge, bei denen Alarich jedoch entkommen konnte. Wie bedrohlich die Lage tatsächlich war, bezeugt die Verlegung des kaiserlichen Hofs von Mailand nach Ravenna, das sich aufgrund seiner geographischen Lage wirksamer verteidigen ließ.

406/7 n. Chr. stieß ein Verband verschiedener germanischer Kriegergruppen über den nun weitgehend von Truppen entblößten Rhein-Limes – wahrscheinlich bei Mainz – in die gallischen Provinzen des Reichs vor. Aufgrund einer neuerlichen Usurpation in den britischen und gallischen Provinzen und eines von Krisen geprägten Verhältnisses zum östlichen Reichsteil war Stilicho jedoch nicht in der Lage, die eingefallenen Verbände wirksam zu bekämpfen. Diese zogen vielmehr in den kommenden Jahren plündernd durch die gallischen und spanischen Reichsteile (siehe dazu Karte 4).

Als aber 408 n. Chr. Kaiser Arcadius überraschend verstarb, sah Stilicho offenbar die Möglichkeit gekommen, die Situation zu seinen Gunsten zu wenden. Der Heermeister beauftragte Alarich mit der

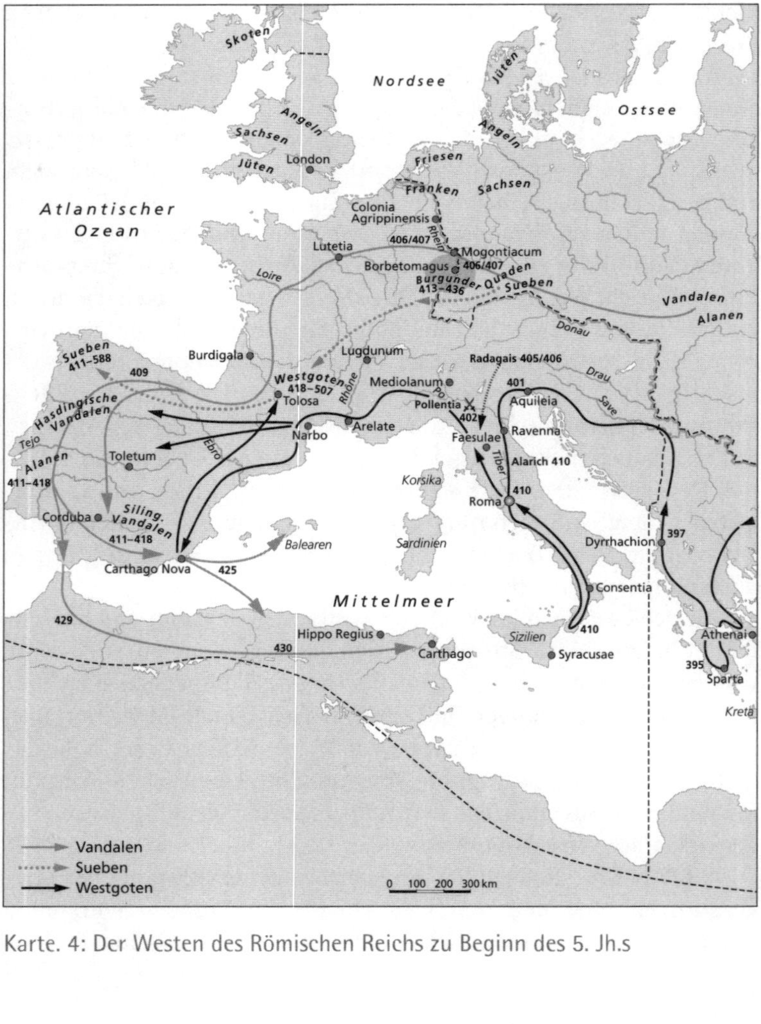

Karte. 4: Der Westen des Römischen Reichs zu Beginn des 5. Jh.s

Niederwerfung der Usurpation in Gallien, die sich mittlerweile auch auf die spanischen Provinzen ausgedehnt hatte. Er selbst beabsichtigte nach Konstantinopel zu reisen, um dort die Machtverhältnisse neu zu ordnen. Dazu kam es jedoch nicht. Dem Gerücht folgend, Stilicho plane einen Staatsstreich, kam es zu einer Rebellion der römischen Truppen in Ticinum (heute Pavia) und zur Entmachtung des Heermeisters, der nur wenige Tage später in Ravenna hingerichtet wurde.

Nach dem Tod des Stilicho versank der nun faktisch vom Ostreich getrennte westliche Teil im Chaos. Gallien und Hispanien wurden weiterhin von den beinahe unbehelligt agierenden germanischen Verbänden verwüstet. Hinzu kamen weitere Usurpationen, wodurch der faktische Einfluss des Kaisers am Hof von Ravenna weiter erodierte. Alarichs gotische Verbände, deren Föderatenverhältnis im Zuge der Entmachtung Stilichos erneut aufgekündigt worden war, zogen schließlich sogar gegen Rom und belagerten die Stadt, die 410 n. Chr. eingenommen und geplündert wurde.

Es war das erste Ereignis dieser Art seit 797 Jahren und erschütterte die Zeitgenossen nachhaltig, die die Katastrophe als Zeichen drohenden Unheils empfanden. Während viele Meinungsmacher ihrer Zeit, wie etwa der heilige Hieronymus, laut wehklagten und das unmittelbar bevorstehende Ende der Welt voraussagten, ließ sich der heilige Augustinus entspannter vernehmen, indem er sagte, dass mit Rom doch nicht gleich das gesamte Christentum falle, denn bei der christlichen Religion gehe es doch nicht um den Zustand einer Stadt. Dennoch gab die Plünderung Roms ihm den Anlass über die historische Mission des Christentums weiter nachzudenken und sein Hauptwerk *De civitate Dei*, über den Gottesstaat, ein Meisterwerk der abendländischen Theologie, zu verfassen, dessen Pate also indirekt Alarich gewesen ist.

· Der Niedergang Westroms

Die Kaiser im Westen erschienen nach dem Tod von Theodosius I. zunehmend nur noch als Randfiguren in dem von den Heermeistern bestimmten Spiel. Stilicho, dem dieses Amt insbesondere im westlichen Teil des Römischen Reichs seine enorme Aufwertung zu verdanken hatte, folgten weitere mächtige Heermeister, denen es trotz der prekären Lage und der erodierenden Reichsadministration in den Provinzen hin und wieder gelang, vereinzelt Erfolge zu erzielen.

Ähnliche Bedeutung wie Stilicho errang dabei Flavius Aëtius. Mithilfe seiner guten Kontakte zu nicht-römischen Gruppen, allen voran den Hunnen, bei denen er als Geisel einen Teil seiner Jugend verbracht hatte, gelangen ihm einige weitreichende militärische Erfolge. Das Reich der Burgunden, die sich eine eigene Herrschaft um Worms geschaffen hatten, vernichtete er 436 n. Chr. in Zusammenarbeit mit hunnischen Kontingenten und siedelte die Überlebenden als Pufferstaat gegen die Alamannen an der Rhône an – dieses Ereignis bildet den historischen Kern der Nibelungensage.

Sein wichtigster Erfolg lag jedoch in der Abwehr des von Attila, dem bedeutendsten hunnischen Herrscher, angeführten Angriffs auf das Weströmische Reich 451 n. Chr. Auf den Katalaunischen Feldern (vermutlich bei Troyes) traf ein Verbund aus weströmischen Truppen, Westgoten, Franken, Sachsen, Burgunden und Alanen auf die Kriegerkoalition Attilas aus Hunnen, Ostgoten, Gepiden, Rugiern und Herulern. Obwohl Attila entkommen konnte, entschied der Heermeister unter hohen Verlusten die Schlacht für sich. Der plötzliche Tod des hunnischen Königs nur zwei Jahre später und seine vorausgehende Niederlage beschleunigten schließlich den Zerfall der hunnischen Macht und der von ihnen dominierten Kriegerkoalition. Bereits 454/55 n. Chr. wurden die Hunnen in der Schlacht am Nedao durch einen Verbund aus Gepiden und anderen Stämmen entscheidend geschlagen, womit ihre Herrschaft endgültig zusammenbrach. Aëtius selbst überlebte Attila allerdings nur um ein Jahr. 454 n. Chr. wurde er von Valentinian III. während einer Audienz eigenhändig erschlagen. Unmittelbarer Anlass für die Ermordung des Heermeisters war die von Aëtius erzwungene Verlobung seines Sohnes mit der Tochter Valentinians III.

Aufgrund der internen römischen Konflikte und trotz diverser Teilerfolge erodierten die administrativen Strukturen des Weströmischen Reichs zusehends weiter. In Nordafrika etablierten die Vandalen mit der Eroberung Karthagos eine eigene Herrschaft und plünderten unter ihrem König Geiserich 455 n. Chr. ein zweites Mal Rom. Britannien war, von römischen Truppen beinahe vollständig entblößt, bereits um 410 n. Chr. der faktischen Kontrolle Roms entglitten. In Hispanien und Südgallien begründeten die Westgoten ein autonomes Reich, während Nordgallien in der zweiten Hälfte des 5. Jh. eine massive Ausweitung des fränkischen Einflusses unter Chlodwig I. erfuhr. Auch die Aëtius nachfolgenden Heermeister wie Ricimer und Orestes konnten den Niedergang nicht verhindern.

Das offizielle Ende des weströmischen Kaisertums kam schließlich mit dem Jahr 476 n. Chr. Bei einer Meuterei der Föderaten, die bedingt durch die Auflösung regulärer römischer Truppenkontingente nun der wichtigste militärische Faktor in Italien waren, stellte sich Odoaker, der wohl zur Hälfte germanischer (thüringischer) Abstammung war, an die Spitze des Aufstands. Der letzte Heermeister Orestes wurde in einer Entscheidungsschlacht besiegt. Sein neunjähriger Sohn, den er ein Jahr zuvor als Kaiser eingesetzt hatte und der als Romulus Augustulus (kleiner Augustus) in die Geschichte einging, wurde für abgesetzt erklärt und gewissermaßen in Frühpension geschickt. Odoaker selbst unterstellte sich direkt dem oströmischen Kaiser Zenon (reg. 474–491 n. Chr.), verzichtete auf den Kaisertitel und ernannte sich selbst zum *rex Italiae*.

Damit war die Antike jedoch keineswegs vorbei. Odoaker sowie sein Nachfolger und Mörder, der Begründer des gotischen Reichs in Italien, Theoderich (456–526 n. Chr.) – aus den deutschen Sagen bekannt als Dietrich von Bern (Verona) – regierte von Ravenna aus als vom oströmischen Kaiser eingesetzter Verwalter Italiens unter Verwendung römischer Symbole, auch wenn er ebenso wenig wie Odoaker den Titel des Augustus annahm. Als Flavius Theodericus rex herrschte Theoderich ab 493 n. Chr. über Goten und Italiker gleichermaßen, gebärdete sich aber römisch, wenn er dem Senat seine Ehrerbietung erwies, römische Münzen mit seinem Konterfei prägen ließ, Zirkusspiele für das Volk organisierte und römische Rechtsvorschriften erließ.

· Fortbestand des Oströmischen Reichs

Während das Westreich mit Beginn des 5. Jh.s zunehmend im Chaos versank und sich aufzulösen begann, herrschten im sicheren Konstantinopel wesentlich stabilere Verhältnisse. Die Gefahr durch das persische Reich der Sassaniden im Osten konnte durch diplomatische Missionen und Friedensschlüsse gebannt werden. Auch innenpolitisch zeichnete sich das Reich durch eine wesentlich größere Stabilität aus. Dennoch kam es auch hier zu massiven Auseinandersetzungen mit den teils übermächtigen Heermeistern, die das Kaisertum jedoch letztlich für sich entscheiden konnte.

In besonderer Weise macht dies die Situation Kaiser Leos I. (reg. 457–474 n. Chr.) deutlich. Um im Machtkampf mit dem alanisch-gotischen Heermeister Aspar, der Leo I. selbst zum Thron verholfen hatte, bestehen zu können, sah sich der Kaiser gezwungen, eine neue Leibgarde, die *excubitores*, zu etablieren. Die Mitglieder der Garde rekrutierten sich dabei überwiegend aus dem kleinasiatischen Volksstamm der Isaurier. Leo I. verband damit die Absicht, ein Gegengewicht zu Aspar und seinem germanischem Gefolge zu schaffen. Tatsächlich gelang es dem Kaiser Aspar zu beseitigen und Vergeltungsaktionen durch dessen Gefolge mithilfe der *excubitores* abzuwehren. In der Folge etablierten sich nun allerdings die Isaurier als machtpolitischer Faktor, die mit Zenon (reg. 474–491 n. Chr.) sogar einen eigenen, durchaus fähigen Kaiser stellten.

Mit dem Tod Zenons brachen die Machtkämpfe erneut aus. Dabei gelang es dem Vertrauten der Witwe Zenons, Anastasius I. (reg. 491–518 n. Chr.), sich gegen die Isaurier durchzusetzen. Nach schweren Konflikten wurden die Isaurier schließlich bis 498 n. Chr. aus Konstantinopel vertrieben, ihre Anführer hingerichtet. Damit endete im Osten zugleich die Vorherrschaft der Heermeister.

Von äußeren Feinden weitgehend unbehelligt und im Innern gefestigt, entwickelte sich das Oströmische Reich in völlig anderen Bahnen, als der westliche Reichsteil. Unter Justinian I. (482–565 n. Chr., ab 527 n. Chr. Kaiser) gelang sogar die Rückeroberung Nordafrikas von den Vandalen (546 n. Chr.) sowie die Vernichtung der ostgotischen Herrschaft in Italien (552 n. Chr.). Auch Teile des südlichen Spaniens gerieten für knapp ein halbes Jahrhundert nochmals unter römische Herrschaft (siehe dazu die Karte im Nachsatz). Allerdings hatten insbesondere die Goten-Kriege in Italien, die sich beinahe 20 Jahre mit wechselndem Erfolg hinzogen, dafür gesorgt, dass die verbliebenen antiken römischen Strukturen (Aquädukte, Gebäude, öffentliche Einrichtungen und Administrationen) weitgehend zerstört wurden. Ein geregelter Wiederaufbau gelang trotz vereinzelter Bemühungen indes nicht, da bereits drei Jahre nach dem Tod Justinians die germanischen Langobarden unter der Führung Alboins nach Italien vorstießen und große Gebiete unter ihre Herrschaft brachten.

Dennoch kam es unter der Herrschaft Justinians I. zu einer letzten Blüte der spätantiken Kultur. Bleibendes Ergebnis war die von vielen Gelehrten im Auftrag des Kaisers unternommene Sammlung aller römischen Gesetze. Diese ordnende Sammlung der Kaisergesetze ist mit den dazugehörigen Kommentaren und juristischen Lehrbüchern als Corpus Iuris Civilis in die Rechtsgeschichte eingegangen. Zur Grundlage der römischen Rechtspflege, wie Justinian sich das gedacht hatte, wurde die Gesetzessammlung zumindest im Westen jedoch nicht mehr. Allerdings kam es im Mittelalter zur Wiederentdeckung des Corpus, der den Grundstock des europäischen Rechts bildet und direkter Pate des seit 1900 gültigen BGB (Bürgerliches Gesetzbuch) ist.

· Römer und Barbaren

Die »Barbaren« sind uns nun schon mehrfach in diesem Buch begegnet. Hinter diesem im allgemeinen Sprachgebrauch fast als »natürlich« empfundenen Gegenbegriff zu dem der »Römer« verbergen sich eine Vielzahl von Völkern und teils auch bunt zusammengesetzten Verbänden, mit denen das Römische Reich bei seinen Eroberungen und an seinen Reichsgrenzen in Kontakt kam. Diese Völker haben, fast unbemerkt von den Römern selbst, das Imperium maßgeblich mitgestaltet und beeinflusst. Dabei wurde das Verhältnis zwischen »Römern und Barbaren« durch Konflikte, aber vor allem auch durch friedliche Koexistenz über die Jahrhunderte bestimmt. Besondere Bedeutung kommt vor allem in der späteren Entwicklung des Reiches den nördlichen Barbaren zu, die allgemein (und wenig zutreffend) unter der Bezeichnung »Germanen« zusammengefasst werden. In der Forschung hat man lange einseitig diesen Germanen die Schuld am Untergang des Reiches gegeben, und in der allgemeinen Wahrnehmung herrscht teils bis heute dieses über lange Zeit von Felix Dahns »Kampf um Rom« und diversen filmischen Umsetzungen beförderte Untergangsszenario vor. Dabei war das Verhältnis »Römer und Barbaren« keineswegs so simpel gestrickt.

Mit dem Begriff selbst fangen die Schwierigkeiten bereits an; der ist nämlich eigentlich ein griechischer. Mit ihm bezeichneten die Griechen zunächst einmal alle diejenigen, die nicht Griechisch sprachen, sondern deren sprachliche Äußerungen sich in ihren kultivierten Ohren wie »barbarbarbar« anhörten. Schon früh bekam der Begriff einen negativen Beigeschmack und die als Barbaren bezeichneten Nichtgriechen galten den Hellenen als kulturell unterlegen, als unzivilisiert, eben als – auch im heutigen Verständnis – »barbarisch«. Das abstrakte Problem der Römer, die sich diesen griechischen Begriff ausgeborgt hatten, war nicht zuletzt auch mit dem Sachverhalt verbunden, dass sie selbst in den Augen der Griechen als Barbaren galten. Auch unter römischer Herrschaft hatten viele griechische Autoren einen gewissen Dünkel.

Andere Hellenen, wie etwa der Historiker Dionysios von Halikarnass, machten die Römer durch genealogische Anbindungen zu echten »alten« Griechen, was auch für das griechische Selbstbild den Vorteil hatte, letztlich von seinesgleichen erobert worden zu sein. Dieser Sachverhalt ist auch der Grund, weshalb viele Römer dem Begriff »Barbarus« mit Vorsicht oder gar Unbehagen verwendeten. Gänzlich problematisch wird dieser abwertende Sprachgebrauch bei den Römern (die bevorzugt Begriffe wie *gentes* für Fremdvölker verwendeten) aus der Sicht eines sich zunehmend über die Provinzen integrierenden Gesamtreichs, dessen Bewohner ab 212 n. Chr. per Dekret allesamt römische Bürger wurden. Der Barbarenbegriff der Römer betonte dabei im Gegensatz zum heutigen Gebrauch die kulturelle Dimension und nicht die biologisch-ethnische. Barbaren konnten – und das war die Zauberformel für das Gedeihen des Imperium – binnen kurzer Zeit durch einen Prozess, den wir heute »Romanisierung« nennen (siehe Teil I Kap. 4.4.) und den die Römer als eine Art Zivilisationsprozess verstanden, zu »echten« Römern werden, unabhängig von Abstammung oder Hautfarbe.

In der Antike waren vor allem gesellschaftliche Unterschiede bedeutend (siehe Teil I Kap. 1) und kulturelle Zugehörigkeit sowie standesgemäße Lebensweise standen im Vordergrund. Entsprechend konnten schon rund 100 Jahre nach der Eroberung Galliens Mitglieder der gallischen Oberschicht zu gleichrangigen Mitgliedern des Senats in Rom werden. Somit war Herkunft keine biologisch-rassische Kategorie, sondern in erster Linie eine soziale, die Rang- oder Klassenunterschiede zementierte. Vor diesem Hintergrund konnte Kaiser Claudius den parthischen Prinzen Meherdates, der in Rom erzogen worden war, guten Gewissens für sein zukünftiges Herrscheramt ermahnen, gegenüber »den Barbaren« Milde und Gerechtigkeit zu pflegen. Der in Rom erzogene Prinz der Barbaren galt selbst nämlich nicht als solcher (Tacitus Annales 12, 11, 2). Ähnliches lässt sich für die Situation im Heer feststellen. In den Hilfstruppen, später auch in den Legionen des Imperiums dienten Soldaten, die entweder selbst oder deren unmittelbare Vorfahren nicht über das römische Bürgerrecht verfügten und Fremdvölkern angehörten. Mit dem Ende ihrer Dienstzeit bekamen sie das Bürgerrecht verliehen. Es ist schlechterdings unmöglich sich vorzustellen, dass diese Soldaten im Heeresalltag als Barbaren angesehen oder angesprochen worden wären.

Wie im Abschnitt über den Untergang Westroms gezeigt, war vor allem die Spätantike vom Aufstieg solcher Militärführer geprägt, die sogar einen noch »barbarischeren« Hintergrund hatten, als viele Soldaten und Provinzbewohner der Kaiserzeit. Denn während zur Zeit des Prinzipats der Integrationsdruck im Imperium sehr hoch gewesen war und sich einheimische Sitten und Gebräuche binnen zweier Generationen weitgehend zugunsten der römischen Lebensweise in den Provinzen bei Einwanderern und bei den ehemaligen Soldaten und ihren Familien verloren hatten, bewahrten die sogenannten »Reichsgermanen« der Spätantike zunehmend ihre »barbarische« Identität, die sich etwa in unrömischer Bekleidung *(habitus barbarus)* ausdrücken konnte. Erstmals wurden im 4. Jh. n. Chr. auf dem Reichsgebiet große Gruppen angesiedelt, die in der Folge ihre Eigenständigkeit und ihre Anführer behalten konnten. Während in der früheren Geschichte des Imperiums eine Vielzahl von unterschiedlichen Fremdvölkern an den Grenzen mit den Römern in Kontakt gekommen war, bestimmten in der Spätantike besonders die »Germanen« die Fremdwahrnehmung der Römer.

Dieser von den Römern um die Zeitenwende geschaffene Oberbegriff für die nördlichen Barbarenvölker ist seinerseits wiederum widersprüchlich und missverständlich. Bedenkt man die enormen Unterschiede zwischen den heute in der Forschung als Germanen bezeichneten Gruppen, etwa der Alamannen bzw. Franken an der Nordwestgrenze des Reichs oder der Goten im westlichen und nördlichen Schwarzmeergebiet, so wird deutlich, dass die ursprüngliche Etikettierung durch die Römer und moderne Deutungen im Rahmen nationalistischer Identifizierungsversuche nur grobe und unspezifische Einteilungen darstellen. Darüber hinaus ist zu unterscheiden zwischen den von den Römern unter dem Germanennamen zusammengefassten kleineren Stammesgruppen *(gentes)* aus der Frühzeit des Imperiums – die v.a. bei Tacitus erwähnt wurden und später nicht mehr in Erscheinung treten – und den Großverbänden der Völkerwanderungszeit, die erst in der Neuzeit wieder als Germanen bezeichnet wurden (in den Quellen finden sich die Selbst- und Fremdbezeichnungen Alamannen, Franken, Goten etc.).

Einzig linguistische Gemeinsamkeiten geben uns heute das Recht, übergreifend von »den« Germanen zu sprechen, wobei auszuschließen ist, dass die unter dem Sammelnamen zusammengefassten Gruppen ein gemeinsames »germanisches« Volksbewusstsein entwickelt haben. Die bunt zusammengewürfelten Kriegergruppen (es konnten auch römische Deserteure oder Abenteuer aller Provenienz darunter sein), die sich um einflussreiche Führer und deren sogenannte »Traditionskerne«, historisch schwach fundierte oder gar eingebildete Herkunftsüberlieferungen und Kulte, scharten, bildeten erst in der Völkerwanderungszeit und in der Auseinandersetzung mit dem Imperium enger verbundene Gemeinschaften, die wir dann als Völker ansprechen. Wie heterogen diese Gruppen gewesen sein müssen, wird bei genauerem Hinsehen deutlich. Die Alamannen, die im 3. Jh. n. Chr. den Limes am Rhein überrannten, tragen diese Heterogenität sogar im Namen; sie waren eben der Zusammenschluss »aller Männer« unterschiedlichster Herkunft. Die Goten, die uns in zwei auch namentlich distinkten Gruppen (Terwingen und Greutungen) im Schwarzmeerraum begegnen, wurden von antiken Autoren (Jordanes und Cassiodor) nicht als Germanen, sondern als Skythen bezeichnet, obwohl die Bibelübersetzung des Goten Wulfila das wichtigste Sprachdenkmal einer germanischen Sprache darstellt. Zu den gotischen Großgruppen rechnen viele Autoren auch andere Stammesverbände, etwa Alanen, die einen iranischen Dialekt sprachen, Gepiden oder Heruler. Daher kann man heute nicht mehr von Stämmen oder Völkern sprechen, die sich durch gemeinsame Abstammung und Kultur kennzeichnen, wie die frühere Forschung des nationalstaatlichen Zeitalters gerne annahm.

Letztlich waren es die Römer selbst, ihre Historiographen, Soldaten, Sklavenhändler und Kaufleute, die das – aus ihrer Sicht – ethnische Chaos im Barbaricum durch römisches Schubladendenken ordneten. Damit sind die Römer die Schöpfer und Erfinder der Germanen, sie – allen voran Caesar und Tacitus – haben die Germanen erst »gemacht« (H. Wolfram). Dass es nun gerade die Vertreter einer »germanischen Welt« waren, die ihre Schöpfer zu Fall brachten bzw. beerbten, ist nur dann als eine Ironie des Schicksals zu verstehen, wenn man das Ende der Antike als Untergang begreifen möchte und nicht wie Teile der neueren Forschung als einen komplexen Transformationsprozess (nächster Abschnitt). Der Gote Theoderich (der Große, 451–526 n. Chr.), der auf den Ruinen des weströmischen Imperiums ein »germanisches« Reich auf römischem Boden errichtete, wird in solch gegensätzlichen Kategorien von »Römern und Barbaren« nicht gedacht haben: Obwohl durch und durch germanischer Kriegsherr und König der Goten, handelte er bei der Ausübung seiner Herrschaft von Ravenna aus ganz als Römer: Der *patricius* (Ehrentitel für den obersten Heermeister im Westen) ehrte geflissentlich den Senat, ließ römische Münzen mit seinem Konterfei prägen, nannte sich Flavius Theodericus Rex und ließ sich sein Reichsverweseramt offiziell durch Konstantinopel anerkennen. Der Historiker Prokop lobt entsprechend Theoderichs Herrschaft und betont, dass er, auch ohne über den Titel zu verfügen, ein wahrer Kaiser gewesen sei (Prokop, Gotenkriege 1, 1, 29).

· Das Ende der Antike

Hat es ein Ende der Antike gegeben? Gewisse Fakten liegen auf der Hand: Das Römische Reich hörte mit den germanischen Reichsgründungen, allen voran derjenigen der Langobarden auf dem Boden Italiens (568 n. Chr.), die das Ende einer zentralen Verwaltung markierten, faktisch auf zu existieren – zumindest in seinem lateinischen Westteil. Die Idee der »Romanitas« und des symbolisch-ideellen Weiterbestands des Imperiums ging aber keineswegs zugleich mit dem Niedergang effektiver Herrschaftsstrukturen unter. Theoderich I. hat die Antike nicht beendet, nichts lag ihm ferner. Er wollte über das Römische Reich herrschen und bediente sich traditionell römischer Formen, um nun als *rex* in möglichst ähnlicher Form effektive Herrschaft auszuüben, wie die römischen Kaiser vor ihm. Karl der Große und Barbarossa wollten ebenso Kaiser des Römischen Reiches sein. Vor diesem Hintergrund und weil die Spätantike zur Lieblingsepoche der Altertumswissenschaftler des späten 20. und des 21. Jh.s geworden ist, wird die Frage des Endes der Antike in letzter Zeit vermehrt im Zusammenhang mit Kontinuitätslinien, weniger mit Brüchen und Niedergangsszenarien betrachtet. Von Wandel und Transformation ist die Rede, weniger von Ende und Untergang.

In der Tat gibt es ungebrochene Traditionen vom Altertum zum Mittelalter. Die Verwaltung und Regierungspraxis blieb in Konstantinopel trotz der »dunklen Jahrhunderte« (zweite Hälfte des 7. bis zur Mitte des 9. Jh. n. Chr.) der frühbyzantinischen Zeit ganz »römisch«. Im Westen lassen sich kulturelle Anknüpfungslinien erkennen, etwa die Übernahme von römischen Rechtstraditionen (des Vulgarrechts) in den Gesetzbüchern der germanischen Reiche auf dem Boden des Imperium Romanum, die Weiterführung der Geldwirtschaft, schriftliche Kommunikation in lateinischer Sprache und Verwendung der überkommenen Agrartechnik und des (»romanischen«) Steinbaus. Bei aller Betonung von Kontinuitäten und Transformationen, die es in beschränktem Maß in Teilgebieten des Reichs durchaus gegeben hat, muss man doch nüchtern feststellen, dass es sich durchweg um »Schwundstufen« handelte. Dass die Antike auch für uns noch so bedeutsam ist, liegt nicht an den wenigen direkten Kontinuitäten, sondern an der kulturellen Prägekraft der vielen Renaissancen, auf die in den letzten Abschnitten dieses Buches kurz eingegangen wird.

Am deutlichsten wird der in seiner Konsequenz nur als markante Zäsur zu verstehende Strukturwandel, der das Ende der Antike markiert, am Schicksal der Städte. Die sich selbst verwaltenden Städte waren das Rückgrat der antiken Welt. Hellenistische Metropolen wie auch römische Landstädte in der Provinz waren mit ihren politischen Institutionen und kulturellen Einrichtungen Orte von bedeutender regionaler Ausstrahlungskraft und Garanten für das wirtschaftliche und fiskalische Wohlergehen des Imperiums. Diese blühende Städtewelt, über 2000 Städte gab es in der Blütezeit des Imperiums, erlebte mit der »Transformation« zum sogenannten Mittelalter ihren Untergang. Wasserleitungen versiegten und konnten nicht instand gehalten werden, die Straßen verfielen, Theater und Bildungsstätten wurden nicht mehr genutzt, Verwaltung und Institutionen brachen zusammen. Nur in einigen westlichen Teilen des ehemaligen Imperiums konnten urbane Lebensformen, wenn auch zumeist in stark verminderter Form, überdauern. In anderen Gebieten allerdings, wie dem Balkanraum, wurde die Stadtkultur hingegen gänzlich ausgelöscht.

Gehen wir noch einmal dorthin zurück in die Landstadt Ibida in der Diözese Thrakien, die gerade in der Spätantike ihre ökonomische Blütezeit erlebt hatte (s. o. Einleitung): Die nur durch die archäologischen Zeugnisse bekannte Stadt war schon in der Kaiserzeit ein von den an der Donau stationierten Einheiten geprägter Ort, in dem Veteranen siedelten und reger Münzumlauf die Prosperität der Landstadt unterstrich. In konstantinischer Zeit wurde Ibida mit einer stolzen Befestigungsmauer versehen, um die 24 ha große Siedlung einzuhegen. Nach der Schlacht von Adrianopel brannten die Goten bei ihren Plünderungszügen alles nieder. Doch die Bewohner bauten ihre Stadt wieder auf. Ein privates Wohnhaus verfügte gar über den großen Thermen nachempfundene Baderäume mit unterschiedlichen Becken für kaltes und warmes Wasser. Unter Kaiser Justinian I., der erhebliche Mittel aufbrachte, wurde die Verteidigungsmauer zu einem mächtigen Bollwerk ausgebaut. Mit dem Ende des 6. Jh.s n. Chr. drangen Kutriguren und Slawen in die Balkanprovinzen ein und hinterließen eine Spur der Zerstörung. Von da an wohnten nur noch Troglodyten und ärmliches Volk ohne Gestaltungskraft in den Ruinen dieser völlig unbekannten Stadt, deren Reste sie als Stützmauern für ihre Grubenhäuser nutzten. Mit dem Ende der Stadtkultur war auch das Ende der Antike gekommen.

Lektürehinweise:
Die Spätantike wird überblicksartig knapp von Brandt (2010) und gründlich-ausführlich von Demandt (2007) behandelt. Im Mittelpunkt von Heathers (2007) Geschichte des Untergangs des römischen Weltreichs stehen die germanischen »Barbaren«, gut lesbar ist das Buch über die Völkerwanderung von Pohl (2005). Den Aufstieg des Christentums beschreiben die entsprechenden Kapitel in Lausters (2014) mitreißender Gesamtdarstellung.

TEIL II
THEMENKAPITEL

1.
DIE ANTIKE GESELLSCHAFT

»Es ist also klar, dass es von Natur Freie und Sklaven gibt, und dass das Dienen für diese zuträglich und gerecht ist. Und dass es Menschen gibt, die unter allen Umständen Sklaven sind und solche, die es niemals sind.« (Aristoteles, Politik 1255a). Diese Unterscheidung zwischen Freien und Sklaven, die uns heute befremdlich und abwegig vorkommen mag, bildete eine zentrale Grundlage der antiken Gesellschaften. Unter den personenrechtlichen Unterscheidungen (Bürger, Fremder, römischer Bürger, Bürger latinischen Rechts etc.), die konstitutiv für die gesellschaftlichen Verhältnisse in der Antike sind, ist die des persönlichen Freiheitsstatus fundamental.

Mit ihr einher geht die für die ganze Antike selbstverständliche Akzeptanz sozialer Ungleichheit. Diese drückte sich auch in der Rechtsungleichheit der unterschiedlichen sozialen Gruppen aus. Während etwa ein römischer Bürger an den Kaiser appellieren konnte, wie es der Apostel Paulus getan hat, als er in Caesarea von den Juden angeklagt worden war, waren Sklaven weitgehend rechtlos und auch freie Reichsbewohner ohne Bürgerrecht konnten ohne Berufungsmöglichkeit zum Tode verurteilt werden. In der Kaiserzeit hatte sich die unterschiedliche Behandlung von Angehörigen der Ober- und der Unterschicht vor Gericht herausgebildet. Die *humiliores* (die Geringen) hatten im Gegensatz zu den *honestiores* (den Ehrenhaften), zu denen neben der politischen Führungsschicht in Rom und den Landstädten auch die Wohlhabenden (Ritterstand) sowie die Veteranen der Legionen gehörten, bei gleichen Delikten härtere Strafen zu gewärtigen und keine Berufungsmöglichkeiten.

Auch in den griechischen Stadtstaaten genossen nur Vollbürger uneingeschränkte Rechtsfähigkeit, während geduldete Ausländer einer eigenen Gerichtsbarkeit unterstellt waren. Sklaven waren jedoch sowohl in den griechischen Poleis als auch im Römischen Reich weitgehend rechtlos bzw. dem Sachenrecht unterworfen. Neben dem Rechtsstatus eines Bürgers oder eines Fremden war besonders die

Kategorie der Eigentumsverhältnisse entscheidend und elementar für die Frage des Lebens und Überlebens in einer vormodernen Gesellschaft ohne sozialpolitische Programme. Zwischen denen, die über ausreichend Besitz verfügten, um nicht arbeiten zu müssen, und jenen, die von ihrer eigenen Hände Arbeit leben mussten, existierte in der Antike ein tiefer Graben.

Innerhalb der Bürgerschaften der alten Welt gab es vom alten Adel über reiche Emporkömmlinge bis zum Tagelöhner alle Schichten. Jedoch war Eigentum auf eine kleine Minderheit beschränkt. Die antiken Gesellschaften waren ganz überwiegend agrarisch geprägt, weswegen Landbesitz entscheidend für den Wohlstand, aber auch für die Überlebensfähigkeit war. Die durchschnittliche Lebenserwartung fiel generell gering aus und lag zwischen 20 und 30 Jahren. Mangelernährung war weit verbreitet und strukturelle Armut war während der Antike eine durchgängige Erscheinung. Anhand der Quellen lässt sich nur schwer quantifizieren, welchen Umfang genau das große Heer der Armen hatte, da Geschichtsschreibung sich in der Antike für Unterschichten und Armut nicht interessierte. Über deren Leben kann nur die Archäologie, die sich der materiellen Kultur der einstigen Menschen widmet, mehr herausfinden.

· Bürger

Anfänglich waren in den griechischen Städten und im frühen Rom die Verhältnisse noch einfach. Ein Geburtsadel, der Landbesitz, Rechtskenntnis und damit verbunden sakrale Kompetenzen monopolisiert hatte, übte die Herrschaft über die abhängige und mit minderen Rechten ausgestattete Bürgergruppe des gleichen Gemeinwesens aus. Dabei kam es in der historischen Entwicklung zu erheblichen Ausdifferenzierungen und zunächst zu einer rechtlichen Gleichstellung aller Bürger. Mit dem Bedeutungsverlust des adeligen Einzelkampfs und der Notwendigkeit mit großen Schlachtreihen Gepanzerter (Hoplitenphalanx) Kriege zu führen, gelangten die bislang politisch nicht repräsentierten freien Bauern, die nun entscheidend zur Verteidigung ihrer Gemeinwesen beitrugen, in den antiken Staaten zu einem gewissen Mitspracherecht. In den griechischen Stadtstaaten wie auch in Rom konnten sie nun über ihre Anführer abstimmen und als Volksversammlung zusammentreten. In Griechenland entstand die Bürgerpolis, bei der zumindest die über einen gewissen Besitz verfügenden Bürger ein politisches Mitspracherecht erhielten. In Athen und einigen anderen meist von Athen beeinflussten Städten führte das zur Ausbildung demokratischer Verfassungen, in denen die Bürger nicht nur passives und aktives Wahlrecht genossen, sondern die politischen Entscheidungen vom Volk selbst getroffen wurden.

In Rom gelangten die Plebejer, die von den Patriziern abhängige Gruppe von Bauern und Dienstleuten, im Rahmen der Ständekämpfe zu einem Ausgleich mit dem alten Adel. Eine neue Führungsschicht aus Patriziern und aufsteigenden Plebejern entstand, die Nobilität (s. u. und Teil II Kap. 2.). Für die gesamte Antike gilt jedoch, dass Macht und Einfluss sowie die Möglichkeit, diese zu erwerben, faktisch an ökonomischen Wohlstand, oft auch an soziales Ansehen gebunden blieben. Selbst in Athen, dessen demokratische Verfassung selbst die Beteiligung von Tagelöhnern und Ruderknechten an den politischen Entscheidungen ermöglichte, wurden die Leitlinien immer von einer zunächst neben Wohlstand auch durch Herkunft legitimierten Adelsschicht, später daneben auch von einer ökonomisch erfolgreichen neuen Oberschicht bestimmt. Politische Gleichheit war also selbst in Athen, wo der Demos, das Volk, tatsächlich Entscheidungen traf, nur teilweise gegeben. In Rom war die Plebs, das gemeine Volk, kaum mehr als »Stimmvieh«, bestenfalls Schiedsrichter im Konkurrenzkampf der einflussreichen Familien.

Bürger einer Stadt – das galt lange ebenso für das römische Bürgerrecht, das auch in Zeiten des Imperiums auf den stadtstaatlichen Prinzipien des frühen Rom beruhte – waren gewöhnlich nur die direkten Nachkommen von Bürgern, wobei unterschiedlich gehandhabt wurde, ob nur ein oder beide Elternteile das Bürgerrecht innehaben mussten. Das Bürgerrecht konnte aber auch ehrenhalber oder als Belohnung verliehen werden. Zudem kennen wir aus Rom den Automatismus, dass freigelassene Sklaven in die Bürgerschaft aufgenommen wurden. In Griechenland bekamen Freigelassene hingegen lediglich den Status von Fremden zugesprochen.

Mit dem Bürgerrecht waren neben Verpflichtungen auch bestimmte Vorteile verknüpft. Nicht nur Rechtssicherheit und politische Mitsprache standen auf der Habenseite, auch handfeste Vorteile, wie in Athen die für viele weniger Wohlhabende wichtigen Diäten für den Besuch von Volksversammlung und Gerichtshöfen oder in Rom die den Stadtbürgern zustehende Getreideversorgung. Dort hatte es sich eingebürgert, dass die öffentliche Hand einen Großteil der stadtrömischen Bevölkerung auf Staatskosten durchfütterte. Ursprünglich nur als Reserve für Hungersnöte gedacht, entwickelte sich die »Getreidevorsorge« *(cura annonae)* in der späten Republik und in der Kaiserzeit zu einem Anrecht der Bürger auf kostenlose Verteilung von Getreide (später auch Olivenöl, Fleisch und Wein). Diese Maßnahme beugte sozialen Unruhen in der seit augusteischer Zeit wohl als Millionenstadt anzusprechenden Metropole vor (Stichwort »Brot und Spiele«).

Für die Beurteilung der römischen Bürgerrechtspolitik ist es wichtig zu erkennen, dass für die Römer die Kategorie der Rechtsgemeinschaft entscheidend war und nicht diejenige einer abstrakten Staatsangehörigkeit im modernen Verständnis. So konnte man das römische Bürgerrecht erwerben ohne das bisherige zu verlieren. Diese etwas komplizierte Sachlage ergab sich in erster Linie durch die Ausdehnung des Bürgerrechts eines Stadtstaates auf territorial entferntere Gebiete. Im römischen Imperium war jeder Einzelne zunächst Bürger einer Gemeinde, einer Stadt oder Mitglied eines Volkes oder eines Stammes und lebte (bis 212 n. Chr., als allen Reichsbewohnern das römische Bürgerrecht verliehen wurde) nach dem Recht seines jeweiligen Gemeinwesens. Dabei gab es durchaus auch von Rom entferntere Kolonien, deren Bewohner – da aus Rom entsandt – das römische Bürgerrecht behielten, oder solche *coloniae*, deren Bewohner – weil bei der Gründung so verfügt – das latinische Bürgerrecht besaßen. Das latinische Bürgerrecht kam ganz früher den ersten Eingemeindungen der Römer Latiums zu. Später dann war es nur eine Rechtsstellung, die man als »Vorstufe« zum römischen Bürgerrecht (Christ 1994, 89) bezeichnen oder deren Träger man als »Halbbürger« (Alföldy 2011, 98) ansehen könnte. Die wenig präzisen Vergleiche zeigen, dass diese rechtlichen Abstufungen aus heutiger Sicht schwer zu verstehen sind. Als am Ende der Republik nach dem Bundesgenossenkrieg alle Italiker das Bürgerrecht erhalten hatten, konnte Cicero davon sprechen, dass jeder Römer zwei Vaterländer habe. Eines sei die natürliche *patria*, der heimatliche Geburtsort, das andere die politische: nämlich Rom als Idee (*De legibus*, über die Gesetze 2, 5).

· Frauen

Antike Frauengeschichte ist seit dem Ende des 20. Jh.s. ein besonders beliebter und fruchtbarer Forschungszweig geworden. Umso unzeitgemäßer muss es erscheinen, dass die Errungenschaften der Frauengeschichte im Bereich der griechischen und römischen Geschichte hier nur in ganz knappen und allgemeinen Bemerkungen angerissen werden (Schuller 1995 bietet einen nützlichen und kurzweiligen Überblick).

Frauen definierten sich sozial ebenso wie Männer in erster Linie über ihren Personenstand, also bezüglich der aristotelischen Grundkategorie, ob sie freie Bürgerinnen oder (in anderen Städten oder im Römischen Reich) ebenso freie Fremde beziehungsweise Sklavinnen waren. Obwohl uns bedeutende und einflussreiche Frauen in der Antike begegnen, etwa die Frauen des julisch-claudischen bzw. des severischen Kaiserhauses, Kleopatra VII. oder Zenobia von Palmyra und ebenso Dichterinnen wie Sappho oder Sulpicia, so ist von Frauen in den Quellen viel weniger die Rede als von Männern. Wenn wir allerdings von ihnen hören, dann von Vertreterinnen der Oberschicht. Antike wie auch moderne Historiker richten ihren Blick bevorzugt auf die politische und militärische Geschichte, und dort sind Frauen in der Tat bis in die jüngste Vergangenheit selten anzutreffen.

Das liegt im Fall der Antike daran, dass sie zwar (die freien unter ihnen) Bürgerinnen ihrer Stadt waren, jedoch nicht in vollem Umfang rechtsfähig. Prinzipiell gilt für Griechenland und Rom, dass Frauen keine Ämter übernehmen oder an politischen Debatten bzw. Abstimmungen teilnehmen konnten (aufgrund der dynastischen Logik in der Zeit des Hellenismus war es ihnen jedoch möglich Herrscherinnen zu werden). Hinsichtlich der Geschäftsfähigkeit sowie der Verfügung über (ererbtes) Vermögen, hatten römische Frauen indes mehr Möglichkeiten, wenngleich sie nie dieselben Freiheiten wie Männer genossen. Jedoch waren Frauen – zumindest die Bürgerinnen und Angehörigen der Oberschicht – entgegen früheren Auffassungen gesellschaftlich hoch angesehen und wurden geschätzt. Tragend war die Rolle der Frau in der Hausverwaltung und generell im familiären Bereich. Auch konnten Frauen bedeutsamen politischen Einfluss ausüben, jedoch in aller Regel eher informell, wie man an den weiblichen Angehörigen der Herrscherhäuser erkennen kann.

Diese wenigen Hinweise sind natürlich unzureichend, dennoch soll dieser Abschnitt mit dem »O-Ton« einer starken Frau, die aus einer der bedeutendsten Familien Roms stammte und ganz klar auf die Politik Einfluss nehmen wollte, abschließen. Es handelt sich um Cornelia, »die Mutter der Gracchen«, von der Brieffragmente an ihren Sohn Gaius überliefert sind. Römische Frauen bekamen keine individuellen Vornamen wie die Männer, sondern wurden nach dem Gentilnamen des Vaters benannt, im Falle Cornelias war das kein Geringerer als Publius Cornelius Scipio Africanus. Cornelia versuchte –

vergeblich – mäßigend auf ihren Sohn Gaius einzuwirken, der nach dem Tod des älteren Bruders Tiberius dessen Politik der Landreform wieder aufnahm und nach dem Amt des Volkstribuns strebte (s. o. Teil I Kap. 4.2.):

> »Einen förmlichen Eid vermöchte ich zu schwören, dass außer denen, die den Tiberius Gracchus getötet haben, mir kein Feind so viele Beschwerden und Mühsal um dieser Dinge willen auferlegt hat, als du. Und doch hättest du gerade die Pflichten aller meiner früheren Kinder auf dich nehmen und sorgen sollen, dass ich in meinem Alter so wenig wie möglich Bekümmernis hätte, und dass du bei allem, was du tätest, hauptsächlich meinen Beifall suchtest und es für Unrecht hieltest, irgendetwas von Wichtigkeit gegen meinen Wunsch zu unternehmen, zumal ich nur noch eine kurze Lebensneige übrig habe. Kann dich denn nicht einmal diese kurze Frist bestimmen, nicht gegen meinen Willen zu handeln und den Staat umzustürzen? Wo soll endlich ein Stillstand eintreten? Wann wird unsere Familie aufhören zu rasen? Wann wird diesem Treiben ein Ziel gesteckt sein? Wann werden wir aufhören danach zu trachten, uns selbst und anderen Sorge zu schaffen? Wann wird uns tiefe Scham erfüllen, den Staat in Unordnung und Verwirrung zu stürzen? Ist das jedoch überhaupt unmöglich, so bewirb dich, wenn ich tot bin, um das Tribunat, und tue meinetwegen, was du willst, wenn ich es nicht mehr merke.« (Cornelius Nepos, De viris illustribus, Fragment 1).

· Fremde

Man war in der Antike immer Bürger einer Stadt und blieb es auch gewöhnlich, egal, wo man aus beruflichen oder anderen Gründen lebte. Zenon, der sein erfolgreiches Emigrantenleben vornehmlich in der Siedlung Philadelphia im Fayum verbrachte, war und blieb daher zeitlebens Bürger seiner griechischen Heimatstadt Kaunos (s. o. Teil I Kap. 3.1.). Als Angehöriger einer neuen Oberschicht in Ägypten im Dunstkreis des Herrscherhauses stellte sich für ihn die Frage nach politischer Teilhabe nicht wirklich. Im klassischen Athen, über das wir verhältnismäßig viele Quellen haben, begegnen wir häufig Fremden, die vor allem im Wirtschaftsleben der Stadt aktiv waren. Sie hießen dort, wie in den meisten Griechenstädten, Metöken, also Mitbewohner, was das prinzipiell entspannte Verhältnis zwischen Bürgern und »Ausländern« andeutet. Fremde waren nicht rechtlos. Sie unterstanden aber einer besonderen Gerichtsbarkeit. In Athen, wie auch in Rom, konnten sie vor einem auf Ausländerrecht spezialisierten Beamten prozessieren, was gerade in geschäftlichen Angelegenheiten Rechtssicherheit ermöglichte. In Athen hatte der Polemarch die Rechtsprechung über die Fremden inne, in Rom kümmerte sich der *Praetor peregrinus*, der Fremdenprätor, um die juristischen Belange derjenigen, die kein römisches Bürgerrecht besaßen.

Ein berühmter Athener Metöke ist selbst Verfasser wichtiger Quellen zur Geschichte Athens. Es handelt sich um den Redenschreiber Lysias (ca. 445–380 v. Chr.), der viele Gerichtsreden verfasst hat, die uns wichtige Kenntnisse über die Verhältnisse in Athen nach dem Peloponnesischen Krieg vermitteln, allerdings als Metöke selbst keine politischen Aktivitäten entfalten konnte. Sein Vater Ktesiphon stammte aus Syrakus auf Sizilien und betrieb im Piräus eine Schildfabrik. Entsprechend war Lysias ebenfalls Bürger dieser Stadt. Nach den Perserkriegen waren viele Menschen aus anderen Städten Griechenlands nach Athen gekommen und hatten maßgeblich Anteil an der dynamischen Wirtschaftsentwicklung der Stadt, besonders im Bereich Handel und Handwerk.

Auch Bildung und Wissenschaft waren in Athen stark von Metöken wie etwa Aristoteles geprägt, der Bürger der Stadt Stageira gewesen war. Metöken mussten eine besondere Steuer entrichten, manche unter ihnen traten sogar als freiwillige Wohltäter hervor. Gleichzeitig waren sie aber zum Kriegsdienst verpflichtet und konnten keinen Grundbesitz in Athen erwerben (es gab allerdings Ausnahmeregeln). Das Bürgerrecht konnte ihnen nur auf Volksbeschluss aufgrund herausragender Leistungen verliehen werden, was jedoch selten geschah. So erhielt ein Antrag auf Einbürgerung zugunsten von Lysias und anderen Metöken, die an der Seite der Athener gegen oligarchische Putschisten für die Wiedererrichtung der Demokratie gekämpft hatten, keine Mehrheit in der Volksversammlung. Dennoch war es offenbar rentabel, sich als Fremder in Athen niederzulassen, wie einige interessante Biographien belegen. Nicht nur selbstständige Geschäftsleute kamen nach Athen, auch Bauhandwerker von außerhalb siedelten sich dort an. Sie erhielten nach Ausweis erhaltener Abrechnungen genau den gleichen Lohn wie ihre athenischen Kollegen.

Im republikanischen Rom lagen die Dinge nur wenig anders, jedoch wurden Fremde nicht zu regulären Kriegsdiensten herangezogen. Mit dem Ausgreifen des Reichs auf immer weitere Gebiete im Verlauf der römischen Expansion, waren ganz problemlos viele Reichsbewohner eben nur Bürger ihrer jeweiligen Gemeinde (und Rom steuerpflichtig). Nur wenige Honoratioren ihrer Stadt verfügten hingegen über das römische Bürgerrecht. Als 88 v. Chr. König Mithridates VI. antirömische Stimmung nutzend Tausende »Römer« in der von ihm besetzten Provinz Asia ermorden ließ (Vesper von Ephesos), waren die meisten von ihnen Italiker, die das römische Bürgerrecht gar nicht besaßen.

Das Nebeneinander verschiedener Bürgerrechte zur gleichen Zeit am gleichen Ort, zeigt deutlich, dass es sich beim Römischen Reich in erster Linie um einen Rechtsraum handelte, in dem v. a. die Rechtsstellung entscheidend war, wie das folgende Beispiel zeigt. In der hohen Kaiserzeit setzten in einem Dorf bei Histria, einer griechischen Stadt an der westlichen Schwarzmeerküste, römische Bürger in bester Eintracht gemeinsam mit den Ortsansässigen vom Stamm der Bessen *(cives romani et bessi consistentes)* Steine mit Weihinschriften (CIL III 3505, 7533, 14214). Man war also Teil eines gemeinsamen kulturellen Raums und pflegte die gleichen Sitten (v. a. in der öffentlichen Repräsentation durch Inschriften). Die Unterscheidung in Bürger mit römischem oder einheimischem (peregrinem) Bürgerrecht war hingegen in rechtlicher und gesellschaftlicher Hinsicht sowie bezüglich der politischen Repräsentation von Belang, da die höchsten Stadtratsämter nur römischen Bürgern offenstanden.

· Sklaven und Freigelassene

Sklaverei gehört zur Antike wie die athenische Demokratie und der römische Senat. Ihren Ursprung hatte die Sklaverei im Krieg. Menschen als Teil der Kriegsbeute sind schon seit Homer bekannt. So wollte König Agamemnon die schöne Briseis, eigentlich von Achill »erbeutet«, für sich. Achill schmollte und kämpfte daraufhin nicht mehr gegen die Trojaner, bis er sie von Agamemnon – mit der Versicherung, sie nicht angerührt zu haben – zurückbekam. Zunächst kamen Sklaven also als Kriegsbeute in die griechischen Städte und nach Rom, dorthin vor allem in großer Zahl nach den Punischen Kriegen im 2. Jh. v. Chr. Später entwickelte sich ein florierender Sklavenhandel und bestimmte Plätze (etwa die Insel Delos) wurden zu zentralen Umschlagplätzen für Sklaven. Piraten und professionelle Menschenräuber bedienten die Nachfrage.

Aber nicht nur durch Krieg oder Raub konnten Menschen zu Sklaven werden, auch durch Überschuldung, wenn sie in sogenannte »Schuldknechtschaft« gerieten. In Athen und Rom war dies in der Frühzeit eine übliche Vorgehensweise reicher Herren gegenüber ihren abhängigen Schuldnern. Sklave war auch, wer von einer Sklavin geboren wurde. Das Gleiche galt ebenso für ausgesetzte Kinder (Kindesaussetzung war übrigens sehr verbreitet), die von zumeist weniger mitleidigen als habgierigen Menschen »gerettet« und aufgezogen wurden.

Ein Sonderfall waren die Heloten in Sparta. Die Spartaner, ohnehin bezüglich ihrer staatlichen und gesellschaftlichen Institutionen eine Ausnahme in der griechischen Staatenwelt, verfügten mit den Heloten über eine Art von Gemeinschaftssklaven, deren seltsamer Status von den antiken Quellen als »zwischen frei und unfrei« bezeichnet wurde. Die Heloten entstammten der Urbevölkerung des von den Spartanern etwa im 10. Jh. v. Chr. eroberten Landstrichs Lakonien (später auch Messenien) und waren im Gegensatz zu gewöhnlichen Sklaven nicht Eigentum einer anderen Person. Sie waren an die Scholle gebunden und durften nicht verkauft werden, sind also eher mit mittelalterlichen Leibeigenen zu vergleichen. Gleichzeitig wurden sie von der spartanischen Herrenschicht aufs Grausamste gequält und unwürdig behandelt.

Die Sklaverei war über 1000 Jahre eine nicht angezweifelte Institution und wurde auch von den Sklaven selbst nie infrage gestellt. Die Sklavenaufstände, die Rom in Bedrängnis brachten, sollten den Aufständischen zu ihrer eigenen Freiheit verhelfen, nicht aber die Abschaffung der Sklaverei bewirken. Die aufständischen Sklaven wollten vielmehr selbst gern einen Status erreichen, der ihnen den Erwerb von Sklaven ermöglichte. Frei nach Ludwig Uhland: »Der Knecht hat erstochen den edlen Herrn,/ Der Knecht wär selber ein Ritter gern« (Uhland, Die Rache).

Von modernen ethischen Standpunkten, das zeigt das Eingangszitat von Aristoteles, dem »Erfinder« der philosophischen Ethik, muss man sich bei der Betrachtung der antiken Sklaverei frei machen. In der Definition des Aristoteles ist der Sklave ein »beseeltes Werkzeug« (Nikomachische Ethik 1161b). Sklaven sind rechtlich gesehen also Sachen, sie werden gekauft und verkauft. Auch in diesem Zusammenhang ist der Rechtsstatus eine Sache, die sozialen Realitäten eine andere. Die Unterschiede bei der »Verwendung« von Sklaven könnten nämlich größer nicht sein. In den Bergwerken der Athener in Laureion oder in den Minen des römischen Spaniens wurden Sklaven in Ketten bei Dauerschichten und unter Peitschenhieben bis zu ihrem frühen Tod verschlissen. In den großen Landgütern römischer Senatoren schufteten menschliche Werkzeuge, die man nachts in Ketten legte. In Hafenbordellen in Ostia und im Piräus wurden Mädchen als Sexsklavinnen ausgebeutet. Gleichzeitig gab es aber Haussklaven, die fast zur Familie gehörten und respektierte Lehrer der Philosophie, die als Hauslehrer tätig waren. Zudem wurden Sklaven auch als Verwalter oder Geschäftsführer von Läden und Handwerksbetrieben eingesetzt.

· Lebenswege und Karrieren

So zeigt etwa die Grabinschrift eines jung verstorbenen Sklaven, dass er Geschäftsführer eines Krämerladens und seinem Besitzer und leiblichen Vater eng verbunden war. Dieser hat wohl auch den Grabstein gestiftet:

> »Vitalis, Sklave des Gaius Lavius Faustus und auch sein Sohn, als Sklave im Haus geboren, ist hier beigesetzt; er lebte 16 Jahre, war Krämer (institor) im *aprianischen* Laden [was das war, wissen wir nicht genau, vielleicht einfach der Name des Lokals »Laden des Aprianus«] von den Leuten hier gern gesehen, von den Göttern aus dem Leben gerissen. Ich bitte euch, die ihr euren Weg an meinem Grab vorbei nehmt, seht mir nach, wenn ich euch etwas weniger als das Maß zuteilte, um (das Erübrigte) meinem Vater geben zu können. Bei den Göttern des Himmels und der Unterwelt bitte ich, lasst euch meinen Vater und meine Mutter (bei künftigen Einkäufen) empfohlen sein. Und leb wohl!« (CIL III, 14206, 21)

Manche im Wirtschaftsleben beschäftigte Sklaven konnten auf eigene Rechnung arbeiten, wobei sie einen vereinbarten Zins beim Herrn ablieferten. Vom erwirtschafteten Vermögen konnten sie sich freikaufen. Darüber hinaus gab es auch Sklaven im »öffentlichen Dienst« in Rom, etwa amtliche Schreiber, Archivsklaven oder Begleiter von Amtspersonen. In Athen bestand sogar die Polizeitruppe, die »Skythischen Bogenschützen«, aus Sklaven. Die Tätigkeiten, die Sklaven ausübten, waren überaus vielfältig; kaum ein Bereich, den sie nicht abdeckten. Auch gab es enorm gefragte Spezialisten, etwa den Bergwerkssklaven Sosias, den der athenische Politiker und Bergbauunternehmer Nikias im 5. Jh. v. Chr. für ein Talent (6000 Drachmen, ca. 26 kg Silber) gekauft hatte. Dieser verstand sich aufs Aufspüren von Lagerstätten, eine Begabung, durch welche sich sein Kaufpreis in kurzer Zeit amortisiert haben dürfte.

In einigen Bereichen der Wirtschaft (s. Teil II Kap 3.) war Sklavenarbeit durchaus wichtig, sie dominierte aber keineswegs in dem Maße – nicht einmal in den Minen – die ökonomischen Prozesse, wie man früher vor allem vor dem Hintergrund marxistischer Theoriebildung angenommen hat. So gab es für alle Arbeitsbereiche auch

Lohnarbeiter, die ebenfalls eingesetzt wurden. Tagelöhner mussten nicht ernährt und untergebracht werden, sie empfahlen sich besonders für saisonale Arbeiten. Ein öffentlich ausgestellter Gesetzestext aus Portugal über die Bestrafung von Metalldieben in Minenbetrieben zeigt, dass sogar in den Bergwerken freie Arbeiter und Sklaven gleichermaßen beschäftigt waren. Er zeigt aber auch, dass Sklaven härteren, v. a. körperlichen Strafen ausgesetzt waren:

> »Hat jemand Erz entwendet und ist dabei ein Sklave, soll ihn der *procurator* [gemeint ist der *procurator metallorum*, der Leiter des Bergwerkdistrikts] auspeitschen und mit der Auflage verkaufen lassen, dass er dauernd in Ketten gehalten und in keinem Bergwerk oder Bergwerkdistrikt eingesetzt werden soll. Der Verkaufspreis soll seinem Herrn zustehen. Einen Freien soll der *procurator* mit Konfiskation belegen und auf Dauer aus dem Bergwerksdistrikt weisen.« (FIRA 1, 104)

Ein Problem für die römische Gesellschaft bildete die Gefahr von Sklavenaufständen, welche die römische Herrschaft für rund 70 Jahre zwischen 136 und 71 v. Chr. auf eine ernsthafte Probe stellte. Besonders auf Sizilien, wo aufgrund der intensiven Land- und Viehwirtschaft eine überproportional große Sklavenbevölkerung unter den allerunwürdigsten Bedingungen lebte, kam es zu Erhebungen. An der Spitze des ersten Aufstands (136–132 v. Chr.) standen ehemalige Kriegsgefangene, die einen unbändigen Freiheitswillen mit militärischen Kompetenzen verbanden. Die Tatsache, dass die Sklaven, die sich aufgrund der unmenschlichen Lebensbedingungen erhoben hatten, nun ihre früheren Herren zu Sklaven machten, zeigt, dass es ihnen keineswegs um die Abschaffung der Sklaverei ging, sondern nur um die Erringung ihrer persönlichen Freiheit. Dass es nicht in der Absicht der Aufständischen lag, etwas an den bestehenden gesellschaftlichen Verhältnissen zu verändern, verdeutlicht nicht allein die Tatsache, dass die nun Versklavten für ihre neuen Herren Waffen produzieren mussten, sondern auch der Umstand, dass die neuen Machthaber nach dem Vorbild hellenistischer Herrscherhäuser einen Hofstaat mit Leibgarde um ihren neu gewählten König einrichteten (und sogar Münzen prägten). Es ging also keineswegs darum, bestehende Institutionen wie die Sklaverei abzuschaffen. Die Römer indes wurden der gefährlichen Situation in Sizilien bei Ausbruch des ersten Sklavenaufstandes erst nach vier Jahren Herr.

Als größte Bedrohung jedoch entpuppte sich der berühmte Spartakusaufstand (73–71 v. Chr.). Um eine Gruppe entflohener Gladiatorensklaven unter Führung des Thrakers Spartakus sammelten sich in Kampanien Tausende unzufriedene Sklaven aus Land- und Viehwirtschaft, aber auch arme freie Bauern und Handwerker. Mit wachsendem Erfolg des herausragenden Feldherrn Spartakus schlossen sich immer mehr Unzufriedene den Aufständischen an (insgesamt sollen es zwischen 60 000 und 120 000 gewesen sein). Nachdem die Römer, die in äußerster Not ihre besten Feldherrn aufboten (neben Marcus Licinius Crassus auch Pompeius und Marcus Lucullus), endlich den Aufstand niedergerungen hatten, ließ der Sieger Crassus 6000 gefangene Aufständische an der Via Appia entlang kreuzigen, um ein Exempel zu statuieren.

Dass solche Aufstände doch verhältnismäßig selten blieben, liegt nicht nur an der restriktiven Unterdrückung der Sklaven und an den drakonischen Bestrafungen derer, die dennoch den Aufstand wagten, sondern vor allem an der Freilassungspraxis, die besonders in Rom sehr liberal ausfiel. Viele Sklaven, besonders in handwerklichen Berufen und im Hausdienst, konnten sich berechtigte Hoffnungen machen zu Lebzeiten ihres Herrn durch eine Freilassungsurkunde oder testamentarisch bei dessen Ableben die Freiheit zu erlangen. Auch aus Griechenland, vor allem aus Athen, kennen wird diese Praxis, jedoch war sie dort weit weniger verbreitet als in Rom. Berühmtestes Beispiel ist das Finanzgenie Pasion (ca. 430–370 v. Chr.). Dieser arbeitete als Sklave in der Bank zweier athenischer Bürger. Er erwies sich als hervorragender Manager und wickelte komplizierte Kreditgeschäfte mit viel Gewinn ab, sodass die Besitzer nicht ihren offenbar unbegabten Söhnen die Bank vererbten, sondern dem Sklaven Pasion, den sie aber vor dem Erbfall freigelassen hatten. Pasion wurde dadurch rechtlich gesehen ein Fremder, ein Metöke. Als solcher zahlte er die Fremdensteuer, ging aber eifrig seinen Bankgeschäften nach und investierte den Gewinn in die verschiedensten Unternehmungen, etwa in eine Schildmanufaktur, in der er 60 Sklaven beschäftigte. Er erwies sich gegenüber der Stadt als großzügiger Mäzen, richtete mit eigenem Geld Kriegsschiffe aus und stiftete 1000 Schilde aus seiner Produktion. Für seine Verdienste um die Stadt wurde er sogar – und das ist ein ganz seltener Fall – mit dem Bürgerrecht belohnt. Jetzt konnte er – da endlich Bürger von Athen und zum Kauf von Land berechtigt – ins Immobilien- und Hypothekengeschäft einsteigen.

War Pasion in Athen ein Sonderfall, so waren ähnliche Biographien in Rom geradezu typisch geworden, da Freilassungen dort zur

Aufnahme in die Bürgerschaft führten. Die Römer hatten eine Vielzahl von Regelungen bezüglich der rechtmäßigen Versklavung von Menschen, die in der Kaiserzeit von Juristen in einer komplexen Kasuistik beschrieben wurden und auch Sonderfälle wie den (betrügerischen) Selbstverkauf behandeln. Es existierten detaillierteste Vorschriften, etwa dass eine freie Frau, die trotz Verwarnung durch den Ehemann eine außereheliche Beziehung zu einem Sklaven hat, selbst zur Sklavin werden kann (und zwar des Herren des ehebrecherischen Sklaven), oder dass der Verkauf von Sklaven zu den Gladiatorenspielen oder Tierhatzen nur mit Zustimmung des Kaisers möglich war.

Entsprechend war auch die Freilassung gesetzlich genau geregelt und konnte in mehreren, von symbolischen Akten und Dokumenten begleiteten Formen erfolgen. Bei formlosen Freilassungen durch Freilassungsbrief oder bei Gelagen unter Freunden erwarb der Freigelassene nur das beschränkte latinische Bürgerrecht. Er konnte aber durch einen rechtsgültigen Akt vor einem Beamten auch später noch das volle römische Bürgerrecht erhalten. Gewöhnlich erwarben die ehemaligen Sklaven sogleich das volle Bürgerrecht, die Romanitas, durch eine rituelle Freilassung vor einem römischen Magistrat oder durch ein gültiges Testament ihres Besitzers. Die erworbene Freiheit war indes nicht frei von Auflagen. So erhielt der Sklave den Namen des Patrons und war ihm und seiner Familie zeitlebens zu Diensten verpflichtet. Auch konnte ein Freigelassener nicht Legionär werden oder für öffentliche Ämter kandidieren. Das war erst seinen Nachkommen möglich, dann aber uneingeschränkt. Auch die Nachkommen fühlten sich in der Regel dem Patron und seiner Familie verpflichtet und wurden nicht selten zu dessen Klienten.

· Freigelassene als Vektoren von Wirtschaft und Gesellschaft

Die Freigelassenen und ihre wirklich freien Nachkommen bildeten das Fundament des römischen Mittelstands in Handel und Handwerk. Einige gelangten auch in politische Schlüsselpositionen, etwa als kaiserliche Freigelassene in der Finanzverwaltung. Ausnahmeerscheinungen waren Freigelassene von herausragendem Rang, etwa Narcissus, der Vertraute des Kaisers Claudius und seiner übel beleumundeten Frau Messalina, die großen politischen Einfluss ausübte. Auch eher selten sind die Aufstiegsgeschichten »vom Freigelassenen zum Millionär«, aber auch diese gab es wirklich und nicht nur in der literarisch-übertreibenden Darstellung im »Satyricon« des Petronius Arbiter, einem Senator und Schriftsteller aus der Zeit Neros. Der ältere Plinius berichtet von einem Fall, der in Rom für Aufsehen sorgte (Naturgeschichte 34,11–12): Ein gewisser Clesippus, ein Sklave, der als Tuchwalker arbeitete, wurde von einer reichen Dame als Zugabe zu einem wertvollen Armleuchter bei einer Auktion gekauft. Die Dame namens Gegania verliebte sich unsterblich in den nach Plinius hässlichen und buckligen Burschen, machte ihn zu ihrem Geliebten, ließ ihn auch frei und setzte ihn als Erben ein. Als Besitzer eines sehr großen Vermögens verehrte er nach Geganias Tod statt der Götter jenen Armleuchter, dem er seine Erhebung und seinen Reichtum verdankte. Dass an der Geschichte etwas dran sein muss, zeigt die erhaltene Inschrift des Grabmals des Clesippus Geganius (so nannte er sich im Andenken an seine Geliebte und Gönnerin), in der er mit seinen Ehrentiteln prahlt (CIL I 1004; ILLRP 696).

· **Soziale Mobilität**

Schon die Freigelassenen hatten die Möglichkeit zu sozialem Aufstieg, besonders die geschäftstüchtigeren unter ihnen. Obwohl noch mit beschränkten Bürgerrechten ausgestattet, konnten sie den Grundstein für die Karrieren ihrer Nachkommen legen. Denn gerade in den Landstädten waren es vor allem die wohlhabenden Nachkommen von Freigelassenen, die in die Führungsschicht aufsteigen konnten. Insgesamt zeigt das römische Einbürgerungssystem, das Fremde (durch Militärdienst) und ehemalige Sklaven (die auch exotischer Herkunft sein konnten) integrierte und demographische Probleme, die durch Kriege, Bürgerkriege und Elitenwandel entstanden waren, lösen half, wohl so etwas wie die »Zauberformel« der beachtlichen Stabilität im römischen Weltreich. Dass sich auch Spitzenpositionen für Emporkömmlinge öffneten und der Standesdünkel der Senatoren immer weniger zu Buche schlug, war ein Zeichen sozialer Wandlungsfähigkeit und Mobilität, die für die dynamische Entwicklung des Imperiums maßgeblich verantwortlich waren. Diese Veränderung lässt sich in Graden auch an den biographischen Daten der Kaiser ablesen: Zunächst gelangten mit den Flaviern Angehörige des Ritterstandes, dann mit Trajan und Hadrian Angehörige der spanischen Provinzaristokratie und am Ende gar mit Septimius Severus ein Nordafrikaner, der schlechtes Latein mit punischem (!) Akzent gesprochen haben soll, zum Kaisertum.

· Vom Sohn eines Freigelassenen auf den Kaiserthron

Die beachtliche Durchlässigkeit der römischen Gesellschaft lässt sich bei allen Erfolgsgeschichten, die sich erzählen lassen, nicht mit der vertikalen sozialen Mobilität moderner, demokratischer Gesellschaften vergleichen. Den prinzipiell möglichen Aufstieg konnten doch nur diejenigen schaffen, die über die wirtschaftlichen Voraussetzungen verfügten. Der Tuchwalker hätte ohne die Liebe der Gegania wohl weiter in seinem Färbereibetrieb geschuftet, selbst wenn er das irgendwann als Freigelassener auf eigene Rechnung hätte tun können. Dennoch sind die Geschichten vom Aufstieg durch Leistung eindrucksvoll, der mit einer Portion Glück gewürzt, doch einigen markanten Persönlichkeiten im Römischen Reich gelungen ist. Kardinalbeispiel ist sicher Kaiser Pertinax, der, von der Geschichtsschreibung als überaus ehrenwerter Römer und Soldat beschrieben, die Idealbesetzung nach dem Tod des tyrannischen Commodus gewesen war, bevor er nach nur drei Monaten im Amt von meuternden Prätorianern erschlagen wurde.

Über diese in der Tat außergewöhnliche Karriere des Sohnes eines Freigelassenen (also eines ehemaligen Sklaven!), die sich nur mit der sprichwörtlichen Karriere vom Tellerwäscher zum Millionär des »amerikanischen Traums« vergleichen lässt, sind wir aufgrund der guten Überlieferung (neben der Historia Augusta auch eine wichtige Inschrift, die den *cursus honorum* nachvollzieht, AE 1963, 52) ausführlich informiert. Der spätere Imperator von niederster Geburt war zunächst Lehrer *(grammaticus),* bevor er durch Beziehungen als Centurio in der Armee Aufnahme fand. Dort machte er aufgrund seiner herausragenden Leistungen Karriere und gewann auch die Gunst wichtiger Leute, die sein Führungstalent erkannten. Als ritterlicher und später senatorischer Beamter holte er für Antoninus Pius, Marc Aurel und Commodus an gefährlichen Brennpunkten die Kohlen aus dem Feuer und erwies sich als ausgezeichneter Organisator und Verwalter auf zivilen und militärischen Posten in Syrien, Britannien, Italien, Dakien, Pannonien u. v. m. Während seiner Karriere war er praktisch in jedem Teil des großen Reichs einmal dienstlich tätig gewesen und kannte wie wohl kaum ein anderer das gesamte *Imperium Romanum* aus eigener Anschauung. Seine Karriere fällt in die Zeit der Markomannenkriege, in der das Reich an seine Belastbarkeitsgrenze stieß und zunehmend auch fähige Offiziere von niederer Herkunft aufgrund ihrer Leistungen steile Karrieren machen konnten. Bei aller Einzigartigkeit zeigt die Karriere des Pertinax doch die zumindest im antiken Vergleich prinzipiell enorm durchlässige römische Sozialstruktur der Kaiserzeit.

In Griechenland war die soziale Mobilität wesentlich geringer ausgeprägt und politische Ämter waren sozialen Aufsteigern nicht zugänglich, da sie an das Bürgerrecht gebunden waren. Im 5. Jh. v. Chr. entstand jedoch in Athen innerhalb der Bürgerschaft ein neuer Geldadel, der von den alten Familien mit Argwohn betrachtet und von den Komödiendichtern verspottet wurde. Lampenfabrikanten und Hersteller von Lederwaren gelang es mittels ihres Vermögens zu bedeutenden Führungsgestalten und Anführern des Volkes (Demagogen) zu werden. Im Hellenismus änderten sich die Verhältnisse jedoch. Es gelang nun auch vielen Griechen und Makedonen, die keineswegs in ihrer Heimat zum alten Adel gehörten, in den sich neu formierenden Reichen Karriere zu machen und auf militärischen und administrativen Posten, vor allem aber im höfischen Umfeld tätig zu werden. Der bereits genannte Zenon von Kaunos ist hierfür ein gutes Beispiel (s.o. Teil I Kap. 3.1.). Aber auch in den griechischen Städten, in denen wir eine Honoratiorenschicht durch die Ehreninschriften ausmachen können, müssen wir hinter den durch ihren Reichtum und ihre Spendenbereitschaft fürs öffentliche Wohl hervortretenden Wohltätern der Führungsschicht ökonomische Aufsteiger vermuten, obwohl wir über deren Herkunft und familiären Hintergrund oft nicht genug wissen.

Lektürehinweise:
Die antike Gesellschaftsgeschichte wird für Griechenland von Gschnitzer (2013), für Rom von Alföldy (2011) in einschlägigen Handbüchern dargestellt. Sklaven und Freigelassene sind Thema des umfassenden und dennoch übersichtlichen Buchs von Herrmann-Otto (2009).

2.
ADLIGE LEBENSWELTEN IN GRIECHENLAND UND ROM

Um die in einer Darstellung wie dieser doch recht abstrakt erscheinenden sozialen Gegebenheiten der Antike etwas plastischer und vielleicht auch einprägsamer zu veranschaulichen, möchte ich im Folgenden mittels einschlägiger Quellenstellen auf die »Lebenswelten« der griechischen und römischen Oberschicht eingehen, über die wir nun einmal die meisten Informationen haben. Die Reichen und die Mächtigen machten und machen eben die Geschichte, besonders die des Altertums. Zeitgenössischen Schriftstellern und Historiographen fehlte in der Antike noch der Sinn für Genderforschung und Sozialgeschichte. Ihnen lag mehr an den großen Männern (seltener Frauen), die epochenbedingt aus einer von Prestige, Herkunft, Ansehen und materiellem Wohlstand geprägten Oberschicht stammten.

· Der Adel im archaischen Griechenland: Hochzeiten und Wettkämpfe

Der griechische Adel der archaischen Zeit war, es wurde oben schon angesprochen (Teil I. Kap. 1.1.), von einer Wettstreitkultur geprägt. Von ihr gingen wichtige kulturelle Impulse aus und »das agonale Prinzip«. Die fast zwanghafte Lust, sich immer mit anderen messen zu wollen, war in der frühen griechischen Stadtkultur ein dynamischer Entwicklungsfaktor. Eine besondere Institution innerhalb der Gesellschaft der Besten, der *áristoi*, war das Symposion. Es war Ort des geistigen Austauschs und des politischen Gesprächs. Aber auch die Wettstreitkultur der frühen Griechen fand dort ihren Ausdruck: Vor allem aber wurde beim Symposion um die Wette gespielt. Wer war der beste Stegreifdichter unter den Gästen? Wer konnte beim Kottabosspiel den in der Trinkschale verbliebenen Rest Wein am treffsichersten mit Schwung ins Ziel schleudern (dazu Abb. 3)? Wer konnte das schönste Trinklied zum Besten geben? Eine berühmte Geschichte bei Herodot, die es wert ist, hier ausführlicher zitiert zu werden, illustriert diese Wettkampfkultur besonders anschaulich (Hdt. 6, 126 ff.):

»[Kleisthenes, der Tyrann von Sikyon], hatte eine Tochter namens Agariste, die er dem tapfersten und edelsten unter allen Hellenen, den er fände, zum Weibe geben wollte. Auf dem olympischen Feste gewann er einen Sieg mit dem Viergespann [576 oder 572 v. Chr.] und ließ durch einen Herold verkünden: wer unter den Hellenen sich würdig glaube, des Kleisthenes Schwiegersohn zu werden, möge am 60. Tag oder früher nach Sikyon kommen, weil Kleisthenes innerhalb eines Jahres von jenem 60. Tage ab die Hochzeit seiner Tochter feiern wolle. Da machten sich denn alle Hellenen, die auf sich und ihre Vaterstadt stolz waren, als Freier auf nach Sikyon, und Kleisthenes richtete eine Rennbahn und einen Ringplatz ein.«

Viele Freier reisten in der Folge nach Sikyon, Herodot gibt einen ganzen Katalog von Namen an, aber aus Athen kamen zwei besonders vielversprechende Kandidaten:

»Aus Athen kamen Megakles, [...], und Hippokleides, Sohn des Teisandros, der in Athen an Reichtum und Schönheit hervorragte [...]. Diese Freier erschienen alle zu dem festgesetzten Tage. Kleisthenes fragte sie zunächst jeden nach seiner Vaterstadt und seinem Geschlecht und hielt sie nun ein Jahr lang fest. Er prüfte ihre Männlichkeit, ihre Gemütsart, ihre Bildung, ihren Charakter, er sprach mit jedem allein und mit allen zusammen, er führte alle Jüngeren auf die Ringplätze und vor allem beobachtete er sie beim Gelage. Solange sie in Sikyon blieben, tat er das unausgesetzt, und dabei bewirtete er sie gar großartig. Am besten gefielen ihm die Freier aus Athen und unter ihnen besonders Hippokleides [...] nicht bloß wegen seiner edlen Männlichkeit, sondern wegen seiner Abstammung von den Kypseliden in Korinth [Kypselos, nach dem dieses Geschlecht benannt ist, war der erste Tyrann dort, A. R.].

Als nun der Tag erschien, an dem die Hochzeit gefeiert werden und Kleisthenes die getroffene Wahl verkünden sollte, opferte er 100 Rinder und lud die Freier und ganz Sikyon zum Schmaus ein. Nach dem Mahl wetteiferten die Freier im Vortrag von Liedern und Scherzen. Hippokleides übertraf alle anderen, und endlich hieß er den Flötenspieler einen Tanz spielen. Der Flötenspieler tat es, und Hippokleides tanzte. Nun gefiel er sich selber beim Tanze zwar sehr, aber nach dem Sinn des zuschauenden Kleisthenes war das alles durchaus nicht. Nach einer Pause ließ Hippokleides einen Tisch hereinbringen und tanzte auf dem Tische, zuerst auf lakonische Art, dann auf attische Art, und zum dritten stellte er sich auf den Kopf und machte Gebärden mit den Beinen. Kleisthenes hielt bei dem ersten und bei dem zweiten Tanz noch an sich, obwohl ihm der Gedanke gar nicht mehr gefiel, dass dieser schamlose Tänzer sein Schwiegersohn werden sollte [man bedenke, dass man seinerzeit keine Unterhosen trug]. Als er ihn aber mit den Beinen eine Pantomime aufführen sah, konnte er nicht mehr an sich halten und rief aus: ›O Sohn des Teisandros, du hast deine Hochzeit vertanzt.‹ Hippokleides antwortete: ›Das kümmert Hippokleides nicht.‹ Daher stammt das bekannte Sprichwort von Hippokleides.

Kleisthenes gebot nun Stille und sprach folgendermaßen zu den Versammelten: ›Freier meiner Tochter! Ihr seid mir alle lieb, und ich möchte, wenn es möglich wäre, euch allen euren Wunsch erfüllen, nicht einen unter euch auswählen und alle anderen abweisen. Aber da ich nur eine Tochter zu vergeben habe, kann ich nicht alle befriedigen und will jedem Zurückgewiesenen ein Talent Silbers [zu jener Zeit etwa 36 kg, später 26 kg] zum Geschenk geben, weil er meine Tochter hat freien wollen und in der Fremde hat weilen müssen. Meine Tochter Agariste aber verlobe ich dem Megakles, Sohn des Alkmeon, nach dem Eherechte der Athener.‹ Megakles erklärte sich bereit, und so war die Heirat festgesetzt.«

Diese Geschichte, die wegen des Sprichwortzitats mit hoher Wahrscheinlichkeit sogar wenigstens in den Grundzügen wahr ist, liefert Belege für mehrere Aspekte der griechischen Adelskultur: Einerseits bezeugt sie die Bedeutung von geistreichen Wettkämpfen bei Symposien, bei denen die Teilnehmer gewissermaßen ihre intellektuellen und künstlerischen Kompetenzen unter Beweis stellen mussten, andererseits betont die Versuchsanordnung des Kleisthenes auch den Rang des sportlichen und damit körperbetonten Wettkampfs für den griechischen Adel, besonders des den Reichsten vorbehaltenen Pferderennsports. Darüber hinaus verweist die Anekdote noch auf einen sozialgeschichtlichen Sachverhalt. Der frühgriechische Adel der Poliswelt war »international« gut vernetzt. Man pflegte oft über Generationen Gastfreundschaften und verheiratete die Nachkommenschaft untereinander, wenngleich nicht jeder bei der Brautschau einen solchen Aufwand betrieben haben wird, wie der glanzvolle Kleisthenes, dessen Enkel gleichen Namens in Athen diejenigen Reformen im Jahr 508/7 v. Chr. umsetzte, die allgemein als Geburtsstunde der Demokratie angesehen werden.

· Die römische Nobilität im Wettstreit mit den Ahnen: Das römische Leichenbegängnis

Die römische Nobilität, die sich nach den Ständekämpfen aus alteingesessenen Patriziern und den dynamischsten Familien der Plebejer neu formierende Oberschicht, war – wie oben angedeutet – in entscheidendem Maß für den Aufstieg Roms verantwortlich. Ihr mit der Institution des Senats praktisch ausgeübter und gelebter Zusammenhalt blieb bis in die Revolutionszeit hinein Garant für die innere Stabilität Roms. Zu den wichtigsten Wertvorstellungen dieser Führungsschicht, deren Familien ihren Rang danach bemaßen, ob und wie viele Mitglieder der *gens* zum Konsul gewählt worden waren, gehörte die *virtus*, die Tüchtigkeit. Sie ließ sich vor allem im Bereich militärischer Leistung und einer auf das Staatswohl gerichteten Opferbereitschaft unter Beweis stellen. Innerhalb ihrer Standesgenossen und vor dem Volk waren die Angehörigen der Nobilität stets bemüht, ihre persönlichen Leistungen und die ihrer Familie für den Staat herauszustreichen. Bestätigung dafür erhielten sie durch Ehrungen, deren höchste die Verleihung von Ämtern und die mit dem Rang der Ämter steigende Autorität im Senat waren. Dazu kamen Ehrentitel oder das nach militärischen Erfolgen bisweilen vom Senat gewährte Recht, in Rom einen Triumph abzuhalten, also eine Art Militärparade unter Vorführung der Gefangenen und der Beute auf einem Wagen anzuführen.

Diese von vielen symbolischen Elementen und durch festgelegte Rangordnungen geprägte soziale Hierarchie und der Wille sich und die *gens*, der man angehörte, in dieser Hierarchie voranzubringen, wurden durch ein ganz eigenes Ritual aus dem Bereich der Erinnerungskultur zum Ausdruck gebracht. Polybios, der ganz andere Verhältnisse aus Griechenland gewöhnt war, berichtet daher mit scharfem ethnologischem Forscherblick von einem durch und durch römischen Phänomen, das er als teilnehmender Beobachter im Kreise seiner den angesehensten Familien angehörenden Freunde studieren konnte: die symbolisch dichte Gestaltung der Leichenbegängnisse bei den *nobiles*, die *pompa funebris*.

> »Wenn in Rom ein angesehener Mann stirbt, wird er im Leichenzug in seinem ganzen Schmuck nach dem Markt zu den sogenannten *rostra*, der Rednertribüne, geführt, meist stehend, damit ihn alle sehen können, nur selten sitzend. Während das ganze Volk ringsherum steht, betritt entweder, wenn ein erwachsener Sohn vorhanden und anwesend ist, dieser, sonst ein anderer aus dem Geschlecht die Rednertribüne und hält eine Rede über die Tugenden des Verstorbenen und über die Taten, die er wäh-

rend seines Lebens vollbracht hat. Diese Rede weckt in der Menge, die durch sie an die Ereignisse erinnert wird und sie wieder vor Augen gestellt bekommt, und zwar nicht nur bei den Mitkämpfern, sondern auch bei den nicht unmittelbar Beteiligten, ein solches Mitgefühl, dass der Todesfall nicht als ein persönlicher Verlust für die Leidtragenden, sondern als ein Verlust für das Volk im ganzen erscheint. Wenn sie ihn dann begraben und ihm die letzten Ehren erwiesen haben, stellen sie das Bild des Verstorbenen an der Stelle des Hauses, wo es am besten zu sehen ist, in einem hölzernen Schrein auf. Das Bild ist eine Maske, die mit erstaunlicher Treue die Bildung des Gesichts und seine Züge wiedergibt. Diese Schreine öffnen sie bei den großen Festen und schmücken die Bilder, so schön sie können, und wenn ein angesehenes Glied der Familie stirbt, führen sie sie im Trauerzug mit und setzen sie Personen auf, die an Größe und Gestalt den Verstorbenen möglichst ähnlich sind. Diese tragen dann, wenn der Betreffende Konsul oder Prätor gewesen ist, Kleider mit einem Purpursaum, wenn Zensor, ganz aus Purpur, wenn er aber einen Triumph gefeiert und dementsprechende Taten getan hat, goldgestickte. Sie fahren auf Wagen, denen Rutenbündel und Beile und die anderen Insignien des Amtes, je nach der Würde und dem Rang, den ein jeder in seinem Leben bekleidet hat, vorangetragen werden, und wenn sie zu den *rostra* gekommen sind, nehmen alle in einer Reihe auf elfenbeinernen Stühlen Platz. Man kann sich nicht leicht ein großartigeres Schauspiel denken für einen Jüngling, der nach Ruhm verlangt und für alles Große begeistert ist. Denn die Bilder der wegen ihrer Taten hochgepriesenen Männer dort alle versammelt zu sehen, als wären sie noch am Leben und beseelt, wem sollte das nicht einen tiefen Eindruck machen? Was könnte es für einen schöneren Anblick geben? Wenn nun der Redner über den, den sie zu Grabe tragen, gesprochen hat, geht er zu den anderen über, die da auf den *rostra* versammelt sind, und berichtet, mit dem Ältesten beginnend, von den Erfolgen und Taten eines jeden. Da auf diese Weise die Erinnerung an die Verdienste der hervorragenden Männer immer wieder erneuert wird, ist der Ruhm derer, die etwas Großes vollbracht haben, unsterblich, das ehrende Gedächtnis der Wohltäter des Vaterlandes bleibt im Volke wach und wird weitergegeben an Kinder und Enkel. Vor allem aber wird die Jugend angespornt, für das Vaterland alles zu ertragen, um ebenfalls des Ruhmes, der dem verdienten Manne folgt, teilhaft zu werden. Dies wird durch folgendes bestätigt. Viele Römer haben sich freiwillig zum Zweikampf gemeldet, um damit den römischen Sieg zu entscheiden, nicht wenige haben den sicheren Tod gewählt, teils im Krieg, um die anderen zu retten, teils im Frieden, um die Existenz des Staates zu sichern. Einige haben sogar als Träger eines Amtes ihre eigenen Söhne hinrichten lassen, da sie die Wohlfahrt des Landes höher achteten als die Liebe zu denen, die ihnen am teuersten waren.« (6, 53)

Das Faszinierende am Text von Polybios ist, dass er als außenstehender Beobachter genau erkannt hat, welche immense Bedeutung diese Begräbniszeremonien für den Zusammenhalt der römischen Gesellschaft gehabt haben. Zudem gelingt es ihm diese präzise zu beschreiben, auch ohne soziologische Kategorien wie »symbolisches Kapital« oder semiotische Analysekriterien zu bemühen, ohne die heute trotz zweifelhaften Erkenntnisgewinns kein historisches Buch mehr geschrieben werden kann. Entsprechend einfach lässt sich anhand des Texts erläutern, welche Funktion diese ritualisierte Darstellung von Erinnerungskultur innerhalb der römischen Nobilität hatte.

Zunächst berichtet Polybios von dem Brauch, dass nach dem Tod eines illustren Mitglieds der Führungsschicht am öffentlichen Versammlungsplatz (auf der Rednertribüne des Forums) mittels einer vom Sohn oder einem nahen Verwandten gehaltenen Rede an die Taten und Leistungen des Verstorbenen erinnert wird. Dies ist bei vielen Völkern Brauch und auch heute in unseren modernen Gemeinwesen bei Staatsbegräbnissen ganz ähnlich. Im weiteren Verlauf des Berichts erfahren wir jedoch von ganz ungewöhnlichen Praktiken, die uns – wie offenbar dem Polybios auch – als ein »Voodoo-Mummenschanz« erscheinen müssen. Denn das eigentlich symbolisch Bedeutsame beim Leichenbegängnis ist nicht die Rede des Sohnes auf den gerade Verstorbenen, sondern die Inszenierung eines komplexen Ahnenkults.

Zentrale Medien dieses Ahnenkultes sind die veristischen Totenmasken der Ahnen, die – wie wir aus anderen Quellen wissen – im Atrium der großzügigen Stadthäuser der Adelsfamilien ausgestellt sind. Die wächsernen Porträtbilder wurden mit *tituli* versehen, also Beschriftungen, die über den Rang des durch die Maske verkörperten Ahnen Auskunft geben. Hinter der kurzen Bemerkung, die Porträtmasken befänden sich am sichtbarsten Ort des Hauses, verbirgt sich eine weitere Realität, die noch erläutert werden muss: Das Atrium war der öffentlichste Bereich des Hauses, in welchem Gäste vom Hausherr empfangen wurden und in dem jeden Morgen die Klienten dem Patron ihre Aufwartung machten *(salutatio)*. So wurde jedem Besucher sogleich gewahr, welches Prestige die Familie des Hausherrn über Jahrhunderte angesammelt hatte, wenn er an den Schreinen entlang ging und die mit den Rangbezeichnungen beschrifteten Porträts der Triumphatoren, Zensoren, Konsuln usw., welche die *gens* des Hausherrn hervorgebracht hatte, studierte. Wie genau diese Wachsporträts ausgesehen haben, lässt sich nur erahnen, da aufgrund des Materials keine dieser Masken es in eine archäologische Sammlung geschafft hat. Der sogenannte »Togatus Barberini« (Abb. 9) kann einen Anhaltspunkt liefern. Die Großplastik zeigt einen Angehörigen der Nobilität mit Ahnenporträts als Embleme seines Standes.

Die eigentliche Rolle der Masken der Vorfahren im Kontext eines komplexen Rituals der römischen Erinnerungskultur wird uns anhand ihrer Verwendung und öffentlichen Zurschaustellung beim Leichenzug verdeutlicht: Schauspieler tragen die Masken und verkörpern im Wortsinne die gesamte stolze Ahnenreihe. Die *maiores* (Ahnen) treten beim Leichenzug mit den Insignien ihrer höchsten Ämter und Ehrungen auf. Der Triumphator trägt die goldverbrämte rote Toga, Zensoren, Konsuln und Prätoren werden in ihrer jeweiligen Amtskleidung von Liktoren mit Rutenbündeln angeführt. So funktioniert die öffentliche Erinnerung der römischen Adelsgeschlechter: Nicht biologische Vorfahren werden in einer Reihe präsentiert – die »Minderleister«, die nicht ganz so glänzende Karrieren gemacht hatten und vielleicht nur Ädil geworden sind, werden beim Leichenzug übergangen –, sondern nur die seltsam zeitlose Ahnenreihe der erfolgreichsten Leistungsträger der Familie wird öffentlich memoriert. Aber das mit allen medialen Mitteln: Nicht nur die leibhaftige, geisterhafte Prozession der Vorfahren führt eindrucksvoll vor, auf welchen Leistungen für den Staat die Familientradition aufgebaut ist, auch Reden bringen vor dem Volk in Erinnerung, was die großen Männer einst vollbracht haben. Denn der Redner lässt nicht nur die Karriere des gerade Verstorbenen Revue passieren, sondern geht zu den auf der Rednerbühne platzierten Maskenträgern hin und ruft deren Großtaten vor versammeltem Volk in Erinnerung. Welch eindrucksvolle Schau! Aber nicht nur die Erinnerung an die Leistungen der Vorfahren wachzuhalten ist die soziale Funktion dieses eindrucksvollen Rituals der römischen Nobilität, sondern wie Polybios messerscharf erkannte, auch die sich daraus ergebende Verpflichtung für die zukünftige Generation: »Vor allem aber wird die Jugend angespornt, für das Vaterland alles zu ertragen, um ebenfalls des Ruhmes, der dem verdienten Manne folgt, teilhaft zu werden.« Welche Last muss auf dem Sohn des Verstorbenen geruht haben, der vielleicht als weniger begabter Spross einer solchen Familie die Leichenrede auf seinen Vater hielt! Mit einem Kloß im Hals mag er gesehen haben, dass der geliebte Großvater, der nur Ädil war, nicht im Leichenzug dabei war, die Erinnerung an ihn gewissermaßen ausge-

Abb. 9: Der sog. »Togatus Barberini«, Darstellung eines römischen Adligen mit Ahnenmasken

löscht wurde. Die Verpflichtung auf die *res publica* und ihr Wohlergehen *(salus)*, die den Söhnen der großen Häuser mittels dieses Rituals eingehämmert wurde und das dem Volk die Opferbereitschaft ihrer Führungsschicht, die zurecht die Geschicke Roms lenkt, vor Augen führte, war die wichtigste Funktion dieses Geisterschauspiels. Nur ein solches Leistungsethos führt dann zu den für Polybios (und für uns Heutige wohl auch) doch schwer verständlichen »Leistungen« der Römer in Extremsituationen. Durch solchen symbolisch unterfütterten Zusammenhalt und Korpsgeist einer Elite wird verständlich, dass sich römische Feldherrn in Form der »devotio« in den sicheren Tod stürzten oder die Tötung des eigenen Sohns anordneten. Polybios spielt hier auf die legendenhaften historischen Berichte über frühe Konsuln an, wie etwa Aulus Postumius Tubertus, der seinen Sohn hinrichten ließ, weil er seinen Posten verlassen hatte, oder Titus Manlius Torquatus, der zur Aufrechterhaltung der Disziplin seinen Sohn wegen Befehlsverweigerung hinrichtete. Diese bei Livius überlieferten Geschichten mögen nicht stimmen, dass die Römer jedoch glaubten, ihre frühen Führer hätten für den Staat solche Opfer gebracht, unterstreicht die Bedeutung dieses Leistungsethos, das auch die Erinnerungsrituale bei der *pompa funebris* regiert.

Dass die herrschenden Familien auf diese Weise über enormes »symbolisches Kapital« verfügten, wusste auch der Feldherr Marius, ein *homo novus* aus bescheidenen Verhältnissen (und ohne Kenntnisse der modernen Soziologie). Er drückte dies nur konkreter und ohne Rückgriffe auf Theorien treffend in seiner Rede bei der Wahl zum Konsulat aus, als das Volk ihn aufgrund seiner persönlichen Leistungen als Anführer der Legionen 107 v. Chr. ins Oberamt wählte. Verbittert schmäht er, der ungeliebte Außenseiter, die dünkelhaften Senatoren von altem Adel:

> »Der Ruhm der Vorfahren [dieser Adeligen] ist für die Nachkommen wie Licht, und lässt weder das Gute noch das Schlechte im Verborgenen. Daran fehlt es mir, Römer, ich gebe es zu: aber das, was viel vortrefflicher ist, meine eigene Taten, ist es mir erlaubt zu nennen. Jetzt seht, wie ungerecht sie [die Nobilität] sind. Was sie aufgrund fremder Tüchtigkeit sich verschaffen, das wollen sie mir nicht zugestehen, natürlich weil ich keine Ahnenbilder habe *(quia imagines non habeo)* und weil mein adliger Stand neu ist, den sich erworben zu haben sicher besser ist, als angenommenen Adel verdorben zu haben *(quam certe peperisse melius est quam acceptam corrupisse)*.« (Sallust, Krieg gegen Jughurta, 85, 23–25)

Das enorme gesellschaftliche Kapital konnte aber auch wieder verspielt werden und gerade darin lag die Dynamik des Konkurrenzkampfes innerhalb der Nobilität. Alte Patrizierfamilien, die uns aus Konsullisten bekannt sind, verschwanden mit der Zeit ganz aus dem öffentlichen Leben in Rom, während andere plebejische Geschlechter sich etablierten oder wie Sternschnuppen nur kurz an der Spitze des Staates aufleuchteten. So stand nicht nur der einzelne *nobilis*, der sich beim Tod des Vaters die Leistungen der gesamten Familie vor Augen führen musste, unter enormem Druck. Die gesamte Führungsschicht, die sich bei den *pompae* dem Vergleich innerhalb der Gruppe und vor dem Volk aussetzte, musste diese Art von Schauspiel zum Ansporn nehmen, auch zukünftig nach Ruhm und Ehre zu streben. Dieser Wettstreit um Ansehen war der Motor der römischen Erfolge gewesen und die Nobilität hatte es bis ins 3. Jh. v. Chr. hinein geschafft, neue Männer zu integrieren. Dass sie im 2. Jh. v. Chr. so gut wie keine *homines novi* mehr akzeptierte, führte zusammen mit dem Unwillen, nötige Reformen von Wehrverfassung und Landaufteilung mitzutragen, zu dem kolossalen Eliteversagen, das das Ende der Republik markiert.

Lektürehinweise:
Der griechische Adel wird von Stein-Hölkeskamp (1989) untersucht, die mit dem Leichenbegängnis verbundenen Rituale der römischen Nobilität behandelt aus soziologisch-theoretischem Blickwinkel Flaig (2003).

3.
DIE ANTIKE WIRTSCHAFT

· Betrachtungsweisen

Dieses Kapitel muss gegen die anfangs aufgestellten Regeln nicht nur eine Forschungskontroverse erwähnen, sondern sogar mit ihr beginnen. Da es sich um eine spannende Frage handelt, mag das Abweichen vom Grundsatz, möglichst keine Fachstreitereien in dieses Büchlein hineinzutragen, vom Leser verziehen werden. Im Mittelpunkt der Kontroverse steht *die* Gretchenfrage in der Altertumswissenschaft, nämlich ob man die antike Wirtschaft analog zu den Formen der modernen Ökonomie unserer Zeit betrachten soll, oder die Erscheinungsformen ökonomischen Handelns in der Antike als etwas qualitativ ganz anderes begreifen muss. Diese Diskussion ist alt, sie geht auf eine Kontroverse am Ende des 19. Jh.s zurück, kann aber keineswegs als eindeutig gelöst gelten. Vielmehr ist aus ihr eine Glaubensfrage geworden. Diejenigen, welche die antike Wirtschaft als durchweg der modernen Marktwirtschaft vergleichbar betrachten, werden als »Modernisten« bezeichnet. Der diversifizierte Warenaustausch in großen Mengen über weite Strecken zur Gewinnmaximierung, die Entwicklung eines Bank- und Darlehenswesens, wie auch die Unterstützung von Handelstätigkeit durch den Staat seien überzeugende Elemente, so die Modernisten, dass trotz des Mangels an Interesse bei den Schriftstellern und trotz der geringen Anzahl eindeutiger Zeugnisse, die antike Wirtschaft nach den gleichen Prinzipien funktioniert habe wie die moderne.

Die »Primitivisten« oder »Neoprimitivisten« (weil bereits in der dritten Generation) orientieren sich hingegen an ethnologischen Modellen und verweisen auf den übergroßen Anteil der Landwirtschaft bei gleichzeitiger Geringschätzung aller Formen von Erwerbstätigkeit bei den griechischen und römischen Autoren sowie auf das Schweigen der Quellen hinsichtlich ökonomischer Motive politischen Handelns. Dies dient ihnen als Argument für ihre Auffassung von einem grundsätzlich anderen Stellenwert der Ökonomie in der antiken Kultur. Das Wertesystem der Griechen und Römer, das Landbesitz bevorzugte und an Status gebunden war, habe die Ausbildung eines rein an monetärem Profit orientierten Wirtschaftslebens verhindert. Nicht finanzieller/wirtschaftlicher Gewinn-, sondern Statusmaximierung sei das erstrebenswerte Ziel in antiken Gesellschaften gewesen.

Das Bemerkenswerte an dieser Kontroverse ist, dass beiden Richtungen bis zu einem gewissen Grad recht zu geben ist. Vordergründig haben zuletzt die Modernisten, die im neueren Sprachgebrauch gerne »Formalisten« genannt werden und das begriffliche Instrumentarium der modernen Wirtschaftswissenschaften auf die antike Welt anwenden (im Gegensatz zu den jetzt eleganter als »Substantivisten« bezeichneten ehemaligen Primitivisten), ein wenig Oberwasser bekommen. Zu eindrucksvoll sind die Zeugnisse des Fernhandels und des Warenverkehrs, der griechische und römische Güter bis nach Sri Lanka oder Indien gebracht hat. Die Archäologie hat in den letzten Jahren für einen enormen Zuwachs unserer Kenntnisse auf dem Gebiet der Handelsgeschichte geführt, der in der Konsequenz die enorme Komplexität der antiken Wirtschaft seit der Zeit des Hellenismus belegt. Und auch Skeptiker werden anerkennen müssen, dass es in der gesamten Antike einen von den Quellen nicht beschriebenen, aber archäologisch nachweisbaren enorm prosperierenden ökonomischen Sektor der antiken Gesellschaften gegeben hat, der ganz nach den grundsätzlichen Prinzipien der Marktwirtschaft funktionierte. Dennoch bleibt ein wichtiger Unterschied zwischen modernem und antikem Wirtschaftsverständnis bestehen: In der Antike dominierten immer die sozialen Erwägungen (Statusrepräsentation etc.) bei wirtschaftlichen Entscheidungen vor im eigentlichen Sinne ökonomischen. Entsprechend ist in den letzten Jahren eine »Pluralität des Zugangs« (Ruffing 2012, 25) zu diesem Thema zu beobachten und die Auseinandersetzungen sind nicht mehr ganz so heftig wie zuvor. Formalistisch-modernistische Deutungsansätze dominieren dennoch die neuere Debatte und haben – wenn man im Bild der Auseinandersetzung bleiben darf – den Sieg davongetragen.

· Wirtschaftspolitik?

Dennoch gibt es auch beträchtliche Unterschiede, die von den Modernisten nicht wegdiskutiert werden konnten. So gab es zum Beispiel – entgegen der Auffassung mancher Modernisten – keine Wirtschaftspolitik. Zwar hatten die antiken Staatswesen – dies nun entgegen der Auffassung mancher Primitivisten – ein genuines Interesse an konsequenter Ausbeutung ökonomischer und fiskalischer Ressourcen zur Realisierung von im eigentlichen Sinne »herrschaftlichen Zielen« (etwa Kriegsführung und -vorbereitung sowie Herrschaftsrepräsentation). Dennoch kann man bei dieser besonderen Form von »politischer Ökonomie« (so A. Eich in seinem Buchtitel) nicht von Wirtschaftspolitik im modernen Sinne sprechen. Während antike »Wirtschaftspolitik« lediglich die Versorgung des Staates und seiner Bürger mit Gütern sicherstellen will (ggf. auch sozialen Unfrieden vermeiden möchte) sowie nach Staatseinkünften durch Steuer- und Zollerhebung trachtet – allenfalls sporadisch in Märkte eingreift, um Missstände zu beheben –, erkennt moderne Wirtschaftspolitik eine funktionierende Warenwirtschaft als Grundlage von Wohlstand und Wachstum überhaupt, gewissermaßen sogar als Voraussetzung für das Funktionieren des Staates selbst. Entsprechend fördert der moderne Staat aus berechtigtem Eigeninteresse im Gegensatz zum antiken aktiv und systematisch Unternehmertum und freie Märkte, sorgt mittels Wettbewerbspolitik für Chancengleichheit. Das alles gab es in der Antike nicht. Wirtschaftspolitik im antiken Sinne wäre demnach nur in Bezug auf Herrschaft zu verstehen, denn Steuer- und Zollerhebung, wie auch Besoldung von Verwaltung und Heer sind zugleich wirtschaftliche und politische Grundstrukturen, an denen die Existenz der Herrschaft hängt.

Von primitivistischer Seite wird auch immer wieder nicht ganz zu Unrecht angeführt, dass es keine antike Fachliteratur zu ökonomischen Fragen gibt. Die Griechen und die Römer (vor allem aber die Griechen) dachten über vielerlei Dinge intensiv nach, über Fragen der Mathematik, der Zoologie, über Geschichte, Geographie, über das Sein an sich, wie über die rechte staatliche Ordnung. Wirtschaftliche Prozesse und ihre Wirkung auf Gesellschaft und Politik, Kategorien, die für unser Denken heute so elementar sind, interessierten antike Denker indes überhaupt nicht. Deswegen enthalten unsere historiographischen Hauptquellen auch keine expliziten Angaben über ökonomische Entwicklungen und streifen höchstens nebenbei Zusammenhänge, die wir heute als wirtschaftlich bedeutsam interpretieren. Angesichts der Tatsache, dass Wirtschaft und Handel im modernen Verständnis Grundlage jeder staatlichen und gesellschaftlichen Entwicklung sind, muss dieser Befund zunächst irritieren. Das Wort »Ökonomie« stammt gleichwohl aus dem Griechischen, und wird bei Aristoteles und Xenophon verwendet bzw. erklärt (*oikonomía* bei

Aristoteles, v. a. in der Nikomachischen Ethik, *oikonomikós* ist der Titel eines Werkes des Xenophon). Jedoch handelt es sich gerade beim Buch des Xenophon um eine Gattung der praktischen Handbuchliteratur, die die Führung eines Haushaltes (*oíkos* bedeutet Haus), also eines Landguts zum Gegenstand hat. Auch Aristoteles, der analytischer vorgeht, unterschied die Haushaltung der Haushaltsgemeinschaft *(oikonomía)* vom Handel oder Gelderwerb (Chrematistik), wobei Produktion und Handel von Aristoteles im Gegensatz zur Landwirtschaft gering geachtet wurden. Diese Form des Zugangs zur »Ökonomie« entspricht am ehesten demjenigen, den wir in Deutschland unter dem Begriff der Hausväterliteratur der frühen Neuzeit kennen. Andere im weitesten Sinne ökonomische Schriften, etwa Xenophons »Poroi«, beziehen sich vor allem auf die Staatseinkünfte.

Die generelle Geringschätzung von wirtschaftlicher Tätigkeit außerhalb des landwirtschaftlichen Bereichs ist ein weiteres Merkmal, das uns bei antiken Schriftstellern durchgehend begegnet. Auch dieser Sachverhalt verweist darauf, dass, obwohl faktisch und nachweisbar Handel und Wirtschaft eine zentrale Bedeutung bei der staatlichen und zivilisatorischen Entwicklung der antiken Gemeinwesen gespielt haben, ökonomische Zusammenhänge für die Zeitgenossen unwichtig waren und ökonomisches Handeln eher mit einer sozial unterlegenen Stellung verbunden wurde. Zur Landwirtschaft existierte hingegen reichlich, allerdings auf praktische Fragen ausgerichtete Fachliteratur (etwa von Cato, Varro und Columella).

· Dominanz der Landwirtschaft

Nun aber zu den inhaltlichen Fragen antiker Wirtschaftsgeschichte. Natürlich gibt es himmelhohe Unterschiede etwa zwischen den ökonomischen Verhältnissen der homerischen Welt, wie sie in der Ilias und der Odyssee beschrieben ist, und der von Fernhandel und Reederkonsortien geprägten Wirtschaftsgeschichte der römischen Kaiserzeit. Dennoch lassen sich gewisse allgemeingültige und die ganze Antike betreffende Grundzüge herausstellen. Wichtigste Feststellung in diesem Zusammenhang ist die absolute Dominanz der Landwirtschaft in der antiken Ökonomie zu allen Zeiten (Schätzungen gehen davon aus, dass sie etwa 80 % des Wirtschaftslebens ausgemacht habe). Das betrifft einerseits die faktische Seite, denn Selbstversorgung und lokale Märkte für landwirtschaftliche Produkte dominierten auch die Perioden der Antike, in denen Handel und Gewerbe blühten und Getreide in großen Mengen aus dem bosporanischen Reich nach

Athen und aus Ägypten nach Rom geliefert wurde sowie römische Villen (*villae rusticae* s. u.) bzw. die großen Latifundien im Imperium Öl und Wein für die Ausfuhr produzierten. Andererseits ist dieser Vorrang der Landwirtschaft gegenüber allen anderen Formen ökonomischer Aktivitäten auch gesellschaftlich begründet. Sowohl bei den Griechen als auch bei den Römern galten einzig Landbau und Viehzucht als angemessene wirtschaftliche Betätigungsfelder für Angehörige der Oberschicht. Man darf diesen Standesdünkel nicht unterschätzen, er ist insofern auf der Handlungsebene wirksam gewesen, als Investitionen der Vermögenden vornehmlich in diesem Sektor getätigt wurden, was nach modernistischen Kriterien und hinsichtlich der Rendite eigentlich nur als irrational zu bezeichnen ist.

Diese Bevorzugung der Landwirtschaft, gepaart mit Vorbehalten und Vorurteilen gegenüber anderen Betätigungsfeldern, hat am eindringlichsten Cicero, der große römische Redner und Staatsmann, in einem Abschnitt seines Buchs über die Pflichten (de officiis, 1, 150–151) beschrieben:

> »Was ferner die handwerklichen Berufe und Erwerbszweige angeht, die als eines Freien unwürdig bzw. die als schmutzig zu gelten haben, so haben wir etwa folgendes als geltend anzunehmen. Zunächst werden [scil. nach den für uns geltenden Maßstäben] die Erwerbszweige missbilligt, die sich der Ablehnung der Menschen aussetzen, wie die der Zöllner oder der Geldverleiher. Eines Freien unwürdig und schmutzig sind ferner die Erwerbsformen aller Tagelöhner, deren reine Arbeitsleistung – und nicht deren besondere Fähigkeiten – erkauft werden. Denn es ist bei ihnen der Lohn ja nichts weiter als ein Handgeld für eine Knechtstätigkeit. Als schmutzig muss man auch diejenigen ansehen, die von den Großhändlern Waren erhandeln, um sie sogleich weiterzuverkaufen. Denn man darf davon ausgehen, dass sie selbst nichts zustande bringen, außer dass sie gründlich lügen. Es gibt aber nichts Schändlicheres als Unwahrhaftigkeit. Auch alle Handwerker befassen sich mit einer schmutzigen Tätigkeit; denn eine Werkstatt kann nichts Edles an sich haben. Am wenigsten kann man die Fertigkeiten gutheißen, die lediglich der menschlichen Genusssucht dienstbar sind: Fischhändler, Metzger, Köche, Geflügelhändler und Fischer, wie Terenz sagt. Füge hier, wenn es dir beliebt, hinzu, wie Terenz sagt: ›Salbenhändler, Tänzer und die ganze Zunft der Schauspieler‹. Diejenigen Fertigkeiten aber, bei denen entweder größere Klugheit beteiligt ist oder durch die ein nicht mittelmäßiger Nutzen angestrebt wird wie bei der Medizin, bei der Architektur und dem Unterricht im Bildungswissen der ›artes liberales‹, sind für die, zu deren Beruf sie gehören, ehrenvoll. Für den Handel gilt Folgendes: Erfolgt er in kleinem

> Rahmen, so muss man das als schmutzig bezeichnen; wenn dagegen im großen und umfangreichen Geschäft, das vieles von überallher herbeischafft und es vielen ohne Betrug zur Verfügung stellt, dann darf man ihn durchaus nicht tadeln, und wenn er dann sogar, gesättigt mit Gewinn oder vielmehr zufriedengestellt, sich häufig von hoher See in den Hafen und direkt vom Hafen auf seine Landbesitzungen zu begeben pflegt, scheint er mit vollem Recht Lob zu verdienen. Von allen den Erwerbszweigen aber, aus denen irgendein Gewinn gezogen wird, ist nichts besser als Ackerbau, nichts einträglicher, nichts angenehmer, nichts eines Menschen, nichts eines Freien würdiger.«

Natürlich versteht Cicero unter dem »Freien«, dem bestimmte Beschäftigungen nicht geziemen, den typischen Vertreter seines eigenen Standes, und nicht etwa freie Bürger der *plebs urbana.* Die Werturteile des berühmten Römers sind weitgehend deckungsgleich mit griechischen Vorstellungen. Am ehesten echt römisch in dieser Reihung ist vielleicht der herausragende Stellenwert, der dem landwirtschaftlichen Großgrundbesitz eingeräumt wird. Der geckenhafte Parvenü Trimalchio aus Petrons »Satyricon«, eine literarisch überzeichnete Figur des Typus des superreichen Freigelassenen, sinnt allein darauf, sein Geld- und Handelsvermögen in Grundbesitz anzulegen, um der Oberschicht, zu der er nie gehören wird, auch in diesem Bereich nachzueifern.

Unter Landbesitz als Grundlage des Vermögens, wie Cicero und auch Trimalchio es sich als ziemlich vorstellten, muss man sich in erster Linie die Landgüter vorstellen, die wir als *villae rusticae* kennen, als überschaubare Einheiten, die von Sklaven und einem Verwalter (meist auch ein Sklave) im Auftrag ihres Herrn bewirtschaftet wurden (meist zwischen fünfzig und wenigen Hundert ha groß). Neben einem bisweilen recht luxuriösen Wohnhaus umfassten solche Anwesen eine ganze Reihe von Wirtschaftsgebäuden.

Bei den Produkten dominierte das »mediterrane Quartett«: Cerealien (bes. Weizen und Gerste), Hülsenfrüchte, Wein und Öl. In manchen Gegenden des Reiches gab es größere, über 500 ha umfassende Einheiten, sogenannte Latifundien, die jedoch auch in der Kaiserzeit die Villen, die die Landschaft beherrschten, nicht verdrängten. Plinius der Jüngere, Trajans getreuer Statthalter in Bithynien, besaß eine ganze Reihe von Landgütern, wie wir aus seinen Briefen wissen. Mit einem Vermögen von etwa 20 Millionen Sesterzen (zur Erinnerung: ein kaiserlicher Senator brauchte eine Million, für Ritter genügten 400 000 Sesterzen Mindestvermögen) gehörte er nicht zu den

Superreichen, konnte aber nicht klagen. Zu letzterer Kategorie gehörte aber der Senator, Philosoph und Schriftsteller Seneca, der u. a. in Spanien Latifundien besaß und dessen Vermögen auf rund 300 Millionen Sesterzen geschätzt wurde. Neben den Renten aus der Landwirtschaft verliehen sowohl Seneca als auch Plinius gegen Zinsen Geld, um ihr Vermögen weiter für sich arbeiten zu lassen, was allerdings ein nicht ganz standesgemäßes Verhalten darstellte.

· Geldwirtschaft und Handel

Die Geldwirtschaft, hier so selbstverständlich vorausgesetzt und in der Tat im römischen Imperium Basis des ökonomischen Austauschs, hat sich (lässt man China einmal außen vor) maßgeblich erst in der klassischen Antike ausgebildet. Die Münze, die Barrenmetall und andere vormonetäre Geldformen abgelöst hat, setzte sich in der Antike nach ihrer »Erfindung« im Reich der Lyder (Kleinasien, möglicherweise stammen die ersten Münzen auch aus Ephesos – ebenso Kleinasien, aber echt griechisch –; das ist indes umstritten) im 7. Jh. v. Chr. als einzige Geldform rasch durch. Jedoch dominierte in der griechischen Welt der klassischen Epoche noch lange der Tauschhandel, besonders auf lokalen Märkten. Münzgeld diente zunächst vor allem als Hortmedium und zur Bezahlung von Soldaten, denn ein entscheidendes Merkmal des Münzgeldes ist die staatliche Sanktionierung des Wertes. Nur auf Basis der staatlichen Garantie für Edelmetallgehalt und Gewicht (Münzfuß) konnte sich eine Kreditwirtschaft in der Antike entwickeln. Kleingeld als gewöhnliches Zahlungsmittel, wie es heute zum Alltag gehört, hat sich langsamer durchgesetzt. Griechische Großstädte wie Athen dürften Ende des 5. Jh.s v. Chr. als völlig monetarisiert gelten.

Ökonomisch kann man durchaus seit dem Hellenismus und besonders seit der Pax Romana sowie dem mit ihr verbundenen Entstehen eines einheitlichen Wirtschaftsraums im Römischen Reich (bei dem auch Binnenzölle weitgehend abgeschafft waren) von einer »Globalisierung« der Alten Welt reden. Die Komplexität wirtschaftlicher Entwicklungen und das Entstehen von Reederallianzen, Fernhandelskompanien und eines Kapitalmarkts zur Finanzierung von großen und kleinen Unternehmungen erinnert an heutige Gepflogenheiten. Die Formen von Kreditgeschäften, die bereits der Sklave und später dann der athenische Bürger Pasion betrieb, wurden von den kaiserzeitlichen Banken bei weitem übertroffen. Aber auch private Geldgeber mischten auf dem Kapitalmarkt mit. Gerade Senatoren, denen solche Bankgeschäfte eigentlich verboten waren, traten als Kreditgeber auf. Ägyptische Papyri zeigen, dass bargeldloser Zahlungsverkehr (Gutschrift von einem auf ein anderes Konto) und Barschecks, auf die der Überbringer eine Summe Geldes bei der Bank erhielt, üblich waren.

Trotz der Bedeutung von Bankwesen, Geldverleih und Fernhandel galt den Zeitgenossen dieser Sektor doch – das sei hier noch einmal wiederholt – als unwichtig, und nur durch die besonderen Umstände, die uns die Papyri erhalten haben, wissen wir von solchen Details. Selten haben wir Briefe oder andere authentische Zeugnisse von Persönlichkeiten wie Plinius, die wir eher nur nebenbei als Geschäftsleute wahrnehmen, in denen über ökonomisches Handeln berichtet wird. Dieses Schweigen der Quellen, das einhergeht mit dem Fehlen »wirtschaftswissenschaftlicher« Literatur, unterstreicht die Tatsache, dass die Wirtschaft in der Antike zwar wichtig und überaus hoch entwickelt war, jedoch von den Handelnden und den politischen Entscheidern in ihrer gesamtgesellschaftlichen Bedeutung unterschätzt wurde.

Lektürehinweise:
Eine gute Übersicht stammt von dem moderaten Modernisten Ruffing (2012), unbedingt lesenswert ist der »neoprimitivistische« Klassiker von Finley (1993). Viele Informationen und auch Quellen zur Kaiserzeit sammeln Drexhage et al. (2002).

4. RELIGION

· Griechische und römische Götterwelten

Immer wieder wurde und wird in diesem Buch auf die verbindenden Elemente zwischen der Antike und unserer modernen europäischen Kultur, die aus ihr hervorgegangen ist, hingewiesen. Der Bereich der Religion ist jedoch derjenige, der uns am meisten von der Antike trennt. Die polytheistische Religion der Antike ist unserem Denken und Empfinden grundsätzlich fremd und im Folgenden wird deutlich werden, wie schwer ihre Wesenszüge für das heutige Verständnis von Religion begreiflich gemacht werden können. Am Beispiel der antiken Kulte lässt sich zeigen, wie sehr unsere Vorstellungen von der Antike Resultat eines langen und intensiven Rezeptionsprozesses sind, der den Bereich der »klassischen« antiken Religion aufgrund des Siegeszugs des Christentums weitgehend ausgeklammert hat. Gegenstand des europäischen Rezeptionsprozesses war nämlich nur die antike Mythologie, also die als historisch real gedachten Geschichten über die Götter und ihr Wirken in der Welt der Menschen. Die Realitäten der antiken Kulte, blutige Opfer, Einweihung in Mysterienkulte, Prozessionen, Tänze und Mummenschanz oder anthropomorphe Göttervorstellungen verweisen aber deutlich auf die lebensweltlichen Unterschiede, die uns und unsere Vorstellungen heute nachhaltig von der Antike trennen.

Zugleich offenbart dieses Kapitel auch eine konzeptuelle, aber fast unvermeidliche Schwäche dieser kleinen Einführung in die Geschichte der Antike: Die vorausgegangenen Kapitel haben das Thema Religion, von Nebenbemerkungen abgesehen, bislang fast völlig ausgeklammert. Politische und gesellschaftliche Entwicklungen wurden absichtlich weitgehend ohne Rekurs auf die Welt der Götter dargestellt. Diese Vorgehensweise widerspricht antikem Denken völlig und konterkariert die grundlegenden Erkenntnisse über Religion, die bereits in den Anfangskapiteln aller modernen Arbeiten zur griechischen und römischen Religion zusammengefasst sind:

In der Antike, so der berechtigte Tenor, lasse sich nicht wirklich zwischen der Sphäre der Politik und jener der Religion unterscheiden. Religion und Politik bedingen sich gegenseitig, das eine sei ohne das andere nicht denkbar. Und in der Tat gingen jeder Ratssitzung oder jedem Zusammentreffen der Volksversammlung in Athen Opferhandlungen voran, wie auch die Auspizien, von Experten gedeutete Vorzeichen, vor Senatssitzungen oder Amtshandlungen in Rom eingeholt wurden. Kein Krieg wurde ohne Opfer begonnen, welche die Götter günstig stimmen sollten, und ungünstige Vorzeichen sorgten für das Aussetzen von Kampfhandlungen selbst bei Gefahr des Verlusts von strategischen Vorteilen.

Auch die Feste der Antike, bei denen Spiele veranstaltet oder Theaterstücke zur Aufführung kamen, waren Kultfeste zu Ehren der Götter. Schlechthin existierte kein Lebensbereich ohne religiöse Rückkopplung. Geburt, Erwachsenwerden, Tod, landwirtschaftliche Arbeit usw. wurden von religiösen Ritualen begleitet und geleitet. »Alles ist voller Götter« *(pánta plére theõn)* hatte schon der griechische Philosoph Thales von Milet im 6. Jh. v. Chr. gelehrt. Dahinter steht die grundlegende Überzeugung, dass die ganze Welt einerseits von göttlichen Wesenheiten beseelt ist – etwa Quellnymphen an Wasserstellen, Waldgeister in den Hainen etc. – andererseits aber auch von der Ordnung der Götter bestimmt und gelenkt wird. Eine Welt ohne Götter bzw. eine Welt mit »fernen Göttern« im Sinne Hölderlins oder gar ein nur nach der Aufklärung denkbarer echter Atheismus ist für die Antike schlechterdings nicht vorstellbar (Hölderlin in Brot und Wein: »Aber Freund! wir kommen zu spät. Zwar leben die Götter,/ Aber über dem Haupt droben in anderer Welt«). Der Satz des Thales von der Omnipräsenz des Göttlichen betrifft aber auch die wahrnehmbare Lebenswelt in der Antike: Die Städte waren von großen und kleineren Heiligtümern durchzogen. Auf den zentralen Marktplätzen und Straßen drängten sich Standbilder von Göttern und Heroen. Die Landschaften wurden von großen Heiligtümern an herausgehobenen Stellen dominiert. Entsprechend war die Akropolis, das Wahrzeichen von Athen, in klassischer Zeit nicht etwa ein Herrschaftssitz, sondern ein großer Kultbezirk, der mehrere Heiligtümer barg. Die heute selbstverständliche Auftrennung der Geschichte in eine weltliche und eine religiöse Sphäre ist ein Kennzeichen modernen Denkens nach der Aufklärung und nach der in der Französischen Revolution erfolgten Trennung von Kirche und Staat. Sie entspricht jedoch nicht den Gegebenheiten der Antike.

Dennoch hat die an dieser Stelle in erster Linie den modernen Konventionen geschuldete separate Behandlung von Kult und Religion jenseits der politischen Geschichte ihre Berechtigung. Die Andersartigkeit der antiken Verhältnisse zwingt den modernen Betrachter ja nicht dazu, selbst Teil dieser Verhältnisse zu werden, er muss vielmehr die Erscheinungen der antiken Religionen in seinen Verständnishorizont übersetzen. Das berührt ein grundlegendes, eigentlich philosophisch-erkenntnistheoretisches Problem: Unser Begriff »Religion« ist ein abendländisches, stark von christlichen Vorstellungen geprägtes Konstrukt (der dem Lehnwort zugrunde liegende römische Begriff »religio« meint etwas anderes, nämlich in erster Linie den Vollzug kultischer Handlungen). Die Religionswissenschaft ist ebenfalls eine abendländische, in christlichen Traditionen verhaftete Disziplin. Diese Parameter prägen ungewollt unsere Herangehensweise, und die Vorstellung einer unbefangenen Annäherung an fremde Religionen ist ohnehin nicht möglich. Zur Illustration dieses Sachverhalts mag ein Beispiel aus der Ethnologie dienen: Der grönländisch-dänische Polarforscher und Ethnologe Knud Rasmussen (1879–1933), der sein Leben dem Studium der Kultur der Inuit, der Ureinwohner des Polarkreises, widmete, fragte in einem seiner Interviews einmal einen Schamanen: »Glaubt ihr an die Götter?« Der so Angesprochene antwortete ihm nach einer längeren Pause verwundert: »Wir glauben nicht an sie, wir fürchten sie!«

Für antike Gesellschaften hat man also mit einem ganz anderen Bezugsrahmen zu rechnen, der sich von unseren allgemeinen wie auch wissenschaftlichen Vorstellungen stark unterscheidet. Was Opferhandlungen und gemeinschaftliche Kultfeste an den Altären vor den Tempeln der Götter für die Beteiligten wirklich bedeutet haben mögen, ist aufgrund der augenfälligen Andersartigkeit dieser religiösen Praktiken für den modernen Betrachter überaus schwierig nachzuvollziehen. Zum Umgang mit antiken Religionen hat sich der Gräzist Albert Henrichs einmal sehr treffend geäußert: »Nur wenn wir den Bezug auf die Gegenwart gegebenenfalls wagen, setzen wir uns wirklich mit der Antike auseinander, solange wir uns der gänzlichen Andersartigkeit unserer historischen Situation bewusst bleiben« (A. Henrichs, Die Götter Griechenlands. Ihr Bild im Wandel der Religionswissenschaft, Bamberg 1987, 9).

Nach diesen methodischen Vorüberlegungen folgen nun einige grundlegende Bemerkungen zu den polytheistischen Kulten der Griechen und Römer, die trotz bedeutender Unterschiede dennoch gemeinsam als unterschiedliche Ausprägungen der »antiken Religion« betrachtet werden können. Die antiken Religionen kannten keine Dogmen, kein Credo, keine heilige Schrift, keinen ausgeprägten Jenseitsglauben und keine professionelle sowie einflussreiche, über Herrschaftswissen verfügende Priesterkaste. Darüber hinaus ist auch die Vorherrschaft sozialer und politischer Faktoren sowie die Ritualbezogenheit antiker Religionen zu betonen. Dies unterscheidet sie wesentlich von monotheistischen Religionen moderner Prägung, die unsere Alltagswahrnehmung dominieren.

Die Götterwelten der Griechen und Römer nennen wir heute aus religionswissenschaftlicher Perspektive »polytheistische Systeme«: polytheistisch, weil viele Götter gleichzeitig und teilweise gleichberechtigt verehrt wurden; System, weil die Götterwelt in sich ein komplexes Geflecht von Binnenbeziehungen und mythologischen Zusammenhängen offenbart und – das ist besonders wichtig – ein offenes System darstellte, in das neue Gottheiten bei Bedarf harmonisch integriert werden konnten. Aufgrund der Vernetzung der mediterranen Welt und des kulturellen Einflusses, den die Griechen auf Rom ausübten, begriffen die mediterranen Hochkulturen ihre Götterwelten als vergleichbare und in Graden sogar kompatible religiöse Systeme.

Schon Herodot setzte den ägyptischen Ammon mit Zeus gleich und »übersetzte« so fremde Vorstellungen in seinen Verständnishorizont. Später beschrieb Tacitus die Religion der Germanen in römischen Begriffen, indem er die Namen der germanischen Gottheiten gar nicht mehr nannte, sondern nur ihre römischen Entsprechungen in Form einer »Interpretatio Romana« wiedergab. Dass er, wenn er von Herkules sprach, offenbar Donar/Thor meinte und mit Merkur den obersten Gott der Germanen Wodan/Odin gleichsetzte, ist wiederum religionshistorische Rückübersetzung, gewissermaßen moderne »germanische Interpretation«.

Durch die griechisch-römische Kultursymbiose kam es zu einer mythologischen Angleichung der Vorstellungen über die obersten Götter und ihre Taten. Dies betraf besonders die zwölf hierarchisch klar gegliederten und mit »Aufgabenbereichen« versehenen olympischen Götter der Griechen, die sich um den blitzeschleudernden Göttervater Zeus gruppierten. Die Geschichten über Jupiters amouröse Abenteuer mit Frauen aus Fleisch und Blut (Europa, Leda, Io usw.), die der römische Dichter Ovid in den »Metamorphosen« beschreibt, sind die gleichen, die die griechische Überlieferung für Zeus reklamiert. Die Mythen, also die historisch-erklärenden Geschichten bzw.

Herkunftssagen über Götter und Heroen (vergöttlichte Menschen, Halbgötter) sowie ihre Verbindungen zur Welt der Menschen, wurden in der griechisch-römischen Antike aneinander angeglichen. Dass diese Angleichung und die Identifizierung der wichtigsten sich entsprechenden Götterpaare weitgehend problemlos möglich war, liegt einerseits an der Dogmenfreiheit und Flexibilität polytheistischer Vorstellungen, andererseits aber auch an den indogermanischen Wurzeln alteuropäischer Religionen, die viele Aspekte teilen, etwa archetypische Göttergestalten, wie den Himmelsgott Zeus/Jupiter.

· Kultfest und Gemeinschaft

Ein weiteres Wesensmerkmal antiker Religion in ihren praktischen Ausprägungen war die gemeinschaftliche Ausübung der religiösen Kulte. Die kleineren Rituale konnten im Familienkreis (in Rom etwa am Hausaltar der Laren, den Schutzgöttern oder -geistern der Familie) durchgeführt werden. Große Kultfeste hingegen erforderten die gesamte Gemeinschaft einer Stadt, eines Dorfes, oder gar überregional verbundene Kultverbände, wie bei den Griechen aus Delphi oder Olympia bekannt ist. Antike Religionen brauchen Gemeinschaft. Besonders im Bereich dessen, was wir heute »Staatskult« oder »Polis-Religion« nennen, ist dieser Sachverhalt exemplarisch zu beobachten. Die politischen Gemeinschaften der Antike waren auf die Unterstützung der Götter angewiesen und veranstalteten entsprechend Kultfeste, die als Einlösung der Pflichten der politischen Gemeinschaft gegenüber ihren Göttern die Eintracht der schützenden Götter mit dem (Stadt-)Staat und seiner Führungsschicht bekunden sollten. Das Wohlergehen der gesamten Gemeinschaft hing von der formal richtigen Durchführung der gemeinschaftlich begangenen Kulthandlungen ab. Dabei galt diese auf das Wohl der Gemeinschaft abzielende Götterverehrung in den Griechenstädten besonders den jeweiligen Haupt- und Schutzgottheiten (in Athen natürlich der Athena, in Sparta Apollo, in der Stadt Pylos war es Poseidon). In Rom war dies die sogenannten »kapitolinische Trias« aus Jupiter, Minerva und Juno, deren gemeinsame Verehrung auch in den Provinzen ein Ausdruck von echtem oder empfundenem »Römertum« bedeutete. Ritualbestimmte Kultfeiern sind neben der faktischen Götterverehrung aus soziologischer Perspektive in erster Linie Ausdruck von Gemeinschaftsbindung. Identitätsstiftung und -vergewisserung sind Sinn und Zweck von Ritualen und Kulthandlungen im Rahmen des »Staatskults«. Private, eher emotional gebundene Formen von Religiosität hat es genauso gegeben, ihre Beschreibung muss in diesem Überblick jedoch entfallen.

Zentrales Kultgeschehen war in den Religionen der Antike das von den Göttern verlangte Opfer. Die Kultfeste waren entsprechend um einige grundlegende Rituale zentriert, die vor allem verschiedene Formen des Opfers umfassten, etwa Trankopfer oder die Darbringung von Geschenken (Weihungen). Aber auch Prozessionen, Tänze, Wettkämpfe im Rahmen der Kultfeste (davon mehr in Teil I Kap. 1.1. und Teil II Kap. 2.), Hymnen und Gebete gehörten zum rituellen Zubehör der religiösen Feste in der Antike. Besonders das Tieropfer als zentrales Element der von Priestern im Auftrag durchgeführten Opferrituale hat die Aufmerksamkeit der Forschung auf sich gelenkt. Über den Opfervorgang wissen wir recht gut Bescheid, da sich neben Beschreibungen auch Bildzeugnisse erhalten haben (auf Vasen und auf Weihreliefs). Hier führe ich nur zwei Beispiele aus dem griechischen und eines aus dem römischen Bereich an: Eine rotfigurige Gebrauchsamphore (Pelike) aus dem 5. Jh. v. Chr. zeigt eine Stieropferszene am Altar (Abb. 10).

Abb. 10: Opferszene. Ein geschmückter Stier wird zum Altar geführt, rotfigurige Pelike aus dem 5. Jh. v. Chr.

Nach der rituellen Schlachtung des Tieres wurde das Fleisch von Haut und Knochen getrennt und nur Letztere als Brandopfer den Göttern dargebracht. Das Fleisch wurde in gemeinsamen Kultmahlzeiten von den Menschen verzehrt. Eine Vase des Epidromos-Malers zeigt zwei Männer beim rituellen Schlachten eines Schweins, dessen Fleisch nach dem Opfer für die Kultgemeinde zum Verzehr zubereitet wurde (Abb. 11).

Abb. 11: Opfern eines Schweins auf einem Altar. Darstellung auf einer attischen Trinkschale des Epidromos-Malers, um 500 v. Chr.

In einem römischen Relief, dem dritten Beispiel (Abb. 12) für Opferhandlungen, erkennt man Kaiser Marcus Aurelius, der in seiner Eigenschaft als *pontifex maximus* mit rituell verhülltem Kopf eine öffentliche Opferhandlung auf dem Kapitol vornimmt. Der Stier im

Abb. 12: Der Kaiser vollführt ein Opfer vor dem Kapitol, Reliefszene vom Bogen des Marcus Aurelius

Hintergrund wird vom ebenfalls abgebildeten Kultpersonal gleich unter Ausrufung der nötigen Formeln mit einem Beil getötet werden.

· Römische Besonderheiten

Wesentliche Unterschiede zwischen griechischen und römischen Vorstellungen, deren es eine Vielzahl gibt, können hier nur gestreift werden. Ein deutlicher Unterschied bestand in der Formelhaftigkeit der römischen Rituale. Sie mussten genau nach Vorschrift ablaufen und wortgetreu die überlieferten Formulierungen enthalten. Bei Störungen oder Fehlern im Ablauf war es nötig, das Ritual zu wiederholen. Eine weitere römische Besonderheit war der seit Augustus sich entwickelnde Kaiserkult. Zwar hatten bereits hellenistische Könige (etwa Antiochos III. der Große oder die in der Tradition der Pharaonen stehenden Ptolemäer) sich in übersteigerter Form im Rahmen ihrer Herrscherkulte schon zu Lebzeiten huldigen lassen, aber der römische Kaiserkult hatte noch eine weitere, echt religiöse Dimension, die es uns heute sehr schwer macht, diese seltsame Form der Verehrung zu verstehen.

In eigens dem Kaiser geweihten Tempeln wurde seit Augustus der *genius* des Imperators verehrt (dahinter steht die römische Vorstellung von einem persönlichen Schutzgeist eines Mannes, zugleich Ausdruck seiner Persönlichkeit). Nach dem Tod eines Kaisers kam es dann gewöhnlich mittels eines Akts der Konsekration *(consecratio)* auf Antrag seines Nachfolgers durch Senatsbeschluss zur Divinisierung. D. h., der Verstorbene wurde wirklich in den Götterhimmel erhoben, und dann in mit Kultpersonal ausgestatteten Tempeln verehrt. Im griechischen Osten konnte diese Form der kultischen Verehrung sich wegen existierender Vorbilder rascher durchsetzen, während im Westen die Kultstätten für den Kaiser erst in der Zeit nach der julisch-claudischen Dynastie häufiger wurden. Im Ostteil des Reiches ließ man den Kaisern sogar bereits zu Lebzeiten göttliche Ehren zuteilwerden. Darüber hinaus wurde praktisch von Anbeginn der Kaiserzeit mit dem *genius Augusti* gewissermaßen das Charisma des Kaisers kultisch verehrt. Wie kann man aber, so lässt sich aus heutiger Sicht fragen, einen gewöhnlichen Herrscher als vergöttlichtes Wesen wahrnehmen und ihm in ähnlichen Formen wie den »echten« Göttern huldigen?

Moderne Ansätze versuchen den Kaiserkult als besondere Kommunikationsform zwischen dem Volk, besonders dem in den entfernten Provinzen, und dem entrückten, unerreichbaren Princeps zu interpretieren. Demnach dienten die kultischen Verehrungsrituale der politischen Bindung der Provinzstädte an Rom sowie an das Kaiserhaus und diesem als Mittel der symbolischen Herrschaftssicherung. Diese Beobachtungen sind sicher zutreffend, erklären indes nicht den seltsamen Befund, dass die Zeitgenossen ja kein Theater spielten, sondern dem Kaisers wirklich und ernsthaft – durch viele Inschriften ausgewiesen – gottgleiche Verehrung angedeihen ließen. Somit bleibt ein aus heutiger Sicht unverständlicher Teil dieser Sitte übrig, der sich allen Erklärungsansätzen, was diese Menschen sich bei den Akten der Verehrung wohl gedacht haben mögen und wie diese Akte als Teil religiösen Verhaltens zu sehen sind, entzieht.

Ebenfalls muss man hinsichtlich der Besonderheiten der römischen Religion beachten, dass die Gleichsetzung der olympischen Götter der Griechen mit den wichtigsten Göttern des römischen Pantheons viele Aspekte verdeckt. So waren bei den Römern die Grenzen fließend, wer denn zu den etwa zwölf wichtigsten Göttern gehöre, dazu gab es regionale Unterschiede. Auch ihre ›Persönlichkeiten‹ waren nicht in dem Maße ausgeprägt wie die durch verbindlichere Mythen (Homer, Hesiod) mit klareren Konturen versehenen griechischen Hauptgötter.

Das Pantheon, der »Götterhimmel« der Römer, war dabei auch vielgestaltiger und prinzipiell offener. Neu ins Römerreich integrierte Bevölkerungsgruppen konnten so ihre eigenen Traditionen leicht »andocken«. Entsprechend finden wir in den Rheinprovinzen eine Vielzahl von vor allem regional verehrten Gottheiten, die in das zusammenhängende System integriert worden waren. Die Namen einheimischer Gottheiten der Germanen etwa finden sich in lateinischen Weihinschriften wieder, bei denen der alte Name als Beiname neben der römischen Entsprechung – also der »römischen Übersetzung« *(Interpretatio Romana)* – auftaucht. Entsprechend kennen wir Mars Thingsus, Mars Halamardus oder Mercurius Hranno aus den germanischen Gebieten. Die Göttin Nehalennia, eine Göttin, die im Scheldegebiet der heutigen Niederlande verehrt wurde, erhielt Weihungen von Handelsreisenden aus vielen Städten des Römischen Reiches, und die gallische Göttin Epona, wie auch die bereits erwähnten rheinländischen Matronen, wurden ebenfalls überregional von Reichsbewohnern unterschiedlicher Herkunft verehrt. Das polytheistische System, besonders das der Römer, bot somit eine Vielzahl individueller Wahlmöglichkeiten, die den Bewohnern des Reiches neben den für die Staatswohlfahrt entscheidenden Hauptgöttern Gelegenheit zur Befriedigung ihrer persönlichen religiösen Bedürfnisse bot. Erst das Christentum sollte mit diesen Wahlmöglichkeiten ein Ende machen.

· Christentum

Die neue Religion aus den östlichen Provinzen, in deren Zentrum die Verehrung Jesu von Nazaret stand, unterschied sich in vielerlei Hinsicht von den traditionellen Formen religiöser Verehrung im Römischen Reich, zu dem sie – trotz aller Unterschiede – strukturell und entwicklungsgeschichtlich sehr wohl gehörte. Bereits im 2. und 3. Jh. n. Chr. ließen sich im Reich Tendenzen beobachten, die eine auch inhaltliche Erweiterung des polytheistischen Spektrums römisch-griechischer Reichsreligion anzeigte. Die sogenannten »orientalischen Religionen«, Mysterienkulte aus dem Ostteil des Reichs, wie der Isiskult oder die besonders unter den Soldaten beliebten Kulte des Mithras und des Jupiter Dolichenus, eines lokalen Gottes aus der syrischen Stadt Doliche, der mit dem »klassischen« Jupiter nichts gemein hat (es handelt sich um die »Interpretatio Romana« des semitischen Gottes Baal), fanden größere Verbreitung.

Man hat in der Forschung immer wieder gemeint in der Ausbreitung dieser Kulte, denen man besondere ekstatische (»orientalische«) Kultrituale und geheimnisvolle Lehren von Heilsversprechen unterstellte, das wachsende Interesse der Reichsbevölkerung an neuen, aufregenderen und Trost bietenden Kulten erkennen zu können. Die Mysterienreligionen, bei denen man Erlösungsgedanken vermutete, wurden daher entwicklungsgeschichtlich als Vorstufen des Christentums betrachtet. Jedoch scheinen diese neuen Kulte sich eher in die bekannten Paradigmen der polytheistischen Religionen der Antike eingefügt zu haben. Zudem wissen wir über die Inhalte und Lehren denkbar wenig, da sie ihrem Wesen nach (Mysterium) geheim waren, was leider auch die meisten der Eingeweihten respektierten. Individuelle Bedürfnisse und Aspekte der persönlichen Frömmigkeit konnten zudem auch die alten Götter befriedigen, wie man etwa an der (fast pathologischen) Beziehung des Redners Aelius Aristides zu »seinem« Gott Asklepios ersehen kann.

Solche Fälle von »Henotheismus«, der besonderen Bevorzugung eines einzigen Gottes, ohne aber die anderen generell abzulehnen, oder ihnen gar die Existenz abzusprechen, waren nichts Ungewöhnliches und auch nichts Neues (der Dichter Euripides hatte über eine solche »Sonderbeziehung« zu einer Göttin um 400 v. Chr. sein Stück Hippolytos geschrieben), wurden aber ab dem 3. Jh. n. Chr. häufiger.

Kaiser Constantinus I. kann als Beispiel dienen. Er verehrte ganz besonders den Sonnengott Sol invictus, bis dessen Stelle nach der Schlacht bei der Milvischen Brücke der neue Christengott einnahm. Man darf – entgegen der christlichen Überlieferung – annehmen, dass Constantinus I. sich nicht exklusiv zu Christus bekannte, sondern nach Maßgabe antiker Lebenspraxis auf mehrere Pferde setzte, um dann bei anhaltendem Erfolg besonders den stärkeren Gott zu verehren.

Es war indes der monotheistische Absolutheitsanspruch, der nach Constantinus I. und besonders seit Theodosius I. mithilfe der politischen Macht, mit dem Kaiser als Patron und der Kirche als Kampf-

Abb. 13: Das sog. »Donarium von Bierthälm« (heute Rumänien), mit der Inschrift: *ego Zenovius votum posui*

organisation durchgesetzt wurde. Dem hatte der traditionelle Polytheismus auf lange Sicht nichts entgegenzusetzen. Das lag nicht allein daran, weil die Lehre vom Leben nach dem Tod und der brüderlichen Liebe eine attraktives Angebot darstellte, sondern auch weil das frühe Christentum die Akzeptanz und Offenheit des polytheistischen Systems für neue Gottheiten ausnutzte, um ebendieses System dann von innen zu bekämpfen und letztlich zu vernichten. So gesehen ist das Christentum in den ersten Jahrhunderten bis zur zunehmenden Dogmatisierung durch die Konzilien und die Ausbildung der Idee von den zu bekämpfenden Häresien weitgehend im Kontext der »heidnischen« antiken Religionen zu verstehen.

Auch die Form der Verehrung entsprach in weiten Teilen ganz der Tradition: Ein großes Christogramm aus Bronze aus dem heute rumänischen Ort Bierthälm (rum. Biertan; das sog. »Donarium von Bierthälm«, Abb. 13), an dem ein Armleuchter aufgehängt war, ist mit einer gewöhnlichen Weihinschrift in geradezu klassischer Form versehen, wie sie auch Weihungen an Jupiter oder Merkur enthalten: »Ich, Zenobius, habe dieses in Erfüllung eines Gelübdes geweiht« *(ego Zenovius votum posui)*. Christus ist genau wie jeder andere antike Gott hier Adressat einer »Do ut des«-Beziehung (ich gebe, damit du gibst). Er erhält den Dank für eine – hier ungenannte – Leistung, die Erfüllung eines in einem Gebet geäußerten Wunsches, etwa die unversehrte Heimkehr von einer Reise oder die Heilung von einer Krankheit, womöglich die Erfüllung eines Karriereziels.

Lektürehinweise:
Lesenswerte Einführungen zur griechischen und römischen Religion stammen von Bremmer (1996) und Rüpke (2006). Das frühe Christentum wird von Brox (2004) übersichtlich behandelt. Die Gesamtgeschichte des Christentums erzählt packend Lauster (2014).

5.
SZENEN AUS DEM ALLTAGSLEBEN IN DER ANTIKE: SPORT, SPIELE UND FESTE

Die Kapitelüberschrift ist eigentlich irreführend. Denn das Alltagsleben des gewöhnlichen antiken Menschen, der nicht das Glück hatte zur kleinen Oberschicht zu gehören, war dröge und vom täglichen Broterwerb geprägt, zumal die Mehrheit der Menschen auf dem Land lebte. Feste und sportliche Wettkämpfe markieren auch in den großen Metropolen zudem nicht den Alltag, sondern sind Unterbrechung des Alltags (in Rom war jedoch in der Kaiserzeit mehr als jeder zweite Tag ein Feiertag). Dennoch machten die sportlichen Wettkämpfe der Griechen und die öffentlichen Spiele in Rom einen bedeutenden Teil der Alltagskultur aus und manche Aspekte antiker Spiele und Wettkämpfe lassen sich mit modernen Sportereignissen und ihrer Fankultur durchaus vergleichen. Sie waren die wichtigsten Möglichkeiten der Freizeitgestaltung, von denen aber nur diejenigen häufiger profitieren konnten, die aufgrund ihrer Lebenssituation über genug Freizeit verfügten. Andere spannende Bereiche des Alltagslebens (etwa Kulinarik, Badewesen, Brettspiele, Wohnen in der Großstadt, Wirtshauskultur, Liebesleben), über die wir Einiges aus den Quellen wissen, müssen in dieser kurzen Darstellung übergangen werden (gut lesbare Bücher zum römischen Alltag hat Karl-Wilhelm Weeber veröffentlicht).

· Sport und Spiel in Griechenland

Es wurde bereits oben in den Abschnitten über die Adelskultur im archaischen Griechenland (Teil I Kap. 1. Und Teil II Kap. 2.) angedeutet, wie wichtig der Wettstreit als Prinzip für die Griechen von Anbeginn war. Schon bei Homer nimmt der sportliche Wettkampf eine bedeutende Rolle ein: Achill lässt für seinen gefallenen Freund Patroklos aufwendige Spiele veranstalten, bei denen sich Wettkämpfer in Disziplinen wie Wagenrennen, Ringen, Boxen, Laufen oder

Diskuswerfen maßen. Auch in der Ilias (zur Erinnerung: niedergeschrieben wohl um 700 v. Chr.), die möglicherweise ältere Vorstellungen wiedergibt, werden wir auf den Ursprung des sportlichen Wettkamps verwiesen: Er entstammt eindeutig dem religiösen Bereich und ist – wie im Fall der Leichenspiele – an kultische Feste gebunden. Auch die berühmtesten sportlichen Wettkämpfe des Altertums, die Olympischen Spiele, sind – nicht nur in ihrem Ursprung – ein Götterfest.

In Olympia stand eines der wichtigsten überregionalen Heiligtümer der Griechen, das dem Zeus gewidmet war. Die alle vier Jahre veranstalteten Olympischen Spiele gehörten zu den Panhellenischen Spielen, also jenen Götterfesten, die überregionale, ja »internationale« Bedeutung hatten und zu denen viel Volk aus der ganzen griechischen Welt anreiste (die Nemeischen Spiele in Nemea, die Isthmien in Korinth und die Pythien in Delphi gehörten auch dazu). 776 v. Chr. gilt als Gründungsdatum. Bis zu diesem Zeitpunkt reichen die überlieferten Siegerlisten zurück, von denen man aber annehmen muss, dass die frühen Einträge spätere Ergänzungen sind. Olympiaden, eigentlich die Zeit zwischen den Olympischen Spielen, wurden aufgrund der »internationalen« Bedeutung der Spiele von Chronisten und Historikern als Datierungshilfe verwendet. Unter den vielen Wettkämpfen (Agonen), welche die griechische Kulturwelt strukturierten – zu nennen sind hier musische Agone, also Literaturfeste, bei denen die besten Dichter und Sänger geehrt wurden (dazu mehr im Abschnitt über Literatur Teil II Kap. 6.3.) und auf Reitsport und Wagenrennen basierende sogenannte hippische Agone (*híppos* ist das Pferd) – waren die im engeren Sinne sportlichen Wettkämpfe besonders wichtig. Seit der klassischen Zeit (etwa seit 500 v. Chr.), als sich die Nacktheit bei Ausübung von Sportkämpfen eingebürgert hatte, hießen diese Sportarten gymnische Agone (von *gýmnos*, nackt). Im Gegensatz zum modernen olympischen Gedanken »dabei sein ist alles«, galt bei den Griechen eher der Wahlspruch »siegen ist alles!«. Sieger der Panhellenischen Spiele, besonders die Olympioniken, die Sieger bei den Olympischen Spielen, waren die »Stars« der Antike. Erfolgreiche Athleten genossen ein sehr hohes Sozialprestige. Sie wurden regelrecht verehrt, waren fast im modernen Sinne »prominent« und bekamen Preise, nicht nur den Siegerkranz und Siegpreise bei den Spielen selbst, sondern auch in ihren Heimatgemeinden wurden ihnen Preise und Ehren (etwa Siegerstatuen) zuteil. Ort der Ausbildung für zukünftige Athleten war das schon mehrfach erwähnte Gymnasion. Im Hellenismus ein umfassendes Kultur- und Bildungszentrum zur Bewahrung griechischer Identität in der Diaspora, ist der Ursprung dieser Institution in der Wehrausbildung zu sehen. Die Einführung der Hoplitentaktik machte für die Bauern und Wehrbürger eine militärische Ausbildung notwendig. Ihre Institutionalisierung fand sie im Gymnasion, das zum Emblem der griechischen Stadt schlechthin wurde. Auch einige (olympische) Sportarten, wie der Waffenlauf, das Bogenschießen oder das Speerwerfen verweisen auf die Verbindung von Sport und Wehrfähigkeit. Angesichts der Beliebtheit der sportlichen Wettkämpfe wurden die Gymnasien zu regelrechten Trainingszentren für Athleten, in denen professionelle Trainer aktiv waren. Man kann angesichts der Beliebtheit sportlicher Betätigung fast von »Breitensport« in den griechischen Städten sprechen, der jedoch den freien Männern vorbehalten war. Nur in Sparta, das auch hier von den Gepflogenheiten und Reglementierungen der übrigen Poleis abwich, durften auch Mädchen an den zur staatlichen Ausbildung gehörenden Leibesübungen teilnehmen.

· Circus und Arena in Rom

Die Römer übernahmen auch das Faible für Sportdarbietungen und die wichtigsten sportlichen Disziplinen – wie so viele Dinge im kulturellen Bereich – von den Griechen. Im Jahre 80 v. Chr. gab es nur sehr bescheidene Olympische Spiele, weil der Feldherr Sulla nach seinem Griechenlandfeldzug (87–85 v. Chr.) die besten Athleten nach Rom geholt hatte. Den Römern hat man immer vorgeworfen, sie hätten nur den »Zuschauersport« favorisiert, also lieber den Darbietungen (v. a. Wagenrennen und Gladiatorenkämpfen) beigewohnt, als sich selbst als Athleten zu betätigen. Das Urteil fällt allerdings zu harsch aus, boten die gut besuchten Sportstätten in den Thermenanlagen den Besuchern doch reichlich Gelegenheit zur sportlichen Betätigung. Andererseits waren es jedoch in der Tat die Römer, die den Schausport für ein Massenpublikum zugänglich machten, weil sie – zumindest in den großen Städten – die entsprechende Infrastruktur errichteten (Circus, Amphitheater etc.). Zwar hatten die Griechen an ihren Sport- und Feststätten auch schon Hippodrome für Pferderennen und Stadien für Laufwettkämpfe gebaut, die Größe der römischen Bauten zur Inszenierung von »Spektakeln« *(spectacula)* sprengte jedoch die bisher gültigen Maßstäbe. Entsprechend bot der Circus Maximus in Rom Platz für 200 000 Besucher und das als Kolosseum bekannte flavische Amphitheater verfügte über 50 000 Sitzplätze.

Die modernen Historiker – teilweise aber auch die des Altertums – haben den Römern offen oder verdeckt vorgeworfen, dass sie besonders gern aus kulturkritischer Sicht eher zweifelhafte Darbietungen bevorzugt hätten, obwohl auch in Rom bessere Theateraufführungen und Schauspiele gegeben wurden. Die Massen zog es aber in den Zirkus zu den Wagenrennen oder ins Kolosseum zu den Tierhatzen und Gladiatorenspielen, die an Brutalität kaum zu überbieten waren. Es ist für die Beurteilung etwas nachteilig, dass der einzige echt römische Beitrag zu der Festkultur der alten Welt gerade die Gladiatorenspiele gewesen sind, alle anderen »Sportarten« haben die Römer von den Griechen übernommen. Diese blutigen Spiele, deren Ursprünge im (etruskischen) Totenkult zu suchen sind, wurden im ganzen Römischen Reich sehr beliebt. Gladiatorenschulen entstanden, in denen die Kämpfer (meist Sklaven, aber auch Außenseiter und Glücksritter) ausgebildet wurden. Mit verschiedenen, jeweils einem bestimmten festgelegten Kämpfertypus entsprechenden Accessoires ausgestattet, mussten die Gladiatoren gegeneinander antreten. Dabei kamen einige der Kämpfer auch ums Leben, jedoch endete nicht jeder Kampf tödlich. Es gab Konfrontationen, die unentschieden ausgingen, und oft wurde der Unterlegene, wenn er gut gekämpft hatte und man ihn in der Arena wiedersehen wollte, auf Wunsch des Volkes begnadigt.

Bei besonders aufwendigen Gladiatorenspielen konnten großangelegte Schlachtszenen mit komplexer Regie aufgeführt werden. So ließ Trajan nach den Dakerkriegen Spiele veranstalten, die 123 Tage dauerten und bei denen 10 000 Gladiatoren auftraten. In manchen Spielstätten konnte die Arena sogar geflutet werden, sodass man Seeschlachten, Naumachien genannt, nachstellen konnten. In anderen Fällen wurden Naumachien in extra dafür angelegten Anlagen ausgetragen. Dem Publikum bot man viel und manche Kaiser begleiteten die Darbietungen mit persönlichem Interesse. Gladiatoren konnten auch Fangemeinden um sich scharen; sie waren einerseits »Stars«, gehörten aber gleichzeitig zu den Außenseitern, denen jeder gesellschaftliche Aufstieg unmöglich war.

Panem et circenses, Brot und Spiele, so meinte der Dichter Juvenal, würden die ihrer politischen Rolle verlustig gegangenen römischen Massen still halten und für Ablenkung sorgen, denn die Wahlen der Magistrate war seit Augustus zu einer leeren Formalität verkommen. Die großen Veranstaltungen hatten neben der sportlich-unterhaltenden aber noch eine weitere wichtige Funktion, die Juvenal nicht erkannte oder erkennen wollte: Die Arena und der Zirkus waren der einzige Ort, an dem die gesamte römische Gesellschaft zusammenkam. Es war damit auch der einzige Ort für Kommunikation zwischen Volk und Kaiser, dessen Anwesenheit stets erwartet wurde. Die Reaktion des Publikums auf die Darbietungen war zugleich immer ein Gradmesser für die Beliebtheit des Princeps. Durch das bekannte Ritual, unterlegene Gladiatoren begnadigen zu können, mussten der Kaiser sowie seine Umgebung die Zurufe und Handzeichen des Volkes deuten (wie diese Handzeichen ausgesehen haben, wissen wir nicht, das heute bekannte Daumenzeichen ist nicht römisch) und eine Balance zwischen Milde bzw. Härte finden. Im Theater und im Circus feierte sich die römische Gesellschaft natürlich auch selbst, was wohl durchaus als stabilisierender Faktor zu betrachten ist. Hier war die Welt geordnet, vorne saßen die Senatoren, nach hinten waren dann die niedereren Ränge gestaffelt. Römische Bürger trugen die Toga, um sich von Fremden und Sklaven abzuheben und die Frauen saßen in den oberen Rängen. Zusammen entschied man über das Schicksal des Verlierers und erlebte Gemeinschaft. »Trotz der gewaltigen sozialen Unterschiede wurde damit die Einheit der römischen Gesellschaft choreographiert« (Mann 2013, 97).

Aber nicht jeder Römer hatte Spaß bei den großen *ludi* (Spielen); Plinius schreibt in einem Brief an einen Freund, was er von den überaus beliebten, gewöhnlich mit Vierspännern veranstalteten Wagenrennen hielt (Plinius, Briefe 9, 6):

> »Diese ganze Zeit habe ich in köstlicher Ruhe bei Schreibtafel und Büchern verbracht. Du sagst: ›Wie war das möglich, in der Stadt?‹ – Es gab Zirkusspiele, und diese Art der Schaustellung hat für mich nicht den geringsten Reiz. Nichts Neues, keine Abwechslung, nichts, was einmal gesehen zu haben genügte. Umso mehr wundert es mich, dass so viele Tausende so kindisch immer wieder rennende Pferde und auf den Rennwagen stehende Männer zu sehen verlangen. Wenn jedenfalls die Schnelligkeit der Pferde oder die Kunstfertigkeit der Lenker sie interessierte, wollte ich noch nichts sagen; jetzt aber beklatschen sie nur den Dress [in den »Vereinsfarben«, A. R.], und ließe man während des Laufs, mitten im Kampf, die Farben ihre Plätze tauschen, dann wird auch ihr Interesse und ihr Beifall den Platz wechseln und sich unversehens abwenden von jenen Lenkern, jenen Pferden, die sie schon von weitem

> kennen, die sie bei Namen rufen. Solchen Reiz, solche Wirkung hat ein einziger wohlfeiler Rock – ich will nicht sagen: beim Pöbel, der noch wohlfeiler ist als der Rock, aber bei manchen ernstzunehmenden Männern. Wenn ich bedenke, dass sie bei einer so seichten, albernen, eintönigen Sache herumsitzen und nicht genug bekommen können, dann macht es mir doch einiges Vergnügen, dass das mir doch kein Vergnügen macht. Und so widme ich diese Tage, die andre mit den müßigsten Beschäftigungen vertun, meine Muße herzlich gern den Wissenschaften.«

Plinius gehörte mit seiner Einschätzung sicher zu einer Minderheit – Intellektuellenschicksal einst wie heute –, denn um die Gladiatoren, aber besonders um die Rennställe *(factiones)* bildeten sich riesige Fangemeinden. Merchandising ist keine Erfindung des modernen Massensports: Schon die Fans der mit Vereinsfarben gekennzeichneten vier Rennställe identifizierten sich mit »ihren« Roten, Blauen, Grünen oder Weißen und trugen die Farben im Circus. Die Rennställe waren große Unternehmen mit vielen Angestellten unter Leitung eines dem Ritterstand entstammenden Geschäftsführers *(dominus factionis)*. Auch in den Provinzen gab es in größeren Städten Wagenrennen mit ähnlichen Einteilungen in durch Farben unterscheidbare Rennställe. Die Wagenlenker waren Profisportler und bisweilen Spitzenverdiener. Als einer der berühmtesten Wagenlenker, der Spanier Gaius Appuleius Diocles, sich im Alter von 42 Jahren zur Ruhe setzte, hatte er in über 4000 Rennen genau 1462 Siege errungen, wie auf seinem Grabstein minutiös verzeichnet ist (CIL 6, 10048). Er hat während seiner Karriere das sagenhafte Preisgeld von 36 Millionen Sesterzen eingestrichen und wechselte dabei von einem Team zum anderen, was wie im modernen Profifußball wohl den besseren Angeboten zuzuschreiben war. Zunächst als Wagenlenker bei den Weißen angestellt, ging er nach einiger Zeit zu den Grünen, um seine Karriere bei den Roten zu beenden. Abb. 14 zeigt einen Sieger dieser »Roten«.

Diese Fankultur war nicht unproblematisch. Immer wieder kam es zu hitzigen Auseinandersetzungen zwischen Anhängern, besonders auch bei den Wagenrennen. Gruppen gegnerischer *factiones* (so wurden sowohl die Reitställe als auch die Fanclubs bezeichnet) lieferten sich wüste Wortgefechte auf den Straßen und Handgreiflichkeiten mussten von den Ordnungskräften (Prätorianer und Stadtpolizei – *cohortes urbanae*) unterbunden werden. Ein Fan aus Nordafrika wollte seine dort bevorzugte *factio* mithilfe einer Fluchtafel unterstützen

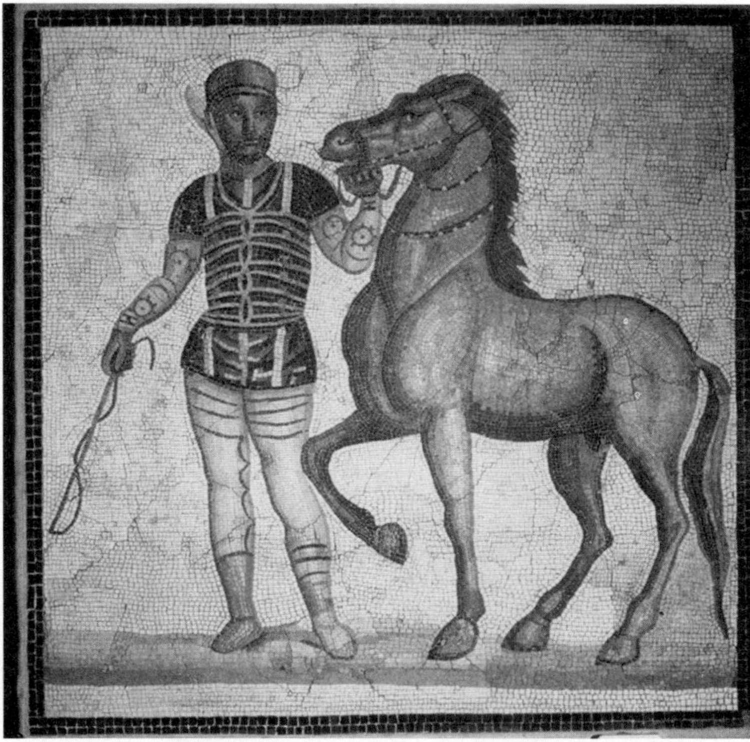

Abb. 14: Mosaik aus einer römischen Villa an der Via Cassia mit einer Darstellung eines Siegers beim Wagenrennen vom Rennstall der »Roten«

(an Unterweltsgötter und Dämonen appellierender Schadenzauber, der oft auf Bleitäfelchen eingeritzt wurde), in der er den gegnerischen Wagenlenkern mit magischen Formeln den Tod wünschte: »Ich beschwöre Dich, Dämon, wer immer Du seist, und verlange von Dir von diesem Moment, dieser Stunde, diesem Tag an, dass Du die Pferde der Grünen und Weißen heimsuchen sollst und dass Du in einer Karambolage ihre Wagenlenker Clarus, Felix, Primulus und Romanus tötest, dass kein Odem mehr in ihren Körpern sei« (ILS 8753). Was zunächst wie ein abstoßendes, typisch heidnisches Ritual anmuten könnte, wurde später in ganz ähnlicher Weise von christlichen Wagenlenkern und Fans versucht, indem die Gegner unter Anrufung der Engel und der Heiligen in der Arena zu Fall gebracht werden sollten.

Ein Fall von Fangewalt aus der Zeit des Nero ist besonders interessant: Zwischen Schlachtenbummlern aus der Stadt Nuceria, die nach Pompeji gekommen waren, um dort ein Gladiatorenspiel anzusehen, und den Pompejanern kam es im Jahr 59 n. Chr. zu wüsten Ausschreitungen, bei der viele Menschen ums Leben kamen. Danach wurde der Gastgeberstadt auf zehn Jahre verboten, derartige Veranstaltungen auszurichten. Darüber hinaus löste man die Fanclubs, Tacitus spricht von »ungesetzlichen Vereinen«, auf und verbot diese. Er berichtet, dass man sich zunächst »mit kleinstädtischem Mutwillen« *(oppidana lascivia)* gegenseitig beschimpft und nach den Regeln der Eskalation dann zunächst zu Steinen, später zu den Schwertern gegriffen habe. Neben dem Bericht des Historikers (Annalen 14, 17) haben wir das außergewöhnliche Glück in Pompeji ein Wandgemälde

Abb. 15: Wandgemälde aus Pompeji, das die gewalttätigen Ausschreitungen von Schlachtenbummlern nach einem Gladiatorenkampf im Jahr 59 n. Chr. darstellt

erhalten zu haben, das die Ereignisse im Amphitheater darstellt (Abb. 15).

Lektürehinweise:
Einen immer noch unübertroffenen Überblick über Sport, Wagenrennen und Spiele bietet Weiler (1988), sehr nützlich ist auch das Buch über griechische Feste und römische Spiele von André (1994), zum Sport bei den Griechen siehe Decker (2012), und die römischen Gladiatorenspiele behandelt Mann (2013) übersichtlich.

6.
DIE KULTUR DER ANTIKEN GESELLSCHAFT

6.1. Grundsätzliches

Clint Eastwood sagte einmal, dass es nur zwei eigenständige amerikanische Kunstformen gebe, die nicht von »Old Europe« und seiner Kulturtradition abhängig seien: Der Western und der Jazz. Etwas wenig für ein Imperium, das die Welt des 20. und 21. Jh.s beherrscht. (Zitat: James L. Neibaur, The Clint Eastwood Westerns, Lanham et al. 2015, 144.).

Der einzige eigenständige Beitrag der Römer, die über 500 Jahre die Welt beherrschten (allerdings nur »Old Europe« und Teile von Vorderasien), zum *geistigen* Erbe des Abendlands beschränkt sich in erster Linie auf das römische Recht - auch etwas wenig für ein Imperium. Das Recht haben sie aber, das sei schon an dieser Stelle gesagt, zu einer Kunstform erhoben. In allen anderen Bereichen der kreativen Kulturformen ist die römische Kultur von griechischen Vorbildern abhängig. Die Römer waren sich dessen immer bewusst. Der Dichter Plautus (ca. 254–184 v. Chr.), der die griechische Komödie in Rom heimisch machte, nannte im Vorwort zur Komödie Trinummus zunächst den griechischen Urheber des Stücks; er, Plautus, habe es »ins Barbarische übertragen« *(barbare vortit)*. Horaz (65–68 v. Chr.) hat den berühmten Satz geprägt, dass das von den Römern eroberte Griechenland »den wilden Sieger«, also Rom, seinerseits eroberte, indem es »die Künste ins bäurische Latium gebracht« habe *(Graecia capta ferum victorem cepit et artes intulit agresti Latio)*. Hier haben wir eine eigentlich komplexe Rezeptionsgeschichte *in nuce* formuliert.

Vor diesem Hintergrund wird dieses Kapitel ein wenig »griechenlastig« gestaltet. Das tut den Römern, die mit Vergils Epos, Catulls Liebesdichtungen oder Petrons Schelmenroman zweifellos Glanzstücke zur Weltliteratur beigetragen haben, nicht wirklich unrecht, denn es waren nun einmal die Griechen, die die literarischen Gattungen und Formen – die noch heute mit den griechischen Bezeichnungen weiterleben (Epik, Lyrik, Dramatik) – geschaffen haben und sich als Erste mit den Kernfragen des menschlichen Seins auseinandersetzten. Damit hatten sie bereits im 6. Jh. v. Chr. (aus dieser Zeit stammen unsere frühesten Zeugnisse) die abendländische Philosophie begründet.

6.2. Philosophie

Auf wenigen Seiten die wichtigsten Entwicklungen der griechischen Philosophiegeschichte von der archaischen bis in die hellenistische Zeit mit ihren oft sehr abstrakten Inhalten zusammenzufassen, wäre ein vermessenes Unterfangen, die komplexen Gedankengebäude Platons und Aristoteles nachzuzeichnen gar unmöglich. An dieser Stelle müssen einige Stichworte genügen, um die Bedeutung eines intellektuellen Aufbruchs wenigstens ansatzweise zu beschreiben, der in der Menschheitsgeschichte seinesgleichen sucht. Philosophie ist Weltdeutung und bei den Griechen begann die Philosophie um 600 v. Chr. mit den Versuchen einiger Männer, die Welt zu erklären. Die Kernfragen »Was ist die Welt? Was ist der Mensch?« waren nicht neu. Sie wurden allerdings zuvor durch Mythen beantwortet. Zeus, Poseidon und Hades waren Brüder, die das Weltall unter sich aufgeteilt hatten, usw. usw. Die frühen griechischen Philosophen stellten dem mythisch geprägten Weltbild nun rationale Entwürfe entgegen, die Naturerscheinungen und Gestirne sowie die Entstehung allen Seins zu deuten.

· Vorsokratiker

In Kleinasien, genauer in der Stadt Milet, bildete sich eine Schule, die mit den Namen Thales, Anaximander und Anaximenes verbunden ist, die als »ionische Naturphilosophen« in die Philosophiegeschichte eingegangen sind. Wie die Bezeichnung schon verrät, versuchten sie die natürliche Welt rational zu erfassen und den »Urstoff« zu ergründen, aus dem die ganze Welt bestünde und der erklären konnte, wie die Welt entstand. Physik und Ontologie waren also die Interessensgebiete dieser frühen Denker. Aus Sicht der modernen Naturwissenschaften haben die Ideen des Thales, der das Wasser als den Urstoff der Welt sah, oder des Anaximenes, der die Luft dafür hielt, natürlich keinen Bestand. Jedoch sind nicht die Lösungsansätze der Naturphilosophen für unseren Zusammenhang entscheidend, sondern die Tatsache, dass sie die Fragen formulierten. Damit wandten sie sich ab von einem theologisch-mythologisch fundierten Weltbild und versuchten Naturerscheinungen rational und mathematisch zu deuten bzw. natürlichen Gesetzmäßigkeiten zuzuschreiben. Auf diese Weise gelang es Thales, eine Sonnenfinsternis genau vorherzusagen, was ihn berühmt machte. Dass diese geistigen Anstrengungen ausgerechnet in dem Gebiet ihren Ursprung hatten, wo die Griechen mit dem Wissen des Orients in Kontakt kamen, nämlich in Kleinasien, ist kein Zufall. Die persischen Gelehrten und babylonischen Astronomen waren in der Antike berühmt und ihr Einfluss macht sich in der frühen griechischen Philosophie bemerkbar, auch wenn sich die genauen Kontaktwege nicht mehr rekonstruieren lassen.

Einen grundlegenden Wandel erfuhr das griechische Denken in der zweiten Hälfte des 5. Jh.s v. Chr. Im Mittelpunkt dieses Wandels hat die Philosophiegeschichte die Gestalt des Atheners Sokrates ausgemacht. Für wie bedeutend das Auftauchen des notorischen Fragenstellers Sokrates gewertet wird, lässt sich am Begriff »Vorsokratiker« ermessen, mit dem alle geistigen Strömungen und sämtliche wichtigen Denker vor Sokrates bezeichnet und somit gewissermaßen in einen Topf geworfen werden. Das ist nicht nur ungerecht, sondern auch falsch. Unter der mit Sokrates verbundenen Neuorientierung der Philosophie, der »Sokratischen Wende«, versteht man die konsequente Hinwendung der zunächst an den Erscheinungen der Natur orientierten Philosophie zum Menschen und seiner gesellschaftlichen Bedingtheit. Dieser einschneidende Perspektivenwechsel ist in der Tat die bedeutendste Leistung der griechischen Philosophie und hat das Abendland in der Folge entscheidend geprägt. Jedoch hat mit Sokrates vielleicht der Falsche den Ruhm geerntet. Die Schwierigkeit beginnt damit, dass wir gar nicht wissen, was Sokrates wirklich gedacht hat, denn von ihm ist keine einzige Zeile überliefert. Alles was wir über den Erzphilosophen wissen, kommt aus zweiter oder dritter Hand. Besonders die Aufzeichnungen seines bedeutendsten Schülers Platon sind in diesem Zusammenhang wichtig. In allen seinen dialogisch verfassten Schriften tritt Sokrates auf und mit dem Voranschreiten des platonischen Werkes nimmt dieser literarische Sokrates immer mehr die Züge des Autors Platon an. Auf diese Weise ist es ein grundsätzliches Problem überhaupt zu bestimmen, wie viel Anteil am Gedankengebäude der platonischen Schriften Sokrates und wie viel Platon zuzuschreiben ist.

Darüber hinaus waren bereits vor dem Auftreten des Sokrates als Lehrer und unermüdlicher Fragesteller auf der Agora in Athen zunächst die Sophisten diejenigen gewesen, die den Menschen in den Mittelpunkt ihrer kühnen Überlegungen stellten. Allerdings eilte diesen Männern, die wie alle bedeutenderen Philosophen vor Sokrates aus dem Ausland nach Athen gekommen waren, ein denkbar schlechter Ruf voraus, der sich bis weit in die Neuzeit gehalten hat. »Du bist und bleibst ein Lügner, ein Sophiste«, urteilt noch Dr. Faust über Mephistopheles. Der schlechte Ruf von Leuten wie Gorgias aus Leontinoi, Protagoras aus Abdera oder Hippias von Elis gründet einerseits auf der Tatsache, dass die Sophisten als Rhetoriklehrer gegen oft hohe Vergütung die junge Politikerelite Athens ausbildeten, ihnen auch Tricks und Kniffe beibrachten, damit diese in der Volksversammlung überzeugender auftreten konnten. Sowohl das Erheben von Schulgebühren (von »Huren des Wissens« war die Rede), wie auch die Unterweisung in der Redekunst im Sinne von »Überredekunst« war anrüchig.

Andererseits waren ihre philosophischen Überlegungen, die auf den Erkenntnissen der Naturphilosophie aufbauten, geradezu revolutionär. Sie zogen aus dem sich vom Bereich der Mythologie ablösenden Denken die radikale Konsequenz, dass gewissermaßen alles relativ sei, auch gesellschaftliche Werte und religiöse Tradition. Am deutlichsten formulierte das Protagoras in seinem berühmten Homo-Mensura-Satz: »Der Mensch ist das Maß aller Dinge, der seienden, dass sie sind, der nicht seienden, dass sie nicht sind.« In der Konsequenz wird hier eine radikale Form von Relativismus bestimmt, die den Menschen und seine Wahrnehmung als Maßstab setzt. Es gibt keine außerweltlichen Bezugspunkte, wie Wahrheit, göttliches Recht oder Moral, die Auswirkungen auf das menschliche Zusammenleben haben. Das folgende Lehrbeispiel des Protagoras ist auf den ersten Blick noch harmlos: Eine Speise, die dem einen süß erscheint, mag dem anderen bitter vorkommen. Zum ethisch relevanten Problem wird ein solcher Wahrnehmungsunterschied erst durch die sophistische Position, dass es keinen verbindlichen Begriff von süß oder bitter gibt, an welchem individuelle Vorstellungen von süß und bitter überprüft und gegebenenfalls korrigiert werden können. Folgerichtig gilt Ähnliches auch für die Begriffspaare Recht und Unrecht, wahr und falsch oder gut und schlecht. Die vorher verbindlichen und als göttlich sanktioniert gedachten Normen des menschlichen Zusammenlebens wurden von den Sophisten als Produkte menschlicher

Konventionen erkannt, was natürlich gesellschaftliches Konfliktpotential in sich barg. Diese Gedanken, die damals viele Menschen sehr beschäftigt haben müssen, finden wir deshalb im Melierdialog (s. o. Teil I Kap. 1.2.) wieder sowie im Chorlied aus der Antigone über die unheimlichen Fähigkeiten des Menschen (s. u.), aber auch noch in einigen Postulaten zur Wahrheitstheorie im Rahmen der sogenannten »postmodernen« Philosophie unserer Gegenwart, bei der es sich wohl zumindest zum großen Teil um alten Wein in neuen Schläuchen handelt.

· Sokrates und Platon

Die kühne Rede von der durch den Mensch als Maß aller Dinge bestimmten Relativität der Werte, eine erkenntnistheoretisch kaum zu knackende Nuss, hat den Athener Sokrates sehr beschäftigt. Er und sein Schüler Platon (wie gesagt ist es schwer zu bestimmen, wer welchen Anteil hat) versuchten nun in der Auseinandersetzung mit den Sophisten Werte philosophisch zu begründen und auf diese Weise letztgültig zu erklären, dass eine Handlung gut oder schlecht ist, nicht weil die (religiöse) Tradition oder eine gesellschaftliche Vereinbarung sie als gut oder schlecht bestimmt. Damit wurden Erkenntnistheorie und Ethik in den Mittelpunkt der Philosophie gerückt, und mit Fug und Recht kann man Sokrates daher »als Katalysator jenes Wandels« bezeichnen, »der den Menschen zum Kernstück der philosophischen Forschung machte« (Finley 1983, 94).

Die zentrale Frage des Sokrates und damit auch Platons war: Kann Gut-sein gelehrt werden? Die gemäße Antwort, die Platon nun im 4. Jh. v. Chr. auf die provokativen Lehren der Sophisten fand, war die Entdeckung der objektiven Existenz von Ideen, die das absolute Gute verkörpern. Die Entdeckung dieser Ideen (man spricht von Platons »Ideenlehre«) ist nur wenigen Denkern nach mühsamen Lehrjahren und geistigen Kasteiungen möglich. Diesen Weg beschreibt Platon in seinem berühmten Höhlengleichnis (Platon, Politeia 514a–517a).

Die normalen Menschen habe man sich vorzustellen, als ob sie in einer Höhle lebten. Sie seien dabei festgeschnallt und könnten nur in eine Richtung schauen. Hinter ihnen befindet sich eine Lichtquelle und ab und an werden Gegenstände vor diesem Leuchtfeuer vorbeigetragen, deren Abbilder die Menschen nun als Schattenspiele an der ihnen einsichtigen Wand wahrnehmen könnten. Diese Schatten erscheinen den Gefesselten als die wahre Welt und machen nun den

Lebensinhalt der Menschen aus, die mit ihrer Deutung tagaus, tagein beschäftigt sind. Würde nun einer befreit und gelangte an die Oberfläche, so wäre er zunächst von der Sonne geblendet und könne lange gar nichts sehen. Habe er sich aber an die Lichtverhältnisse gewöhnt, so würde er beginnen, die Sonne und auch die Dinge selbst zu erkennen, für deren Schatten die Sonne verantwortlich ist. Kehrte dieser nun erleuchtet in Kenntnis der Wahrheit wieder in die Höhle zurück, würde er, so er von seinen Erkenntnissen berichte, als Geblendeter von den anderen, die sich im Deuten der Schattenbilder gegenseitig zu übertreffen suchen, nicht mehr ernst genommen werden.

Die Höhle steht dabei in Platons Gleichnis für unsere wahrnehmbare Welt, wobei die Schatten nur Abbilder des »wahren Seienden« sind. Die Welt der Ideen und die zentrale Idee des Guten (für sie steht die Sonne) finden sich in der Oberwelt, die zu erreichen die schwierige Aufgabe des Philosophen ist. Diese Einsichten zu lehren und weiterzugeben war Platons Aufgabe, der er ab 385 v. Chr. in der von ihm nahe dem Heiligtum des Heros Akademos gegründeten Schule, der »Akademie«, nachkam.

Die mit der »Sokratischen Wende« erfolgende Konzentration auf den Menschen und seine Lebenswelt sorgte für eine nachhaltige Bindung der Philosophie an die Politik. Platons wichtigste Gesellschaftsentwürfe in seinen Schriften über den »Staat« (Politeia) und die »Gesetze« (Nomoi) kreisen um die Idee, welche Ordnung sich menschliche Gemeinschaften zu geben haben, um dem Ideal des Guten und Gerechten möglichst nahezukommen. Seine späten Schriften sind gewissermaßen ein Erziehungsplan, um die Menschen besser zu machen. Dafür braucht es aber einen Staat, in dem nicht die Masse der Höhlenbewohner herrscht, sondern diejenigen, welche die Idee der Gerechtigkeit geschaut haben und die Gesetze vor dem Hintergrund ihrer Weisheit flexibel handhaben. Dieser letztlich utopische Staatsentwurf scheitert auf der ganzen Linie daran, dass er von der Kernfrage »wer soll herrschen?« abhängt. Karl R. Popper hat vor diesem Hintergrund Platons Staatsphilosophie als Entwurf eines letztlich totalitären Staates kritisiert.

· Aristoteles

Einen wichtigen Beitrag zur politischen Philosophie, vielleicht den wichtigsten der Antike, hat Aristoteles geliefert. Der aus Stageira im südlichen Makedonien stammende Schüler des Platon eröffnete nach dem Tod seines Meisters und nach längeren Auslandsaufenthalten (er war unter anderem als Erzieher des jungen Alexander am makedonischen Königshof beschäftigt) 335 v. Chr. in Athen ebenfalls eine eigene Schule, das Lykeion vor den Toren der Stadt (davon leitet sich natürlich unser Wort Lyzeum für höhere Bildungsanstalten ab). Er war an Vielseitigkeit kaum zu übertreffen. Von ihm sind uns naturkundliche Studien von erstaunlicher Breite überliefert, ebenso wie Arbeiten zur Logik, zu medizinischen Themen, zur Zoologie, aber auch Schriften zur Staatsphilosophie, etwa die »Politik« und der »Staat der Athener« (Athenaíon Politeía), von denen bereits die Rede war. In vielerlei Hinsicht von seinem Lehrer verschieden, war er der erste wissenschaftliche Empiriker. Dadurch setzt er sich deutlich von seinem Lehrer ab. Wissen (*epistéme*) erlangt man nach Aristoteles durch empirische Erforschung der erfahrbaren Welt. Platon dagegen war überzeugt, dass diese Welt der »Abbilder« nie Gegenstand echten Wissens sein könne und nur die Welt der Ideen die Aufmerksamkeit eines Philosophen erfordere. Entsprechend gering war sein Interesse an dem, was wir heute Wissenschaften nennen. Dieser Bereich des Wissens, der von Aristoteles in so vielen »Disziplinen« vertreten wurde, produzierte in der Antike eine reichhaltige Fachliteratur, die auch praktische Anwendungen vorsah. Neben Werken über Fischzucht, Ackerbau und Jagd waren es vor allem die medizinischen Schriften aus der Schule des Arztes Hippokrates von Kos, die aus Erfahrung gewonnenes praktisches Wissen über die menschliche Natur vermittelten.

Aristoteles' empirische Arbeitsweise zeigt sich besonders in seinen Forschungen zur politischen Philosophie. Für seine Erkenntnisse über den besten Staat verwendete er eine Vielzahl von Fallstudien und Einzeluntersuchungen zu griechischen Stadtstaaten (es sollen 158 gewesen sein), die ihm meist seine Schüler anfertigten. Die für die Geschichte und Verfassung Athens so wichtige Schrift Athenaion Politeia ist eine solche Faktensammlung zum internen Schulgebrauch.

Die beiden von Platon und Aristoteles gegründeten Schulen, die Akademie und die nach einer Wandelhalle beim Lykeion in Peripatos umbenannte Schule des Aristoteles waren bis in die Zeit des Hellenismus die einflussreichsten Philosophenschulen. Während in Platons Akademie die Schriften des Meisters das Maß aller Dinge waren und eifrig studiert und gepflegt wurden (das ist wohl der Grund für die einmalige Situation, dass sämtliche Schriften Platons und noch einige ihm fälschlicherweise zugeschriebene als Corpus überliefert wurden), setzten die Nachfolger des Aristoteles (Theophrast und Straton) eigene Akzente. Im Gegensatz zu Platon, der die ganze Antike über einflussreich blieb (besonders der metaphysisch ausgerichtete und auf Platons Seelenlehre aufbauende Neuplatonismus hatte seit dem 3. Jh. n. Chr. über die Kirchenväter großen Einfluss auf die christliche Lehre), war es Aristoteles vorbehalten, die mittelalterlichen Universitäten seit dem 13. Jh. zu dominieren und einen bedeutenden Einfluss auf die arabische Philosophie auszuüben (einige Schriften des Aristoteles sind nur in arabischen Übersetzungen überliefert).

- **Die Kyniker**

Als Gegenbewegung zu den etablierten Schulen in der Tradition Platons und Aristoteles' verstanden sich die Kyniker, die Hundephilosophen. Denn von griechisch *kýon* (Hund) leitet sich der Name wohl her, der dann für die Vertreter des Kynismus zum programmatischen Ehrentitel wurde (eine andere Tradition führt den Namen auf ein Kynosarges genanntes Gymnasion in Athen zurück). Für die allgemeine Wahrnehmung durch ihre Umwelt war der Zusammenhang indes klar, denn die schäbig gekleideten und Äußerlichkeiten verachtenden Kyniker führten aus Sicht ihrer Mitbürger tatsächlich ein »Hundeleben«. Sie waren gewissermaßen die antiautoritären Hippies der Antike. Obwohl sie im Gegensatz zu den etablierten Philosophenschulen keine an bestimmte Örtlichkeiten gebundenen Gemeinschaften bildeten, gibt es gewisse Kernelemente, mit denen sich alle als Kyniker bezeichneten philosophischen Lebenskünstler identifiziert haben dürften. Sie lehnten materielles Streben grundsätzlich ab und sahen die Unabhängigkeit von äußeren Dingen als höchstes Ziel an, entsprechend ärmlich und zerlumpt war das äußere Erscheinungsbild der Bettelphilosophen. Diese Außenseiterposition, verbunden mit einem asketischen, auf die allergrundlegendsten Bedürfnisse reduzierten Lebensstil, ermöglichte ihnen jene ätzende Gesellschaftskritik und die öffentliche Ablehnung gesellschaftlicher Konventionen, für die sie bis heute bekannt sind. Die Rekonstruktion kynischer Ideen und Spruchweisheiten (eine fundierte philosophische Lehre hätten sie abgelehnt) gestaltet sich als überaus schwierig, weil fast alle überlieferten Informationen spätantik und anekdotisch sind, also kaum originale Aussagen der in der sokratischen und damit mündlichen Tradition stehenden Bürgerschrecke wiedergeben dürften. Besonders der Philosophiehistoriker Diogenes Laertios (3. Jh. n. Chr.) hat viele Informationen zu den Kynikern und besonders über seinen Namensvetter, den berühmtesten aller Kyniker gesammelt: Diogenes von Sinope (ca. 410–323 v. Chr.), derjenige Diogenes, der in einem leeren Fass gelebt haben soll (so zeigt ihn auch ein römisches Mosaik aus Köln, datiert auf das 2. Jh. n. Chr., Abb. 16).

Er war Zeitgenosse von Aristoteles gewesen und wie dieser hauptsächlich in Athen aktiv (auch in Korinth soll er sich aufgehalten haben). Diogenes ist zweifellos der bekannteste der Kyniker - wir werden noch auf einige Anekdoten aus seinem Leben zurückkom-

Abb. 16: Diogenes in seinem Fass. Darstellung von einem Mosaik aus Köln, 2. Jh. n. Chr.

men – nicht aber der erste. Als »Erfinder« des Kynismus, von dem sich unser modernes Wort Zynismus herleitet, gilt vielmehr der Vorgänger und Lehrer des Diogenes, Antisthenes (ca. 445–365 v. Chr.), der seinerseits ein Schüler von Sokrates war. Anthisthenes gehörte noch zu den »klassischen« Philosophen, die universelle Bereiche des Denkens abdeckten, und dachte entsprechend auch über Logik und Erkenntnistheorie nach, wenngleich die ethischen Belange sein Kernthema waren. So lehnte er allen Luxus ab, pries das einfache Leben, bezeichnete sich aber selbst als mit Reichtum gesegnet (in Xenophons Gastmahl, 3–4). Der Reichtum, so Antisthenes, der ein armer Schlucker ohne jedes Vermögen oder Bargeld war, sei in der Seele zu suchen. Der Bedürfnislose habe nicht viel zu verlieren und seinen Seelenreichtum könne er im Gespräch und mit Freunden gerne und immer teilen.

Von dieser ethischen Grundeinstellung seines Lehrers ließ Diogenes sich besonders leiten. Erst er überführte diese ethische Gesinnung in eine konsequente Lebensweise und gründete durch sein tätiges Vorbild den Kynismus als Bewegung. Ausgangspunkt war der Umgang mit den grundlegenden Bedürfnissen des Menschen wie Essen, Trinken, Bekleidung, Behausung und Befriedigung des Sexualtriebs. Es ging Diogenes und in der Folge den Kynikern allgemein in erster Linie darum, hinsichtlich dieser elementaren Bedürfnisse autark, also unabhängig zu sein. Als Ziel galt es demnach Wege zu finden, auf denen diese Bedürfnisse »auf die einfachste Weise und so, dass man, soweit möglich, von niemandem und nichts abhängig ist, befriedigt werden können« (Döring 2006, 22). Erst durch die Befreiung von allen äußerlichen Zwängen sei das Lebensglück, nach welchem alle philosophischen Schulen der hellenistischen Zeit strebten, erreichbar. Aus dieser Forderung nach Genügsamkeit und Autarkie ergab sich die »Grundausstattung« der Kyniker, die Diogenes beispielhaft vorgegeben hatte. Sie bestand aus dem obligatorischen kleinen Ranzen, in dem Proviant und das Allernotwendigste enthalten waren (den Trinkbecher, den er darin aufbewahrte, soll er weggeworfen haben, als er einen Knaben sah, der aus der hohlen Hand Wasser trank), einem kratzigen, auch als Decke verwendbaren kurzen Mantel aus Wolle sowie einem Wanderstab. Ohne festen Wohnsitz schlief Diogenes immer dort, wo es einen rudimentären Wetterschutz gab, etwa in öffentlichen Wandelhallen, gelegentlich wohl aber auch in einem leeren Vorratsgefäß, das in der bildlichen Tradition immer als hölzernes Fass dargestellt wird. Dieses Fass wurde schließlich im Laufe der Rezeptionsgeschichte zu seinem Erkennungszeichen.

Durch die Ablehnung von Besitz und Luxus sowie jeglicher gesellschaftlicher Konventionen bei der Befriedigung ihrer Bedürfnisse, was das öffentliche Verrichten der Notdurft und Geschlechtsverkehr in der Öffentlichkeit einschloss (was in der antiken Literatur heftig kritisiert wurde), stellten sich die Kyniker an den Rand der Gesellschaft. Als Asoziale und als Kosmopoliten, »Weltbürger« (Diogenes soll sich so bezeichnet haben, Diog. Laert. 6, 63), die eigentlich negativ als Bürger keiner Stadt, und damit als Staatenlose im antiken Kontext verstanden werden müssen, konnten sie mit Schmähreden und provozierendem Sarkasmus den Stadtbürgern die Leviten lesen. Unzählige mit an Sicherheit grenzender Wahrscheinlichkeit unhistorische Anekdoten zeigen gleichwohl, dass Diogenes und die, die ihm nachfolgten, unabhängige, kritische Geister gewesen sein müssen, die der städtischen Oberschicht in Athen, Korinth und anderen wichtigen Orten mit den Mitteln der Ironie und des Spotts den Spiegel vorhielten und durch ihr genügsames Leben eine gewisse Glaubwürdigkeit für sich in Anspruch nehmen konnten. Ein paar Beispiele: Diogenes soll am helllichten Tage mit einer Öllampe auf dem Athener Marktplatz umhersuchend durch die Menge gegangen sein. Er suche einen Menschen, habe er gesagt, als die Leute zu wissen verlangten, was er denn mit der Lampe auf der Agora suche (Diog. Laert. 6, 41). In Korinth soll Diogenes Alexander dem Großen begegnet sein. Der wollte den berühmten Bettelphilosophen treffen und fand ihn in der Sonne dösend. Als er zu ihm hintrat und anfragte, was er, der König, für Diogenes tun könne, antwortete der: »Geh mir nur ein wenig aus der Sonne!« (Plutarch, Alexander 14).

Dieser rebellische Nonkonformismus und die gewissermaßen als »Aktionsphilosophie« zu verstehende Gleichsetzung von Denken und Lebensrealität hat Diogenes zu einem der berühmtesten Philosophen des Altertums werden lassen. Literatur und Kunst haben sich dem »Hund« Diogenes immer wieder gerne angenommen. In Frankreich hat Honoré Daumier geistreich die beiden gerade wiedergegebenen Anekdoten graphisch umgesetzt (Abb. 17 zeigt seine Sicht auf den Besuch Alexanders des Großen bei Diogenes), in Deutschland ist v. a. Wilhelm Buschs Bildergeschichte »Diogenes und die bösen Buben von Korinth« bekannt. Somit war Diogenes vielmehr als sein Lehrer Antisthenes der Gründer einer antiautoritären Bewegung, die erstmals wirklich »praktische« Philosophie bedeutete.

Während der Kynismus nur noch ein, zwei Generationen nach Diogenes en vogue war (wichtigste Vertreter waren Krates von Theben, Metrokles von Maroneia und Monimos von Syrakus), vielleicht auch weil viele Elemente kynischer Überzeugungen in weniger radikaler Form bei den Stoikern wieder aufgenommen wurden (Genügsamkeit, Freiheit von Affekten, s. nächster Abschnitt), kam es dann im Römischen Reich am Ende des 1. Jh. n. Chr. zu einer regelrechten

Abb. 17: H. Daumiers Darstellung des Zusammentreffens zwischen Diogenes und Alexander dem Großen: Geh mir aus der Sonne!

Wiedergeburt des Kynismus. Jetzt wurde der Kynismus bis in die Spätantike hinein zu einer sehr populären Bewegung, die eine Vielzahl – teils zweifelhafter – Adepten anzog. Neben Demetrios von Korinth und Oinomaos von Gadara, die durchaus ernst zu nehmende Philosophen waren, lockten die kynischen Lehren und Lebensweisen auch zweifelhafte Figuren an, die über den Status von Landstreichern und Wanderpredigern kaum hinausgelangten.

Hinzu kam, dass sich viele Anhänger nun aus den besitzlosen städtischen Unterschichten, Freigelassenen und Sklaven rekrutierten, weshalb die wachsende Anzahl von Scheinkynikern, die in der Nonkonformistenuniform des Diogenes mit Rucksäckchen und fadenscheinigem Mantel bettelnd umherzogen, heftige Kritik bei Autoren wie Martial und Lukian hervorriefen. In den Straßen von Rom, Athen und Alexandria lungerten nun seltsame, zerlumpte Gestalten herum, die durch ihre Schamlosigkeit und ihre beleidigenden Reden provozierten, aber auch vor den Heiligtümern sowie an Straßenkreuzungen Askese und Luxusverzicht predigten und die Elite öffentlich kritisierten.

Bei aller Kritikwürdigkeit (auch Kaiser Julian hat im 4. Jh. n. Chr. zwei Schriften gegen falsche Kyniker verfasst) der kaiserzeitlichen Massenbewegung, die sektenhafte Züge aufwies, waren die anerkannten Vertreter des Kynismus, von Diogenes bis hin zu den seriösen kaiserzeitlichen Kynikern wie dem Senecafreund Demetrios von Korinth, von derjenigen Grundidee beseelt, die die gesamte Philosophiegeschichte des Hellenismus geprägt hatte: der geistigen Suche nach dem Lebensglück und dem Zustand des Seelenfriedens. Diese Suche beschäftigte die weit in die römische Zeit hineinwirkenden, einflussreichen hellenistischen Philosophierichtungen Stoa, Epikureismus und Skepsis, die im Folgenden beschrieben werden.

· Hellenistische Philosophie: Stoa, Epikureismus und Skepsis

Der Hellenismus führt die griechische Philosophie zu einer weiteren Blüte und zu einer neuen Ausrichtung. Während Sokrates, Platon und Aristoteles den Menschen in seiner Gemeinschaft verorten, fragen die Philosophen der hellenistischen Epoche nach dem Individuum, das konzeptuell erst jetzt wirklich entdeckt wird. Die Philosophie wurde mit den neuen Richtungen, die sich seit dem 3. Jh. v. Chr. – wieder in Athen – entwickelten, zu einer lebenspraktischen Disziplin. Mit ihrer Hilfe versuchten die Menschen den Sinn des Lebens, *ihres* Lebens, zu erfassen und sich auf der Handlungsebene nach diesen Erkenntnissen zu richten. Drei bedeutende Schulen entwickelten sich im Hellenismus: Stoa, Epikureismus und die pyrrhonische Skepsis (die letzten beiden nach den Schulgründern genannt).

Alle philosophischen Schulen des Hellenismus verfolgten das gleiche Endziel in ihren ethischen Entwürfen. Der Mensch müsse nach »Eudaimonia« streben, was wir meist mit »Glückseligkeit« übersetzen. Wörtlich bedeutet der Begriff »einen guten Dämon haben«, in ein deutsches Bild übertragen, »unter einem guten Stern stehen«, oder man könnte auch von dem Streben nach einem »gelingenden Leben« sprechen. Diese Eudaimonia, das Glück, wird generell *ex negativo* von den hellenistischen Philosophen definiert, nämlich als die Freiheit von Erregungen, von sogenannten Affekten, wie Trauer, Furcht, Begierde etc. Während sich die Philosophen einig über das Ziel waren, stritten sie sich doch um den richtigen Weg dorthin, um die Methode, die Eudämonie zu erreichen.

In wenigen Worten gesagt, entwickelten die hellenistischen Philosophen folgende Lösungsansätze:

- Die Stoiker brachten eine Tugendlehre hervor und erklärten, dass man die Seelenruhe und Glückseligkeit erreiche, wenn man sich nur solche Ziele setze, die man auch erreichen könne und ansonsten entspannt bleiben solle;
- die Epikureer waren überzeugt davon, dass sie zur Eudaimonia gelangen können, wenn sie möglichst alle ihre Bedürfnisse befriedigten;
- und die Skeptiker sahen dann ein, dass das Streben nach Glück eigentlich nichts bringt, weil Glück nicht erreichbar ist und man deshalb durch Relativierung der Werte und grundsätzliche Skepsis gegenüber absoluten Gütern möglichst mit wenig Stress (der sich nicht ganz vermeiden lässt) durchs Leben kommen sollte.

Die Stoiker bildeten die wichtigste und einflussreichste hellenistische Schule. Sie hatten ihren Namen von ihrem Versammlungsort. Sie trafen sich in der »bunten Säulenhalle«, der Stoá poikíle, einer viel besuchten, mit Wandbildern geschmückten Wandelhalle in Athen. Die Schriften der Stoiker, deren wichtigster Vertreter nach dem Gründervater Zenon von Kition (332–261 v. Chr.) vor allem Chrysippos von Soloi (ca. 281–208 v. Chr.) gewesen ist, sind nur in Fragmenten überliefert. Ihre einflussreiche Lehre, die auch bei den Römern (v. a. durch Cicero) intensiv rezipiert wurde, betonte die Bedeutung der »Apathia« zum Erreichen der Seelenruhe. Das nicht in unserem Sinne zu verstehende Wort meint die Abwesenheit von leidbringenden Affekten (Affekt = *páthos*).

Die Stoiker entwickelten Regeln und Übungen, mit denen sie ungewollte Gefühlsregungen, die die Seelenruhe und das innere Gleichgewicht in Gefahr brachten, ausschalten konnten. In ihrer Tugendlehre verwiesen sie auf die Notwendigkeit der Affektkontrolle und Triebunterdrückung. Kern ihrer Lehre, ihr »Trick«, könnte man sagen, war, alles Unverfügbare mittels der Vernunft radikal zu entwerten und Triebe zu unterdrücken. Denn die Affekte, denen wir ausgesetzt sind (Begierde, Trauer usw.), lassen sich durch Vernunft und die vernunftgesteuerte Einsicht in die Wertverhältnisse steuern. Ein Beispiel: Mich gelüstet nach einem dicken Mercedes. Meine Vernunft sagt mir, dass ein japanischer Kleinwagen den gleichen Zweck erfüllt. Außerdem ist der Mercedes aufgrund der für mich gültigen Gehaltstabelle unverfügbar. Solange meine Vernunft »aufrecht« *(orthós)* bleibt, und ich erkenne, dass die vom gesellschaftlichen Umfeld (und der Werbung) verstärkte hohe Wertzuschreibung ein falsches, weil nicht vernünftiges Werturteil darstellt, werde ich sehr zufrieden mit dem Japaner sein und für eine Zeit die Eudämonie auf Deutschlands Straßen »erfahren« können. Die sprichwörtliche »stoische Ruhe« stellt sich dann ein. In der Konsequenz, so lehrten die Stoiker, kann auch ein Sklave Glücksseligkeit erfahren, solange er nicht nach der – unerreichbaren – Freiheit strebt.

Dass die Stoiker sich da ein wenig in die Tasche logen, erkannte der Athener Epikur (341–271 v. Chr.) und ging ganz andere Wege. Mit seiner hedonistischen, eben auf Lustbefriedigung zielenden praktischen Philosophie trieb er die noch recht neue Idee des Individualismus gleich ins Extrem. Während die Stoiker einen pragmatischen Zugang zur Gesellschaft entwickelt hatten und ihre Tugendlehre vom rechten Handeln den Stoikern politische Tätigkeiten ermöglichte, dekretierte Epikur, man solle den öffentlichen Politikbetrieb meiden und sich ins Privatleben zurückziehen. Das meinte er mit seinem berühmten Ausspruch »lebe im Verborgenen!« *(lathé biósas)*: Sei nur Privatmann und versuche deine Bedürfnisse zu befriedigen und Schmerz und Leid zu vermeiden. Epikur und seine Anhänger, die zurückgezogen, fast wie eine Sekte, in Epikurs Anwesen lebten, sind deshalb von der Philosophiegeschichte und strengen Sittenwächtern der Neuzeit als hemmungslose Hedonisten geschmäht worden.

Dabei erkannte er die einmalige individuelle Existenz des sterblichen Menschen als große Herausforderung an, der philosophisch und lebenspraktisch begegnet werden musste. Die auf das Diesseitige gerichtete Glücksseligkeit, auch für ihn das Lebensziel, könne nur durch Lustbefriedigung erreicht werden. Dabei entwickelt Epikur ein komplexes Gedankensystem, das eigentlich ganz ähnlich wie die Grundideen der Stoiker darauf abzielt, die notwendige Lustbefriedigung (zum Erreichen der »Freiheit von Unlust« und damit der Seelenruhe, Ataraxia) durch Unterscheidung zwischen »natürlichen und notwendigen« und »leeren« Begierden zu limitieren und exzessivem Genuss – etwa durch raffinierte Steigerung von Lust – zu vermeiden. Das Augenmerk Epikurs lag auf der Vermeidung von Unlust, nicht auf der Steigerung der Lust, etwa durch Gaumenfreuden, Liebespraktiken oder Raffinesse der Lebensweise. »Ziel des seligen Lebens«, so schreibt Epikur, sei »die Gesundheit des Körpers und die Ataraxie der Seele [...] Denn deswegen tun wir alles, damit wir weder Schmerzen noch Aufregung haben« (Brief an Menoikeus, 128). »Wenn wir nun sagen, Lust sei höchstes Gut, dann meinen wir nicht die Lüste der Prasser und des Genießens, [...] sondern das Freisein von körperlichem Schmerz und seelischer Aufregung« (ebd. 131). Dennoch haben ihn seit Cicero viele Kritiker als hemmungslosen Hedonisten verurteilt.

Auch Pyrrhon von Elis (ca. 372–275 v. Chr.), dessen Ideen wir v. a. aus den Schriften des griechischen Arztes Sextus Empiricus (2. Jh. n. Chr.) kennen, bekannte sich wie Stoiker und Epikureer zu dem Ziel, die Seelenruhe zu erlangen; er meinte, man könne dies durch die skeptische Distanz zur unerkennbaren Wirklichkeit erreichen, da alles, was ein Begehren auslösen könnte, der Ungewissheit unterliege. Die Skeptiker haben gewissermaßen die Konsequenzen aus den Unzulänglichkeiten von Stoa und Epikureismus gezogen. Während die Stoiker auf dem Weg zur Glückseligkeit die Triebe und Begierden der Menschen als der Ratio untergeordnet betrachteten und sie durch geistige Übungen wegvernünfteln wollten, andererseits die Epikureer die für die menschliche Natur unvermeidbaren Wertungen Lust und Unlust akzeptierten und das Eine erstrebten, das Andere zu vermeiden gedachten, erkannten die Skeptiker, dass das Glück selbst gar kein verfügbares Gut ist.

Die Erkenntnis, dass schlechthin kein Gut beliebig verfügbar ist, brachte die Pyrrhoneer zu der lebenspraktischen Einsicht, sich der Werturteile weitgehend zu enthalten. Denn das Urteilen über Dinge und das damit einhergehende Erstreben oder Vermeiden bestimmter Dinge führe zu ungewollten Anspannungen der Seele. Es gebe nun einmal Affekte, die sich weder wegrationalisieren ließen, noch durch

Lustbefriedigung neutralisiert werden könnten. Die Lösung der Skeptiker war die Vorstellung von der Unterwerfung unter »maßvolle Affekte« (Metriopathie), wo es sich nicht vermeiden ließ, und die Enthaltung des Urteils in Dingen, die unbegründbare Überzeugungen betrafen (das gilt ja für die Mehrheit der menschlichen Überzeugungen, insbesondere solche, die sich auf Soll-Aussagen beziehen und keine logischen oder empirischen Annahmen betreffen). So fasste Sextus Empiricus zusammen, dass das Ziel der Skeptiker nicht das Erlangen einer allumfassenden Ataraxie (Seelenruhe) sei, sondern »Ataraxie in den auf Glauben beruhenden Dingen und Metriopathie in den aufgezwungenen« (Grundzüge der pyrrhonischen Skepsis, 1, 25). Die Grundhaltung der Pyrrhoneer war entsprechend die skeptische Distanz.

Bei den Römern, den eher nüchternen Pragmatikern, waren besonders die Lehren der Stoiker beliebt. Gerade durch die römische Rezeption, in den Schriften Ciceros und Senecas, haben wir viele Überlegungen der »späteren Stoa« im Zusammenhang überliefert. Auch der Philosophenkaiser Marc Aurel hat mit seinen auf Griechisch verfassten »Selbstbetrachtungen« der Nachwelt stoisches Gedankengut in Form von staatsmännischen Lebensweisheiten hinterlassen. Im Mittelalter waren bis auf die römischen Interpreten die meisten Schriften der hellenistischen Philosophie verschollen. Erst die Humanisten entdeckten Stoa, Epikur und Skepsis für sich wieder neu. Philipp Melanchthon (1497–1560) und auch Descartes (1596–1650) waren stark vom Stoizismus geprägt. Montaigne (1533–1592), der zunächst auch stoischem Gedankengut anhing, wurde mit der Entdeckung der Schriften des Sextus Empiricus (1562 erschien eine lateinische Ausgabe) zum überzeugten Skeptiker und setzte sich intensiv mit dem Pyrrhonismus auseinander.

Epikur hatte in Rom erst mit Lukrez (Titus Lucretius Carus, ca. 99–55 v. Chr.) ein kongeniales lateinisches Sprachrohr gefunden *(carpe diem!)*, wobei die Rezeption in Rom im Allgemeinen doch etwas oberflächlich blieb und sich vornehmlich auf die hedonistische Seite seiner viel komplexeren Lehre bezog. So bezeichnete sich der Dichter Horaz als »ein Schwein aus der Herde Epikurs« (Epistulae, 1, 4, 16). Erst die Wiederentdeckung der Handschrift von Lukrez »Über die Natur der Dinge« *(De rerum natura)* durch den Humanisten Poggio Bracciolini im Jahr 1417 brachte den im Mittelalter in Vergessenheit geratenen Epikureismus wieder ins Bewusstsein. Dabei geriet er wegen der Betonung von Lust und Weltflucht in Misskredit und die Bezeichnung »Epikureer« wurde zu einem Schimpfwort. Luther hielt – ganz im Sinne des Vergleichs von Horaz – die Epikureer für veritable Säue und beschimpfte gerne seine Gegner als Anhänger der »Epicurer Sekte«. Erst mit der Aufklärung wurde das Bild von Epikur wieder ein positiveres.

Betrachtet man die Auseinandersetzungen der Philosophenschulen um Fragen der Seelenruhe und der Vermeidung von Affekten, aber auch die Ideenlehre Platons sowie die Platon und Aristoteles gleichermaßen umtreibenden Fragen nach staatlicher Ordnung und ihrer Legitimation von unserer modernen Warte, dann erscheint manches kleinlich akademisch und weit hergeholt. Dabei haben die griechischen Philosophen und ihre römischen Kolporteure erstmals die wirklich essentiellen Fragen gestellt und im Rahmen ihrer Möglichkeiten um Antworten gerungen.

Wie soll ich leben? Wann ist der Mensch gut? Was ist die Wahrheit? Dass diese Fragen eigentlich elementar sind und den Menschen immer wieder von Neuem herausfordern, vergessen wir manchmal anhand der im modernen Alltag wichtigeren Entscheidungsfragen, ob wir heute zu Kaufhof oder Karstadt gehen sollen.

Lektürehinweise:
Zur antiken Philosophie gibt es eine Vielzahl von Handbüchern und Einführungen. Meist sind diese Fachbücher, auch wenn sie als Einführungen daherkommen, keine leichte Kost. Nur wenigen gelingt eine allgemein verständliche Darstellung, der man ohne hermeneutische und altertumswissenschaftliche Vorbildung entspannt folgen kann, so etwa Röd (1998) in einer kurzen Übersicht über die antike Philosophie allgemein, Szlezák für Platon (1993), Döring (2006) für die Kyniker und für die hellenistischen Philosophenschulen unübertroffen Hossenfelder (1995).

6.3. Die Literatur der Antike

> »Viel des Unheimlichen ist, doch nichts/ ist unheimlicher als der Mensch/ [...] Sprache der Gedanken/ luftigen Hauch, und zu gesetzlicher/ Siedlung sanftwilligen Geist/ bracht' er sich bei,/ und der Witterung Ungemach,/ der klaren Kälten und des Regens/ Pfeile zu meiden,/ der Nimmer-Verlegene: verlegen/ geht er an kein Künftiges – vorm Tod allein/ weiß er sich kein Entrinnen;/ aus Siechtums letzter Not doch/ sann er sich Wege./ Im erfindenden Geiste/ nimmer verhoffter Dinge Meister;/ geht er die Bahn, so des Guten/ wie des Bösen;/ hält er hoch Gesetz der Heimat/ und der Götter beschworene Rechte,/Volkes Zier: Volkes Fluch,/ wem des Guten Widerspiel/ sich gesellt in Empörung;/ Sitze an meinem Herde nicht, noch sei sein Trachten dem meinen gemein,/ der solchen Beginnens.« (Sophokles, Antigone, V. 332 f.; 352–375)

Das berühmte Chorlied aus der Antigone, einer griechischen Tragödie von Sophokles (aufgeführt 442 v. Chr.), zeigt, dass – ähnlich wie in der Philosophie – die entscheidenden Fragen, die letztlich unser Menschsein betreffen, auch in der Literatur der Antike zur Sprache kommen. In diesem in jeder Hinsicht bedeutenden Text wird der Mensch, der »Nimmer-Verlegene« und »Meister nimmer verhoffter Dinge«, ästhetisch als ein Wesen bestimmt, das alle Grenzen übertreten kann. Diese Erkenntnis, dass nichts »unheimlicher« ist als der Mensch *(oudén anthrópou deinóteron)*, markiert einen Meilenstein in der Geistesgeschichte der Menschheit, gewissermaßen die Geburtsstunde von Psychologie, Verhaltensbiologie und Soziologie zusammen, jedoch in gebundener, dichterischer Form umso eindringlicher, weil eben »literarisch« formuliert.

Doch betrachten wir nun in aller Kürze die Literatur der Antike etwas systematischer und entwicklungsgeschichtlich. Wenn wir heute noch in der abendländischen Literaturtradition zwischen Epik, Dramatik und Lyrik als Gattungen unterscheiden, so verdanken wir dies den Griechen der archaischen und klassischen Zeit, auf deren literarischen Schöpfungen die meisten auch in der Moderne noch gebräuchlichen Formen literarischen Ausdrucks (eben Gattungen) beruhen.

· Epik

Im Anfang war das Wort und das Wort war bei – Homer. Wie ein Paukenschlag markieren die beiden Epen Ilias und Odyssee ohne jeglichen Vorlauf die Begründung der abendländischen Literaturgeschichte. Die Griechen hatten gerade die Schrift von den Phöniziern übernommen (s. o. Teil I Kap. 1.1.), als in der zweiten Hälfte des 8. Jh.s v. Chr. (die genaue Datierung ist umstritten und zuletzt wurden etwas spätere Entstehungsdaten favorisiert) wie aus dem Nichts nach schriftlosen Jahrhunderten zwei Meisterwerke entstanden, die noch heute faszinieren und sogar noch in Hollywood zu Ehren kommen können (zuletzt »Troja« 2004 mit Brad Pitt). Die beiden Erzepen der Literaturgeschichte haben mit ihrer Motivvielfalt seit der Antike nicht nur die Rezeptionsgeschichte beeinflusst, sondern sogar die historische Handlungsebene berührt. Alexander der Große eiferte in seinem Handeln nicht nur symbolisch dem Achilleus aus der Ilias nach, sondern ließ sich auch in der Schlacht von diesem Vorbild leiten. Englische Offiziere rezitierten aus der Ilias während sie deutsche (und beim Gallipolifeldzug türkische) Stellungen in den Schlachten des Ersten Weltkriegs berannten (E. Vandiver, *Stand in the Trench, Achilles: Classical Reception in British Poetry of the Great War*, Oxford 2010).

Gibt man heute in die Maske der am weitesten genutzten Suchmaschine das Stichwort »Homer« ein, erscheint auf dem bunten Bildschirm nicht etwa die berühmte Porträtbüste des bärtigen, blinden Sängers, die zeigt, wie man sich Homer in hellenistischer Zeit vorgestellt hat (heute im Louvre, siehe Abb. 18), sondern eine gelbgesichtige Zeichentrickfigur namens »Homer Simpson« aus der zu Kultstatus gelangten Fernsehserie »The Simpsons« von Matt Groening. Der Leser mag sich selbst fragen, ob er mit der anarchischen Trickfilmfigur und deren chaotischem Berufs- und Familienleben in der Kleinstadt Springfield vertrauter ist, als mit dem »Zorn des Achilleus«, der so viel Leid über die vor Troja kämpfenden Achaier (so heißen die Griechen in den Epen) gebracht hat, oder mit den Irrfahrten des Odysseus, der zehn Jahre und viele Schiffbrüche benötigte, um seine Heimatinsel Ithaka zu erreichen.

Hinwegtrösten mag man sich über die Ergebnisse des Suchmaschinenalgorithmus damit, dass die jüngere Forschung in der Tat herausgefunden hat, dass es die Person Homer wohl gar nicht gegeben hat, sondern dass der blinde Sänger eine idealtypische Erfindung späterer Zeiten ist, als man die herausragenden Epen einer Person zuschreiben musste. Sicher ist aus heutiger Sicht auf jeden Fall, dass Ilias und Odyssee von verschiedenen Verfassern stammen. Die Odyssee ist wohl sogar erst eine Generation später entstanden (grob um 700 v. Chr., nach neuesten Forschungen noch etwas jünger). Entsprechend vermeiden neuere Arbeiten oft den Namen Homer und sprechen – etwas gestelzt – von dem »Iliasdichter« oder den »homerischen Epen«. Faszinierend bleibt auf jeden Fall, dass zwei große Dichter die zuvor über viele Generationen mündlich überlieferten Sagenkreise ohne Anlaufschwierigkeiten in geradezu perfekter Form

Abb. 18: Bekannteste Büste des Homer. So stellte man sich den blinden Sänger später, im Hellenismus, vor.

mit zwei großen Dichtungen ins neue Medium Schrift überführt haben.

Das Epos als frühste narrative Großform blieb bis in die Neuzeit einflussreich und galt als wesentlich »ernsthafter« als der erst im Hellenismus aufkommende Roman, der sich nur spät in Europa als seriöse Literaturform durchsetzen konnte (eigentlich erst im 19. Jh.). Antike Epen (nur wenige sind ganz erhalten) waren für den öffentlichen Vortrag vor Publikum vorgesehen. In Versform von Rhapsoden (fahrenden Sängern) bis in die archaische Zeit gesangsartig vorgetragen, bieten die zunächst nur mündlich überlieferten frühen Epen und die in ihnen enthaltenen Sagenüberlieferung eine idealisierte Selbstdarstellung der griechischen Oberschicht und ihrer Ideologie. Dabei wenden sie sich an ein historisches Kollektiv, das sich in den Heldensagen *idealiter* wiederfinden konnte. Der Held des Epos, etwa Achilleus, Odysseus oder Aeneas ist nach Georg Lukács »strenggenommen, niemals ein Individuum. Es ist von alters her als Wesenskennzeichen des Epos betrachtet worden, daß sein Gegenstand kein persönliches Schicksal, sondern das einer Gemeinschaft ist.« (G. Lukács, *Theorie des Romans*, Darmstadt 1987, 64). Das römische Epos – besonders Vergils Aeneis – geht diesen Weg weiter und beschreibt das augusteische Rom als Höhepunkt einer historischen Entwicklung, die beim trojanischen Helden Aeneas und seiner Landnahme in Latium ihren Anfang genommen hat. Von Vergil, dessen Vorbildcharakter in Mittelalter und Renaissance den der homerischen Epen bei Weitem übertraf, führt ein direkter Weg zu Dante und Milton. Erst in der Neuzeit kam das Versepos außer Mode; Goethes »Hermann und Dorothea« (1797), vielleicht schon seinerzeit nur eine Stilübung, liest heute außer einer Handvoll Germanisten niemand mehr.

· Lyrik

Neben dem Epos, definitionsgemäß in Versen verfasst, das bis in die Neuzeit als einzig seriöse Form der erzählenden Dichtung galt, war auch die kürzere Form poetischer Texte in Versen in der Frühzeit eine bedeutende literarische Form. Lyrik nennen wir diese Art der gebundenen Rede, weil sie anfänglich unter musikalischer Begleitung auf der Lyra (Leier) dargeboten wurde. Wie alle Literaturgattungen der Antike war auch die Lyrik für den öffentlichen Vortrag bestimmt und auch ihr Ursprung muss entwicklungsgeschichtlich mit der Verbindung zum Gesang im Bereich der religiösen Kulte gesucht werden. Im archaischen Griechenland ursprünglich auf den Symposien der Adligen dargeboten (s. o. Teil II Kap. 2.), gelangten die sich auch formal weiter entwickelnden Formen der lyrischen Dichtung in verschiedensten Versmaßen zu weiter Verbreitung in hellenistischer und römischer Zeit, wobei auch in Rom der gesellige Vortrag den Rahmen für die Rezeptionssituation bot. Die antike Lyrik enthält bereits alle Elemente, die auch in der modernen Poesie entscheidend sind. Das »lyrische Ich« ist – wiewohl dieser Fachterminus erst knapp ein Jahrhundert alt ist – eine Erfindung der Antike und ermöglicht den empathisch-mitfühlenden Zugang zur Dichtung. In der Tat war das Selbstverständnis des antiken Dichters der epischen Tradition zunächst eher das eines wenig autonomen Sprachrohrs einer göttlichen Macht. Persönliche Positionierungen blieben aus. So beginnen die Epen typischerweise mit dem »Musenanruf«, der Bitte um Eingebung seitens der göttlichen Inspiration, etwa in der Ilias: »Singe mir, Muse, vom Zorn des Peleus-Sohnes Achill.«

Die griechische Lyrik markiert deshalb mit der Einführung des Lyrischen Ichs das »Erwachen der Persönlichkeit« (B. Snell) in der Literaturgeschichte, eine fundamentale geistige Entdeckung, die die europäische Literatur- und Denktradition in entscheidender Weise prägte. Mit der modernen Lyrik teilt die antike auch die Vorliebe für ein besonderes *sujet*: die Liebe. Diese gewaltige Kraft, die auch in den Bereich von Sophokles' »Unheimlichem« hineingehören dürfte, hat in der Antike Meisterwerke durch ihre dichtenden Medien von Sappho bis Catull hervorgebracht. Würde man ganz unvoreingenommen und ohne Epochenkennzeichnung die folgenden Verse der Dichterin Sappho von Lesbos (ca. 630–570 v. Chr.) lesen, könnte man das kleine Gedicht auch ohne Verdacht zu erregen in eine Anthologie des 21. Jh.s packen: »Untergegangen ist der Mond/ und auch das Pleiadengestirn/ Mitternacht ist's/ Vorbei zieht die Stunde/ Ich aber schlafe allein.« Besonders die Liebeslyrik des Gaius Valerius Catullus hat Generationen von abendländischen Dichtern beeindruckt. Eines der berühmtesten Gedichte des um 50 v. Chr. zu einer Gruppe von Avantgardisten (den »Neoterikern«) zählenden Catull ist das »Kussgedicht« (Carmen 5), das hier in der Übersetzung von Eduard Mörike wiedergegeben wird:

»Lass uns leben, mein Mädchen, und uns lieben,
Und der mürrischen Alten üble Reden
Auch nicht höher als einen Pfennig achten.
Sieh, die Sonne, sie geht und kehret wieder:
Wir nur, geht uns das kurze Licht des Lebens

Unter, schlafen dort eine lange Nacht durch.
Gib mir tausend und hunderttausend Küsse,
Noch ein Tausend und noch ein Hunderttausend,
Wieder tausend und aber hunderttausend!
Sind viel tausend geküsst, dann mischen wir sie
Durcheinander, dass keins die Zahl mehr wisse
Und kein Neider ein böses Stück uns spiele,
Wenn er weiß, wie der Küsse gar so viel sind.«

Neben Mörike haben sich auch Max Brod (1914) und zuletzt Cornelius Hartz (2013) intensiv der Übersetzung von Catulls Gedichten gewidmet, Carl Orff hat eine Reihe davon vertont (Catulli Carmina). G. E. Lessing, den man auch den »deutschen Catull« genannt hat, verfasste zwei Liebesgedichte, die aufgrund ihrer unverhohlenen Übernahme von Motiven und Wendungen aus heutiger Sicht als Plagiate dieses Kussgedichts angesehen werden müssten. Dieser Sachverhalt zeugt von der enormen Wirkung, die Catull bis heute ausübt und die stellvertretend für die Bedeutung antiker Lyrik für die Genese moderner dichterischer Ausdrucksformen gelten kann.

· Tragödie

Zum Weichbild jeder antiken Stadt, ob griechischer oder römischer Prägung, gehörte ein Theater. Urbanität war gewissermaßen zwingend an das Vorhandensein eines Theaterbaus gebunden. Dieser Sachverhalt verweist auf die enorme Bedeutung dieser Kunstform, die – natürlich – von den Griechen der klassischen Zeit in Form der Tragödie und Komödie erfunden wurde. Dabei sind auch diese literarischen Formen aus dem Kontext religiöser Praxis heraus entstanden.

Am Ursprung dieser literarischen Gattungen, die die europäische Geistesgeschichte in entscheidendem Maße geprägt haben, standen dem Gott Dionysos geweihte Kultfeste. Sowohl Ursprung als auch Aufführungskontext des griechischen Theaters sind also mit dem Bereich der Religion eng verbunden. Die erste Tragödie, die von einem gewissen Thespis verfasst worden war, soll nach der Überlieferung im Jahre 534 v. Chr. zur Aufführung gekommen sein. Der Tyrann Peisistratos hatte eines der Kultfeste für den Gott Dionysos zu einem großen und prunkvollen Ereignis für die Stadt Athen gemacht, in dessen Mittelpunkt künstlerische Wettkämpfe standen. Das Fest war seit dieser Zeit als »die großen Dionysien« bekannt. Dithyrambenchöre traten gegeneinander an und trugen Hymnen auf den Gott Dionysos vor (eben Dithyramben). Die kultischen Ursprünge der Tragödie (das Wort bedeutet »Bocksgesang«) liegen weitgehend im Dunkeln. Man vermutet Prozessionen und Umzüge von Mimen in Bocksfellen, die in engem Zusammenhang mit dem Fruchtbarkeitskult des Gottes Dionysos standen. Aber über unscharfe Vermutungen wird man nicht hinausgelangen.

Erst für das 6. Jh. v. Chr. haben wir verlässlichere Informationen. Thespis revolutionierte 534 v. Chr. diesen kultischen Chorwettbewerb, indem er dem Chor einen Schauspieler gegenüberstellte und so das theatralische Prinzip des Dialogs erfand. Bald entwickelte sich aus diesen Wechselgesängen eine Struktur, die Handlung und Dialogführung ermöglichte und die große Blütezeit der attischen Tragödie eröffnete (ca. 490–400 v. Chr.).

Diese Entwicklung verband sich auch mit weiteren Neuerungen, etwa der Einführung eines zweiten und dann eines dritten Schauspielers bei gleichzeitiger Reduzierung der Chorpartien. Damit entstand eigentlich erst die bis heute fesselnde Dynamik des Theaters: der Dialog, das Kommunizieren in Rede und Gegenrede auf der Bühne. Zunehmend entwickelte sich die Tragödie damit weg von ihren kultischen Ursprüngen hin zu einer Kunstform eigener Art, die zunächst Athen und dann die ganze Welt eroberte. Waren die Stücke zunächst zur einmaligen Aufführung beim Kultfest des Dionysos vorgesehen, wurden sie im 4. Jh. v. Chr. zu »Klassikern«, die in ganz Hellas zur Aufführung kamen. Wandertruppen nahmen sich dieser Stücke an und präsentierten sie in der ganzen griechischen Welt. Von dieser neuen dramatischen Kunstform ging eine große Faszination aus. Bereits während des Peloponnesischen Krieges wurden gefangene Athener auf Sizilien genötigt, Partien aus den Tragödien des Euripides vorzutragen und retteten so ihr Leben. Seit dem Hellenismus verbindet sich Urbanisierung in der griechisch-römischen Welt mit Theaterbauten, und Archäologen können unbekannte Siedlungen u. a. nach diesem wichtigen Kriterium klassifizieren.

Mit der attischen Tragödie verbinden sich drei klangvolle Namen: Aischylos, Sophokles und Euripides – die »großen Drei«. Nur von diesen dreien sind uns komplette Stücke überliefert, 32 an der Zahl. Von rund 150 Tragödiendichtern kennen wir hingegen lediglich die Namen und eine Reihe von Fragmenten ihrer Stücke, die bei anderen antiken Schriftstellern zumeist als Zitate überliefert sind. Allein »die großen Drei« müssen zusammen rund 300 Stücke verfasst haben. Der Selektionsprozess ebenso wie der Zufall haben dafür gesorgt, dass von diesen 300 Stücken nur jene 32 überliefert wurden. Dennoch ist unstrittig, dass alle überlieferten Stücke als Literatur von Weltrang gelten müssen. Obwohl diese Kunstform sich zunehmend (v.a. im 4. Jh. v. Chr.) von ihren religiös-kultischen Ursprüngen emanzipierte, war ihr Ort in Athen immer und zuerst das große Kultfest für Dionysos, die großen Dionysien mit ihrem Wettkampfcharakter.

Wie hat man sich nun die Prozedur vorzustellen, die mit dem alljährlichen Tragödienwettkampf in Athen, dem Tragödienagon, verbunden war? Als Beispiel soll uns der Mittlere der »großen Drei«, Sophokles (497–405 v. Chr.), dienen. Im Jahr 442 v. Chr. begab er sich zum Archon, dem Oberbeamten, der auch für die Organisation des Tragödienagons zuständig war und reichte vier Stücke ein (eine »Tetralogie«). Dabei handelte es sich um drei Tragödien (unter anderem die »Antigone«, wohl die berühmteste antike Tragödie) und ein Satyrspiel, das den heiteren Abschluss der Tetralogie bildete. Satyrspiele (nur eines aus der Feder des Euripides ist uns komplett überliefert) präsentierten unproblematische mythologisch-märchenhafte Stoffe, wobei der typische Satyrchor die Hauptrolle spielte. Die mythologischen Mischwesen mit Pferdeohren, Glatze und immer erigiertem Phallos kommentierten das Geschehen aus der Warte der weinseligen und faulen Tunichtgute, was dem Geschehen einen amüsanten Charakter verlieh. Sophokles war 442 v. Chr. bereits ein berühmter Dichter. Zum ersten Mal hatte er 468 v. Chr. den Sieg im Wettkampf davongetragen. Neben seiner dichterischen Tätigkeit diente er der demokratischen Stadt zu jener Zeit auch als Schatzmeister, als hoher Finanzbeamter. Dennoch hatte er offenbar Zeit gehabt, vier Stücke zu verfassen. Nach dem Einreichen der Stücke oder ihrer Skizzen – neben Sophokles reichten sicher auch viele andere Dichterbürger ihre Stücke ein – wurden drei Autoren für die großen Dionysien vom Archon ausgewählt. Offenbar war das Auswahlverfahren dabei über jeden Zweifel erhaben, was sich aus der Tatsache ergibt, dass wir nie etwas über Theaterskandale hören. Dies ist umso erstaunlicher, da sich die Archonten selbst einem rigiden Rechenschaftsverfahren am Ende ihrer Amtszeit stellen mussten.

442 v. Chr. bekam Sophokles für seine Tetralogie einen Chor zur Verfügung gestellt. Das bedeutete zunächst einmal die offizielle Zulassung zu den Dionysien, aber auch die Zuweisung eines finanzkräftigen Choregen, der für die Kostüme und die Proben der drei Schauspieler sowie der 15 Choreuten aufkam. Die Schauspieler in-

terpretierten dabei oft mehr als nur *eine* Rolle, was leicht möglich war, weil immer typisierende Masken verwendet wurden. Weibliche Rollen wurden im Übrigen immer von männlichen Schauspielern in den *dramatis personae* entsprechenden Kostümen und Masken übernommen. Bei der Inszenierung konnten die Stückeschreiber und die Choregen bereits im 5. Jh. v. Chr. auf die umfangreichen Bühnenaufbauten des Dionysostheaters am Fuße der Akropolis zurückgreifen. Eine Schiebeplattform auf Rollen (Ekkýklema) ermöglichte es, bestimmte Handlungen, besonders Tötungsakte, vor den Zuschauern verborgen in das Bühnenhaus zu verlegen und nur das Ergebnis auf der herausziehbaren Plattform zu präsentieren. Am bekanntesten, weil noch heute sprichwörtlich verwendet, ist sicherlich der Bühnenkran, mit dem häufig am Ende eines Stückes ein Schauspieler, der eine Gottheit verkörperte, in einem Korb auf die Bühne herabgelassen wurde. Dieser Flugauftritt ist noch heute in der lateinischen Übersetzung als Auftritt des »deus ex machina« bekannt (Maschinengott).

Nachdem viele Wochen auf die Proben verwandt worden waren, kam Ende des Monats März die Aufführung der Stücke bei den Dionysien. Jeder der drei ausgewählten Autoren bekam einen ganzen Tag zugewiesen, sodass drei der fünf für die Dionysien vorgesehenen Tage vom Tragödienagon bestimmt waren. Die Stücke waren nie länger als zwei Stunden. Ein Tag von morgens bis abends war somit ausreichend für jede der drei Tetralogien. Der Sieger wurde von einer in einem kombinierten Wahl-Losverfahren bestimmten Jury am letzten Tag gekürt, und nur der Erste erhielt einen Preis und die Ehre. Dabei wurde neben dem Autor der siegreichen Tetralogie auch der Chorege geehrt. 442 v. Chr. gelang es Sophokles die Jury zu überzeugen, er errang mit seiner Tetralogie, in deren Mittelpunkt die Antigone stand, den ersten Platz.

Was den Inhalt der Tragödien angeht, die nach 2500 Jahren auch heute noch auf den Spielplänen der Theater dieser Welt zu finden sind, so gibt es bei allen Unterschieden im Einzelnen gewisse Gemeinsamkeiten, die als charakteristisch für die griechische Tragödie gelten können. Von zwei Ausnahmen abgesehen spielen alle erhaltenen Stücke in der fernen, mythologischen Vergangenheit. Dabei wurden die überlieferten Handlungsstränge der Sagenwelt, die für die Griechen übrigens historische Gültigkeit hatte und sich in der Wahrnehmung der Zeitgenossen prinzipiell bzw. qualitativ nicht wesentlich von den Ergebnissen der Geschichtsschreibung eines Herodot oder Thukydides unterschied, interpretiert und adaptiert. Die Sagenkreise um Ödipus, Herakles und Agamemnon wurden zu großen Schicksalserzählungen montiert, die anhand der legendären Heldengestalten beispielhaft menschliches Leiden und menschliches Handeln präsentierten. Aus diesem mythologischen Repertoire schöpften die Autoren. Gleichzeitig bildeten die bekannten Sagen gleichsam den Rahmen, in dem sich die Kreativität der Dramatiker entfalten konnte. Überhaupt sind viele Tragödien aus heutiger Sicht kunstvolle Formulierungen ganz grundsätzlicher Fragen. Oft schildern die Autoren unausweichliche Konflikte, für die es keine einfache Lösung gab. Dabei musste die Tragödie nicht zwangsläufig »tragisch« enden. Oftmals machte der Dichter von der Möglichkeit Gebrauch, über den Bühnenkran eine Gottheit »einfliegen« zu lassen, die dann als Autorität Frieden stiftete und den Konflikt löste.

Ein geradezu idealtypischer »tragischer Konflikt« wird in der Antigone des Sophokles dargestellt. Bereits Hegel, der eine sehr einflussreiche Interpretation im 19. Jh. formulierte, erkannte, dass die griechische Tragödie allgemein und Antigone im Besonderen nicht einen Konflikt »zwischen Gut und Böse« zum Inhalt hat, sondern zwei gleichwertige Prinzipien (rechtlich, religiös oder moralisch fundiert) gegeneinander positioniert und aufeinanderprallen lässt.

In der Antigone geht es darum, dass der neue Herrscher der Stadt Theben, Kreon, seinem Neffen Polyneikes, der als Hochverräter im Kampf gegen die eigene Polis den Tod fand, das Begräbnis verweigerte, wie es das Gesetz der Polis vorsah. Dem stellt sich die Schwester des Polyneikes, Antigone, entgegen. Sie argumentiert für die Einhaltung des Sittengesetzes, das aus Sicht der Griechen der Antike zugleich ein religiöses Gebot war. Dieses sah eine ordentliche rituelle Bestattung vor, ohne die die Seele des Verstorbenen, so die Annahme, keine Ruhe finden kann.

Trotz Strafandrohung handelt Antigone pietätvoll und bedeckt die Leiche des Bruders mit Erde. Nun muss Kreon sie verurteilen, wenn er die Gesetze der Stadt und seine eigenen Anordnungen respektieren will. In der Tragödie des Sophokles löst keine Gottheit durch einen Schiedsspruch die vertrackte Situation auf, sondern die Handelnden haben ihr Schicksal zu tragen. Antigone, die mit dem Sohn Kreons, Haimon, verlobt ist, muss als Gesetzesbrecherin auf Anweisung des ihr eigentlich sehr zugetanen Kreon sterben. Der Herrscher wiederum verflucht sein Schicksal, das ihn zum Tyrannen werden ließ und ihm diejenigen Menschen raubte, die ihm am nächsten standen, denn auf die Nachricht vom Tode Antigones nimmt sich zunächst sein Sohn Haimon das Leben und darauf, gleich einer Kettenreaktion, scheidet auch die Mutter des Jungen und Ehefrau Kreons, Eurydike, freiwillig aus dem Leben.

Sophokles positioniert geschickt die ewigen Gesetze von Religion und Sitte gegenüber den Gesetzen des Staates und bringt so ein Grundproblem des jungen demokratischen Gemeinwesens in die Diskussion: Wo hören die Staatsräson und die Macht der menschlichen Gesetze auf?

Für das Publikum waren die großen Dionysien ein besonderes Ereignis. Bis zu 14 000 Zuschauer versammelten sich im Dionysostheater, darunter auch »Touristen« aus anderen Städten, die dem Großereignis beiwohnen wollten, und die Vertreter der Seebundstaaten, die bei dieser Gelegenheit vor aller Welt ihren Tribut entrichten mussten. Die Theateragone betrafen die Athener in ganz umfassender Weise. Die Bürger waren dabei ein verglichen mit heutigen Umständen ganz besonderes Publikum, denn beinahe jeder verfügte über praktische Erfahrungen im musischen Bereich. Bedenkt man, dass zur Ausrichtung der verschiedenen Agone (zu Komödienagonen gleich mehr) allein bei den Dionysien jährlich rund 1200 Bürger und Knaben als Mitwirkende benötigt wurden, wird deutlich, dass die meisten Athener mit der Welt der Musik und des Theaters in direkten Kontakt standen.

Da auch in der Schule Lesen und Schreiben anhand von Texten in gebundener Sprache, vor allem mittels der homerischen Epen erlernt wurde, war das athenische Publikum bestens für die sprachlich anspruchsvollen und heute selbst in deutscher Übersetzung nicht immer ganz einfach zugänglichen Tragödien gerüstet. Auch darf man angesichts dieses Hintergrunds bei vielen Athenern, die vielleicht schon mehrfach als Choreuten bei Aufführungen mitgewirkt hatten, ein kunstkritisches Verständnis voraussetzen, das die Autoren zu Höchstleistungen herausfordern musste. Die wenigen Zeugnisse, die wir über Publikumsreaktionen haben, deuten auf ein begeistertes und ausdauerndes Massenpublikum hin, das regelmäßig und auch aufgrund des religiösen Kontexts der Dionysien als Festgemeinschaft zu einem integralen Teil der Veranstaltung wurde. Anlässlich der Dionysien feierte sich die Stadt Athen prunkvoll selbst.

Die Tatsache, dass sich mehr Publikum als bei den Volksversammlungen hier feierlich zu den Festspielen zu Ehren des Dionysos versammelte und am letzten Tag die Theaterversammlung zur Siegerehrung in eine Volksversammlungssitzung verwandelt wurde, hat zusammen mit inhaltlichen Argumenten in der Forschung nach langer Dominanz rein philologischer Untersuchungen die Tendenz verstärkt, die griechische Tragödie unter soziologischen und politischen Aspekten als demokratische Institution zu betrachten. In der Tat fällt die Blütezeit der Tragödie zusammen mit der Ausgestaltung der attischen Demokratie, diesem großen bürgerlichen Selbstversuch und Selbstfindungsversuch.

Im Zuge der Gründung und Expansion des Attischen Seebunds hatten die Bürger nun immer häufiger über Angelegenheiten auf Leben und Tod an fernen Orten zu entscheiden. Zudem mussten die ständig wachsende Staatskasse verwaltet, öffentliche Bauaufträge verteilt und die Außenpolitik gestaltet werden. Dass daher die Bürger Athens, von denen viele kaum je über die Stadtgrenzen hinausgelangt waren, nach politischer Orientierung suchten, liegt auf der Hand. So erlangte die attische Tragödie nicht nur eine religiöse und ästhetische, sondern auch eine gewisse politische Bedeutung.

Die Tragödien gaben gewissermaßen »Anschauungsunterricht, wie grundsätzlich debattiert, entschieden oder gar manipuliert und getäuscht werden konnte« (M. Hose, Euripides. Der Dichter der Leidenschaften, München 2008, 27). Ausgerechnet eine Komödie des Aristophanes liefert das Hauptargument für eine politisch-didaktische Deutung der Tragödienkunst. Aristophanes lässt den Dichter Euripides auf die Frage, weswegen ein Tragödiendichter bewundert werden sollte, Folgendes antworten: »Wegen seiner Tüchtigkeit und der Belehrung, und weil wir in den Städten die Menschen besser machen« (Aristophanes, Die Frösche, V. 1009 f.). Besonders bei den Stücken des Aischylos und insbesondere bei dessen »Orestie«, eine inhaltlich zusammenhängende Trilogie über die sich ergebenden Konsequenzen aus Rache und Muttermord (Orest tötet seine Mutter, die ihrerseits gemeinsam mit dem Liebhaber seinen Vater Agamemnon beseitigt hatte, und verfällt so als Verfluchter den Rachegöttinnen), hat man deutliche politische Bezüge erkennen wollen.

Im letzten Stück dieser Trilogie, den »Eumeniden«, wird der tragische Konflikt dadurch beendet, dass die Göttin Athena, die als »dea ex machina« zur Konfliktlösung eingeflogen worden ist, die Einsetzung des Areopags als Gerichtshof für Tötungsdelikte befiehlt, also genau die Attribute des Areopags betont, die ihm nach der Reform des Ephialtes noch blieben. Aischylos liefert in der Sicht einiger modernen Interpreten also einen Kommentar zur politischen »Lage der

Nation«, ja er erklärt dem Volk die politischen Neuerungen und lässt die neue, radikale Demokratie feierlich von der Göttin einsetzen. Der lange blutige Weg von Sippenfehde und Blutrache zur Einsetzung eines Bürgergerichts erscheint als »mythisches Bild für den langsamen und schwierigen Prozess der Polisbildung, von der archaischen Adelsgesellschaft zur Demokratie« (B. Seidensticker im Nachwort von: Aischylos, Die Orestie, übers. v. P. Stein, München 1997, 221).

All diese Beobachtungen haben in der letzten Zeit in der Forschung zu recht grundsätzlichen Fragen geführt, wie die griechische Tragödie denn zu verstehen und zu bewerten sei. Dass die Tragödien politische Anspielungen enthielten (auch wenn es schwer ist, diese heute mit unserer geringen Kenntnis des Kontexts zu dechiffrieren), sogar politische Entwicklungen kommentierten, ist offenkundig. War aber der Hauptzweck der Tragödien politischer Natur? Ging es Aischylos, Sophokles und Euripides darum, die Bürger der Stadt zu erziehen und die Tragödien als Lehrstücke bürgerlichen Verhaltens zu etablieren? Bei der Lektüre der neuesten Kommentare zur Bedeutung der Tragödien kann man in der Tat den Eindruck gewinnen, Aischylos, Sophokles und Euripides hätten Abhandlungen geschrieben und keine Theaterstücke.

Eine Tragödie ist zunächst einmal eine Tragödie. Fundamentale Konflikte werden anhand mythologischer Stoffe exemplifiziert und berühren Grundfragen des Menschseins. Bereits Aristoteles, unser zuverlässigster Gewährsmann, der in seiner Poetik vor allem die attische Tragödie behandelt und analysiert, betont den ästhetischen Aspekt dieser Dichtungen, von politischen Aspekten weiß er nichts. Und nur so ist zu verstehen, dass uns die antiken Tragödien noch heute faszinieren und noch heute die Spielpläne der Theater füllen. Politische Lehrstücke wären bereits nach einer Generation der Vergessenheit anheimgefallen. Wenn Euripides' Phädra in unerlaubter Liebe zu ihrem Stiefsohn Hippolytos entbrennt, so fällt es schwer, dabei politische Hintergründe ausfindig zu machen. Auch der schreckliche Rachewahn der gequälten Mutter Medea, die ihre Kinder tötet, entzieht sich politischen Deutungen. Sicher enthalten viele Tragödien politische Anspielungen, vielleicht sogar Hinweise auf tagespolitische Ereignisse und Personen. Leider lassen sich diese mit unserem heutigen Wissen kaum noch rekonstruieren und oft bleiben nur vage Vermutungen. Somit kann der Hauptzweck der Tragödien kaum ein politisch-didaktischer gewesen sein. Die Bürgerschaft feierte sich selbst in dem grandiosen Spektakel der großen Dionysien, sie feierte aber zunächst ihr Menschsein und die Großartigkeit menschlicher Errungenschaften, zu denen auch und besonders die Kunstform der Tragödie gehört, wie Sophokles mit dem Chorlied der Antigone deutlich gemacht hat: »Nichts ist unheimlicher als der Mensch.«

· Komödie

Der eigentliche Ort der politischen Auseinandersetzung auf der Bühne war die attische Komödie. Seit 486 v. Chr. wurde diese sehr eigenwillige (und wieder exklusiv athenische) dramatische Kunstform in den attischen Festkalender offiziell integriert. Der zweite Tag der Dionysien war von da an dem Komödienagon vorbehalten. Fünf Autoren konkurrierten mit jeweils einem Stück an diesem Tag um die Gunst der Juroren. Die Lenäen, ein weiteres Kultfest für Dionysos, bei dem Theateragone stattfanden, waren hauptsächlich den Komödien gewidmet, nur zwei Tragödien wurden aufgeführt, während man fünf Komödien präsentierte. Formal war die Komödie der Tragödie sehr ähnlich. Hier wie dort standen Schauspieler einem Chor gegenüber und die Wechselrede gab dem dramatischen Geschehen die Dynamik. Die Komödie gewann aber ganz im Gegensatz zur Tragödie ihre Stoffe aus den aktuellsten Erscheinungen des öffentlichen Lebens in Athen. Sie war dem politischen und gesellschaftlichen Tagesgeschehen gewidmet, das sie satirisch spiegelte. Wie die Tragödie hat auch die Komödie ihren Ursprung im kultischen Bereich. Sie entstand offenbar aus überschwänglichen bzw. grotesken Umzügen und Prozessionen für den Fruchtbarkeitskult des Dionysos, bei denen maskierte Teilnehmer allerlei Schabernack trieben. Diese Ursprünge lassen sich noch in den typischen Masken und Kostümen der klassischen Zeit erkennen. Neben grotesken Gesichtsmasken trugen die Schauspieler einen erigierten Phallos an einem Riemen um den Bauch umgeschnallt.

Es sind nur elf Stücke der »Alten Komödie«, also die Produktionen von der Mitte des 5. Jh.s bis zum Beginn des 4. Jh.s v. Chr., erhalten geblieben, allesamt dazu aus der Feder des Dichters Aristophanes. Von anderen bekannten Autoren der Zeit, etwa Kratinos, Eupolis und Hermippos, haben sich eine Reihe von Fragmenten erhalten. Von der »jüngeren Komödie« ist erst 1958 ein komplett erhaltenes Stück aus der Feder des Menander (342–290 v. Chr.), das auf einem ägyptischen Papyrus gefunden wurde, an die Öffentlichkeit gelangt. Inhaltlich waren die Stücke der »Alten Komödie« ganz im Gegensatz zu den braven Lustspielen der hellenistischen Zeit von einer Kühnheit, ja Frechheit, die aus heutiger Sicht geradezu verblüffend ist. Personen des öffentlichen Lebens, Politiker und Intellektuelle wurden in einer Weise verspottet und beleidigt, die ihresgleichen sucht. Am ehesten ist dieser Umgang mit stadtbekannten Persönlichkeiten mit dem politischen Kabarett unserer Zeit zu vergleichen, wobei jedoch die Schärfe der Attacken und vor allem die »Schläge unter die Gürtellinie« bei der attischen Komödie ein unvergleichliches Niveau erreichten. Vergleichbare Angriffe würden heutzutage als Verletzung der Persönlichkeitsrechte der Betroffenen gewertet und zweifellos gerichtlich verfolgt.

Das Lieblingsopfer des Aristophanes war der Politiker Kleon, der Lederfabrikant, der nach dem Tod des Perikles als Redner Einfluss gewann und dem Wort Demagoge seine heutige Bedeutung verlieh. Der Parvenü, den die traditionellen höheren Kreise der Stadt mieden, wurde zu Lebzeiten in fast jeder überlieferten Komödie lächerlich gemacht. Zum Beispiel wird er in dem Stück »Die Ritter« als großspuriger Demagoge bloßgestellt. Als niederträchtiger Sklave tritt Kleon auf, der seinen alten, tatterigen Herrn »Demos« manipuliert. Kein Wunder also, dass Kleon mehrfach versuchte, gegen Aristophanes vorzugehen. Aber sowohl eine Anklage wegen Beleidigung, als auch der Versuch, die Staatsbürgerschaft des Aristophanes aberkennen zu lassen, schlugen fehl. Dieser Sachverhalt lässt erkennen, welche Freiheiten sich die Komödiendichter herausnehmen konnten.

Aber auch der edle Perikles hatte unter dem Spott der Komödiendichter zu leiden. Eupolis etwa behauptete, dass seine intelligente aus Milet stammende Frau Aspasia eine gewöhnliche Hure sei. Solche Verunglimpfungen waren also erlaubt. Ein anderes, ganz besonderes Lieblingsopfer des Aristophanes aber war der Dichter Euripides. Dieser war der innovativste und revolutionärste der drei großen Tragödiendichter. Das machte ihn angreifbar und Aristophanes erkor ihn und seine Dichtkunst zur Zielscheibe. Nicht ganz so gehässig wie gegen Politiker, aber immer noch derb verunglimpfend wurde Euripides in mehreren Komödien lächerlich gemacht. Nach seinem Tod 406 v. Chr. belebte ihn Aristophanes sogar noch einmal für die Bühne wieder. Er musste sich in der Unterwelt mit dem Übervater der Tragödie, dem Altmeister Aischylos messen. In der Komödie »Die Frösche« beansprucht Euripides den Ehrenplatz, den Aischylos im Haus des Hades innehatte, für sich selbst. Dieser Dichterwettstreit ist eine der amüsantesten und geistreichsten Partien der aristophanischen Komödienkunst, voll von literarischen Anspielungen und Parodien und gerade deshalb sehr beliebt bei Altphilologen.

Aus Sicht des Historikers haben die Komödien des Aristophanes einen besonderen Reiz. Sie berichten vom Alltagsleben in Athen, von Marktweibern und Fischhändlern, von Sklaven und ihren Herren, vom Essen und vom Trinken, von Schweinen aus Megara und Aalen aus Böotien, die auf dem Markt Athens feilgeboten wurden. All dies sind Dinge, die man in historischen Schriften oder anderen Überlieferungen einer Beschreibung nicht für nötig bzw. würdig befunden hat.

· Theater im Hellenismus und in Rom

In der Zeit des Hellenismus, ja bereits im 4. Jh. v. Chr., waren die Tragödien der »großen Drei« zu Klassikern geworden und man führte sie – wie auch Stücke neuerer Produktion – an vielen Orten der griechischen Welt auf. Der unmittelbare gesellschaftspolitische Bezug, die »politische«, auf die Polis bezogene Reflexion, ging verloren und der Unterhaltungsaspekt gewann zunehmend an Bedeutung. Es entstand eine »Theaterindustrie« mit Regisseuren, Schauspielern, Musikanten und Sängern. Leider sind nur wenige Fragmente der hellenistischen Theaterproduktion erhalten. Lediglich über die Inhalte der Komödien (etwa von Menander) wissen wir aufgrund der Quellenlage mehr. Es waren in dieser Zeit vor allem die Komödien mit ihren jetzt einfachen Charakterstudien, die den breiten Publikumsgeschmack trafen. So wurde die Komödie auch zum Einfallstor für die griechische Literatur in Rom. Der aus der süditalischen Griechenstadt Tarent stammende Livius Andronicus soll, obwohl kein Muttersprachler, 240 v. Chr. erstmals ein Stück in lateinischer Sprache inszeniert haben. Bald darauf übertrugen lateinische Autoren, zunächst Plautus (ca. 254–180 v. Chr.), später Terenz (ca. 195–159 v. Chr.), nach dem Vorbild der heute so genannten »neuen Komödie« des Hellenismus (Menander, Philemon, Diphilos) die Motive der hellenistischen Komödie ins lateinische Umfeld.

Sehr zum Verdruss vieler Altertumswissenschaftler, vor allem der Latinisten, zeigt sich, dass die römische Übernahme der griechischen Literatur nicht nur wenig eigenständige Akzente setzte, sondern dass die Römer darüber hinaus auch weniger das griechische Kunstdrama favorisierten, sondern volkstümlichere Formen bevorzugten. Derbe Possenreißerei, wie sie Mimus und Atellane boten, waren mehr nach dem Geschmack eines breiten Publikums in Rom. Von diesen Stücken, die viele improvisierte Elemente enthielten, sind nur indirekte Zeugnisse erhalten. Während die attische Komödie noch eine Art derbes Politkabarett auf hohem Niveau repräsentierte und gleichermaßen deftig wie subtil auf die politisch-sozialen Realitäten Athens eingehen konnte, war der ebenfalls aus Griechenland stammende und in Rom schnell heimisch gewordene Mimus bestenfalls Volkstheater. Literaten wie Cicero, Ovid oder Juvenal mokierten sich über die Obszönitäten dieser Improvisationssketche, bei denen es meist um Ehebruch oder betrügerisches Ränkespiel ging. Diese populären, anspruchslosen Formen des Theaters, vorgetragen von fahrenden Schauspielertruppen, deren Mitglieder – ganz im Gegensatz zu den Bürgerchören des attischen Dramas – zur untersten Unterschicht gehörten, waren in der römischen Kaiserzeit die beliebtesten Bühnenattraktionen der diversen *ludi* in Rom und den Provinzstätten. Viel billiger als die Großattraktionen im Circus waren die Possen des Mimus und der in Kampanien entstandenen Atellane (Atellana fabula), die ein der Comedia dell'arte vergleichbares Figurenspektrum (der Dummkopf, der Vielfraß, der bucklige Schlauberger und der Alte) ausgebildet hatte, gewissermaßen die alltägliche Form der einfachen Unterhaltung im Imperium geworden.

Gleichwohl brachte die römische Literatur auch in der Kaiserzeit noch herausragende Kunstdramen hervor, etwa die Tragödien des Staatsmanns und Philosophen Seneca, der die nach griechischem Vorbild gestrickte »klassische« Tragödie zu einer letzten Blüte führte. Diese Stücke sind allerdings zugegebenermaßen »schwere Kost«. Seitens der Latinistik wird daher vermutet, dass sie bereits als Lesestücke konzipiert und gar nicht mehr zur Aufführung vorgesehen waren. Unter Senecas Namen ist zudem eine sicher nicht von ihm verfasste Tragödie überliefert, die einen seltenen Einblick in die Geschichte der römischen Literaturrezeption bietet. Das Stück »Octavia« ist das einzige erhaltene seiner Gattung, der *»fabula praetexta«* (Tragödie in römischer Amtstracht), der »echt« römischen Tragödie, welche die griechische Form auf realhistorische römische Inhalte anwendet. Darin wird das Schicksal von Neros erster Frau, Octavia, geschildert, die vom Kaiser zugunsten der Rivalin Poppaea Sabina verstoßen wird; Stoff genug für eine echte Tragödie.

· Roman

Elemente der Tragödie, der Komödie und des Epos nimmt der antike Roman auf. Die Gattung erhielt den Namen erst in der frühen Neuzeit. Dennoch waren die in Prosa verfassten Erzählungen gewissermaßen der unliebsame »Bastard« der Literaturgeschichte. Erst mit dem 19. Jh. wurde die Gattung das Stigma der »Schundliteratur« los. Betrachtet man die griechischen Romane der hellenistischen Zeit, von denen fünf vollständig überliefert sind, wird man Verständnis für ältere Urteile über diese Form der fiktionalen Prosaerzählung aufbringen: Edle Liebende, treue Diener, würdige Alte, tückische Bösewichter und abstoßende Kuppler sind die handelnden Personen; Königshof, Kauffahrer- oder Piratenschiff, Marktplatz und Bordell sind die bevorzugten Schauplätze des Geschehens; Brautwerbung, Schiffbruch, Entführung, listige Bewahrung der Jungfräulichkeit sind die wichtigsten Motive in den Werken des Xenophon von Ephesos (Ephesiaka, oder die Geschichte von Habrokomes und Anthia) oder des Heliodor (Aitiopika, oder die Abenteuer der schönen Chariklea). Zwar ist auch hier erneut die lästige Frage »Wer hat's erfunden«? zugunsten der Griechen zu beantworten, jedoch ist die Adelung dieser literarischen Stiefgattung zu großer Kunst ein Verdienst der Römer und verbunden mit den Namen Petron und Apuleius.

Petrons »Satyrikon« wurde bereits erwähnt (s. o. Teil II Kap. 1.). Bei dem in den 60er-Jahren n. Chr. entstandenen Werk handelt es sich um den ersten Schelmenroman der Weltliteratur, der durch die Vielfalt der Motive, die Idiome seiner Figuren und subtilsten dichterischen Sprachwitz gekennzeichnet ist. Als Sittengemälde seiner Zeit stellt das Satyrikon das innovative Glanzstück der kaiserzeitlichen Literatur dar. Dennoch ist nur ein Fragment des Romans überliefert. Es besteht im Wesentlichen aus dem Bericht eines der beiden Hauptthelden des Romans, der sich um die Einladung zum Festmahl des neureichen Trimalchio dreht. Die Erzählung, so lässt sich anhand der Fragmente rekonstruieren, ist eine der Odyssee nachempfundene Irrfahrt eines homosexuellen Freundespaars, das auf ihren Reisen eine Vielzahl von Abenteuern erlebt und zeitweilig von anderen Reisenden begleitet wird, durch deren Einwirken die mit Schiffbruch, erotischen Abenteuern und Fressorgien genretypisch gewürzte Handlung vorangetrieben wird.

Über den Autor Titus Petronius Arbiter wissen wir wenig. Er machte unter Nero Karriere und wurde bis zum Konsul befördert. Sein Spitzname Arbiter (Schiedsrichter) leitet sich von seiner Funktion als Neros »Schiedsrichter des feinen Geschmacks« *(arbiter elegantiae)* her. 66 n. Chr. wurde er der Teilnahme an einer Verschwörung beschuldigt und kam der Verurteilung durch den Freitod zuvor.

Der Einfluss seines einzigartigen Erzählfeuerwerks auf die Literaturgeschichte bis hin zum Film (F. Fellini 1969) ist kaum zu überschätzen. Schelmenromane der frühen Neuzeit gehen auf Petron zurück, der als Autor von Voltaire, Lessing, Balzac, Ezra Pound und vielen anderen verehrt wurde. F. Scott Fitzgerald nannte seinen Roman »Der große Gatsby« zunächst »Trimalchio in West Egg«, T. S. Eliot beginnt sein Langgedicht »The Waste Land« mit einem Epigramm aus Petron.

Von Literaturkritik und -wissenschaft nicht ganz so hochgelobt, aber von vergleichbarem Einfluss ist der zweite große lateinische Roman, die Metamorphosen (Verwandlungen) des Apuleius, entstanden am Ende des 2. Jh.s n. Chr. (auch bekannt unter dem Titel »Der goldene Esel«). Boccaccio übernimmt einzelne Teile des Romans in sein Decamerone und das in den Metamorphosen enthaltene Märchen von Amor und Psyche wird vielfach in der Literatur der frühen Neuzeit aufgenommen (E. Spenser, Calderón). Noch C. S. Lewis nutzt das Märchenthema für seinen Roman »Till We Have Faces: A Myth Retold« (1956). Das Märchen von der Liebe zwischen dem Gott Amor und der Königstochter Psyche ist eine der vielen Binnenerzählungen (Novellen), die den Roman kennzeichnen. Die Rahmenhandlung ist gleichsam amüsant wie phantastisch: Der Ich-Erzähler Lucius wird durch Hexenkunst in einen Esel verwandelt, und nach langen Abenteuern in Eselsgestalt erst am Ende durch die Initiation in die Mysterien der Göttin Isis erlöst. Dazu erhält er Rosenblätter, deren Verzehr ihm seine menschliche Gestalt zurückgibt.

Zwei Elemente wurden immer bei diesem Roman herausgestellt: die religiöse Wendung am Ende, die Erlösung durch die Mysterien der Isis, in deren Dienst Lucius nach der Rückverwandlung tritt, und die Anlage des Werks als »Proto«-Entwicklungsroman. Denn während seiner Eselszeit durchlebt Lucius verschiedene Stationen und ist dabei stets von seiner Wissbegier und Neugier getrieben. Die Rückverwandlung verbunden mit der religiösen »Bekehrung« (im Sinne antiker Religiosität eher dankbare Hinwendung) zu Isis und Osiris lässt ihn seine lästige *curiositas* überwinden. Von nun an führt der Geläuterte ein neues, bescheidenes Leben im Dienst der Gottheit.

· Geschichtsschreibung

Eine weitere Gattung, die den Römern so sehr lag, dass sie – obwohl auch von den Griechen übernommen – hervorragende Vertreter hervorbrachten, war die Geschichtsschreibung. Nach steilen Anfängen mit dem »kulturwissenschaftlich« denkenden Herodot, dem Erfinder dieser Gattung, und Thukydides, der die Geschichtsschreibung auf die rein politisch-militärische Ebene konzentrierte – ein Trend der bis ins 20. Jh. anhielt –, verflachte im Hellenismus die Geschichtsschreibung zu sensationsorientierter Ereigniskolportage mit moralischen Deutungsansätzen (sofern man das wirklich beurteilen kann, da schon in der Antike die meisten hellenistischen Geschichtswerke verloren gingen, eben weil man sie für wertlos hielt). Den Römern hingegen gelang es, auf diesem Feld eigene Akzente zu setzen. Das lag nicht zuletzt an dem Umstand, dass die Römer mit der sogenannten »Annalistik«, über eine eigene Tradition von historischer Erinnerung verfügten. Sie nahm ihren Ausgang von den offiziellen Aufzeichnungen des *pontifex maximus* (des obersten Priesters), der auf geweißten Tafeln chronologisch exakt in Stichworten die wichtigsten Ereignisse und Begebenheiten des Jahres festhielt, die sogenannten *annales maximi*. Entsprechend behielten die frühen römischen Geschichtsschreiber – die übrigens auf Griechisch schrieben – diese streng chronologische Ordnung und Jahreszählung bei. In dieser Tradition steht sogar noch der zur Zeit des Augustus tätige Livius, der die römische Geschichte in seinem Werk »ab urbe condita« von der Gründung der Stadt an im Jahresrhythmus nach annalistischer Tradition abarbeitete.

Bereits in spätrepublikanischer Zeit hatte sich jedoch eine eher monographische Form der Geschichtsschreibung durchgesetzt. Sallust (Gaius Sallustius Crispus, 86–34 v. Chr.) widmete dem Krieg gegen den Numiderkönig Jughurta und der Katilinarischen Verschwörung (einem Umsturzversuch während Ciceros Konsulat 63 v. Chr.) eigenständige, kompakte Schriften. In dieser Zeit setzte sich auch die Unterscheidung zwischen Annalen, die eher fernere historische Perioden behandeln, und Historien, die der Zeitgeschichte gewidmet waren, durch. Roms bedeutendster Historiker, Tacitus (Publius Cornelius Tacitus, ca. 58–120 n. Chr.), hat entsprechend sowohl Annalen als auch Historien hinterlassen (beide Werke sind nur in Teilen erhalten), sowie eine kleine, aber für die deutsche Nationalgeschichte – seit dem Humanismus – ungeheuer bedeutende ethnographische Schrift über die Germanen (allgemein als »Germania« bekannt).

Aus der annalistischen Tradition und ihrer ursprungsbedingten Knappheit erklärt sich auch der Verzicht auf hellenistische Schwülstigkeit und Umschweife sowie die präzise Ausdrucksweise, welche die meisten römischen Historiker kennzeichnet. In diesem Zusammenhang sind besonders Sallust, den Aulus Gellius im 2. Jh. n. Chr. einen »Meister der Kürze« *(artifex brevitatis)* nennt, und der bereits erwähnte Tacitus zu nennen. In der Folge wurde in Rom auch aufgrund der systembedingten Fokussierung auf den Princeps und seinen Hof eine eher biographisch-skandalgeschichtliche Variante der historischen Betrachtungen Mode. Mit Suetons Kaiserbiographien (Gaius Suetonius Tranquillus, ca. 69 – nach 122 n. Chr.), bei denen wertvolle Informationen und sensationslüsterner Hofklatsch sich die Waage halten, wird die biographische Darstellungsform bei den Römern dominant. Auf diese Entwicklung ist die Tatsache zurückzuführen, dass die lateinischsprachige Historiographie erst mit Ammianus Marcellinus (ca. 330–395 n. Chr.) in der Spätantike, der Thukydides und Tacitus nacheiferten, wieder ein anspruchsvolles Geschichtswerk hervorbrachte. Die römische Kaiserzeit hatte aber auch eine ganze Reihe bedeutender Historiker griechischer Zunge, die sich in der Tradition ihrer Sprachheimat an griechisch-hellenistischen Vorbildern orientierten.

Die Geschichtsschreibung der Antike war niemals Fachliteratur im engeren Sinne, sondern diente der Unterhaltung (üblich war die öffentliche Rezitation historiographischer Werke) und darüber hinaus der gesellschaftlichen Standortbestimmung bzw. Selbstvergewisserung der Eliten. Besonders eindrucksvoll ist hierbei der Fall der Geschichtsschreibung in Rom: Dort war sie vor allem ein anspruchsvolles und angesehenes Hobby der senatorischen Oberschicht gewesen.

Von dem älteren Cato bis zu Tacitus oder gar noch Ammianus Marcellinus waren die meisten römischen Historiker immer selbst auch politisch aktive Mitglieder der senatorischen Oberschicht und keine Stubengelehrten. Am allerwenigsten traf dies wohl auf Caesar zu, der als Schriftsteller nicht unterschätzt werden darf. In ähnlicher Weise diente Thukydides als Stratege (General) im Peloponnesischen Krieg und auch Xenophon von Athen war nicht bloß ein Bewunderer des Sokrates mit philosophischen Neigungen, sondern führte bei innerpersischen Auseinandersetzungen ein griechisches Söldnerheer an. Geschichtsschreibung ist somit in der Antike keine Form von akademischer Tätigkeit von Berufsintellektuellen und hat mit modernen wissenschaftlichen Ansprüchen an historiographische Methoden nichts zu tun. »Thukydides ist kein Kollege«, eine eigentlich selbstverständliche Tatsache, welche die französische Historikerin Nicole Loreaux ihren Fachkollegen mit einem markigen Aufsatztitel noch einmal vor Augen führen musste (Thucydide n'est pas un collègue, Quaderni di Storia 12, 1980, 55–81).

Selbst die vorbildlichsten Vertreter der antiken Geschichtsschreibung, denen auch moderne Kritiker Glaubwürdigkeit und Akkuratesse attestieren, würden heutigen Ansprüchen nicht gerecht werden. Quellenangaben, die unverzichtbare Basis historischen Arbeitens, sucht man bei antiken Historikern, mit wenigen Ausnahmen (etwa Herodot, der oftmals angab, wem er Informationen verdankte und sogar alternative Quellen nannte, denen er bei seinem Urteil aber nicht folgte) oft vergeblich. Auch war das Bemühen um Objektivität nicht immer genuiner Antrieb historischer Schriften. In den bunten Geschichtswerken der hellenistischen Zeit war dies wohl nicht einmal ansatzweise angestrebt. Aber auch expliziten Berufungen auf distanzierte Objektivität, wie sie etwa Tacitus in seinem berühmten Ausspruch für sich in Anspruch nahm, er wolle sich seinem historischen Sujet *sine ira et studio* (Annalen, 1, 1), also »ohne Zorn und Eifer«, widmen, ist mit Vorbehalt zu begegnen. Gerade Tacitus war als Verfechter der alten republikanischen Ordnung Gegner des Prinzipats und urteilt über einige Kaiser, etwa Tiberius, in stereotypen Denkmustern pauschal und böswillig.

Doch diese aus moderner Sicht etwas wohlfeile Kritik übersieht die geradezu überragende Pionierleistung der frühen Historiker, die man würdigen kann, wenn man die antiken Historiker als Schriftsteller zu ihrem Recht kommen lässt: Die Entdeckung einer die Vergangenheit analytisch und distanziert betrachtenden Methode, eben das, was Herodot mit dem Begriff »Untersuchungen« *(historíai)* meinte, der zum Genre- und Fachbegriff wurde, ist ein geistesgeschichtlicher Meilenstein.

Der Alte Orient und Ägypten hatten sehr wohl Formen historischer Aufzeichnungen entwickelt. Aber von Königslisten und den aufschneiderischen Tatenberichten der Könige und Pharaonen, die ihre Feinde regelmäßig zermalmten, bis hin zur von Herodot entwickelten Methode der Nachforschung über die Vergangenheit durch das Besuchen der Schauplätze, das Befragen von Zeitzeugen und das Einsehen von Aufzeichnungen ist es ein weiter, von Kreativität und Abstraktionsvermögen geprägter Weg. Den Geschichtsschreibern der Antike verdanken wir somit zahlreiche methodologische, geschichtstheoretische und weltanschauliche Fragen, die – nachdem sie erstmals in der Antike aufgeworfen wurden – bis in die Neuzeit, gar bis in die Gegenwart hinein wirkten und wirken. Viele Geschichtswerke aus der Antike sind darüber hinaus Kunstwerke von hohem Rang, die neben den sinnstiftenden historischen Zusammenhängen dem Leser auch einen ästhetischen Genuss bieten.

· Römisches Recht

Dass das römische Recht an dieser Stelle, gewissermaßen als Appendix zum Literaturkapitel, behandelt wird, hat durchaus seine Berechtigung, wie man aus dem Urteil des Rechtshistorikers Fritz Schulz ersehen mag: »Vor allem aber ist es die Sprache der juristischen Literatur bis zum Ausgang der klassischen Jurisprudenz, in der der römische Wille zur Einfachheit, Einheitlichkeit und Unmannigfaltigkeit seinen glänzenden Ausdruck findet« (F. Schulz, Prinzipien des römischen Rechts, Berlin 1954, 55). Die Römer selbst haben diesen ästhetisch-künstlerischen Aspekt ihrer Rechtstradition in einem Ausspruch des Juristen Publius Iuventius Celsus (ca. 67–130 n. Chr.) bewahrt: *Ius est ars boni et aequi*, das Recht ist die Kunst des Guten und des Gerechten. Im Folgenden soll knapp die Entwicklung der römischen Rechtstradition nachgezeichnet und vor allem ihre Bedeutung für die europäische Rechtsgeschichte beleuchtet werden.

Zunächst jedoch fordert der Verzicht auf die Darstellung des griechischen Rechts eine Erklärung. Nachdem griechischen Kulturschöpfungen in den vorangegangenen Themenkapiteln weit mehr Raum eingeräumt wurde, wäre abgesehen vom Prinzip der ausgleichenden Gerechtigkeit (auch das kann *aequitas* meinen, siehe Celsus) ein rein sachlicher Grund für diese Entscheidung anzuführen: Im Vergleich zum römischen Recht weist das griechische nicht nur eine weit geringere Wirkung auf, sondern es mangelt ihm auch an der dem römischen Recht entsprechenden Systematik. Dies ist wohl auch einer der wichtigsten Gründe dafür, warum das griechische Recht niemals eine eigene Wissenschaft ausbildete. Das griechische Recht war keine »Kunst« oder Wissenschaft, sondern situations- und prozessorientierte Rechtspraxis, ohne Anspruch auf philosophische Durchdringung, lässt man den von der klassischen griechischen Philosophie ausgiebig behandelten und mit dem Thema Recht verbundenen Komplex der »Gerechtigkeit« einmal außen vor. Die Rechtspraxis des demokratischen Athens war mit den Geschworenengerichten (s. o. Teil I Kap. 1.2.) auf die Beteiligung vieler Bürger bei der Konfliktbereinigung durch Rechtsprechung ausgelegt. Ankläger und Angeklagte mussten vor Gericht in eigener Sache, also ohne juristischen Fachbeistand, vor ebenfalls juristisch unkundigen Laienrichtern – die allerdings über die anzuwendenden Gesetze informiert waren – auftreten. Dabei wurden auch Mordprozesse und im heutigen Sinne öffentliche Anklagen (etwa wegen Hochverrats) formal zivilrechtlich behandelt. Eines privaten Anklägers bedurfte hingegen nur die Verfahrensform, die eventuell die Volksversammlung und nicht ein Geschworenengericht zum Forum der Urteilsfindung machten. Der entscheidende Unterschied, der das griechische Recht des demokratischen Stadtstaats aus moderner, rezeptionsgeschichtlicher Sicht auf die gleiche Ebene wie das altorientalische oder ägyptische Recht drückt, ist die Tatsache, dass die Griechen keine Rechtswissenschaft ausgebildet haben. Dies ist alleiniges Verdienst der Römer.

Das Recht ist – philosophisch betrachtet – nicht nur die positive Rechtsordnung, also historisch oder aktuell geltende Rechtsnormen in ihrer Gesamtheit, sondern nichts weniger als »eine Lebensfrage des Menschen«. Als Vorbedingung »jedes menschlichen Gemeinschaftslebens« dient das Recht als dessen sinnvoller Ordnungsmodus, dem sich Gesellschaften zur Regelung von Konflikten unterwerfen (J. Esser, Einführung in die Grundbegriffe des Rechtes und des Staates, Wien 1949, 1). Aus dieser grundsätzlichen Funktion des Rechts ergibt sich seine Relevanz, seine Ordnungs- und Friedensfunktion, die seit Platons *nómoi* (»die Gesetze«), der Naturrechtslehre bei Cicero (*De legibus*, »über die Gesetze«) und den Vertragstheoretikern (Hobbes, Rousseau) vor allem im Bereich der politischen Philosophie die Diskussion bestimmte. Entsprechend gilt eine meist staatlich sanktionierte Rechtsordnung (tribal-patriarchalische Vorformen des Staates sind prinzipiell ähnlich) als Grundlage jeder Gesellschaftsordnung, die sich nur vor dem Hintergrund konfliktregelnder und Sicherheit bietender Rechtsnormen – und sei es auf dem Niveau der Zehn Gebote oder der Zwölftafelgesetze – weiter entwickeln kann.

Betrachtet man nun das aufgrund der Rezeptionsgeschichte überaus modern anmutende kaiserzeitliche Rechtsverständnis und die systematischen Rechtssammlungen der Spätantike (besonders das Corpus Iuris Civilis), entsteht möglicherweise der Eindruck, das kunstvolle Gebilde des römischen Rechts sei »an einem Tag erbaut« worden. Doch das frühe Rom teilte mit anderen archaischen Gesellschaften entwicklungsgeschichtliche Elemente früher Rechtsordnungen, die den römischen Sonderweg der Jurisprudenz noch nicht erkennen ließen. Zunächst einmal war das Recht, wie andernorts auch, in Rom sakral sanktioniertes Geheimwissen des Geburtsadels und damit zugleich ein Herrschaftsinstrument, das zunächst an die Priesterschaft gebunden war (die *pontifices*). Frühe Zusammenstellungen (im Zwölftafelgesetz etwa 450 v. Chr.) spiegeln die gesellschaftliche Entwicklung Roms zur Bürgerpolis wider, in der auch andere Gruppen (Plebejer) zunehmend politische Rechte erhielten. Durch die Veröffentlichung der bisher als Herrschaftswissen behandelten Rechtsvorschriften wurde eine »Demokratisierung« des Rechts ermöglicht.

Schon früh löste sich das Recht in Rom von der Religion und damit der Juristenstand vom Priestertum. Seit dem 4. Jh. v. Chr. war das römische Recht entscheidend an das Amt des Prätors gebunden und erhielt durch diesen Justizmagistrat seine Gestalt. Der Prätor war nämlich bis in die Kaiserzeit hinein die maßgebliche Rechtsquelle für das römische Recht. In seinem *edictum tralaticium* (dem »weitergegebenen« Edikt), übergab er nach einjähriger Amtszeit die von ihm gegebenenfalls erweiterte bzw. nach Notwendigkeiten geänderte Rechtssammlung an seinen Nachfolger. Die Volksversammlung, die zunächst die wichtigste Quelle für die Rechtssetzung, nämlich für das *ius civile*, das von der Bürgerschaft gesetzte Recht in Form von *leges*, gewesen war, geriet schon bald mit der wachsenden Komplexität der Rechtsgeschäfte während des Aufstiegs Roms zur Weltmacht ins Hintertreffen.

Entscheidend für die besondere Entwicklung eines Fachjuristenstandes in Rom war der Rückgriff des Prätors, eines gewöhnlichen meist auf militärischem Gebiet bewanderten Angehörigen der Führungsschicht, auf ein Ratgebergremium von Rechtskundigen (*iuris consulti*, oder *iuris prudentes*, also der »um Rechtsauskunft Gebetenen« bzw. »des Rechts Kundigen«). Diese Juristen, Cicero war einer der berühmtesten der späten Republik, gaben als »eingefuchste Fachleute« (Fuhrmann, 1995, 112) und zugleich Angehörige der Oberschicht sowohl den Rat suchenden Beamten als auch ihren Klienten oder anderen Bittstellern, denen sie verpflichtet waren, unentgeltlich Rechtsauskünfte oder erstellten ebenso kostenlose Gutachten *(responsa)*. Die bundesdeutschen Anwälte sollten sich bei Vergütungsvereinbarungen nach § 3a des Rechtsanwaltsvergütungsgesetzes vielleicht einmal auf die römischen Traditionen ihrer Zunft besinnen.

Das Recht der Römer war seiner Struktur nach ein kasuistisches, also auf einzelne Streitfälle zurückgehendes Recht, das sich mit dem Edikt des Prätors an solchen Einzelfällen *(causa)* fortbildete. Die große Leistung, das kasuistische Fallrecht zugunsten einer die generelle Regel stärkenden Systematik zusammenzufassen, ist zunächst das

Werk der großen kaiserzeitlichen Juristen des 1. und 2. Jh.s n. Chr. von Celsus über Publius Salvius Iulianus bis Aemilius Papinianus und Domitius Ulpianus (Letztere gehören in die Severerzeit 193–235 n. Chr.). Sie waren als Ratgeber und Rechtsgelehrte aus der Umgebung der Kaiser entscheidend an den kaiserlichen Reskripten (Antworten des Kaisers auf Anfragen von Beamten, Stadträten und Landtagen), Dekreten und Edikten beteiligt, die zu den dominierenden Quellen des römischen Rechts geworden waren. Das Prätorenedikt und die Senatsbeschlüsse (Volksbeschlüsse gab es seit Tiberius nicht mehr) waren während der Kaiserzeit als Rechtsquellen verdrängt worden und der Princeps dominierte zunehmend, wie in allen anderen Bereichen, auch das Rechtswesen, das auf seine Person zugeschnitten und fixiert war. Kaiser Hadrian ließ als Konsequenz dieser Entwicklung dann durch Salvius Iulianus das Prätorenedikt ein für alle Mal festschreiben – ab dann hieß es *edictum perpetuum* (ewiges Edikt).

Gerichtliche Verfahren waren – ähnlich wie in Athen – in erster Linie nach heutigen zivilrechtlichen Vorstellungen organisiert: Entsprechend gab es keine Staatsanwälte. Wo kein privater Kläger war, fand sich somit auch kein Richter *(nemo iudex sine actore)*. Die Strafverfolgung war also formal gesehen privatrechtlich organisiert. Allerdings oblag dem Justizbeamten, in der Regel dem Prätor, die Fallzuweisung an die entsprechenden Gerichte (und generell die Annahme oder Zurückweisung von Klagen). Diese erfolgte sehr formelhaft auf Basis der im Prätorenedikt vorgegebenen Einteilung in unterschiedliche Klageformen. Zentrales Element des römischen Rechts war also die Bestimmung der passenden Klageform, die das Prozessieren erst ermöglichte.

Im Falle von einfachen Zivilklagen wurde üblicherweise (nach Anhörung des Beklagten) an Einzelrichter verwiesen. Bei schweren Strafsachen verwies der Magistrat den Prozess an den dafür zuständigen Gerichtshof, dessen Geschworenenjurys sich aus Angehörigen des Senatoren- und Ritterstands zusammensetzten und denen gewöhnlich ein Prätor vorsaß (seit der späten Republik wurden mehr Prätorstellen auch für die Provinzverwaltung nach der Amtszeit geschaffen). Die beklagte Partei konnte Anwälte hinzuziehen, in der Kaiserzeit auch der Kläger. Mit den Gerichtsreden des Cicero, der sowohl als Ankläger (gegen Verres), lieber aber als Verteidiger (etwa für Milo) auftrat, haben wir Glanzstücke forensischer Beredsamkeit eines brillanten Anwalts aus der Blütezeit des römischen Rechtswesens erhalten.

Die auf Gesetzen, Formeln und Fallregeln beruhende Rechtspraxis entsprach jedoch nicht zu allen Zeiten ganz den Ansprüchen, die man angesichts des Ranges der römischen Rechtswissenschaft erwarten dürfte. In der Kaiserzeit bildete sich nämlich zunehmend ein Zweiklassenrecht heraus. Ihr gutes Recht bekamen seit dem 2. Jh. n. Chr. eigentlich nur Angehörige der besitzenden Klassen, der Ober- und Mittelschichten des Römischen Reiches, der sogenannten *honestiores*. Der Grundsatz der *aequitas*, des gerechten Ausgleichs, galt für die, die es sich leisten konnten und die nicht zu den ohnehin unterprivilegierten *humiliores* gehörten. In den Provinzen des Reiches wurden die meisten Fälle bei den lokalen Gerichten der Munizipien (in kleinen Orten fungierten oftmals Zenturionen der Legionen als Einzelrichter) oder von den Prokuratoren der kaiserlichen Domänen vor Ort abgehandelt. Aufgrund der lokalen Autonomie der Städte verhandelte man nur bedeutende Fälle mit hohem Streitwert oder Fälle von Kapitalverbrechen vor dem Statthalter. Die meisten Angelegenheiten blieben hingegen lokalen Gerichten vorbehalten. Ohnehin hatten nur römische Bürger Anrecht auf Berufung. Aber auch für diese war Prozessieren eine teure und mit Reisen zu bisweilen weit entfernten Gerichtsorten verbundene Angelegenheit. Ein höherer Sozialstatus oder Bestechungsgeld sorgten indes für bevorzugte Behandlung und rasche Verfahren. Kleinen Leuten hingegen schenkte man nicht immer Gehör. In Rom selbst wurden seit der Kaiserzeit eigentlich nur noch Fälle, in die Ritter und Senatoren verwickelt waren, verhandelt, oder solche, die den Staat und die Verwaltung unmittelbar betrafen, sowie Berufungsverfahren von größerer Wichtigkeit.

Die systematische Sammlung der kaiserlichen Rechtsentscheide sowie der juristischen Gutachten, denen Gesetzesqualität zukam, wurde erst in der Spätantike ab ca. 300 n. Chr. in verschiedenen Ansätzen angegangen. Erhalten sind nur der Codex Theodosianus (438 n. Chr. unter Theodosius II.) und das Corpus Iuris Civilis (533/534 n. Chr. unter Justinian), das Glanzstück römischer Jurisprudenz.

Die Sammlungen selbst waren zunächst nur Akte der juristischen »Notwehr« angesichts des in der Soldatenkaiserzeit völlig aus den Fugen geratenen Rechtswesens. Durch die Reichskrise des 3. Jh. n. Chr. drohten daher in der Spätantike die Gutachten und Lehrbücher der Juristen der hohen Kaiserzeit – sofern man sie überhaupt noch kannte – ganz in Vergessenheit zu geraten. Die Sammlung von Kaisergesetzen und Juristenrecht entsprach somit der schlichten Notwendigkeit, um der um sich greifenden Rechtsunsicherheit entgegenzuwirken.

Diese von hervorragenden Juristen der Spätantike systematisierten Sammlungen, die das europäische Recht in Hochmittelalter und Neuzeit maßgeblich geprägt haben, täuschen darüber hinweg, wie uneinheitlich eigentlich das seit der Republik gewachsene Recht war, das sich aus vielen unterschiedlichen Rechtsquellen, etwa den Volksgesetzen, Senatsbeschlüssen, Kaisergesetzen, Magistratsedikten (besonders des Prätors) und den Rechtsgutachten *(responsa)* speiste.

Als Justinian kurz nach seinem Regierungsantritt eine Kommission einsetzte, die neben den Kaisergesetzen vor allem das Juristenrecht systematisch erfassen sollte, konnte er nicht wissen, dass er nicht für eine Erneuerung der zeitgenössischen Rechtsprechung auf überarbeitetem Fundament sorgen würde, wie er beabsichtigte, sondern eigentlich die Grundlagen des europäischen Privatrechts in Mittelalter und Neuzeit – mit Auswirkungen bis in die Gegenwart – legte. Die Digesten, »die Zusammenstellung«, waren das Herzstück seiner als Corpus Iuris Civilis bekannten Sammlung von bis dato gültigen Kaiseredikten (Codex Iustinianus, ergänzt durch die nach der Kodifizierung erlassenen *novellae*), einem verbindlichen Lehrwerk für Juristen *(Institutiones)* und eben den Digesten, den gültigen Gesetzen aus unterschiedlichen Quellen.

Diese Digesten haben für das römische Recht im einst weströmischen Reichsteil keine große Wirkung mehr gehabt. Sie blieben dort weitgehend unbekannt und wurden nur im Byzantinischen Reich durch die sogenannten »Basiliken«, griechische Teilübersetzungen, rezipiert. Diese rechtswissenschaftliche Großtat war also zunächst eine Totgeburt, »der Versuch eines Klassizisten, ja Romantikers, die Rechtskultur einer vergangenen Epoche ins Leben zurückzurufen« (Fuhrmann 1995, 117). Erst die mittelalterliche und neuzeitliche Rezeption – die Gesetze der germanischen Reiche gingen auf das weströmische Vulgarrecht zurück – entdeckte die klassische Jurisprudenz zugleich mit dem Auftauchen einer einzigen Handschrift (!) der Digesten im 12. Jh. in Pisa wieder. Das europäische Privatrecht hätte sich ganz anders entwickelt, ja Europa selbst – die EU ist immerhin in erster Linie eine Rechtsgemeinschaft – hätte einen anderen Weg genommen, wenn auch diese letzte Handschrift verschollen geblieben wäre und nicht in Bologna die Entstehung einer neuen Rechtsschule Europas begründet hätte.

Betrachten wir zum Schluss nach diesem kurzen Abriss einmal einen konkreten, durchaus modern anmutenden Fall aus dem Zivilrecht, der in die Digesten Aufnahme fand und Grundlage für Entscheidungen in Fragen des Immissionsrechts war: Eine auf Gemeindegrund produzierende Käserei im Städtchen Minturnae verursacht unangenehme Gerüche. Nun stellt sich die Frage, ob die Anwohner dies dulden müssen. Das Problem ist kein Einfaches: Während böswillig verursachte Beeinträchtigungen rechtlich keinerlei Schwierigkeiten darstellen würden, fordern ökonomisch schwerlich vermeidbare Immissionen aus Industriebetrieben umfassendere Überlegungen. In knappsten und präzisen Worten, die im lateinischen Original etwa um Hälfte kürzer ausfallen als in der Übersetzung, zitiert der folgende von Ulpian verfasste Abschnitt ein vom Rechtsgelehrten Titus Aristo (dieser wirkte um 100 n. Chr.) ausgestelltes Gutachten (Digesten, 8, 5, 8, 5–7):

> »Aristo erteilte dem Cerellius Vitalis die folgende Rechtsauskunft: Er glaube nicht, dass jemand berechtigt sei, aus einem Käsereibetrieb Rauch in die oberhalb gelegenen Grundstücke eindringen zu lassen. Er sagt auch, dass man ebenso wenig aus einem höher gelegenen Grundstück Wasser oder etwas anderes in die unterhalb davon gelegenen Grundstücke eindringen lassen dürfe, denn jedermann sei nur insoweit berechtigt, auf seinem Grundstück etwas vorzunehmen, als er nichts in ein fremdes Grundstück eindringen lasse, und mit der Zuführung von Rauch verhalte es sich ebenso wie mit der von Wasser. Er ist demnach der Meinung, dass der, der von der Gemeinde Minturnae einen Käsereibetrieb gepachtet habe, vom oberhalb wohnenden Nachbarn daran gehindert werden könne, Rauch eindringen zu lassen; die Gemeinde Minturnae sei ihm jedoch aufgrund des Pachtvertrags schadenersatzpflichtig.«

Ein Gewerbebetrieb in einer Wohngegend darf also keine Schadstoffe ausstoßen, die zu Störungen auf den benachbarten Grundstücken führen. Die vom üblen Geruch verursachenden Rauch der Käserei ausgehenden Überlegungen zu Beeinträchtigungen durch Immissionen werden verallgemeinert und mit dem Beispiel von ungewollter Wässerung eines Grundstücks seitens eines höher gelegenen Nachbargrundstücks ergänzt. In entsprechenden Fällen kann also nach dem Bescheid des Aristo der Nachbar dem Gewerbebetrieb die Tätigkeit untersagen, dieser wiederum kann vom Vermieter (der Gemeinde) Schadensersatz fordern, weil er sein Gewerbe auf dem Grundstück nicht vereinbarungsgemäß ausüben kann.

In der Summe haben wir es also mit einer rechtlichen Regelung zu tun, die einem Immissionsverbot für Gewerbebetriebe entspricht, sofern Dritte davon beeinträchtigt werden. Und in der Tat geht § 906 BGB (Zuführung unwägbarer Stoffe) direkt auf Ulpian zurück (übrigens auch Art. 844 Codice Civile aus Italien von 1942 und vergleichbare Regelungen in anderen europäischen Gesetzbüchern). Allerdings hatte der moderne Gesetzgeber um 1900 bereits wesentlich unternehmerfreundlicher gedacht. Im modernen Deutschland muss daher der Nachbar wesentlich mehr aushalten, bevor er auf Unterlassung klagen kann. Während im 19. Jh. noch sehr anwohnerfreundlich im Sinne des römischen Rechts gedacht und geurteilt wurde, setzte sich bereits im letzten Drittel des 19. Jh.s in der Kommission zur Erarbeitung des BGB die Ansicht durch, dass eine allzu eigentümerfreundliche Regelung für die Entwicklung von Industrie und Handwerk in der Hochzeit der Industrialisierung wenig förderlich wäre. Entsprechend hat das BGB nun eine wesentlich unternehmerfreundlichere, man ist versucht zu sagen »kapitalistischere« Duldungspflicht für den Eigentümer festgesetzt, dessen Grundstück Immissionen ausgesetzt wird. Laut BGB ist ein solcher Eigentümer selbst bei einer wesentlichen Beeinträchtigung zur Duldung verpflichtet (die rechtswissenschaftlichen Details entstammen S. Seyed-Mahdavi Ruiz, Die rechtlichen Regelungen der Immissionen im römischen Recht und in ausgewählten europäischen Rechtsordnungen, Göttingen 2000). Egal ob man diese moderne Rezeption römischer privatrechtlicher Immissionsregeln nun für einen Fortschritt hält, oder vom Gegenteil überzeugt ist, so zeigt der Sachverhalt doch beispielhaft die Abhängigkeit des europäischen Privatrechts von der römischen Tradition. Dies gilt besonders für die Digesten, die Justinian I. während seiner Regierungszeit, in Auftrag gegeben hat und die nur in einem einzigen Exemplar überliefert die europäische Rechtsgeschichte maßgeblich geprägt haben.

· Wesen und Bedeutung der antiken Literatur

Was sollen diese fragmentarischen Bemerkungen über die antike Literatur an dieser Stelle bezwecken? Drei Gründe, ein eher allgemeiner und zwei konkrete: Zunächst einmal ist Literatur die archetypische Form von Welterklärung und -erkenntnis und rangiert somit in verschiedener Hinsicht weit vor den Wissenschaften wie Soziologie oder Psychologie: »Literatur ist Wissen, wie beschränkt auch immer – wie alles Wissen. Doch sie ist nach wie vor einer der wichtigsten Wege, die Welt zu verstehen«, so die Literaturkritikerin Susan Sonntag (FAZ 29.12.2004).

Durch literarische Vermittlung in kunstvoll verdichteter Form werden die Kernaspekte zeitgebundener kultureller Prägung und allgemeiner sozialer Gegebenheiten übermittelt. Wie die Buddenbrooks ein »Röntgenbild« des hanseatisch-lübischen Großbürgertums um die Jahrhundertwende vom 19. zum 20. Jh. auf eine Weise bieten, wie kein Geschichtsbuch das vermag, so übermitteln die homerischen Epen die Wertvorstellungen einer auf Geschenketausch basierenden über ganz Griechenland und darüber hinaus verzweigten Adelsgesellschaft und Petrons Satyrikon beschreibt die gesellschaftlichen Sitten und Unsitten der Neureichen im kaiserzeitlichen Rom. Literatur liefert auf diese Weise neben der Unterhaltung, die Personen, Handlung und Wendungen dem Leser oder Hörer/Zuschauer bieten, in einprägsamer Form als Beifang wichtige Eindrücke und Charakteristika der Entstehungszeit des jeweiligen Werks, für die man nur durch Literaturvermittlung »ein Gefühl« bekommen kann. Der Schriftsteller »reduziert die Fülle und Gleichzeitigkeit aller Dinge auf etwas Lineares, auf einen Pfad« (S. Sontag, ebd.). Für mentalitätsgeschichtliche und sozialanthropologische Fragestellungen sind Saint Simons Aufzeichnungen vom Hofe Ludwigs XIV. und Ciceros Briefe deshalb weit wertvoller als im engeren Sinne »historische« Quellen, wie etwa die Erlasse des Sonnenkönigs oder die Senatsbeschlüsse der späten römischen Republik.

Über diese allgemeine Bestimmung der Leistung von Literatur hinaus hat dieses Kapitel noch zwei weitere, konkretere Funktionen:

- Vielleicht wird durch diese knappen Bemerkungen beim Leser das Interesse geweckt, einmal ein Werk der antiken Literatur in die Hand zu nehmen. Für den Anfang empfehlenswert sind immer noch Gustav Schwabs Nacherzählungen der Epen (»Die schönsten Sagen des klassischen Altertums«). Sehr amüsant und kurzweilig sind die antiken Romane, auch die Räuberpistolen von Heliodor oder Xenophon von Ephesos. Bedeutende Kunstwerke und dennoch gut lesbar sind die genannten lateinischen Romane von Apuleius und Petron.
- Wünschenswerterweise bleibt beim Leser auch hängen, dass die moderne »westliche« Literatur eigentlich das Ergebnis einer in der Antike beginnenden Rezeption von Themen und Formen ist, wobei den Griechen die Originalität, den Römern oftmals die prägendere Wirkung (v. a. im lateinischen Mittelalter) auf die Nachwelt zukommt. Die Kenntnis der antiken Literatur ist deshalb unabdingbar für das Studium der modernen Literaturen Europas (und der Neuen Welt) wie auch der europäischen Rechtsgeschichte. Durch die vielfältigen Rezeptionsprozesse (besonders seit der Renaissance) sind die Nationalliteraturen in ihren »klassischen« Ausprägungen, vom elisabethanischen Theater über die französische Literatur des 17. Jh.s bis zur

Weimarer Klassik, in einer Weise von antiken Vorbildern geprägt, die ihr Verständnis ohne Kenntnis dieser Vorbilder unmöglich macht. Der »Faust« ist ohne den für Goethe sehr wichtigen Renaissancegelehrten Marsilio Ficino und dessen Platonrezeption nicht zu verstehen, Molière und Kleist kupfern in ihren Komödien von Plautus und Terenz ab, Shakespeare macht in »Julius Caesar«, »Antonius und Cleopatra« und im »Coriolanus« konkret römische Geschichte zum Gegenstand seiner Stücke. Auch zeitgenössische Literatur schöpft motivisch aus dem Fundus der Antike (aus der Vielzahl von möglichen Beispielen seien nur Christa Wolfs »Kassandra« oder Christoph Ransmayers Deutung von Ovids Exil in »Die letzte Welt« genannt).

Viel stärker ist jedoch die formale Prägung der europäischen Literatur (und der von der europäischen Literatur abhängigen Nationalliteraturen in der Neuen Welt oder in den ehemaligen Kolonien Afrikas) durch antike Vorbilder. Nicht das asiatische Theater (Stichwort »Pekingoper«) bestimmt die Bühnenwelt, sondern die seit der griechischen Tragödie und Komödie ausgebildete Theatertradition, die sich an gefestigten Akt- und Szenenstrukturen orientiert, die es nunmehr seit 2500 Jahren so gibt, und in der Seneca genauso wie Kleist, Henry Miller und Harold Pinter fest verwurzelt stehen.

Lektürehinweise:
Die beste und nicht allzu umfangreiche Darstellung zur griechischen Literaturgeschichte stammt von Hose (2012). Die römische Literatur ist in klassischer Knappheit von Norden (1998) zusammengefasst, dessen Darstellung – obwohl ursprünglich erstmals 1910 erschienen – keineswegs veraltet ist. Kenntnisreich und gut lesbar ist die umfangreichere Darstellung zur römischen Literatur von Fuhrmann (1999). Die einschlägigen Werke zur Geschichtsschreibung – für historische Betrachtungen besonders wichtig – sind meist nach Griechen und Römern getrennt. Eine die ganze Antike umfassende Aufsatzsammlung zur Historiographie und zum Geschichtsdenken hat Alonso-Núñez (1991) vorgelegt. Zum römischen Recht ist die Einführung von Liebs (2004) einschlägig, das Wesen des römischen Rechts und seine eigene Ästhetik erfasst Wieacker (1961) in mehreren Aufsätzen.

6.4. Architektur und Kunst

Fast noch deutlicher als im Falle der literarischen Rezeption ist die Formentradition in der bildenden Kunst und der Architektur. Unsere moderne Wahrnehmung von Formen und Gestaltung ist von den Vorgaben der antiken Kunst und Architektur bestimmt. Michelangelo studierte »de architectura« von Vitruv und nicht die Palastarchitektur der Tang-Dynastie. Das Emblem der modernen Wissenschaften wurde Leonardos »vitruvianischer Mensch«, den jeder öffentlich Versicherte in Deutschland auf seiner elektronischen Krankenversichertenkarte gedruckt in der Brieftasche mit sich trägt (Leonardo zeichnete ihn nach den Angaben in Vitruv 3, 1). Der Finanzminister Ludwigs XIV., Colbert, gründete im Rahmen der *Académie royale de science* 1671 eine vitruvianische Bauakademie, deren Studenten den römischen Meisterarchitekten studieren mussten. Colbert veranlasste zudem eine Übersetzung von Vitruvs Werk durch Perrault ins Französische. Und die Plastiken von Michelangelo über Rodin bis Breker folgen den von der klassischen griechischen Kunst entwickel-

Abb. 19: Die Walhalla an der Donau bei Regensburg, erbaut 1842

ten Gesetzen von Ponderation, also des Ausgleichs der Gewichtsverhältnisse des Körpers (etwa Verhältnis Standbein – Spielbein) und athletischer Muskelanatomie.

Auch an der bayerischen Donau ist die antike Kultur heimisch: Ludwig I. von Bayern, ein glühender Verehrer des Griechentums, ließ 1842 eine Gedenkstätte für berühmte Persönlichkeiten »teutscher Zunge« bei Regensburg am Donauufer errichten (Abb. 19). Walhalla heißt die germanische Kultstätte, benannt nach Valhal, dem Totenreich der germanischen Mythologie. Der als »Ruhmestempel« gedachte klassizistische Bau imitiert jedoch bis ins Detail den berühmtesten aller griechischen Tempel: den sogenannten Parthenon, der unter Perikles in den 440er-Jahren v. Chr. von den Athenern als Hauptheiligtum für die Stadtgöttin Athena errichtet worden war. Jedoch werden auf den Giebeln nicht Szenen der griechischen Mythologie, sondern germanische Helden um ihren Anführer Arminius gezeigt, welche die römischen Vertreter der antiken Kultur in der Varusschlacht besiegen (Abb. 20).

Ob Leo von Klenze und Martin von Wagner im ludovizianischen Bayern oder Karl-Friedrich Schinkel in Berlin: Deutschlands Städte zeugen von der intensiven Rezeption antiker Baukunst während des »Klassizismus« im 19. Jh. Ähnliches gilt für den Rest Europas, be-

Abb. 20: Arminius schlägt die Römer, Giebeldarstellung der Walhalla

sonders aber für die USA, wo der Klassizismus griechischer Prägung zu einer ganzen Reihe von Regierungsgebäuden im Parthenonstil geführt hat und mit dem 1897 erbauten Parthenon in Nashville, Tennesse, dem »Athen des Südens«, sogar eine bis auf wenige Millimeter Abweichung und die fragwürdige Verwendung von Beton als Hauptbaustoff genaue Kopie des Originals aufzuweisen hat (R. K. Sutton, Americans Interpret the Parthenon: The Greek Revival Architecture from the East Coast to Oregon 1800–1860, Boulder 1992). Während die Architektur der Renaissance vor allem römische Baukunst imitierte, hatte der Klassizismus besonders in den deutschen Staaten das klassische Griechenland als ästhetisches Vorbild.

Die erhaltenen Großbauten der Antike sind in der Tat bis heute überaus eindrucksvoll und waren aufgrund ihrer aufwendigen Steinbauweise auch »für die Ewigkeit« bestimmt. Deswegen handelt es sich bei den meisten noch erhaltenen antiken Bauwerken um in modernem Sinne öffentliche Bauwerke, wie Tempel und repräsentative Orte der Macht (Paläste, administrative Gebäude). Grundsätzlich gilt auch auf dem Gebiet der Architektur (wie auch auf dem der im engeren Sinne künstlerischen Gestaltung im Bereich der Plastik und der Malerei), dass die Römer weitgehend auf formale Vorbilder der Griechen zurückgriffen. Die Verwendung der Säule als Stütz- und v. a. Gestaltungselement ist ein verbindendes Glied, das die Architektur der gesamten Antike besonders kennzeichnet. Jedoch haben die Römer eine wesentlich flexiblere, technisch versiertere Bauweise entwickelt, die über die auf passgenau zurechtgehauenen Steinen beschränkte griechische Steinbauweise hinauswies: Durch Verwendung von mit Mörtel verbundenen Ziegelsteinen konnten römische Architekten Gewölbe und Bogenkonstruktionen entwerfen, welche die Konstruktion sowohl technisch anspruchsvoller Ingenieurbauten (Brücken, Wasserleitungen) wie auch größerer Gebäudekomplexe ermöglichten.

Die meisten der erhaltenen monumentalen Bauten der griechisch-römischen Antike entspringen staatlicher Initiative und dienten der Repräsentation von Macht und der Legitimation von Herrschaft. Form, Gestaltung und künstlerische Ausgestaltung, etwa durch Bauplastik, standen oftmals im Zeichen eines ideologisch-kommunikativen Programms, mit welchem Bürgern, Untertanen und Fremden Deutungsangebote für politische, gesellschaftliche und religiöse Sinnzusammenhänge an die Hand gegeben wurden. Dabei muss beachtet werden, dass die Wirkung von Bildwerken und Kunst im Allgemeinen in der Antike eine grundsätzlich andere war als in unserer gegenwärtigen, von kurzlebigen Bilderfluten des Medienzeitalters geprägten Welt.

Bildwerke und Bauwerke, Kunst und Architektur waren geistige Orientierungspunkte und hatten eine Ankerfunktion für gesellschaftliche Selbstvergewisserung in antiken Städten und Staaten. Ein öffentliches Denkmal war genau das, was das altmodische deutsche Wort meint: ein mit dem Aufstellungsraum fest verbundenes Zeichen (Mal), das zum Denken anregt bzw. verpflichtet und »Gedanken«, also komplexere Sinnzusammenhänge und Deutungsentwürfe des Stifters (der Polis, eines Königs, des Senats, des Princeps, einer Priesterschaft) transportiert. Im Großen (etwa im Falle der repräsentativen Großbauten) wie im Kleinen (Standbilder, Plastik, Ausmalung öffentlicher Räume) waren die Bewohner antiker Großstädte, aber auch kleiner Weiler (in römischen *vici* waren v. a. in den lokalen Heiligtümern Weihinschriften und Votivplastiken aufgestellt) von Bildwerken umgeben. In den Heiligtümern wurden zahlreiche Kultbilder von Göttern und Heroen, in Tempelbezirken viele Weihegeschenke unterschiedlichster Art aufgestellt: Standbilder (auch Statuengruppen), Gemälde auf Holztafeln, Weihreliefs aus Marmor, kleinere bronzene Votivfiguren oder solche aus Terrakotta.

Die Markt- und Versammlungsplätze in der griechischen Welt, die Agorai und Foren, waren von Bildnissen von Staatsmännern und politisch wichtigen mythologischen Figuren geprägt. Rathäuser (etwa das Bouleuterion in Athen, Sitz des Rats der 500, oder die *Curia*, das Senatsgebäude auf dem Forum in Rom) und architektonisch markierte Versammlungsorte der Bürger, Volksversammlungsplätze (etwa die Pnyx in Athen), Sport- und Theaterstätten, stattete man mit Figurenschmuck und Gemälden aus, die mit ihren für die Zeitgenossen leicht dechiffrierbaren Aussagen ein wichtiges Medium der politisch-kulturellen Kommunikation darstellten.

Ganz Ähnliches gilt auch für Denkmäler aus der Zeit des europäischen Klassizismus. Die bei Detmold im »Teutoburger Wald« 1875 aufgestellte riesenhafte Gestalt des Arminius, das »Hermannsdenkmal« (so hatte man den germanischen Namen des römisch sozialisierten Cheruskers kreativ »rekonstruiert«), dessen erhobenes Schwert nach Westen, nach Frankreich zeigt, vermittelte den seinerzeit nationalbewegten Besuchern die klare Botschaft eines wehrhaften Deutschlands, das sich gerade nach 1870/71 wohl gegen »welsche

Frechheit« zu wehren wusste. Ähnlich wie das »Hermannsdenkmal« oder die Giebelfiguren der Walhalla (s. o.), die mit der Darstellung des Sieges des Arminius über die Legionen des Varus eine ähnliche Zielrichtung verfolgten, transportierten auch die »Denkmäler« der Antike spezifische Botschaften, die allerdings aus heutiger Sicht nicht immer leicht zu verstehen sind und im Vergleich zur platten Germanensymbolik wesentlich subtiler daherkamen.

Wir nehmen antike Kunst heute weitgehend nur noch als Kunstwerke und folglich mit einem »musealen Blick« wahr, nämlich »nur« als wertvolle Zeugnisse historischer Stile und Kulturen, denen der Sitz im Leben verloren gegangen ist. Das Museum ist ungeachtet des antiken Namens (vom Mouseion, s. o. Einleitung) eine Erfindung der Neuzeit, wie auch die museale Wahrnehmung von Kunstwerken in die Neuzeit und vor allem in die Moderne gehört. Die Verehrung, die wir etwa griechischer bemalter Keramik entgegenbringen – gespiegelt durch die irrwitzigen Preise, die auf Auktionen für von italienischen Grabräubern aus etruskischen Gräbern »geborgenen« Vasen gezahlt werden – führt immer wieder zu verzerrenden Ansichten über den Wert von Keramikkunstwerken, die wir heute als besonders wertvoll erachten. So hat seit dem britischen Archäologen John D. Beazley (1885–1970) die Verehrung der Meister der Vasenmalerei zum bisweilen noch verbreiteten Glauben geführt, dass solches Geschirr ein teures Luxusgut gewesen sein musste. Michael Vickers konnte anhand von Preisinschriften auf Keramik und Vergleichen mit anderen Waren und Gütern zeigen, dass dieses für uns so edle Geschirr, das wir in den Museen bewundern, recht günstige Gebrauchsware gewesen ist und der gesellschaftliche Status der Vasenmaler keineswegs dem eines erfolgreichen Künstlers der Moderne entsprach (M. Vickers, Was ist Material wert? Eine kleine Geschichte über den Stellenwert griechischer Keramik, in: Antike Welt 35/2, 2004, 63–69).

Ebenso war der Blick auf die öffentliche Kunst, auf Statuen und Bauplastik, die wir heute nur noch im Museum bewundern und die den Archäologen zur Unterscheidung und Datierung unterschiedlicher Stilepochen dient, ein ganz anderer: »In der Antike waren die Bildwerke ein Teil der Lebenswelt« (Hölscher 2015, 8). Wie sich diese Lebenswelt und die mit ihr verbundene Wahrnehmung von Kunst im Raum rekonstruieren lassen, soll an zwei prominenten, für die Antike geradezu emblematischen Prachtbauten kurz aufgezeigt werden: dem Parthenon in Athen und der Ara Pacis, dem Friedensaltar des

Augustus, in Rom. Bei beiden handelt es sich um Kultbauten, die gemäß ihrer Funktion zunächst einmal dem religiösen Bereich zugehören. Das Bildprogramm, das in Friesen, Reliefs und Giebelschmuck (Letzterer nur beim Parthenon) gezeigt wird, verweist jedoch auf politische Konzepte, die auf künstlerisch-subtile Weise anschaulich kommuniziert werden.

Der Parthenon ist die steingewordene Verkörperung des Bürgerstolzes der Athener, die gemeinsam mittels ihrer selbst entwickelten demokratischen Institutionen ein großes Seereich gegründet hatten und nun mit aus ihrer Sicht verdientem Führungsanspruch beherrschten (Abb. 21). »Dreißig Jahre nach den Siegen gegen die Perser und nach dem Abschluss eines Friedens errichtet, ist der Bau durch und durch von dem patriotischen Stolz der Athener geprägt« (Hölscher 2015, 65). Mythologische Rekurse auf das Selbstverständnis der von Athena beschützten Stadt sind in den Bauplastiken der Giebel, die die Geburt der Athena aus dem Kopf des Zeus und den Kampf der Göttin mit Poseidon um die Herrschaft über die Stadt zeigen, vernetzt mit der gegenwärtigen Selbstdarstellung der Polis und ihrer Bürgerschaft, die sich als Festgemeinschaft beim Kultfest für die Stadtgöttin stolz selbst feiert. Der Fries, der die Cella des Tempels umzieht, zeigt die große Prozession beim Panathenäenfest: Die

Abb. 21: Der Parthenon auf der Athener Akropolis, erbaut zwischen 447 und 433 v. Chr.

geordnete Bürgerschaft der Stadt wird in idealer Gemeinschaft mit den Göttern und Heroen der Stadt präsentiert. Zentrales Element ist die Übergabe des Kultgewands der Göttin, des Peplos, an die Kultbeamten der Stadt, dem alle zwölf olympischen Götter denkbar entspannt beiwohnen, assistiert von den zehn Phylenheroen, den Patronen der zehn Abteilungen, in die die Bürgerschaft aufgeteilt war (Abb. 22 und 23).

Abb. 22: Parthenonfries: Die Götter schauen entspannt auf die Prozession der Athener.

Abb. 23: Parthenonfries: Der Peplos, das Festgewand für Athena, wird vom Kultpersonal vorbereitet.

Hier wird die Einigkeit der Götter mit denjenigen Menschen gefeiert, die zur Herrschaft berufen waren. In diesem Monumentalbau und seinem Bildprogramm findet das »Könnens-Bewußtsein« der Athener (C. Meier, HZ 226, 1978, 265–317) seinen künstlerischen Ausdruck, das sich auf politische Pragmatik, militärischen Erfolg und Bürgersinn gründende, zuversichtliche, an Arroganz grenzende Selbstbewusstsein auf dem Höhepunkt ihrer Macht. Dem Bilder- und Bauprogramm, das die ganze Akropolis als Ensemble betrifft, ist die prägende Handschrift des Perikles als staatsmännischem Ideengeber und des Phidias, des größten Künstlers seiner Zeit, anzusehen. Deswegen hat man das um 450 v. Chr. angegangene und erst im Peloponnesischen Krieg fertiggestellte Bauprogramm auch als das perikleische bezeichnet. Dennoch wurde die Finanzierung, Planung und Durchführung von der Bürgerschaft gemeinschaftlich verantwortet und von Baukommissionen begleitet; eine logistisch-organisatorische Meisterleistung, die das Funktionieren der auf Einsatz und Mitarbeit der Bürger basierenden demokratischen Institutionen belegt.

Die römische Staatskunst der Kaiserzeit war dagegen Ausfluss der ideologischen Vorstellungen des nunmehr den Fixpunkt des Weltkreises darstellenden Princeps und seiner Entourage. Nach den langen Bürgerkriegen und dem hohen Blutzoll, den sie gerade in den Reihen der römischen Elite gefordert hatten, war die neue Friedensordnung des Augustus für die römische Gesellschaft wie Balsam auf den offenen Wunden. Um diese neue *Pax Romana*, den allgemeinen Frieden im ganzen Reich, und die neue Weltordnung unter Augustus auch programmatisch, wenn nicht gar »propagandistisch« ins rechte Licht zu rücken, wurde der große Opferaltar als Teil eines Gesamtensembles konzipiert (erbaut anlässlich der Rückkehr des Princeps aus den Provinzen 13–9 v. Chr.). Dazu gehörten auch das Mausoleum und die sogenannte Sonnenuhr des Augustus, wobei diese – wie bereits gesagt (s. o. Teil I Kap. 4.3.) so angeordnet war, dass am Geburtstag des Augustus der Schatten des Zeigers der Sonnenuhr durch die beiden Eingänge auf die innere Mitte des Bauwerks zeigte. Denn der Altar war umgeben von einer mit Bildreliefs geschmückten ca. 4,60 m hohen Einfassung, die eben von zwei gegenüberliegenden Eingängen unterbrochen wurde.

Das mit vier Stufen terrassenartig erhöhte Ensemble belegte die fast quadratische Fläche von ca. 11 × 10 m (siehe oben Abb. 6). Zentrales Sinnbild des Friedensaltars ist die anmutige Szene, die die Mitte des Reliefs an der Ostseite dominiert und die eine junge Mutter mit zwei Kindern darstellt, welche von Feldfrüchten, fließenden Quellen und friedlich weidendem Vieh umgeben ist. Eingerahmt wird die zentrale Mittelfigur von zwei Mädchen mit geblähtem Mantel, welche Land- und Seewind darstellen sollen (Abb. 24).

Abb. 24: Ara Pacis, Darstellung einer mütterlichen Personifikation (der Friede oder die Erdgöttin Tellus) inmitten einer Idylle

Diese Figur, die als Personifikation des Friedens, als Erdgöttin Tellus oder als Heimatgöttin Italia gedeutet worden ist, symbolisiert in dieser Idylle das Goldene Zeitalter, das mit dem auch in der Dichtung ähnlich gefeierten Friedensbringer Augustus beginnt. Dieser hat sich auch selbst abbilden lassen, und zwar auf dem südlichen Fries, der die feierliche Prozession zum Opfer am Altar anführt. Er ist umgeben von seinen Liktoren, die seinen Rang unterstreichen, und von seiner Familie, seinen engsten Freunden bzw. Mitarbeitern, die halfen, das Friedensreich zu errichten. Zu nennen sind hier bspw. Agrippa, Drusus und Tiberius (Abb. 25).

Seine Person, die gar nicht besonders hervorgehoben wird (und heute auf dem Relief sehr schlecht erhalten ist, auf der Abb. sind nur die Familienangehörigen und Freunde zu sehen), ist direkt bezogen auf den Gründungsheros Aeneas, der – auf mythologischer Ebene – an des Augustus statt das Opfer darbringt. Der Gründer Aeneas verweist direkt auf den Vollender Augustus: In künstlerischer Überzeu-

Abb. 25: Die kaiserliche Familie wird ins Bildprogramm integriert. Augustus und seine Umgebung werden propagandistisch in den mythologisch vorbereiteten Mittelpunkt gestellt.

gungskraft wird dem Betrachter die Verbindungslinie zwischen mythologischer Verheißung und politischer Erfüllung der römischen Reichsidee vermittelt.

Bei all der erkennbaren Symbolik und der ikonographischen Ausrichtung auf die Idee des neuen Goldenen Zeitalters, ist die Darstellungsweise dieser frühen Zeit von Andeutungen und Anspielungen geprägt, ohne zu dick aufzutragen, wie man an der Darstellung des Augustus ersehen mag, der nur wenig herausgehoben ist und sich eher in die Gruppe der Prozessionsteilnehmer harmonisch einordnet. Spätere Werke der römischen Staatskunst finden eine deutlichere Bildsprache, die fast schon propagandistische Züge trägt. In den Ehrensäulen und Triumphbögen der Adoptivkaiser steht der gottgleiche Princeps im Mittelpunkt. Um ihn herum ist das historische Geschehen angeordnet und er hat die Deutungshoheit über seine Taten und Verdienste, weshalb man für diese Zeit mehr von Kaiserkunst als von Staatskunst sprechen kann.

Lektürehinweise:
Die besten Überblicksdarstellungen zur griechischen und römischen Kunst stammen von Hölscher (2015) und Zanker (2015), die auch Verfasser umfangreicherer Standardwerke zum Thema sind, die sich aber eher an Spezialisten wenden.

SCHLUSSBETRACHTUNG: DIE ANTIKE UND WIR

Diese Darstellung der Geschichte der Antike hat in den vorangegangenen Kapiteln vor allem diejenigen Spuren der Kultur des Altertums verfolgt, die sich bis in unsere Gegenwart lesen lassen. Die geistigen und künstlerischen Fundamente des modernen Europas, so wurde mehrfach betont, gehen nun einmal unbestritten auf das Erbe der griechisch-römischen Antike zurück, wie auch unsere an antiker Formgebung und Gestaltung geschulte ästhetische Wahrnehmung. Dieses Erbe ist jedoch kein reines, unverfälschtes, das sich direkt herleiten lässt, etwa von der Polis-Demokratie der Athener bis zur demokratischen Verfassung der USA, sondern wurde über die Jahrhunderte durch bewusste Rezeptionsprozesse gefiltert, kanalisiert und immer wieder neu konfiguriert, wobei immer nur kulturelle und politische Teilaspekte des Altertums aufgenommen wurden.

Ohne den Primat der Rezeptionsgeschichte hätte das Buch auch ganz anders geschrieben werden können, etwa unter Betonung der Bruchlinien, die unsere heutige Welt von der Antike scharf trennen: die Neigung zu exzessiver Gewalt bis hin zum Massaker in und nach allgemein akzeptierten kriegerischen Auseinandersetzungen oder die so grundsätzliche Andersartigkeit der polytheistischen Religionen der Antike mit ihren blutigen Tieropfern. Man könnte auch auf die generelle Unsicherheit des Alltags angesichts von Räuberbanden und Piraten zu sprechen kommen, auf die ständige Gewalt gegenüber Untergebenen (meist Sklaven) und Frauen, auf verbreitete Kindstötung und -aussetzung zur Geburtenkontrolle (die Spartaner warfen ungewollte Nachkommenschaft in eine Schlucht), auf die Folterberichte aus den Märtyrerakten.

Trotz anderslautender täglicher Nachrichten und verbreiteter Wahrnehmungsphänomene hat die Menschheit nach Auskunft der Sozialpsychologie hinsichtlich exzessiver Gewalt statistisch belegbare große Fortschritte erzielt und ist – obwohl wir gemeinhin geneigt sind, pessimistisch auf unsere eigene Gegenwart zu schauen – im Verlauf des Zivilisationsprozesses weiter fortgeschritten, als tägliche

Berichte aus Syrien und anderen Krisenherden annehmen lassen (siehe ausführlich das überaus anregende Buch von Pinker 2013 mit einer Vielzahl an statistischen Belegen). Jene Aspekte der antiken Geschichte hätten bei einer anderen Herangehensweise durchaus stärker akzentuiert werden können. Diese bekannten Sachverhalte, denen sich schon Nietzsche und Jacob Burckhardt gewidmet haben, gewissermaßen »die dunkle Seite der Antike« (so der Untertitel eines neueren Buchs zum Thema, Zimmermann 2013), die für das Altertum in gleichem Maße kennzeichnend sind – wie generell für vormoderne Gesellschaften und auch für die frühe Neuzeit –, stehen aber in keinem Verhältnis zu der formenden Kraft des geistigen Erbes der Antike, das unser Wahrnehmen und Denken bis heute prägt, und zwar weit mehr als uns das im Alltag bewusst ist.

Auch muss man sich fragen, inwieweit unser Blick auf »die Antike« nicht durch die richtungsweisenden und die Perspektive leitenden Rezeptionsfilter verfälscht ist. Denn die Antike ist – auch in dieser Darstellung – zunächst einmal »unsere Antike«, ein über die Jahrhunderte der Auseinandersetzung mit ihr gereiftes Produkt geistiger Aneignung und Übersetzung in sich wandelnden gesellschaftlichen Zusammenhängen. Als die »Society of the Cincennati« 1783 gegründet wurde, wollten die amerikanischen Aufklärer nicht den römischen Staat zu seiner Anfangszeit wiederbeleben, sondern eine neu aufgeklärte republikanische Verfassung mit Leben erfüllen und das schon bei den Römern nur als fernes Ideal imaginiertes Pflichtbewusstsein des Namenspatrons als Leitidee reaktivieren.

Aber die Kulturschöpfungen der Antike und ihr Einfluss auf die europäische Kultur-, Geistes- und Rechtsgeschichte sind mittlerweile vor allem »Europas fremd gewordene Fundamente« (so der Buchtitel von Manfred Fuhrmann 1995). Wenn sich britische und deutsche Offiziere heutzutage treffen (glücklicherweise eher bei Manövern der Nato als im Krieg), so sprechen sie nicht mehr Lateinisch miteinander wie Major Fermor und General Kreipe, sondern Englisch (vgl. Einleitung). Das Heer der Kulturpessimisten, besonders das der deutschen, die noch viel lustvoller pessimistisch sind als die anderer Nationen, beklagt diesen irreversiblen Wandel lautstark und gern. In der Tat ist durch den europa- und weltweiten Verzicht auf humanistische Bildung, wie sie das bürgerliche Gymnasium in Deutschland mustergültig bis in die Mitte des 20. Jh.s hinein kultiviert hatte, die von Fermor gepriesene »gemeinsame Quelle«, aus der die europäischen Eliten bis vor zwei Generationen tranken, heute versiegt.

Diesen Verlust mag man mit Fug und Recht beklagen, an der Situation ändert das indes nichts. Der *Homo Faber* hat derzeit andere Probleme und auch im akademischen Umfeld melden sich Stimmen, die offen nach Sinn und Berechtigung der Beschäftigung mit dem Altertum und seiner »Nutzanwendung« fragen. Möglicherweise kommen solche Fragen auch deshalb auf, weil wir einfach zu viel wissen. Die Stundenpläne unserer Kinder enthalten mit Informatik, Politik, Wirtschaft oder einem um Genetik erweiterten Biologieunterricht Fächer, die der Elterngeneration noch vorenthalten waren. Die Wissensbereiche der modernen Welt haben sich in kurzer Zeit vervielfacht und neue Herausforderungen eines technisierten Zeitalters fordern ihren Tribut.

Nur mit einem ganz kleinen Hauch von Ironie beschreibt Hans Magnus Enzensberger in seinem – unbedingt lesenswerten – Essay »Über die Ignoranz« Alltagsszenen der modernen Welt (in: Mittelmaß und Wahn. Gesammelte Zerstreuungen, Frankfurt/Main 1988). Etwa über einen etwas desorientierten Rechtsreferendar am Kammergericht, »der immer diese Schwierigkeiten mit den Fremdwörtern hat. Er verwechselt ›Diffamierung‹ mit ›Diskriminierung‹ und ›Diagramm‹ mit ›Piktogramm‹, und aus irgendeinem Grund sagt er jedesmal ›Revelanz‹, wenn er ›Relevanz‹ meint. Er kann gar nicht begreifen, warum das den Vorsitzenden Richter derartig irritiert. ›Ich kann schließlich‹, meint er, ›nicht andauernd mit dem Duden unter dem Arm herumlaufen.‹ Daran ist etwas Wahres.« An ihm hätte Manfred Fuhrmann, der immer wieder gallig darauf verwiesen hat, dass Lateinkenntnisse als Voraussetzung für ein Studium der Rechte schon seit einigen Jahren nicht mehr erforderlich sind, seine helle Freude gehabt.

Besonders eindringlich ist jedoch die Gegenüberstellung des Humanisten Melanchthon mit bestimmten Typen einer als oberflächlich empfundenen Gegenwart. Während der junge Melanchthon sich in einer für seinen Geist eigentlich zu kleinen kurpfälzisch-badischen Welt ungestört dem Studium der alten Sprachen und der klassischen Autoren sowie der Theologie weitgehend ohne Ablenkungen widmen konnte (den Alltag besorgten die Frauen und die Dienerschaft), hat die Friseurin Zizi (und ihre Freunde Bruno und Helga) in den 1980er-Jahren ganz andere Sorgen, aber auch ein viel komplexeres Leben: Sie muss sich um Lohnsteuerausgleich und Arbeitslosengeld bemühen. Hinzu kommt, dass die Bilderwelt, die täglich durch die Massenmedien auf sie einflutet, ihrem Erinnerungsspeicher viel abverlangt, sie aber dennoch über enzyklopädische Kenntnisse im Bereich der modernen Schauspielerei und Filmkunst verfügt. Sie erkennt nicht nur Darsteller auf der Straße, sondern kann deren Rollen, wie auch deren amouröse Beziehungen herunterbeten, wie Melanchthon das *Credo* auf Latein. Auch die bevorstehende Flugreise nach Kreta muss organisiert werden. Das alles sind beachtliche Herausforderungen, die der Alltag der Moderne stellt und Enzensberger weiß: »Eine einzige Ausgabe der Bild-Zeitung hätte genügt, um Johann Gottfried Herders Denkvermögen wochenlang mattzusetzen.« Die Kenntnisse von Zizi seien deshalb durchaus funktional und der Lebenssituation der Bundesrepublik angemessen und »sie kommt mit ihnen durch«. Für sie ist der Unterschied zwischen Karstadt und Tengelmann wirklich wichtiger als der zwischen Goethe und Schiller. Aber daran sind Zizi und ihresgleichen nicht schuld, betont Enzensberger, sie sind die Produkte ihrer Umgebung, die ihnen liefert, was sie wissen und was sie ignorieren. Deswegen lässt sich die Frage, wer nun ignoranter sei, Melanchthon oder Zizi, gar nicht so leicht beantworten:

> »Sollten sich die Lebensbedingungen in der Bundesrepublik dergestalt ändern, daß Zizi, Bruno und Helga mit einer soliden klassischen Bildung irgend etwas anfangen könnten – an ihnen würde es ganz gewiß nicht liegen. Ich höre sie schon, wie sie, zur Erleichterung aller, die über die Ignoranz der Jugend klagen, an schönen Herbstabenden statt *We don't need no education* den ersten Gesang der Odyssee anstimmen.«

Entscheidend an Enzensbergers ironischer Schmähschrift ist in unserem Zusammenhang die Bemerkung, die Klischeefriseurin komme eben mit ihren Kenntnissen »durch«. Auch der *Homo Faber* kommt »eben durch«, wenn er sein Handwerk beherrscht. Als Genetiker kann er sein Fach auch betreiben, wenn er nicht weiß, dass Genetik sich von griechisch *geneá* bzw. *génos*, Geschlecht, Abstammung, herleitet. Wenn es nur ums »durchkommen« geht, dann braucht man das Altertum wirklich nicht, und der Zellstoff für dieses Buch wäre besser zu Klopapier verarbeitet worden.

Auch Waisen- und Adoptivkinder, die nichts oder wenig über ihre Herkunft wissen, können ein ganz normales Leben führen. Interessant ist jedoch, dass, egal wie erfolgreich und vordergründig glücklich sie sein mögen, die Frage nach ihrer Herkunft sie lebenslang umtreibt und sie viel Mühen auf sich nehmen, um etwas über ihre Abstammung zu erfahren. Vor wenigen Jahren konnte ich in Rumänien bei einer denkwürdigen Familienzusammenführung mitwirken.

Ein junger Mann aus Deutschland meldete sich und bat um Hilfe bei der Suche nach seinen leiblichen Eltern aus Rumänien, denn der Name der Mutter war in den bei der Adoption Anfang der 90er-Jahre ausgestellten Papieren genannt. Mithilfe von Journalisten gelang es tatsächlich am Rand eines Dorfes die Eltern ausfindig zu machen, die seinerzeit aufgrund ihrer materiellen Situation – an der sich zwischenzeitlich nichts geändert hat – das Kleinkind ins Kinderheim gebracht und zur Adoption freigegeben hatten. Während die Journalistin und ich aufs Peinlichste berührt den vom Schicksal begünstigten, von einer liebevollen deutschen Familie großgezogenen jungen Mann in die jeder Beschreibung spottende Hütte, die eigentlich sein Zuhause hätte sein müssen, hineinführten, damit er seine biologische Mutter kennenlernen konnte, erlebte dieser den wichtigsten und glücklichsten Tag seines Lebens. Im übertragenen Sinne bedeutet das Folgendes: Der Mensch kann funktionieren, er kann »durchkommen«, aber als Mensch, als kulturell bedingtes Wesen, macht ihn gerade die identitätsstiftende kulturelle Selbstvergewisserung aus, die er nur aus der Betrachtung seines geistigen Herkommens beziehen kann.

In seinem Essayband »Zukunft braucht Herkunft« plädiert der Philosoph Odo Marquard deshalb für eine selbstbewusste Rolle der Geisteswissenschaften im paradoxerweise von diesen selbst oft leichtfertig aufgegebenen Kampf um die Deutungshoheit der Zukunft und um die gesellschaftlichen Ressourcen, die im öffentlichen Bildungswesen immer neu verhandelt und verteilt werden müssen. Dass der *Homo Faber* sogar in den traditionellen Wissenstempeln, den Universitäten und Akademien, an denen er Lehrstühle für Materialforschung und Polymerwerkstoffe besetzt, die Existenzberechtigung von Altertumswissenschaften oder allgemein den Geisteswissenschaften infrage stellt, ist zunächst ja nur ein Zeichen seiner auch durch die Veränderung des Bildungssystems bedingten Unwissenheit und sollte vielleicht erst einmal nur Mitleid erregen. Der Vorwurf der Zweitrangigkeit der geisteswissenschaftlichen Disziplinen wird aber leider viel zu oft von unter Minderwertigkeitskomplexen leidenden Geisteswissenschaftlern selbst aufgenommen, die glauben, einem Heilmittel gegen Krebs oder einer Genmanipulation, die Pflanzen gegen Schädlinge resistent macht und damit den Hunger in der Welt lindern kann, nichts Adäquates entgegensetzten zu können.

Die Mediziner und die Chemiker können die Welt in Zukunft vielleicht retten, sie können sie aber nicht erklären. Denn Zukunft braucht Herkunft, wie Marquard zurecht insistiert, und die Rolle der Geisteswissenschaften, insbesondere der altertumswissenschaftlichen Disziplinen, ist es, diese Welt und ihr geistiges Werden zu erklären und zu beschreiben. Die Lösung, die Chemiker für das derzeit überaus aktuelle Flüchtlingsproblem in Europa vorschlagen könnten, mag man sich gar nicht vorstellen. Historiker können aber auf Integrationsmodelle und Beispiele vom Römerreich bis zur k.u.k. Monarchie verweisen und die praktische Philosophie kann ethische Grundlagen zur Diskussion beisteuern.

Die Tatsache, dass die früher verbindlichen allgemeinen Kenntnisse über die Antike und ihre Kultur verloren gegangen sind, heißt ja keineswegs, dass am Altertum kein Interesse mehr bestünde. Die Neuen Medien und auch Fernsehen und Film sind übervoll von Formaten und Motiven aus der antiken Geschichte und Mythologie. Filme aus den letzten Jahren wie *Alexander, 300* oder *Troja* mögen unter dem puristischen Wächterauge des Kenners historischer Details nicht bestehen, zeigen aber ein anhaltendes Interesse an antiken Themen und Motiven. Gleiches gilt für die Dokumentarfilme aus der Reihe »Terra X« oder »Schliemanns Erben« und hoffentlich auch für dieses Buch.

Man kann in Anlehnung an Fuhrmann mit gutem Grund beklagen, wie fremd die Fundamente Europas uns mittlerweile tatsächlich geworden sind, aber man kann diesen Sachverhalt auch als Chance begreifen, neue Wege zu gehen und die Selbstverständlichkeiten von gestern in Wissen von heute zu verwandeln. Geschichten (als Literatur) und Geschichte (als Historie) weisen dem menschlichen Handeln Sinn zu und verorten den Menschen auf einer Zeit- und Traditionsachse, ohne die eine Orientierung im Jetzt gar nicht möglich wäre. Dass die Antike und ihre Kulturgeschichte auf dieser Traditionsachse eine ganz prominente Position innehat, versteht sich heute eben nicht mehr von selbst, man muss die Geschichte(n) deshalb wieder neu erzählen.

DANKSAGUNG

Für die Durchsicht des Manuskripts und für wertvolle Hinweise danke ich ganz herzlich Ulf Hailer und Wolfgang Schuller (beide Konstanz). Außerdem danke ich Timo Gimbel für die gute Zusammenarbeit und für das gewissenhafte Lektorat seitens des Verlags, welcher aus Gründen des Marketings für die Wahl des Buchtitels dieser »kleinen Geschichte der Antike« verantwortlich zeichnet.

KURZBIBLIOGRAPHIE:

Abkürzungen: Die im Text wiedergegebenen Inschriften finden sich in diversen Sammelwerken und Reihen, die abgekürzt zitiert wurden:

AE	L'Année Épigraphique, Paris 1888 ff.
CIL	Corpus Inscriptionum Latinarum, Consilio et auctoritate Academiae Litterarum Regiae Borussicae editum, 17 Bände in zahlreichen Teilbänden, Berlin 1862 ff.
FIRA	Fontes iuris Romani Anteiustiniani, Band I. Leges, hg. v. S. Riccobono, Florenz 1968.
ILLRP	Inscriptiones Latinae Liberae Rei Publicae, hg. v. A. Degrassi, 2 Bde., Florenz 1957–1963.
ILS	Inscriptiones Latinae Selectae, hg. v. H. Dessau, 3 Bde., Berlin 1892–1916.

Alföldy, Geza: Römische Sozialgeschichte. 4. Aufl. Stuttgart 2011.

Alonso-Núñez, José-Maria (Hg.): Geschichtsbild und Geschichtsdenken im Altertum. Darmstadt 1991.

André, Jean-Marie: Griechische Feste, römische Spiele. Die Freizeitkultur in der Antike. Stuttgart 1994.

Blanck, Horst: Das Buch in der Antike. München 1992.

Bleicken, Jochen: Verfassungs- und Sozialgeschichte des römischen Kaiserreichs. 2 Bde. 4. Aufl. Paderborn 1995.

Bleicken, Jochen: Geschichte der römischen Republik. 5. Aufl. München 1999.

Bleicken, Jochen: Augustus, eine Biographie. Reinbek 2010.

Brandt, Hartwin: Das Ende der Antike. Geschichte des spätrömischen Reiches. 4. Aufl. München 2010.

Bremmer, Jan N.: Götter, Mythen und Heiligtümer im antiken Griechenland. Darmstadt 1996.

Christ, Karl: Die Römer. Eine Einführung in ihre Geschichte und Zivilisation. 3. Aufl. München 1994.

Christ, Karl: Geschichte der römischen Kaiserzeit. 6. Aufl. München 2009.

Christ, Karl: Krise und Untergang der römischen Republik, 8. Aufl. Darmstadt 2013.

Dahlheim, Werner: Die Antike. Griechenland und Rom von den Anfängen bis zur Expansion des Islam. 6. Aufl. Paderborn u. a. 2002.

Decker, Wolfgang: Sport in der griechischen Antike. Vom minoischen Wettkampf bis zu den Olympischen Spielen. 2. Aufl. Hildesheim 2012.

Demandt, Alexander: Die Spätantike. Römische Geschichte von Diocletian bis Justinian 284–565 n. Chr. 2. Aufl. München 2007.

Demandt, Alexander: Alexander der Große. Leben und Legende. München 2009.

Demandt, Alexander: Zeitenwende. Aufsätze zur Spätantike. Berlin und New York 2013.

Döring, Klaus: Die Kyniker. Bamberg 2006.

Drexhage, Hans-Joachim/Konen, Heinrich/Ruffing, Kai: Die Wirtschaft des Römischen Reiches (1.–3. Jahrhundert). Eine Einführung. Berlin 2002.

Eck, Werner: Augustus und seine Zeit. 5. Aufl. München 2009.

Finley, Moses I.: Die Griechen. 2. Aufl. München 1983.

Finley, Moses I.: Die antike Wirtschaft. 3. Aufl. München 1993.

Flaig, Egon: Ritualisierte Politik. Zeichen, Gesten und Herrschaft im alten Rom. Göttingen 2003.

Fuhrmann, Manfred: Europas fremd gewordene Fundamente. Zürich 1995.

Fuhrmann, Manfred: Geschichte der römischen Literatur. Stuttgart/ Leipzig 1999.

Funck, Bernd (Hg.): Hellenismus. Beiträge zur Erforschung von Akkulturation und politischer Ordnung in den Staaten des hellenistischen Zeitalters. Tübingen 1996.

Gehrke, Hans-Joachim: Geschichte des Hellenismus. 4. Aufl. München 2008

Gehrke, Hans-Joachim/Schneider, Helmuth (Hg.): Geschichte der Antike. Ein Studienbuch. 2. Aufl. Stuttgart 2006.

Gschnitzer, Fritz: Griechische Sozialgeschichte. 2. Aufl. Stuttgart 2013.

Hänger, Christian: Die Welt im Kopf: Raumbilder und Strategie im Römischen Kaiserreich. Göttingen 2001.

Hansen, Mogens Herman: Die athenische Demokratie im Zeitalter des Demosthenes. Struktur, Prinzipien und Selbstverständnis. Berlin 1995.
Heinen, Heinz: Hellenismus. 2. Aufl. München 2007.
Herrmann-Otto, Elisabeth: Sklaverei und Freilassung in der griechisch-römischen Welt. Hildesheim u. a. 2009.
Heuß, Alfred: Römische Geschichte. 10. Aufl. Paderborn u. a. 2007.
Hölscher, Tonio: Griechische Kunst. 2. Aufl. München 2015.
Hose, Martin: Kleine griechische Literaturgeschichte. Von Homer bis zum Ende der Antike. 2. Aufl. München 2012.
Hossenfelder, Malte: Die Philosophie der Antike: Stoa, Epikureismus, Skepsis. Geschichte der Philosophie in 12 Bänden. Hg. von W. Röd, Bd. 3., 2. Auflage München 1995.
Jochum, Uwe: Kleine Bibliotheksgeschichte. 3. Aufl. Stuttgart 2007.
Lane Fox, Robin: Alexander der Große. Eroberer der Welt. 4. Aufl. Stuttgart 2005.
Lauster, Joachim: Die Verzauberung der Welt. Eine Kulturgeschichte des Christentums. München 2014.
Liebs, Detlef: Römisches Recht. Ein Studienbuch. 6. Aufl. Göttingen 2004.
Norden, Eduard: Die römische Literatur. 7. Aufl. (Nachdruck) Stuttgart und Leipzig 1998.
Pinker, Steven: Gewalt. Eine neue Geschichte der Menschheit. Frankfurt/Main 2013.
Pöhlmann, Egert: Einführung in die Überlieferungsgeschichte und in die Textkritik der antiken Literatur. Darmstadt 1994.
Pohl, Walter: Die Völkerwanderung. Eroberung und Integration. 2. Aufl. Stuttgart 2005.
Poland, Franz/Reisinger, Ernst/Wagner, Richard: Die antike Kultur, in ihren Hauptzügen dargestellt. Leipzig 1922.
Polybios: Der Aufstieg Roms – Historien. Wiesbaden 2010.
Rathmann, Michael (Hg.): Wahrnehmung und Erfassung geographischer Räume in der Antike. Mainz 2007.
Röd, Wolfgang: Kleine Geschichte der antiken Philosophie. München 1998.
Rubel, Alexander: Die Griechen. Kultur und Geschichte in archaischer und klassischer Zeit. Wiesbaden 2012.
Rüpke, Jörg: Die Religion der Römer. Eine Einführung. 2. Aufl. München 2006.

Ruffing, Kai: Wirtschaft in der griechisch-römischen Antike. Darmstadt 2012.

Schuller, Wolfgang: Frauen in der griechischen und römischen Geschichte. Konstanz 1995.

Schuller, Wolfgang: Das Erste Europa 1000 v. Chr. – 500 n. Chr. Handbuch der Geschichte Europas Bd. 1. Stuttgart 2004.

Schuller, Wolfgang: Griechische Geschichte. 6. Aufl. München 2008.

Stein-Hölkeskamp, Elke: Adelskultur und Polisgesellschaft. Studien zum griechischen Adel in archaischer und klassischer Zeit. Stuttgart 1989.

Stickler, Timo: Aëtius. Gestaltungsspielräume eines Heermeisters im ausgehenden Weströmischen Reich. München 2002.

Syme, Ronald: Die römische Revolution, Stuttgart 2003.

Szlezák, Thomas A.: Platon Lesen. Stuttgart 1993.

Sonnabend, Holger (Hg.): Mensch und Landschaft in der Antike. Lexikon der historischen Geographie. Stuttgart 1999.

Weiler, Ingomar: Sport bei den Völkern der Alten Welt. 2. Aufl. Darmstadt 1988.

Wieacker, Franz: Vom römischen Recht. Zehn Versuche. 2. Aufl. Stuttgart 1961.

Wolfram, Herwig, Die Goten und ihre Geschichte. 3. Aufl. München 2010.

Zanker, Paul: Römische Kunst. 2. Aufl. München 2015.

Zimmermann, Martin: Gewalt. Die dunkle Seite der Antike, München 2013.

ZEITTAFEL

Griechenland (v. Chr.)

ca. 1200–1050	Untergang des mykenischen Griechentums, sog. »Dorische Wanderung«
ca. 1050–800	Dunkle Jahrhunderte
ca. 800–500	Archaische Zeit
776	Olympische Spiele
750	Griechische Kolonisation
7. Jh.	Tyrannis kommt auf, Schwarzmeergebiet wird besiedelt
594	Solon wird Schiedsrichter in Athen
561–510	Tyrannis des Peisistratos und seiner Söhne in Athen
507	Reformen des Kleisthenes
500–494	Ionischer Aufstand
ca. 500–330	Klassische Zeit
490	Schlacht bei Marathon
480	Schlachten bei den Thermopylen und bei Salamis
479	Schlachten bei Plataiai und Mykale
478	Erster Attischer Seebund
472	Aufführung der *Perser* des Aischylos
462	Reformen des Ephialtes, Entmachtung des Areopag, Durchsetzung der »radikalen« Demokratie
454	Die Kasse des Seebunds wird von Delos nach Athen überführt.
449	Friede mit den Persern (Friede des Kallias)
447–433	Bau und Fertigstellung des Parthenon, sowie Ausgestaltung der Akropolis
431–404	Peloponnesischer Krieg
430–429	»Pest« in Athen, Tod des Perikles
421	Nikiasfrieden
415–413	Sizilienexpedition
411	Oligarchenherrschaft in Athen

404/403	Terrorherrschaft der »Dreißig Tyrannen« in Athen
404–371	Sparta übernimmt von Athen die Führungsrolle in Griechenland.
386	Königsfriede
378	Zweiter Attischer Seebund
371	Schlacht bei Leuktra besiegelt Spartas kurzfristige Vorherrschaft.
338	Schlacht bei Chaironeia. Die Makedonen gewinnen unter König Philipp II. die Hegemonie über Griechenland. Gründung des Panhellenischen Bundes in Korinth
338–30	Zeitalter des Hellenismus
336	Ermordung Philipps II. Alexander wird König.
334	Beginn des Feldzuges gegen die Perser (Schlacht am Granikos)
333	Schlacht bei Issos
331	Schlacht bei Gaugamela. Das Perserreich ist in den Händen Alexanders
327–325	Feldzug nach Indien (Punjab)
323	Tod Alexanders
321–301	Diadochenkriege
306	Die Nachfolger Alexanders proklamieren sich als Könige in ihren Herrschaftsgebieten.
282–188	viele Kriege der hellenistischen Königreiche untereinander
30	Selbstmord Kleopatras. Ägypten wird Teil des Römischen Reichs.

Rom (v. Chr.)

753	legendäres Datum der Stadtgründung (Varro)
ca. 509	Der Tempel auf dem Kapitol wird geweiht. Gründung der Republik
ca. 450	Kodifikation der XII-Tafeln
396	Die Römer erobern die etruskische Stadt Veji.
387	Kelten plündern Rom.
367	Das Oberamt wird gedoppelt (Konsulat) und zwischen Patriziern und Plebejern aufgeteilt (leges Liciniae Sextiae).
340–338	Krieg zwischen Rom und den latinischen Städten

338	Latium und seine Städte werden Teil Roms.
326–290	Samnitenkriege
287	Gleichstellung von Plebisziten (Beschlüsse der plebejischen Volksversammlung) mit Gesetzen (leges). Endgültiger Ausgleich zwischen den Ständen (lex Hortensia)
280–275	Krieg gegen Pyrrhos
264–241	1. Punischer Krieg
237	Annexion Sardiniens und Korsikas
237–219	Karthago baut seinen Einfluss in Spanien aus und verfolgt dort gegen Rom seine Interessen.
227	Sizilien, Sardinien und Korsika werden durch Prätoren verwaltet (Provinzverwaltung entsteht).
218	Senatoren werden vom Fernhandel ausgeschlossen. Senatorenstand/Nobilität und Ritterstand werden deutlich getrennt (lex Claudia de nave senatorum).
218–201	2. Punischer Krieg
216	Die Römer werden von Hannibal vernichtend bei Cannae geschlagen.
215–205	1. Makedonischer Krieg (Philipp V. von Makedonien macht gemeinsame Sache mit Hannibal.)
202	Römischer Sieg bei Zama (Scipio Africanus)
198	In Spanien werden zwei Provinzen als militärische Aufgabengebiete eingerichtet.
196	Flamininus verkündet die Freiheit der Griechen.
192–188	Krieg gegen Antiochos III.
171–168	3. Makedonischer Krieg gegen Perseus. Makedonien wird zerschlagen.
149–146	3. Punischer Krieg. Karthago wird ausgelöscht.
148	Makedonien wird Provinz.
146	Nach einem Aufstand des Achaiischen Bundes wird Korinth zerstört.
133	Rom erbt das Reich Attalos III. (Pergamon). Erstes Volkstribunat des Tiberius Gracchus (lex agraria)
123–122	Volkstribunate des Gaius Gracchus
107	Konsulat des Marius, Heeresreform
104–100	Konsulate des Marius
91–89	Bundesgenossenkrieg
89–85	Krieg gegen Mithridates (König von Pontos)
83–82	Bürgerkrieg in Rom. Sulla siegt über Marius.

82–81	Diktatur Sullas
73–71	Sklavenaufstand unter Spartakus
63	Ciceros Konsulat, Katilinarische Verschwörung
60	Pompeius, Caesar und Crassus bilden ein Triumvirat (informelles Bündnis zur Durchsetzung gemeinsamer Ziele).
59	Caesars Konsulat
58–52	Eroberung Galliens durch Caesar
10.01.49	Caesar überschreitet mit dem Heer den Rubicon.
49–44	Begin des Bürgerkriegs, Caesars Diktatur
48	Sieg über Pompeius (wird ermordet)
44	Adoption des Gaius Octavius durch Caesar
15.03.44	Ermordung Caesars
43	Gaius Octavius (jetzt gen. Caesar), Marcus Antonius und Marcus Lepidus bilden das 2. Triumvirat.
42	Triumvirn siegen über die Caesarmörder bei Philippi.
02.09.31	Schlacht bei Actium
30	Eroberung von Alexandria, Tod von Antonius und Kleopatra
29	Gaius Octavius triumphiert in Rom.
27	Gaius Octavius nimmt Ehrentitel Augustus an. Legalisierung der Alleinherrschaft. Beginn des Prinzipats
16–13	Augustus sorgt für Ordnung in Gallien.
12–18	Vorstöße nach Germanien (weitere Kampanien 4–6 n. Chr.)
9 n. Chr.	Varusschlacht (»Schlacht im Teutoburger Wald«)

Alle folgenden Daten n. Chr.

14	Tod des Augustus (am 19.08.)
14–37	Tiberius
37–41	Caligula
41–54	Claudius
43	Eroberung Britanniens
54–68	Nero
68–69	Ende der julisch-claudischen Dynastie, Dreikaiserjahr: Galba, Otho und Vitellius kämpfen um die Vorherrschaft
69–79	Vespasian (Begründer des flavischen Kaiserhauses)
79–81	Titus

81–96	Domitian
96–98	Nerva (Beginn des Adoptivkaisertums)
98–117	Trajan
101–106	Dakerkriege (107 Erreichtung der Provinz Dacia)
114–117	Partherkrieg
117–138	Hadrian
138–161	Antoninus Pius
161–180	Marcus Aurelius (letzter Adoptivkaiser)
167–180	Markomannenkriege (neben Markomannen auch andere Stämme, etwa Quaden, Gegner der Römer). Das Imperium gerät an seine Belastungsgrenze.
180–192	Commodus
193	Pertinax wird Kaiser. Nach 3 Monaten im Amt ermordet, gefolgt von Didius Iulianus
193–211	Septimius Severus (Begründer der Dynastie der Severer)
211–217	Caracalla
212	Constitutio Antoniana gewährt allen Reichsbewohnern das Bürgerrecht.
218–222	Elagabal
222–235	Severus Alexander
235–284	Epoche der Soldatenkaiser

Spätantike

284–305	Diokletian
286	Maximianus wird neben Diokletian Augustus.
293	Constantius Chlorus und Galerius werden Caesaren. Das System der »Tetrarchie« (Viererherrschaft) wird eingeführt.
303	Letzte Christenverfolgung
305	Abdankung der beiden Augusti Diokletian und Maximian. Die Caesares werden Augusti.
306	Constantinus I. wird zum Augustus von den Truppen ausgerufen (York, Britannien).
311	Galerius beendet die Christenverfolgung mit einem Edikt.
312	Schlacht an der Milvischen Brücke. Constantinus I. wird Herrscher über den westlichen Reichsteil, Licinius über den Osten

324	Nach Sieg über Licinius wird Constantinus I. Alleinherrscher.
330	Konstantinopel wird Residenz.
337–353	Die Söhne des Constantinus I. kämpfen um die Vorherrschaft. Usurpationen
353–361	Constantius II.
361–363	Julian Apostata
364	Valentinian I. Kaiser des westlichen, Valens des östlichen Reichsteils
375	Vorstoß der Hunnen nach Westen, Zerstörung des Reichs der Greutungen (Goten)
378	Schlacht bei Adrianopel. Kaiser Valens und zwei Drittel des oströmischen Heeres fallen.
379–394	Theodosius I. Kaiser der östlichen Reichshälfte
382	Anerkennung der Terwingen (Westgoten) als Föderaten auf römischen Boden
394–395	Theodosius I. letzter Kaiser des Gesamtreichs
395–410	Stilicho Heermeister und Regent des Westreichs
406–407	Rheinübergang mehrerer germanischer Kriegerverbände
410	Erste Plünderung Roms durch die Westgoten
418	Ansiedlung der Westgoten in Aquitanien
429	Übersetzen der Vandalen nach Afrika
436	Vernichtung des Reichs der Burgunden durch den Heermeister Aëtius und hunnische Kontingente
439	Eroberung Karthagos durch die Vandalen
443	Umsiedlung der Burgunden nach Savoyen
451	Schlacht auf den Katalaunischen Feldern, Aëtius zwingt Attila und die hunnische Kriegerkoalition zum Rückzug
453	Tod Attilas
454	Schlacht am Nedao, Ende der hunnischen Vorherrschaft
455	Zweite Plünderung Roms durch die Vandalen
476	Absetzung des letzten weströmischen Kaisers, Romulus Augustulus, durch Odoaker
489–491	Vorstoß der Ostgoten nach Italien im Auftrag Kaiser Zenons
493	Rabenschlacht bei Ravenna
493–529	Theoderich Herrscher (rex) über Italien

527–565	Justinian I.
534	Vernichtung des Vandalenreichs
535–554	Gotenkriege, Vernichtung des Ostgotenreichs
568	Vorstoß der Langobarden nach Italien

PERSONENREGISTER

ABBILDUNGSNACHWEIS

akg-images: S. 27, 40, 63, 131, 149, 197, 212–214, 227, 228, 251, 286 f., 289 f.

mauritius images: S. 118, 239, 242, 281 f.

Peter Palm: S. 82/83., 124/125., 144/145, 158

FSC
www.fsc.org
MIX
Papier aus verantwortungsvollen Quellen
FSC® C083411

Bibliografische Information der Deutschen Nationalbibliothek
Die Deutsche Nationalbibliothek verzeichnet diese Publikation in der Deutschen Nationalbibliografie; detaillierte bibliografische Daten sind im Internet über http://dnb.d-nb.de abrufbar.

Lektorat: Dr. Timo Gimbel, Stefan Gücklhorn
Covergestaltung: büropecher, Köln
Satz und Bearbeitung: SATZstudio Josef Pieper, Bedburg-Hau
Der Titel wurde in der Rotis gesetzt.
Gesamtherstellung: CPI books GmbH, Leck – Germany

ISBN: 978-3-7374-1064-9

www.verlagshaus-roemerweg.de